Inhaltsverzeichnis

TABAK UND PRESSE AM
ALEXANDERPLATZ

So löst du die Aufgaben in diesem Buch

Das steht in der Aufgabe	Das gehört in den Text	Formulierungshilfen
Anforderungsbereich I: Du arbeitest Informationen aus Quellen und Darstellungen heraus und gibst sie schriftlich oder mündlich wieder.		
Beschreibe	Gib die wichtigsten Informationen, Eigenschaften oder Merkmale einer Quelle (z. B. ein Text, ein Bild oder ein Gegenstand) genau und gut nachvollziehbar wieder.	**So kannst du …** **… etwas benennen:** Mit … bezeichnet man … … heißt … … nennt man/wird genannt …
Fasse zusammen/ Gib wieder	Formuliere das Wichtigste eines Textes oder historischen Sachverhalts in verkürzter Form.	**… etwas aufzählen:** Erstens …, zweitens …, drittens … Zuerst …, dann …, danach …
Nenne/ Zähle auf	Entnimm Quellen und Darstellungen einzelne Informationen und Begriffe und gib sie nacheinander wieder.	**… Informationen wiedergeben:** Das Thema/Die Kernaussage ist … Der Autor berichtet/schreibt, dass … Die wichtigsten Aspekte/Informationen sind … Die Quelle/Darstellung zeigt, dass …
Schildere/ **Skizziere**	Gib die wichtigsten Informationen über eine historische Situation oder ein Ereignis kurz und präzise wieder.	**… eine Bildquelle beschreiben:** Auf dem Bild sieht/erkennt man … Im Vordergrund/Hintergrund befindet sich … Dahinter/Davor/Daneben sieht man …
Anforderungsbereich II: Du bearbeitest Quellen und Darstellungen unter besonderen Fragestellungen. Informationen, die du über historische Sachverhalte herausfinden konntest, verknüpfst du und stellst Zusammenhänge her. Du arbeitest so Gründe und Ursachen heraus.		
Analysiere/ **Untersuche**	Bearbeite Quellen und Darstellungen unter einer besonderen Fragestellung. Nimm die enthaltenen Merkmale und Inhalte genau unter die Lupe. Beantworte anhand deiner Ergebnisse die Frage. Schreibe die Informationen strukturiert und nachvollziehbar auf.	**So kannst du …** **… Zusammenhänge herstellen und verdeutlichen:** … da/weil/aufgrund/aus diesem Grund Infolgedessen/Infolge von … Deshalb/Dadurch/Deswegen … Dies kann man erklären mit …
Arbeite heraus	Finde aus Quellen und Darstellungen wichtige Informationen heraus und stelle Zusammenhänge zwischen ihnen her.	**… Gründe und Argumente gliedern:** Erstens …, zweitens …, drittens … Außerdem/Darüber hinaus/Des Weiteren … An … Stelle …
Begründe/ Weise nach	Stütze eigene oder fremde Aussagen durch Argumente, z. B. mithilfe von Quellenbelegen oder historischen Beispielen.	

Hinweis: Die **kräftig** markierten Operatoren entsprechen der Operatorenübersicht für das Zentralabitur in der gymnasialen Oberstufe im Fach Geschichte.

Erster Weltkrieg

Zeit der Weimarer Republik

1914
...at von Sarajewo
...öser des Ersten
Weltkriegs.

1914–1918
...rster Weltkrieg

1917
Revolutionen in Russland:
Die Bolschewiki übernehmen die Macht.

1917
Die USA treten in den Ersten Weltkrieg ein.

1918
Novemberrevolution in Deutschland:
Ende der Monarchie

1919
Weimarer Verfassung:
erste deutsche Demokratie

1919
Unterzeichnung des Versailler Vertrags

1941
Beginn des deutschen Vernichtungskrieges gegen die Sowjetunion

ab 1941
systematische Vernichtung der europäischen Juden

1945
Die USA werfen zwei Atombomben auf Japan.

1945
Ende des Zweiten Weltkriegs

1900

1910

1895
Die Industrie wird zum wichtigsten Wirtschaftsbereich in Deutschland.

ab 1904
Rüstungswettlauf zwischen Deutschland und Großbritannien

Das Attent
wird zum Ausl

E

NS-Diktatur

1940

1933
Adolf Hitler wird Reichskanzler. Die Nationalsozialisten errichten eine Diktatur.

1935
Durch die „Nürnberger Rassegesetze“ werden Juden zu Bürgern zweiter Klasse erklärt.

1938
Pogromnacht: gewaltsame Übergriffe auf Juden in Deutschland

1939
Mit dem deutschen Angriff auf Polen beginnt der Zweite Weltkrieg.

Das steht in der Aufgabe	Das gehört in den Text	Formulierungshilfen
Anforderungsbereich II: Du bearbeitest Quellen und Darstellungen unter besonderen Fragestellungen. Informationen, die du über historische Sachverhalte herausfinden konntest, verknüpfst du und stellst Zusammenhänge her. Du arbeitest so Gründe und Ursachen heraus.		
Charakterisiere	Führe die wichtigsten Merkmale auf, die eine historische Situation, eine Handlung oder ein Ereignis besonders kennzeichnen.	**... Gründe und Argumente abwägen:** Besonders wichtig/Überzeugend ist, dass ... Vor allem ... Schwerer wiegt, dass ...
Erkläre	Gib Gründe oder Ursachen an, die zu einem historischen Ereignis geführt haben, oder stelle die Folgen eines historischen Sachverhaltes nachvollziehbar dar. Beantworte so eine Warum-Frage.	In erster Linie ... **... Gründe und Argumente einschränken:** Aber/Allerdings/Jedoch/Trotzdem/Zwar/ Trotz allem ...
Erläutere	Erkläre eine historische Situation, eine Handlung oder ein Ereignis ausführlich und gib zusätzliche Informationen und Beispiele an.	Einschränkend muss man sagen, dass ... **... Aussagen/Argumente belegen:** In der Quelle schreibt dazu die Autorin/der Autor ... (Z. 10)
Ordne ein/ Ordne zu	Bringe Informationen in einen Zusammenhang. Ordne dazu Aussagen möglichen Überschriften oder Oberbegriffen zu und ordne Ereignisse in einen historischen Zusammenhang ein.	Diese Aussage wird gestützt durch die Tatsache, dass ... Die Quelle zeigt, dass ... Beispielsweise/Zum Beispiel ...
Stelle gegenüber	Arbeite verschiedene Informationen, Aussagen und Perspektiven zu historischen Sachverhalten heraus. Mache dann Unterschiede deutlich, ohne sie zu bewerten.	
Widerlege	Belege mit passenden Informationen und Argumenten, dass eine Aussage nicht (!) zutrifft.	

(weiter s. Ausklappseite hinten)

Aufgaben zur Perspektivenübernahme

Bei den folgenden Aufgaben versetzt du dich in eine vergangene Zeit und in eine bestimmte Person hinein und äußerst dich in dieser Rolle. Du musst also immer bedenken, wie Menschen damals wohl gedacht, gefühlt, gehandelt und geredet haben könnten.

Das steht in der Aufgabe	Das gehört in den Text
Schreibe einen Tagebucheintrag	Im Tagebuch schreibst du deine ganz persönlichen Eindrücke, Gedanken und Gefühle auf.
Schreibe einen Brief	Du berichtest einem anderen Menschen über Dinge, die du erfahren oder erlebt hast, und schilderst deine Eindrücke, Meinungen oder Gefühle.
Verfasse einen Zeitungsartikel	Deine Leser sollen über aktuelle Vorkommnisse informiert werden, du willst aber auch deine Meinung dazu formulieren. Verbindest du beides miteinander, schreibst du einen Leitartikel; stellst du deine Meinung in den Vordergrund, einen Kommentar. Zu einem Zeitungsartikel gehören auch eine Überschrift, eine Unterüberschrift und ein Vorspanntext. Sie sollen die Leser neugierig machen und die Richtung des Artikels anzeigen.
Verfasse eine politische Rede	Mit einer Rede möchtest du viele Leute von deiner Meinung überzeugen. Du musst deshalb gute Argumente finden, diese kurz auf den Punkt bringen und wirkungsvoll begründen.

Digitale Materialien im Online-Bereich

1 Der industrialisierte Nationalstaat – Durchbruch der Moderne

hw8hx2

Zusatzmaterial	Beschreibung	Seite
Arbeitsblatt	Einen digitalen Zeitstrahl erstellen	13
Material	Schaubild: Verfassung der Bundesrepublik	17
Arbeitsblatt	Gemeinsam Fragen entwickeln	27
Animation	Dampfmaschine	29
Website	Virtuelles Kartenarchiv	36
Erklärfilm	Industrielle Revolution	44
Arbeitsblatt	Selbsteinschätzungsbogen	44
Üben interaktiv	Wissens-Check	44

2 Imperialismus und Erster Weltkrieg

r5j57e

Zusatzmaterial	Beschreibung	Seite
Website	Digitale Sammlung: zeit.punktNRW	48
Erklärfilm	In einer digitalen Sammlung recherchieren	49
Arbeitsblatt	Gemeinsam Fragen entwickeln	49
Website	Digitale Sammlung: Kolonialismus auf Bildpostkarten	53
Website	Digitale Sammlung: Deutsche Geschichte in Dokumenten und Bildern	57
Website	Bundestag: Debatte zur Entschädigung von Herero und Nama	60
Website	Digitale Sammlung: Ethnologisches Museum Berlin	62
Arbeitsblatt	Einen Pecha-Kucha-Vortrag halten	64
Arbeitsblatt	Gemeinsam Texte erstellen	66
Website	Zeitzeugenportal	69
Website	Digitale Sammlung: Feldpostbriefe aus dem Ersten Weltkrieg	72
Website	Wikipedia: 1917	78
Website	Podcast: Der Versailler Vertrag	86
Arbeitsblatt	Selbsteinschätzungsbogen	96
Üben interaktiv	Wissens-Check	96

3 Die Weimarer Republik – zwischen Erfolg und Scheitern

8mm9hf

Zusatzmaterial	Beschreibung	Seite
Website	Audio: Scheidemann über den 9. November	101
Arbeitsblatt	Text in moderner Schrift	102
Website	Digitale Sammlung: Wahlplakate	104
Musterlösung	Politische Plakate untersuchen	104
Website	Digitale Sammlung: Illustrierte Magazine	117
Arbeitsblatt	Ein digitales Schaubild entwerfen	121
Erklärfilm	So erstellst du ein Erklärvideo	127

8mm9hf

Zusatzmaterial	Beschreibung	Seite
Arbeitsblatt	Selbsteinschätzungsbogen	134
Üben interaktiv	Wissens-Check	134
Websites	Internetseiten zur Weimarer Republik	135

4 Nationalsozialismus und Zweiter Weltkrieg

283ua8

Zusatzmaterial	Beschreibung	Seite
Website	Höredition: Die Quellen sprechen	156
Websites	Jüdisches Leben in Deutschland	158
Website	„Hitlers Eliteschüler – Die NS-Ordensburg Vogelsang in 360°“	170
Musterlösung	Dokumentation untersuchen	170
Website	Digitale Sammlung: Feldpostbriefe aus dem Zweiten Weltkrieg	173
Website	360°-Dokumentation „Inside-Auschwitz“	182
Website	Gedenkstätte EL-DE-Haus – ehemaliges Gestapogefängnis	189
Website	Gedenkstätte Deutscher Widerstand	192
Arbeitsblatt	Gemeinsam Texte erstellen	192
Video	Trailer: „Trough the Darkest of Times“	196
Material	Karte der japanischen Expansion im Pazifikraum	198
Website	Augmented Reality App: Zeitzeugen des Zweiten Weltkriegs	201
Arbeitsblatt	Selbsteinschätzungsbogen	210
Üben interaktiv	Wissens-Check	210

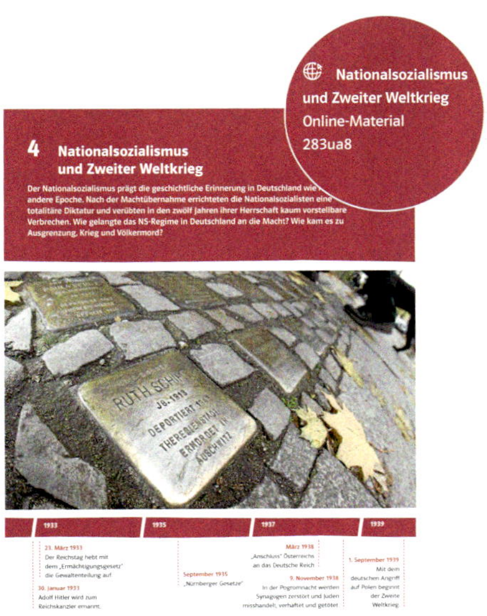

Nationalsozialismus und Zweiter Weltkrieg
Online-Material
283ua8

Auf den Auftaktseiten und in den Unterkapiteln des Buches findest du **Geschichte-und-Geschehen-Codes**. Diese führen dich zu weiteren Materialien im Internet. Gib den Code einfach in das Suchfeld auf **schueler.klett.de** ein.

So arbeitest du mit Geschichte und Geschehen

Einsteigen

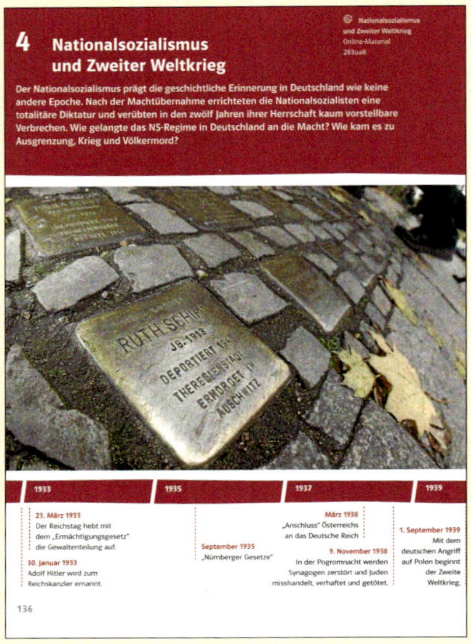

4 Nationalsozialismus und Zweiter Weltkrieg

Der Nationalsozialismus prägt die geschichtliche Erinnerung in Deutschland wie keine andere Epoche. Nach der Machtübernahme errichteten die Nationalsozialisten eine totalitäre Diktatur und verübten in den zwölf Jahren ihrer Herrschaft kaum vorstellbare Verbrechen. Wie gelangte das NS-Regime in Deutschland an die Macht? Wie kam es zu Ausgrenzung, Krieg und Völkermord?

Eine kurze Einleitung, eine große Abbildung und eine Kompetenzbox zeigen dir, **was dich in jedem Kapitel erwartet.**
Die Zeitleiste und die Geschichtskarte verraten dir **Zeit und Ort** des Themas.

Erarbeiten

Nationalsozialisten an der Macht – wie wurde die Demokratie zerstört?

Mit einem Fackelzug feierten die Anhänger der Nationalsozialisten am 30. Januar 1933 die Amtsübernahme des neuen Reichskanzlers Adolf Hitler. Wie schnell die Demokratie zerstört werden würde, ahnten zu diesem Zeitpunkt nur wenige.

Jedes Unterkapitel beginnt mit einer Einleitung, die dir erklärt, warum das Thema wichtig ist. Die Unterkapitel sind in einen informierenden **Verfassertext (VT)** und einen **Materialteil (Q, D)** mit den **Aufgaben** unterteilt.
Das **Kompetenz- und Operatorentraining** verrät, wie du Materialien untersuchen kannst. **Geschichte begegnen** zeigt dir Geschichtsthemen aus deiner Alltagswelt.

MK Medienkompetenz

Aufgaben zur Medienkompetenz beziehen **spannende multimediale Materialien** aus dem Online-Bereich ein. So wird Geschichte anschaulich.

Kompetenztrainingsseiten unterstützen dich beim Erschließen von Medien. So wirst du im Umgang mit Medien immer sicherer.

SP Sprachbildung

Mit **sprachsensiblen Aufgaben** trainierst du das Verfassen eigener Texte. Du übst auch das Anwenden von Fachbegriffen.

Seiten zum **Operatorentraining** und die praktische **Operatorenliste** helfen dir beim richtigen Umgang mit Aufgaben und Texten.

Individuelle Förderung

Mit **niveaudifferenzierenden Aufgaben** gelangen alle zum gleichen Ziel.

○ **Aufgaben mit Denkanstößen**
Wenn du Unterstützung zur Lösung einer Aufgabe brauchst, findest du hinten im Buch hilfreiche Tipps.

● **Aufgaben zum Weiterdenken**
Du willst mehr wissen und suchst eine Herausforderung? Diese etwas kniffligeren Aufgaben sind für dich!

Kooperatives Lernen

Die Aufgaben in **Gemeinsam-lernen-Boxen** werfen Fragen auf und zeigen einen Weg, wie ihr diese gemeinsam untersuchen könnt.

Kompetenz- und Operatorentraining

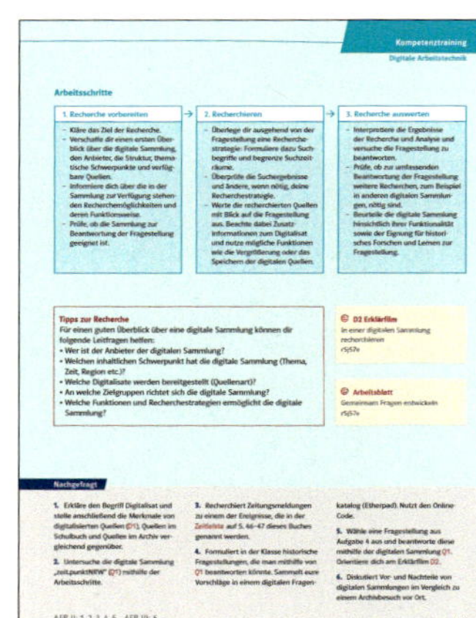

Hier lernst du, Materialien und Themen selbst zu erschließen. Dabei helfen dir **Arbeitsschritte** und **Formulierungshilfen.**
Seiten zum **Operatorentraining** unterstützen dich beim richtigen Umgang mit den Aufgaben.

Überprüfen

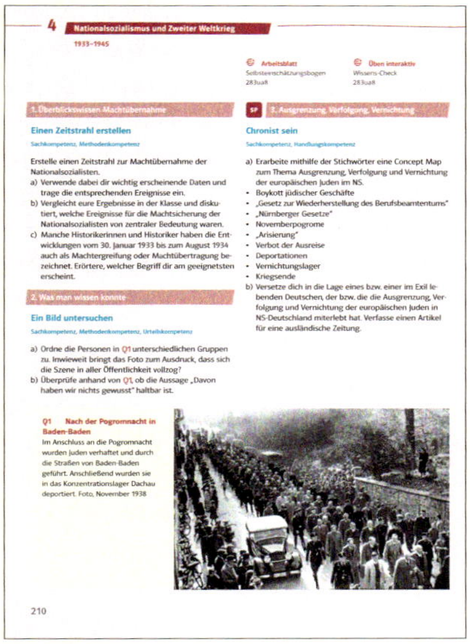

Wiederholen und Anwenden ermöglicht dir, deine Kompetenzen zu überprüfen.
Im Online-Bereich kannst du das Gelernte wiederholen und festigen.

Nachschlagen

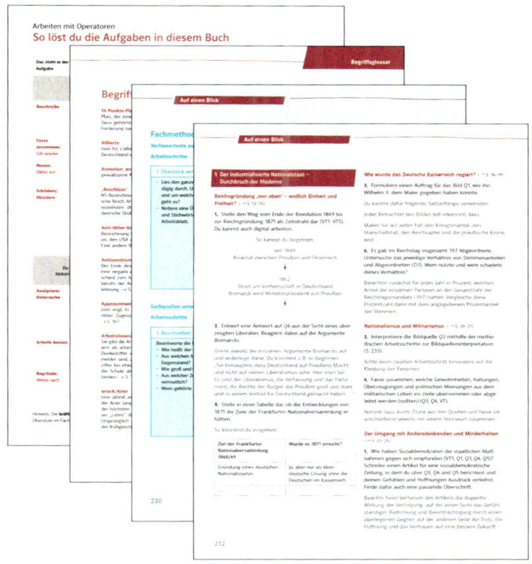

Am Ende des Buches findest du **Denkanstöße**, die dich bei der Lösung von Aufgaben unterstützen. Das **Glossar** enthält alle methodischen Arbeitsschritte und die wichtigsten Fachbegriffe zum Nachschlagen. Außerdem findest du hier eine Übersicht über die **Bildgattungen** des Bandes. Die **Operatorenliste** kannst du ausklappen. Sie verrät dir, wie du Aufgaben löst.

Geschichte begegnen

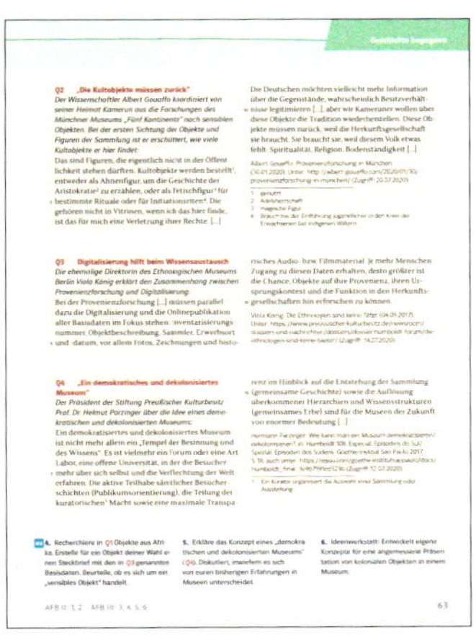

Die Seiten **Geschichte begegnen** zeigen dir, wo du im Alltag auf Geschichte treffen kannst.

Erklärung der Symbole

○	Aufgaben mit Denkanstößen (ab S. 212)
●	Aufgaben zum Weiterdenken
▯	Geschichtserzählung
•⊣⊢•	fakultative Inhalte

MK kennzeichnet Aufgaben oder Seiten zum Thema Medienkompetenz.

SP kennzeichnet Aufgaben oder Seiten, die den Fokus verstärkt auf (fachintegrierte) Sprachbildung richten.

Nationalsozialismus und Zweiter Weltkrieg
Online-Material
283ua8

Geschichte-und-Geschehen-Codes führen dich zu Zusatzmaterialien im Internet. Gib den Code einfach in das Suchfeld auf schueler.klett.de ein.

1 Der industrialisierte Nationalstaat – Durchbruch der Moderne

Der industrialisierte Nationalstaat
Online-Material
hw8hx2

In der zweiten Hälfte des 19. Jahrhunderts kam es in Deutschland zu tiefgreifenden Veränderungen: 1871 entstand mit dem Kaiserreich ein gemeinsamer Nationalstaat. Zugleich nahm die Industrialisierung, die in der Mitte des 18. Jahrhunderts in England begonnen hatte, in Deutschland immer mehr an Tempo zu. Das Reich wurde zu einem der führenden Industriestaaten der Welt. Wie veränderten sich dadurch die politischen und gesellschaftlichen Verhältnisse, die Arbeit und das Leben der Menschen?

1750 | 1775 | 1800 | 1825

1769
James Watts erste Verbesserungen der Dampfmaschine werden patentiert.

ab etwa 1760
Anfänge der Industrialisierung in Großbritannien

1825
erste Eisenbahnstrecke in England

1834
Gründung des Deutschen Zollvereins

1835
erste Eisenbahnstrecke in Deutschland

Kompetenzen

Am Ende dieses Kapitels weißt und kannst du Folgendes:

Sachkompetenz
- Du kennst die Verfassung des Kaiserreichs.
- Du weißt, dass im Kaiserreich ein ausgeprägter Nationalismus herrschte.
- Du weißt, welche Errungenschaften, Herausforderungen und Konsequenzen die Industrialisierung mit sich brachte.
- Du weißt, warum die Industrialisierung in England begann.
- Du kannst erläutern, wie die Industrialisierung die Lebens- und Arbeitswelten der Menschen veränderte.
- Du kannst erläutern, welche Gruppen wie versuchten, die soziale Frage zu lösen.

Methodenkompetenz
- Du kannst Statistiken auswerten.

Urteilskompetenz
- Du kannst den Charakter des Kaiserreichs zwischen Fortschritt, Stagnation und Rückschritt beurteilen.
- Du kannst beurteilen, inwieweit die Industrialisierung das Leben der Menschen verbesserte oder verschlechterte.
- Du kannst die verschiedenen Ansätze zur Lösung der sozialen Frage bewerten.

Handlungskompetenz
- Du kannst den Informationsgehalt unterschiedlicher Quellengattungen bewerten.

◄ **D1 Reiterstandbild Kaiser Wilhelms II. auf der Hohenzollernbrücke in Köln**
Die Hohenzollernbrücke wurde von 1907 bis 1911 als kombinierte Eisenbahn- und Straßenbrücke gebaut.

1850 | 1875 | 1900

1871
Gründung des Deutschen Kaiserreiches

ab 1840
erste Etappe der Industrialisierung in Deutschland: Aufschwung der Schwerindustrie

1875
Gründung der „Sozialistischen Arbeiterpartei", des Vorläufers der SPD

ab 1880
zweite Etappe der Industrialisierung in Deutschland: Aufschwung der Elektro- und der chemischen Industrie

ab 1883
Einführung der Sozialgesetzgebung

Reichsgründung „von oben“ – endlich Einheit und Freiheit?

1871 ging für viele Deutsche ein Traum in Erfüllung: Mit dem Deutschen Reich wurde der lang ersehnte gemeinsame Nationalstaat gegründet. Wie kam es dazu? Und: Wurden auch die erhofften Freiheitsrechte verwirklicht?

Annexion, annektieren gewaltsame Aneignung eines fremden Staatsgebietes

Norddeutscher Bund Dieser wurde 1866 als Nachfolger des Deutschen Bundes gegründet. Er wurde von Preußen beherrscht und wurde zur Vorstufe für das 1871 gegründete Deutsche Reich.

VT1 Staatsgründung im Krieg

Anfang des Jahres 1871 herrschte Krieg zwischen Deutschen und Franzosen. Paris war von deutschen Soldaten eingeschlossen, im Schloss von Versailles hatten die deutschen Befehlshaber ihr Quartier errichtet. Am 18. Januar 1871 wurde dort im Spiegelsaal der preußische König Wilhelm I. zum Deutschen Kaiser ausgerufen und damit das Deutsche Reich gegründet. Die Hoffnung vieler Deutscher auf einen gemeinsamen Staat schien erfüllt. Doch wieso entstand dieser Nationalstaat während eines Krieges?

VT2 Streit: Wer bestimmt in Deutschland?

Rückblick: Die Jahre nach der Revolution von 1848 waren von der Rivalität zwischen Preußen und Österreich geprägt. Beide Monarchien stritten um die Vorherrschaft in Deutschland. Trotz der gescheiterten Revolution blieb auch der Wunsch nach einem deutschen Nationalstaat ein bestimmendes Thema. Vor allem der preußische König konnte sich ein geeintes Deutschland vorstellen – allerdings unter preußischer Führung. Dies führte immer wieder zu Konflikten zwischen Preußen und Österreich.

VT3 Ministerpräsident Otto von Bismarck

Das Ziel eines geeinten Deutschlands unter preußischer Führung verfolgte auch der seit 1862 amtierende preußische Ministerpräsident Otto von Bismarck. Er prägte die Politik in den nächsten Jahrzehnten. Rigoros setzte er preußische Machtinteressen durch, bemühte sich aber auch um eine ausgleichende Politik gegenüber den europäischen Großmächten.

VT4 Mit Kriegen zum Ziel?

Um die Interessen Preußens durchzusetzen, setzte Bismarck auch Kriege als politisches Mittel ein, wie im Jahr 1864, als Dänemark die **Annexion** von Schleswig beschloss, das zum Teil von Dänen bewohnt wurde. Schleswig gehörte jedoch zum Deutschen Bund. Deshalb zogen Preußen und Österreich im Namen des Deutschen Bundes gegen Dänemark in den Krieg und besetzten Schleswig und Holstein. Dies führte zu einem Konflikt zwischen Preußen und Österreich: Während Preußen die Gebiete annektieren wollte, bestand Österreich auf deren Unabhängigkeit. 1866 kam es deshalb zum Krieg zwischen den beiden Staaten. Preußen bezwang Österreich und errang die Vormachtstellung in Deutschland. Dieser Krieg brachte zugleich das Ende des Deutschen Bundes mit sich. Österreich zog sich zurück. Preußen annektierte mit Schleswig-Holstein, Hannover und weiten Teilen Hessens große Gebiete im Norden Deutschlands. Es gründete einen **Norddeutschen Bund** und schloss gleichzeitig geheime Verteidigungsbündnisse mit den süddeutschen Staaten ab (D2).

VT5 Der Deutsch-Französische Krieg

Die neue Machtstellung Preußens in Norddeutschland führte zu Spannungen mit Frankreich. Ein starkes Preußen an Frankreichs Ostgrenze stand dem französischen Machtstreben in Mitteleuropa entgegen. Im Sommer 1870 spitzte sich die Situation zu: Frankreich erklärte Preußen den Krieg und stand nun als Aggressor da, woraufhin sich keine der übrigen europäischen Großmächte in den Konflikt einmischte. Gleichzeitig gelang es Preußen, die süddeutschen Staaten, die eine französische Vorherrschaft fürchteten, auf seiner Seite zu halten. Überraschend wurde der Krieg zugunsten Preußens und seiner Verbündeten entschieden. Ein Friedensvertrag legte fest, dass Frankreich eine hohe Kriegsentschädigung zahlen musste. Zudem musste es das Elsass sowie große Teile von Lothringen abtreten.

D1 Deutschland 1866

D2 Deutschland nach 1866

VT6 Gründung des Deutschen Reiches

Der gemeinsame Krieg gegen Frankreich rief in Deutschland eine Welle nationaler Begeisterung hervor (Q2). Noch im Herbst 1870 schlossen sich Baden, Hessen, Bayern und Württemberg dem Norddeutschen Bund unter preußischer Führung an. Damit war der Weg zu einem Deutschen Reich geebnet.

Bismarck gelang es, den bayerischen König Ludwig II. zu veranlassen, im Namen aller deutschen Fürsten dem preußischen König die Kaiserwürde anzutragen. So kam es zum oben geschilderten Festakt im Spiegelsaal von Versailles.

VT7 Waren Einheit und Freiheit erreicht?

Nur auf den ersten Blick waren mit der Gründung des Deutschen Reiches die Ziele von 1848/49 verwirklicht worden: Deutschland war zwar unter preußischer Führung geeint worden, allerdings durch eine Reichsgründung „von oben" – also durch die Monarchen und Adligen, nicht durch eine vom Parlament erarbeitete Verfassung. Das neue Deutsche Reich war ein Nationalstaat, aber kein liberaler. Es gab zwar ein Parlament, dessen Abgeordnete nach einem allgemeinen und gleichen Männerwahlrecht gewählt wurden, aber die Regierung wurde vom Kaiser ernannt und nicht vom Parlament gewählt.

Dennoch waren viele Anhänger der Nationalbewegung optimistisch, dass sich bald auch ihre Hoffnungen auf Grundrechte und ein starkes Parlament erfüllen würden.

Arbeitsblatt
Einen digitalen Zeitstrahl erstellen
hw8hx2

Q1 Der Tod bedankt sich für die reiche Ernte

Diese französische Karikatur von 1870 zeigt einen Albtraum Bismarcks angesichts des Deutsch-Französischen Krieges 1870/71. Lithografie von Honoré Daumier

Q2 Begeisterung über die Reichsgründung

Als die Nachrichten vom Friedensschluss mit Frankreich am 3. März 1871 in Berlin eintreffen, notiert die Baronin von Spitzemberg in ihrem Tagebuch:

[...] Mittags fand die Verlesung der kaiserlichen Depesche[1] vom Schloße aus statt, Viktoria ward geschossen[2] und mit allen Glocken geläutet. In der Stadt wogte die Menge auf und ab [...]. Und was für ein Friede für uns Deutsche! Herrlicher und glorreicher als wir einen geschlossen! Vereint zu einem Reiche, dem größten, mächtigsten, gefürchtetsten in Europa, groß durch seine physische Macht nicht allein, größere noch durch seine Bildung und dem Geist, der das Volk durchdringt! [...] Glücklich sind

Q3 Die deutsche Revolution?

Der britische Oppositionsführer Benjamin Disraeli äußert sich in einer Rede am 9. Februar 1871 über den Deutsch-Französischen Krieg:

Dieser Krieg bedeutet die deutsche Revolution, ein größeres politisches Ereignis als die französische des vergangenen Jahrhunderts [...]. Das Gleichgewicht der Macht ist völlig zerstört; und das Land, welches am meisten darunter leidet und welches die Wirkungen dieses großen Wechselns am meisten zu spüren bekommt, ist England.

Zit. nach Gerhard A. Ritter: Das Deutsche Kaiserreich. Vandenhoeck u. Ruprecht, Göttingen 1992, S. 181.

Q4 „Eisen und Blut"

Nur eine Woche nach seiner Ernennung zum Ministerpräsidenten äußert sich Bismarck 1862 gegenüber Abgeordneten zur preußischen Politik:

Nicht auf Preußens Liberalismus sieht Deutschland, sondern auf seine Macht [...]. Preußen muß seine Kraft zusammenfassen und zusammenhalten auf den günstigen Augenblick, der schon einige Male verpaßt ist; Preußens Grenzen nach den Wiener Verträgen sind zu einem gesunden Staatsleben nicht günstig; nicht durch Reden und Majoritätsbeschlüsse[1] werden die großen Fragen der Zeit entschieden – das ist der große Fehler von 1848 und 1849 gewesen –, sondern durch Eisen und Blut.

Zit. nach Lothar Gall (Hrsg.): Bismarck, Die großen Reden. Severin und Siedler, Berlin 1981, S. 62 f.

1 Mehrheitsbeschlüsse

Nachgefragt

MK **1.** Stelle den Weg von 1849 bis zur Reichsgründung 1871 als Zeitstrahl dar (VT1–VT5). Du kannst auch digital arbeiten (Online-Code). ○ → S. 212

2. Erläutere, wie sich die Machtverteilung in Deutschland in den Jahren 1866 und 1867 entwickelte (D1, D2, VT4).

3. Entwirf eine Antwort auf Q4 aus der Sicht eines überzeugten Liberalen. Reagiere dabei auf die Argumente Bismarcks. ○ → S. 212

4. Vergleiche die Stimmungen, die in Q1 und Q6 zum Ausdruck kommen.

SP **5.** Erläutere, welche Rolle der Maler in Q6 Otto von Bismarck bei der Reichsgründung zuschreibt (VT3–VT6). Nutze die folgenden Begriffe: Held, Schwert, Symbol, Einheit, Hammer, Amboss.

6. Im Jahr 1849 hatte Friedrich Wilhelm IV. die Kaiserkrone abgelehnt.

wir, daß wir […] noch jung genug sind, um uns unter seinen Strahlen zu wärmen, um die, so Gott will, recht reichen und segensvollen Früchte zu genießen, die aus dieser unter Blut und Tränen gesäten Saat hervorgehen. Möge Gott den Geist meines Volkes also lenken, daß seine Entwicklung eine friedliche und zivilisatorische bleibe, sein Reich ein Reich des Lichts, der Freiheit, der wahren, christlichen Gesittung sei!

Zit. nach Rudolf Vierhaus (Hrsg.): Am Hof der Hohenzollern. Aus dem Tagebuch der Baronin Spitzemberg 1865–1914. dtv, München 1965, S. 51 f.

1 Eilnachricht, Telegramm
2 die Deutschen haben gesiegt

Q5 Unbehagen eines Liberalen

Der liberale Historiker Jacob Burckhardt (1818–1897) bewertet die Reichsgründung im April 1872:

[…] Bismarck hat nur in eigene Hand genommen, was mit der Zeit doch geschehen wäre, aber ohne ihn und gegen ihn […] und führte die 3 Kriege 64, 66, 70. Aber nun sind wir erst am Anfang. Nicht wahr, all unser Thun ist jetzt als beliebig, dilettantisch[1], launenhaft in einen zunehmend-lächerlichen Contrast gerathen zu der hohen und bis in alles Detail durchgebildeten Zweckmäßigkeit des Militärwesens? Letzteres muß nun das Muster alles Daseins werden. Für Sie, verehrter Herr und Freund, ist es nun am interessantesten, zu beobachten wie die Staats- und Verwaltungsmaschine militärisch umgestaltet werden wird […]. Die preußische Dynastie ist jetzt so gestellt, daß sie und ihr Stab überhaupt gar nie mehr mächtig genug sein können. Vom Innehalten auf dieser Bahn ist keine Rede mehr.

Brief von Jacob Burckhardt an Friedrich von Preen. In: Max Burckhardt (Hrsg.): Jacob Burckhardt. Briefe. Bd. 5. Schwabe, Basel 1963, S. 159–161.

1 laienhaft, nicht fachmännisch

Q6 Bismarck und Germania

Holzstich nach einem Gemälde von Guido Schmitt, um 1895

Schreibe aus Sicht von Wilhelm I. einen Brief, in dem er erklärt, warum er 1871 die Krone annahm (VT1).

7. Fasse zusammen, wovor Disraeli warnt (Q3).

8. Arbeite aus dem begeisterten Tagebucheintrag der Baronin die leisen Zukunftszweifel heraus (Q2).

9. Stelle in einer Tabelle dar, ob die Entwicklungen von 1871 die Ziele der Frankfurter Nationalversammlung erfüllten (VT6, VT7). ○ → S. 212

10. Erörtere, ausgehend von den Befürchtungen Burckhardts (Q5), ob die Reichsgründung von 1871 als Erfolg betrachtet werden kann. ●

AFB I: 1, 7, 8 AFB II: 2, 5 AFB III: 3, 4, 6, 9, 10

Wie wurde das Deutsche Kaiserreich regiert?

Am 18. Januar 1871 war in Versailles der preußische König Wilhelm I. zum Deutschen Kaiser ausgerufen worden. Die deutschen Staaten schlossen sich zu einem Reich zusammen. Wie sah der neue Staat aus? Wie waren Macht und Einfluss im Reich verteilt?

Nationalstaat
Staat, in dem (möglichst) alle Bürger einer Nation angehören und in dem keine Angehörigen anderer Nationen leben

VT1 Nationalstaat mit Einschränkungen

Mit mehr als 40 Millionen Einwohnern war das neue Reich zum Zeitpunkt seiner Gründung nach Russland der bevölkerungsreichste Staat Europas. Aber nicht alle Deutschen lebten darin. Viele Deutsche waren z. B. Bürger Österreich-Ungarns. Zugleich umfasste der neue Staat auch verschiedene nationale Minderheiten. Zahlenmäßig am stärksten vertreten waren die Polen mit etwa 2,4 Millionen. Ein reiner **Nationalstaat** war das Kaiserreich also nicht.

VT2 Das Reich als Bundesstaat

Das neue Deutsche Reich war ein Bundesstaat und eine konstitutionelle Monarchie, das heißt ein Zusammenschluss einzelner Länder mit dem König von Preußen als Deutschem Kaiser an der Spitze. Unter den 25 Staaten nahm Preußen eine Vormachtrolle ein. Es umfasste nahezu zwei Drittel des Reichsgebiets, in denen mehr als die Hälfte der Bevölkerung lebte. Der Reichskanzler war in der Regel zugleich preußischer Ministerpräsident. Die einzelnen Landesfürsten herrschten zwar weiter und die Einzelstaaten behielten eigene Regierungen und Verwaltungen, aber die wichtigsten Entscheidungen wurden von der Reichsregierung getroffen.

VT3 Das Wahlrecht

Das Wahlrecht im Reich gehörte zu den modernsten der damaligen Zeit. Die Abgeordneten des Reichstages wurden in allgemeiner, gleicher, direkter und geheimer Wahl bestimmt. Das bedeutet: Alle Erwachsenen durften wählen und jede Stimme zählte gleich viel. Allerdings waren nur die Männer wahlberechtigt, Frauen blieben bis zum Ende des Kaiserreiches vom Wahlrecht ausgeschlossen. Gewählt wurde nach dem Mehrheitsprinzip: Für den Sieg eines Kandidaten waren mindestens 50 Prozent der Stimmen in einem Wahlkreis erforderlich. Wenn keiner diesen Wert erreichte, gab es eine Stichwahl zwischen den beiden Kandidaten mit den meisten Stimmen.

Anders sah in den meisten Einzelstaaten das Wahlrecht für die Landtage aus. In Preußen gab es das sogenannte Dreiklassenwahlrecht. Nach der Höhe ihrer Steuern wurde die Wahlbevölkerung in drei Klassen eingeteilt, von denen jede ein Drittel der Abgeordneten wählte. Die Wähler der ersten Klasse, die etwa fünf Prozent der Wählerschaft ausmachten, hatten dadurch dasselbe Gewicht wie die 80 Prozent in der dritten Klasse.

VT4 Die Parteien

Die wichtigsten Parteien waren die Nationalliberalen, die Konservativen, das Zentrum und die Sozialdemokraten. Die Wähler der Nationalliberalen waren vor allem Bürger mit viel Geld und guter Bildung. Die Konservativen hatten ihre Hochburgen im ländlichen Preußen. Sie wurden vom Adel, vom Militär und von der Beamtenschaft bevorzugt. Das Zentrum war die Partei der Katholiken. Die Sozialdemokratie wurde vor allem von der städtischen Arbeiterschaft gewählt. Sie wurde vom Staat massiv bekämpft. Nach der Anzahl der Stimmen entwickelte sich die Sozialdemokratie schon bei den Reichstagswahlen von 1890 zur stärksten Partei. 1912 erhielt sie dann auch die meisten Sitze im Reichstag.

VT5 Kaiser und Kanzler

Kaiser und Kanzler hatten nach der Verfassung beide eine starke Stellung. Die Position des Kanzlers war bei der Reichsgründung auf die Person Bismarcks zugeschnitten. Wilhelm I. ließ ihm politisch weitgehend freie Hand. Die Machtverteilung zwischen Kaiser und Kanzler verschob sich, als Wilhelm II. (Q1) 1888 den Thron bestieg. Er wollte viel stärker als sein Vorgänger die Politik lenken. Das führte zum Konflikt mit Bismarck und 1890 zu dessen Entlassung.

Nach ihm hatte kein Kanzler mehr eine ähnlich starke Position inne. Regierung und Parlament verloren immer mehr an Einfluss, Militärs und persönliche Ratgeber Wilhelms II. traten in den Vordergrund.

VT6 Das Kaiserreich – ein Obrigkeitsstaat

Staat und Verwaltung hatten im Deutschen Reich viel Macht. Das konnte sich durchaus positiv auswirken. Recht und öffentliche Ordnung waren sicherer als je zuvor: Es gab Rechtsvorschriften, an die sich alle halten mussten, und unabhängige Gerichte. Nur der Staat durfte geltendes Recht auch mit Gewalt durchsetzen. Dieser versuchte auch, soziale Missstände zu lindern, z. B. durch die Sozialgesetzgebung, die Einschränkung der Kinderarbeit und die Förderung von Schulen und Wissenschaft. Dass in Deutschland vieles „von oben“ geregelt wurde, hatte aber auch Schattenseiten. Vermeintliche Gegner des Staates wurden scharf verfolgt. Die Beamten verstanden sich als Verkörperung der Obrigkeit. Wer mit ihnen zu tun hatte, musste oft als Bittsteller auftreten.

Obrigkeitsstaat
Der Herrscher, die höheren Schichten und die Beamten sind wichtiger und einflussreicher als das Volk.

→ Themen verknüpfen
Mehr zur Sozialgesetzgebung erfährst du auf den Seiten 40 bis 43.

D1 Die Verfassung des Deutschen Reiches 1871

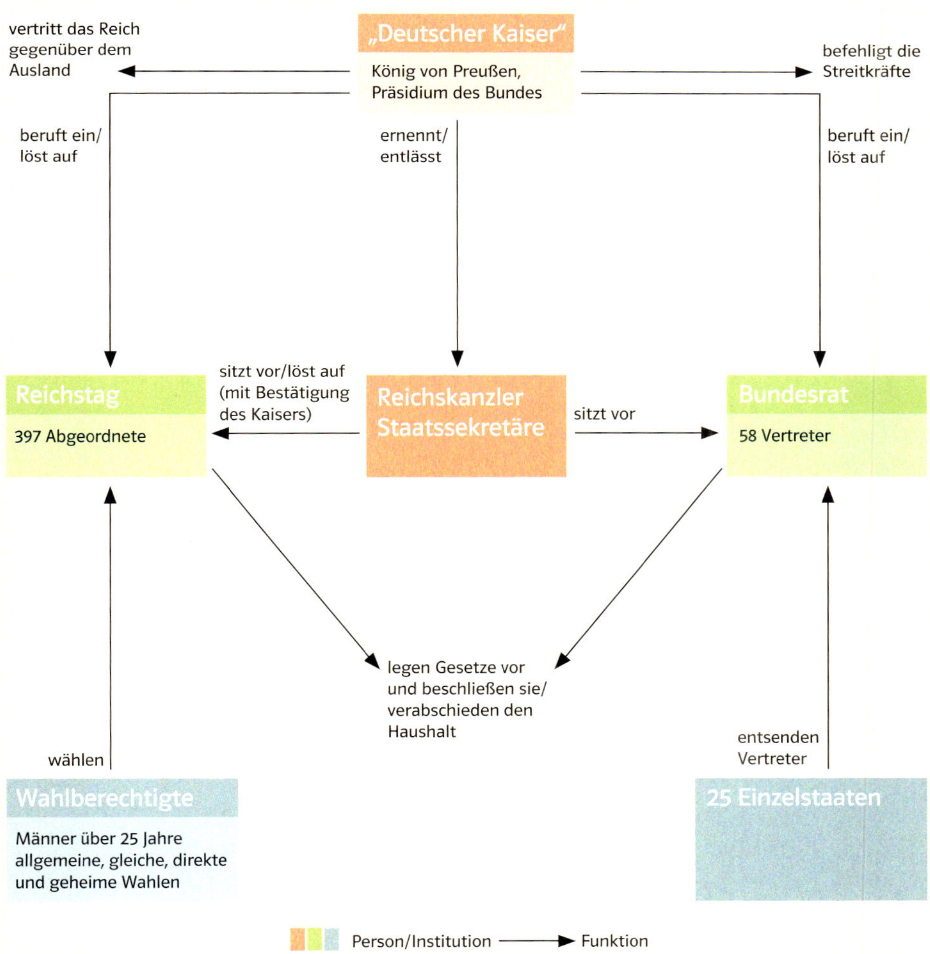

D2 Material
Schaubild: Verfassung der Bundesrepublik
hw8hx2

Q1 Kaiser Wilhelm II.

Druck nach einem verlorenen Ölgemälde von Max Koner, 1890

1 Kürassieruniform (Kürassiere = schwere Reiter)
2 preußischer Königsmantel
3 Stern des Schwarzen Adlers, höchster preußischer Orden
4 Band des Schwarzen Adlerordens
5 Marschallstab (Marschall = höchster militärischer Rang)
6 Reichsapfel
7 Krone von Preußen

Q2 Über die monarchische Herrschaft

Der brandenburgische Kurfürst Friedrich III. hatte sich 1701 in Königsberg selbst zum ersten König in Preußen gekrönt. In einer Rede in Königsberg vor dem Landtag der Provinz Ostpreußen sagt Kaiser Wilhelm II. 1890:

[Königsberg hat besondere Bedeutung erhalten] dadurch, daß Seine Majestät der dahingegangene Kaiser Wilhelm I. das Königtum von Gottes Gnaden von neuem hier proklamiert[1] und dort in der Schloßkirche der gesamten Welt gegenüber zum Ausdruck gebracht hat; dieses Königtum von Gottes Gnaden, was ausdrückt, daß Wir Hohenzollern[2] Unsere Krone nur vom Himmel nehmen und die darauf ruhenden Pflichten dem Himmel gegenüber zu vertreten haben. Von dieser Auffassung bin auch Ich beseelt, und nach diesem Prinzip bin Ich entschlossen, zu walten und regieren.

Johannes Penzler (Hrsg.): Wilhelm II. Die Reden in den Jahren 1888 bis 1905. Bd. I. Reclam, Leipzig o. J., S. 114.

1 öffentlich verkünden
2 preußische Herrscherfamilie, zu der die deutschen Kaiser gehörten

Q3 Herrscher und Parlament

Der konservative Abgeordnete Elard von Oldenburg-Januschau erregt 1910 in einer Reichstagsrede mit dieser Äußerung Aufsehen:

Der König von Preußen und der Deutsche Kaiser muß jeden Moment imstande sein, zu einem Leutnant zu sagen: „Nehmen Sie zehn Mann und schließen Sie den Reichstag."

Verhandlungen des Reichstages. VI. Legislaturperiode. Bd. 259, S. 898.

Nachgefragt

1. Stelle gegenüber, welche fortschrittlichen und welche rückschrittlich-beharrenden Seiten du in den politischen Verhältnissen des Kaiserreiches siehst (VT).

2. Beschreibe anhand des Verfassungsschemas D1 in einem „Steckbrief" für jede aufgeführte Person oder Institution, welche Rechte sie hat oder nicht hat (VT2, VT3).

3. Formuliere einen Auftrag für das Bild Q1, wie ihn Wilhelm II. dem Maler gegeben haben könnte. ○ → S. 212

4. Charakterisiere das Verständnis von Herrschaft und Politik, das hinter der Äußerung Wilhelms II. steht (Q2).

5. Verfasse eine kurze Äußerung: Was würde ein sozialdemokratischer Abgeordneter seinem Kollegen Oldenburg-Januschau im Reichstag erwidern (Q3)?

D3 Reichstagswahlen von der Reichsgründung bis zum Ersten Weltkrieg

	1874		1884		1893		1903		1912	
Partei	Stimmen-anteil in %	Abgeord-nete	Stimmen-anteil in %	Abgeord-nete	Stimmen-anteil in %	Abgeord-nete	Stimmen-anteil in %	Abgeord-nete	Stimmen-anteil in %	Abgeord-nete
Konservative	6,9	22	15,2	78	13,5	72	10,0	54	9,2	43
Zentrum	27,9	91	22,6	99	19,1	96	19,8	100	16,4	91
National-liberale	29,7	155	17,6	51	13,0	53	13,9	51	13,6	45
Sozial-demokraten	6,8	9	9,7	24	23,3	44	31,7	81	34,8	110

Nach Gerd Hohorst/Jürgen Kocka/Gerhard A. Ritter: Sozialgeschichtliches Arbeitsbuch II. Materialien zur Geschichte des Kaiserreichs 1870–1914. C. H. Beck, München 1978, S. 173–175.

D4 Wahlen zum preußischen Landtag 1908

Partei	Stimmen-anteil in %	Abgeord-nete
Konservative	14,15	152
Freikonservative	2,24	60
Zentrum	19,91	104
Nationalliberale	12,71	65
Freisinnige Volkspartei	3,93	28
Polen und Dänen	9,02	17
Sozialdemokraten	23,87	1

Paul Hirsch: Der preußische Landtag. Handbuch für sozialdemokratische Landtagswähler. Berlin 3. Aufl. 1913, S. 11. Zit. nach Gerhard A. Ritter (Hrsg.): Das deutsche Kaiserreich 1871–1914. Ein historisches Lesebuch. Vandenhoeck u. Ruprecht, Göttingen 5. Aufl. 1992, S. 123.

Q4 Kundgebung der SPD gegen das Dreiklassenwahlrecht in Berlin

Foto vom 3. September 1911

6. Es gab im Reichstag insgesamt 397 Abgeordnete. Untersuche das jeweilige Verhältnis von Stimmenanteilen und Abgeordneten (D3). Wem nützte und wem schadete dieses Verhältnis?
○ → S. 212

7. Städtische Wahlkreise hatten meist mehr Wähler als ländliche. Erkläre, welche Auswirkungen das hatte (D3).

8. Beurteile die Wahlverfahren im Reich und in Preußen im Vergleich (D3, D4, VT3).

SP **9.** Stell dir vor, die SPD-Anhänger auf dem Foto Q4 würden Transparente mit sich tragen. Entwirf Textvorschläge.

MK **10.** Vergleiche die Reichsverfassung (D1) mit unserer heutigen Verfassung (D2). Liste dafür zunächst Unterschiede und Gemeinsamkeiten auf. ●

Nationalismus und Militarismus

Der Wunsch vieler Deutscher nach einem geeinten Vaterland war mit der Reichsgründung 1871 Wirklichkeit geworden. Doch schon bald sollte aus der Freude darüber ein übertriebener Nationalismus erwachsen. Davon wurde das Denken und Handeln weiter Bevölkerungskreise im Kaiserreich geprägt. Wie kam es dazu? Welche Auswirkungen hatte das auf Politik und Alltag?

Q1 Bildpostkarte, um 1900

einjährig-freiwilliger Militärdienst Wer mindestens die 10. Klasse einer höheren Schule abgeschlossen hatte, konnte statt des üblichen zweijährigen einen einjährigen Militärdienst leisten. Er musste dann die Kosten dafür selbst tragen. Nach seiner Dienstzeit konnte er zum Reserveoffizier aufsteigen. Reserveoffiziere übten einen zivilen Beruf aus. Bei Übungen und im Kriegsfall dienten sie als Offiziere.

VT1 Der „vaterländische Gedanke"

Seit dem Sieg über Napoleon 1814/15 hatte der Nationalgedanke in Deutschland eine antifranzösische Ausrichtung. Diese verstärkte sich im Krieg von 1870/71 weiter: Frankreich galt als der „Erbfeind", der Kampf gegen ihn einte alle Deutschen. Weil Deutschland die führende Militär- und bald auch Wirtschaftsmacht auf dem Kontinent war, fühlte man sich anderen Völkern und Staaten überlegen. Überheblichkeit und Missachtung anderer kamen besonders unter Kaiser Wilhelm II. zum Ausdruck. Mit anmaßenden Reden und seiner Vorliebe für alles Militärische rief er im Ausland Verwunderung, Ablehnung und Misstrauen hervor.

An der Pflege des „vaterländischen Gedankens", wie es damals hieß, wirkten viele mit. Im Militär war er selbstverständlich. Aber auch die Schule hatte die Aufgabe, die deutsche Geschichte, das deutsche Volk und die deutschen Herrscher zu verherrlichen. Schützen-, Turner- und Sängervereine feierten mit Begeisterung nationale Feste und sangen patriotische Lieder. Sie hatten Millionen von Mitgliedern – so verwurzelte sich der „vaterländische Gedanke" immer stärker in der Bevölkerung.

Zwar gab es in anderen Staaten, etwa in Frankreich, ähnliche Tendenzen, aber in Deutschland waren sie besonders ausgeprägt.

VT2 Die Militarisierung der Gesellschaft

Mit dem Nationalismus eng verbunden war die Hochschätzung alles Militärischen. Militärische Stärke galt als Garantie für die Sicherung der neuen Vormachtstellung in Europa. Der Oberbefehl über das Militär lag beim Kaiser. Parlament und Regierung hatten darauf praktisch keinen Einfluss.

Das Militär stieg zum angesehensten Stand im Reich auf (Q4). Dabei blieben die hohen Offiziersränge vorwiegend von Adeligen besetzt. Die Offiziere hoben sich durch besondere Privilegien (Sonderrechte) und Lebensformen von der übrigen Bevölkerung ab. Sie wurden bewundert und nachgeahmt. Auf den Bürgersteigen machte man ihnen Platz und in den Restaurants wurden sie bevorzugt bedient.

Gut gestellte Bürger strebten nach militärischem Aufstieg: Sie konnten den sogenannten **einjährig-freiwilligen Militärdienst** leisten und es dann bis zum Reserveoffizier bringen. Uniformen für Zivilberufe waren beliebt – von der Eisenbahn bis zur Feuerwehr. Viele eigneten sich die Hierarchievorstellungen, das Verhalten und die Redeweise des Militärs an. Auch im zivilen Leben bestimmte oft der militärische Rang das Ansehen eines Menschen.

Q2 Kaiser Wilhelm II. und seine Familie

Ansichtskarte, 1906

Q3 Militär und Volkserziehung

Der Militärarzt Dr. Nütten führt 1867 in einem Vortrag vor Offizieren aus:

Die geregelte Lebensweise, welche der Soldat führen muß, hat aber nicht bloß auf seine körperliche Gesundheit einen wohltätigen Einfluß, auch seine moralischen Eigenschaften werden dadurch gebessert. Der nicht freigiebige[1] Sold, die einfache Kost, die regelmäßige Verabreichung von Kleidungsstücken, die Sorge für deren Instandhaltung etc. wecken und erhalten frühzeitig sein Sinnen und Trachten zur Genügsamkeit, Vorsorge und Sparsamkeit. [...] Wir haben daher in unserer Armee nicht nur eine militärische Disziplin, sondern auch eine moralische, die nicht bloß Soldaten ausbildet, sondern auch den jungen Mann erzieht und den ausgebildeten Soldaten seinem bürgerlichen Lebensberufe mit dem moralischen Sinne für eine geregelte Lebensweise, für Ordnung und Gesetz zurückgibt.

Zit. nach Bernd Ulrich/Jakob Vogel/Benjamin Ziemann (Hrsg.): Untertan in Uniform. Militär und Militarismus im Kaiserreich 1871–1914. Quellen und Dokumente. Fischer Taschenbuchverlag, Frankfurt/M. 2001, S. 63.

1 bescheidene

Q4 Militär und Gesellschaft

Eine Militärzeitschrift beschreibt 1888 die Bedeutung des Reserveoffizierswesens:

Der Wert, den die junge Männerwelt der höheren Stände, auch der bürgerlichen Berufszweige, auf den Reserve- bzw. Landwehr[1]-Offizier legt, tritt in mannigfachen[2] Merkzeichen auf. Keine private Kundgebung, Familien-Anzeige und dergleichen, die nicht mindestens neben dem bürgerlichen Charakter [der Stellung] des Betreffenden auch den militärischen trüge, keine größere Festlichkeit, bei der nicht von den Berechtigten die Gelegenheit wahrgenommen würde, den Frack mit des Königs glänzendem Waffenkleide zu vertauschen. So tritt auch im bürgerlichen Leben im Menschen, wenn man so sagen darf, der Offiziers-Beruf stets früher in die Erscheinung, als der, der sein tägliches Dasein durchs Leben geleitet [...].

Zit. nach Bernd Ulrich/Jakob Vogel/Benjamin Ziemann (Hrsg.): Untertan in Uniform. Militär und Militarismus im Kaiserreich 1871–1914. Quellen und Dokumente. Fischer Taschenbuchverlag, Frankfurt/M. 2001, S. 135.

1 Truppe der älteren Wehrpflichtigen
2 vielen

Nachgefragt

SP **1.** Erläutere, warum der „vaterländische Gedanke" für weite Kreise der Bevölkerung so attraktiv war. Notiere dazu zunächst Stichworte aus VT1.

2. Begründe, weshalb der Hersteller der Ansichtskarte Q1 sich für dieses Motiv entschieden haben könnte.

3. Interpretiere die Bildquelle Q2 mithilfe der methodischen Arbeitsschritte zur Bildquelleninterpretation (S. 233). ○ → S. 212

4. Fasse zusammen, welche Gewohnheiten, Haltungen, Überzeugungen und politischen Meinungen aus dem militärischen Leben ins zivile übernommen oder abgeleitet werden (sollten) (Q3, Q4, VT). ○ → S. 212

5. Vergleiche die Rolle des Militärs im Kaiserreich mit seiner Bedeutung in Deutschland heute. ●

AFB I: 4 AFB II: 1, 2 AFB III: 3, 5

Der Umgang mit Andersdenkenden und Minderheiten

Wer im Kaiserreich nicht mit der Mehrheit der Gesellschaft übereinstimmte, wurde schnell mit dem Etikett „Reichsfeind" versehen. Welche Folgen hatte das für die Betroffenen?

Sozialdemokratie
Politische Bewegung, die die soziale Schlechterstellung der Arbeiterschaft beseitigen will. 1875 entstand in Deutschland die Sozialistische Arbeiterpartei Deutschlands, die sich 1890 in Sozialdemokratische Partei Deutschlands umbenannte. Die Sozialdemokratie trat zunächst für eine revolutionäre Umgestaltung der Gesellschaft ein, gegen Ende des Kaiserreiches ging sie zu einer reformistischen Position über.

→ Themen verknüpfen
Über die Sozialgesetze, die im Deutschen Kaiserreich eingeführt wurden, kannst du auf den Seiten 40 bis 43 nachlesen.

VT1 Die Sozialdemokraten

Die gefährlichsten inneren Feinde des Reiches waren in Bismarcks Augen die Sozialdemokraten. Denn ihre Programme sahen eine grundlegende Umgestaltung von Staat und Gesellschaft vor. Zwei Attentate auf Kaiser Wilhelm I. boten 1878 den Vorwand, gegen die **Sozialdemokratie** vorzugehen. Das sogenannte Sozialistengesetz (1878–1890) verbot sozialdemokratische Organisationen. Ihre Schriften und Gelder wurden beschlagnahmt, aktive Mitglieder verfolgt, verhaftet und ausgewiesen (Q1, Q3). Die Partei wurde dadurch schwer getroffen. Sie blieb aber bestehen, durfte weiterhin an Wahlen teilnehmen und erhielt allen staatlichen Maßnahmen zum Trotz immer stärkeren Zulauf.

Die Sozialgesetzgebung sollte gleichfalls dem Kampf gegen die Sozialdemokratie dienen. Zwar wollte Bismarck auch aus sozialen Motiven die Lage der Arbeiterschaft verbessern, zugleich aber der „sozialdemokratischen Propaganda" den Wind aus den Segeln nehmen und die Arbeiterschaft für den Staat gewinnen. Dieses Ziel erreichte er jedoch nicht, dafür waren die Fortschritte zu bescheiden. Arbeiter und Staat standen einander weiterhin feindselig gegenüber.

Q1 Karikatur zum Sozialistengesetz
von Wilhelm Scholz in der Zeitschrift Kladderadatsch, Februar 1884.
Bildunterschrift: „Nun mein Kind, drückt Dich denn Dein Korb nicht sehr?"
Socialdemokratie: „O nein – wie Sie sehen, bin ich groß und stark dabei geworden."

VT2 Die Katholiken

Die Katholiken bildeten mit ca. 37 Prozent der Bevölkerung eine starke religiöse Minderheit im Reich. Bismarck sah im Katholizismus eine Bedrohung. Er hatte den Verdacht, dass sich die Katholiken eher ihrer Kirche als dem Staat verpflichtet fühlten. Mit mehreren Gesetzen versuchte er in den 1870er-Jahren, den Einfluss der katholischen Kirche einzudämmen. Priester durften nicht mehr von der Kanzel über politische Fragen reden, Geistliche sollten staatliche Prüfungen ablegen und die Ehe sollte nicht mehr kirchlich, sondern durch das Standesamt beurkundet werden. Aber dieser sogenannte Kulturkampf rief erst recht den Widerstand der katholischen Kirche und der Gläubigen hervor. In den 1880er-Jahren strebte Bismarck deshalb einen Ausgleich mit der Kirche an.

VT3 Die Polen

Im Osten Preußens lebten mehr als zwei Millionen Polen. In vielen Gegenden der Provinzen Posen und Westpreußen bildeten sie eine Mehrheit. Dass sie ihre polnische Sprache und Kultur bewahren wollten, machte sie in den Augen der

Behörden verdächtig. Dazu kam ihr katholischer Glaube. Den Polen wurde unterstellt, sie wollten ihre Gebiete von Preußen loslösen und einen eigenen Staat bilden.

Die preußischen Behörden versuchten deshalb, mit Zwangsmaßnahmen gegen die Polen vorzugehen: Sie durften auf Ämtern, vor Gericht und in der Schule nur noch deutsch sprechen. Veranstaltungen polnischer Vereine wurden verboten. Polnische Landgüter wurden aufgekauft und deutsche Bauern dort angesiedelt. Letztlich aber stärkten diese Maßnahmen eher den Widerstandswillen der polnischen Bevölkerung.

VT4 Die Juden

Die Juden machten im Kaiserreich etwa ein Prozent der Bevölkerung aus. Mit der Reichsgründung hatten sie die rechtliche Gleichstellung erhalten. Als Ärzte und Anwälte, Kaufleute (Q2), Unternehmer und Juristen etablierten sie sich im Bürgertum. In mancher Beziehung allerdings blieben sie trotz dieser **Judenemanzipation** Bürger zweiter Klasse. Vor allem im Staatsdienst – beim Militär, in der Verwaltung und an den Universitäten – hatten sie kaum Aufstiegschancen. In der Bevölkerung nahmen die Vorbehalte gegenüber dem Judentum sogar wieder zu. Als 1873 eine Wirtschaftskrise begann, machten viele Menschen ganz unberechtigt jüdische Unternehmer und Bankiers dafür verantwortlich.

Der Ausspruch des preußischen Historikers Heinrich von Treitschke „Die Juden sind unser Unglück“ wurde unter Gesinnungsgenossen zum geflügelten Wort. Solch antisemitisches Gedankengut fand im Kaiserreich zwar nie massenhafte Verbreitung, aber zahlreiche Anhänger (Q6). Allerdings war das keine deutsche Besonderheit. Überall in Europa fasste der **Antisemitismus** Fuß.

Judenemanzipation
Juden wurden in Deutschland und ganz Europa jahrhundertelang benachteiligt und vielfach verfolgt. Der Begriff Judenemanzipation bezeichnet ihre allmähliche Besserstellung und zunehmende Gleichberechtigung im Laufe des 19. Jahrhunderts.

Antisemitismus
Der Ende des 19. Jahrhunderts entstandene Begriff bezeichnet eine negativ-aggressive Einstellung gegenüber Juden. Im Unterschied zum Antijudaismus (Ablehnung aus religiösen Gründen) beruht der Antisemitismus auf einer rassisch begründeten Ablehnung.

Q2 Kaiser Wilhelm II. verlässt das Antiquitätengeschäft eines jüdischen Inhabers
Foto, Berlin um 1900

Q3 Durchsuchung bei einem politisch Verdächtigen

Holzstich aus der sozialdemokratischen Satirezeitschrift Der wahre Jacob, 1895

Q4 Wahlbehinderungen

Ein Arbeiter berichtet nach der Reichstagswahl 1890:

In einigen Wahllokalen lagen die konservativen Stimmzettel im Lokal auf dem Tisch und niemand durfte sich einen Stimmzettel von draußen mitbringen [die Stimmzettel wurden von den Parteien selber gestellt]; man musste ihn im Lokal vom Tisch nehmen und dann dem Wahlvorsteher übergeben. An anderen Orten wurden Wählern unsere Stimmzettel aus der Hand genommen, zerrissen und ihnen andere mit den Worten gegeben: „Das ist der richtige für Kaiser und Reich." In einigen Dörfern haben Arbeiter sozialdemokratisch gewählt, bei der Auszählung fand sich aber kein sozialdemokratischer Stimmzettel vor – wahre Hexerei, nicht?

Eduard Bernstein: Die Geschichte der Berliner Arbeiter-Bewegung. Teil 2. Auvermann, Glashütten 1972, S. 298.

Q5 Feindbild Sozialdemokratie

In einem gegen die Sozialdemokraten gerichteten Flugblatt zu den Reichstagswahlen 1898 heißt es:

Die Sozialdemokratie ist die geschworene Feindin der Monarchie. Sie will den Hohenzollernthron[1] stürzen und das Herrscherhaus beseitigen, mit dem uns eine jahrhundertelange Geschichte in Glück und Unglück verbunden hat. Wer das nicht will, der stimme gegen den Sozialdemokraten. Denn die Sozialdemokratie ist der Feind!

Die Sozialdemokratie will jede Religion beseitigen. [...] Wer den Glauben seiner Väter sich nicht nehmen lassen will, wer den köstlichen Besitz seines Herzens und seiner Seele nicht preisgeben will, der stimme gegen den Sozialdemokraten!

Die Sozialdemokratie will das Eigentum vernichten. [...] Wer behalten will, was er besitzt, wer die Scholle sich nicht nehmen lassen will, auf der er und seine Vorfahren sich genährt haben, wer sein blühendes Geschäft sich und seinen Kindern erhalten will, wer sein Handwerk weiter betreiben, wer die Früchte seines Fleißes selbst mit den Seinen genießen will, der stimme gegen den Sozialdemokraten!

Die Sozialdemokratie ist die Feindin und Verderberin der Familie. [...] Sie will uns alles das nehmen, was außer der Berufsarbeit und den öffentlichen Pflichten uns bisher das Leben lebenswert gemacht hat. Der Mann, dem sein häusliches Glück, dem Weib und Kind ans Herz gewachsen sind, der stimme am 16. Juni gegen den Sozialdemokraten!

Zit. nach Gerhard A. Ritter/Jürgen Kocka (Hrsg.: Deutsche Sozialgeschichte. Dokumente und Skizzen, Band II: 1879–1914, C. H. Beck, München 1974, S. 404 f.

1 Thron der preußischen Herrscherfamilie

Nachgefragt

SP **1.** Wie haben Sozialdemokraten die staatlichen Maßnahmen gegen sich empfunden (VT1, Q1, Q3, Q4, Q5)? Schreibe einen Artikel für eine sozialdemokratische Zeitung, in dem du über Q3, Q4 und Q5 berichtest und deinen Gefühlen und Hoffnungen Ausdruck verleihst. Finde dafür auch eine passende Überschrift. ○ → S. 212

2. Versetze dich anhand von Q3 erst in die Situation des Kriminalbeamten (mit Hut) und dann in die des verdächtigten Ehepaars. Formuliere jeweils einen kurzen Text für eine Denkblase.

3. Wahlbehinderungen wie in Q4 gibt es auch heute noch in zahlreichen Staaten. Entwickle Vorschläge, wie die Benachteiligten gegen solche Behinderungen vorgehen könnten.

4. Schreibe als Katholik deinem nach Amerika ausgewanderten Bruder einen Brief. Schildere ihm, wie du die staatlichen Maßnahmen empfindest und wie du dich als Bürger des Deutschen Reiches fühlst (VT2). ●

Q6 Organisierter Antisemitismus

Aus der Satzung der Deutschen Antisemitischen Vereinigung, 1886:

Die Grundsätze und Ziele der Vereinigung gehen aus der Erkenntnis hervor, daß die Geschichte aller Zeiten die Unverbesserlichkeit der jüdischen Rasse erwiesen hat und daß hinsichtlich der Moral und Lebensauffassung eine unüberbrückbare Kluft zwischen Deutschtum und Judentum besteht. Die Juden haben von der ihnen unüberlegter Weise gewährten Gleichberechtigung den denkbar schlechtesten Gebrauch gemacht und die Judenfrage zu einer Existenz-Frage für das deutsche Volk gestaltet. Jüdischer Wucher hat in allen Kreisen der Bevölkerung, besonders im Beamtentum, unzählige Opfer gefordert; die Hauptstütze des Staates, der Bauernstand, ist durch Güterschlächterei[1] und Wucher an den Rand des Ruins gebracht. In die Verwaltungs-, Communal-[2], Lehr- und Richter-Aemter sind Juden ungehindert eingedrungen und haben hier deutsche Sitte, deutsche Gesinnung und deutsches Recht verfälscht und untergraben. [...] Nirgends betheiligt sich der Jude an der ehrlichen produktiven Arbeit, aber durch Hausierhandel und Magazin-Wesen[3] hat er das redliche Handwerk und den soliden Handel verdrängt [...]. Durch internationale Verbündung beherrscht der Jude den Weltmarkt und so heimst er unverdienter Maßen alle Früchte des Kulturfleißes der Nationen ein. [...]

Zit. nach Michael Wolffsohn/Uwe Puschner: Geschichte der Juden in Deutschland. Quellen und Kontroversen. bsv, München 1992, S. 91 f.

1 Aufkaufen und Aufteilen von Landgütern
2 städtisch
3 Handel in Warenhäusern

Q7 Einweihung einer neuen Synagoge

Bericht des Darmstädter Tagblattes vom 25. Februar 1876:

Der gestrige Tag war ein Ehrentag für die israelitische Gemeinde unserer Stadt, da an ihm die Einweihungsfeier der in ebenso reichem wie geschmackvollem Stile neu erbauten Synagoge in würdiger, feierlicher Weise vor sich ging. Das geräumige, in brillanter Beleuchtung strahlende Gotteshaus füllten, außer den Gemeindeangehörigen, die Vertreter der hohen Staats- und städtischen Behörden, die Generalität[1], zahlreiche Beamte und Bürger. Auch beehrten Ihre G. H. Hoh. [Großherzogliche Hoheit] Prinz und Prinzessin Ludwig, Prinz Wilhelm, Prinzessin Battenberg, Graf Schönberg und Gemahlin u. a. die Feier mit ihrer Gegenwart. [...] [Der Gemeindevorsteher, Herr Blumenthal] schloß seine gediegene Ansprache [würdige Rede] mit dem Wunsche, daß der Friede unter den verschiedenen Religionsgenossenschaften in unserm Lande, unter dem Schutz eines wohlwollenden Fürstenhauses und einer erleuchteten Regierung auch ferner blühen und gute Früchte bringen möge.

Darmstädter Tagblatt vom 25. Februar 1876.

1 Gesamheit aller Generäle

5. Arbeite aus Q2 und Q7 die Gesichtspunkte heraus, die für eine Achtung der jüdischen Bevölkerung sprechen. ○ → S. 213

6. Diskutiert: Welche Wahrnehmungen oder Gefühle könnten den Vorwürfen in Q6 zugrunde liegen? Lediglich ein Prozent der Bevölkerung war jüdischen Glaubens. Wie konnte man zu der Meinung gelangen, „die Existenz des deutschen Volkes" sei in Gefahr?

7. Der Rassismus ist eine Ideologie, in der Menschengruppen nach angeblich unveränderlichen biologischen Merkmalen und Eigenschaften eingeteilt und bewertet werden. Überprüfe die Formulierungen in Q6 daraufhin.

8. Der jüdische Rechtsanwalt David Hirsch aus Berlin kennt Angriffe wie in Q6 gut. Schreibe aus seiner Perspektive einen Brief an seinen in der Schweiz lebenden Sohn Emil, in dem du dich damit auseinandersetzt. ○ → S. 213

AFB II: 1, 2, 3, 4, 5 AFB III: 6, 7, 8

Warum beginnt die Industrialisierung in England?

Im letzten Drittel des 18. Jahrhunderts begann in England eine Entwicklung, die die ganze Welt verändern sollte: Technische Erfindungen brachten einen Wandel der Arbeit, Fabriken entstanden, Menschen strömten in die wachsenden Städte. England stieg zur weltweit führenden Wirtschaftsmacht auf.

Industrialisierung ab etwa 1760 in England einsetzender, lange andauernder Prozess, bei dem die häusliche Handarbeit zunehmend durch von Maschinen unterstützte Fabrikarbeit abgelöst wurde

VT1 Industrialisierung begann auf dem Land

Zwischen 1750 und 1850 verdreifachte sich die britische Bevölkerungszahl nahezu. Dies lag neben verbesserten hygienischen Bedingungen vor allem an der guten Versorgung mit Lebensmitteln. Diese war durch Fortschritte in der Landwirtschaft möglich geworden. Die Bauern lernten, dass sie Getreide, Kartoffeln und Futterpflanzen am besten im Wechsel anbauten. Der Vorteil: Die Felder mussten nach der Ernte nicht mehr mehrere Monate brachliegen. Die nun auch ausreichend vorhandenen Futterpflanzen ließen zudem den Viehbestand anwachsen. Gleichzeitig entwickelten Erfinder neue Landmaschinen und verbesserten Ackergeräte wie den Pflug, indem sie stark beanspruchte Holzteile durch Eisen ersetzten.

Weite Teile des ehemaligen Gemeindelandes wurden an große Landbesitzer vergeben. Es entstanden große zusammenhängende Ackerflächen, die nun ertragreicher und kostengünstiger bewirtschaftet werden konnten. Auf der anderen Seite mussten viele kleinere Bauern ihre Höfe aufgeben, weil sie keinen Gewinn mehr erwirtschafteten.

Q1 Englische Baumwollfabrik
Holzstich, um 1835

VT2 Leitsektor Textilindustrie

Um die stetig wachsende Bevölkerung zu ernähren, mussten mehr Lebensmittel angebaut werden. Außerdem stieg auch der Bedarf an Alltagsgegenständen, wie etwa Kleidung. Neue Produktionsanlagen waren gefragt. Geld für Entwicklung und Bau solcher Anlagen war vorhanden: Der Handel der Kolonialmacht England nach Übersee boomte. Zudem warf die ertragreiche Landwirtschaft Gewinn ab. Wohlhabende Landbesitzer und Kaufleute hatten nun die Möglichkeit, ihr Vermögen gewinnbringend anzulegen.

Für eine schnellere und bessere Produktion waren jedoch neue technische Ideen gefragt, vor allem im Textilsektor. Kleidung wurde bis dahin in mühevoller Handarbeit hergestellt. Nun entwickelte James Hargreaves im Jahr 1764 die erste, noch per Hand betriebene Spinnmaschine. Im Jahr 1769 konstruierte Richard Arkwright eine Spinnmaschine, die bereits von Wasserkraft angetrieben wurde. Bald darauf wurden erste mechanische Webstühle entwickelt.

Es dauerte noch Jahrzehnte, bis die Erfindungen gewinnbringend funktionierten, aber die ununterbrochen arbeitenden Maschinen veränderten die Arbeitswelt. Wurden bislang in mühevoller Heimarbeit Garn gesponnen und Stoffe gewebt, konzentrierten die in großen Gebäuden aufgestellten Maschinen die Arbeit an einem Ort. Fabriken entstanden, die es mit ihren von Arbeitern bedienten Maschinen ermöglichten, die billig aus Indien eingeführte Baumwolle von der Faser bis zum fertigen Garn schnell und kostengünstig zu verarbeiten (Q1,

Q2 Dampfmaschine in einem englischen Kohlebergwerk
Die Maschine diente zur Kohleförderung sowie zum Antrieb von Entwässerungspumpen. Gemälde, 1792, 95,5 x 153 cm

Q3). England stieg so zum weltweit führenden Textilhersteller auf. Die Veränderungen, die durch die Fabrikarbeit für die Menschen und ihren Alltag entstanden (Q4), waren so groß, dass manche Historikerinnen und Historiker auch von einer Industriellen Revolution sprechen.

VT3 Dampf und Eisen verändern die Welt

Für die Herstellung der neuartigen Maschinen wurde viel Eisen benötigt. Bereits 1735 war es Abraham Darby gelungen, die Schmelzöfen zur Eisengewinnung mit Koks zu befeuern, einem Brennmaterial, das aus Kohle gewonnen wurde. Damit ersetzte er das selten gewordene und teure Holz als Brennmaterial. Kohle gab es hingegen reichlich in England (D1).
Um 1760 pumpten bereits einfache Dampfmaschinen das einsickernde Grundwasser aus den Kohlebergwerken (Q2). Doch die Maschinen waren leistungsschwach und störanfällig. Der schottische Mechaniker James Watt verbesserte seit 1769 deren Arbeitsweise entscheidend (D2, D3). Die Maschinen wurden effizienter und konnten nun auch als Antrieb für Spinn- und Webmaschinen eingesetzt werden. Über Riemen konnte eine einzige Dampfmaschine viele andere Maschinen gleichzeitig antreiben. Eine nie ermüdende Kraftquelle war gefunden, die unabhängig von Ort und Wetter einsetzbar war. Allerdings waren die Maschinen teuer und so blieben viele Kleinbetriebe zunächst bei der Wasserkraft. Als englische Ingenieure auf die Idee kamen, eine Dampfmaschine auf Räder zu stellen und sie auf Stahlschienen fahren zu lassen, schlug die Geburtsstunde der Eisenbahn. 1825 wurde die erste öffentliche Eisenbahnstrecke der Welt zwischen Stockton und Darlington eingeweiht.

VT4 Erfolg durch freie Marktwirtschaft?

Der wirtschaftliche Aufstieg Englands hatte noch weitere Ursachen: Anders als im übrigen Europa begann sich hier zu Beginn des 19. Jahrhunderts die alte Ständegesellschaft aufzulösen. Das Bürgertum wurde an der politischen Macht beteiligt und erfolgreichen Bürgern war es möglich, in den niederen Adel aufzusteigen. Überall setzte sich die Auffassung durch, dass jeder das Recht habe, Waren aller Art herzustellen und auf den Märkten anzubieten. Der Staat solle sich nicht in die Wirtschaft einmischen, sondern mit Gesetzen für Recht und Sicherheit sorgen, damit die Wirtschaft funktionieren kann. Der schottische Gelehrte Adam Smith begründete das 1776 in seinem Buch „Der Wohlstand der Nationen" so: Wenn jeder Einzelne nach Wohlstand strebt und danach handelt, kommt das allen zugute. Denn dadurch wird die Wirtschaft gefördert und davon haben alle etwas.

Leitsektor
Teilbereich der Wirtschaft, der sich besonders schnell entwickelt und andere Bereiche nach sich zieht

Marktwirtschaft
Wirtschaftsordnung, in der über Angebot und Nachfrage geregelt wird, was und wie viel produziert und zu welchem Preis etwas verkauft wird

Arbeitsblatt
Gemeinsam Fragen entwickeln
hw8hx2

D1 Die englische Industrie um 1800

Q3 In einer Baumwollspinnerei

Im Auftrag seiner Regierung unternimmt der preußische Beamte May im Jahr 1814 eine Reise nach England. Aus Manchester berichtet er:

Zu Hunderten sieht man fünf und sechs Stock hohe Fabrikgebäude hervorragen, zur Seite mit turmhohen Schornsteinen versehen, welche schwarzen Steinkohlendampf aushauchen und damit andeuten, daß hier mächtige Dampfmaschinen wirksam sind. Die Wolke, welche der Steinkohlendampf bildet, ist von fernher schon zu bemerken. Die Häuser sind davon schwarz gefärbt. Der Fluß, welcher Manchester bewässert, ist so mit ausgeflossenen Farbflotten[1] angefüllt, daß er selbst einer Farbenbrühe ähnlich sieht. Das Ganze hat ein melancholisches[2] Ansehen. Doch erblickt man überall geschäftige, fröhliche und gut genährte Menschen, welches das Gemüt wieder erheitert.

Bei einiger Empfehlung fällt es nicht schwer, zu Manchester in den Fabriken Zutritt zu finden. Baumwollspinnereien sieht man von aller Gattung und Art. Um Arbeitslohn zu ersparen, hat man die Anlagen der Mules[3] so weit getrieben, daß 600 Spinnspillen[4] von einer erwachsenen Person und von zwei Kindern versehen werden. Zwei Mules, welche diese Anzahl Spillen enthalten, stehen sich gegenüber. [...] Die Kinder sind zu beiden Seiten zum Anknüpfen der gerissenen Fäden in Bereitschaft. [...] In den großen Spinnereien sind die verschiedenen Arten von Maschinen wie die Bataillone[5] in einer Armee aufgestellt. Die Maschinenteile werden so viel wie möglich von Eisen, die Gestelle jetzt ganz aus Gußeisen verfertigt. Außer daß das Gußeisen in mehreren Gegenden wohlfeiler[6] als Nutzholz ist, wird durch die Anwendung desselben an Raum sowie an Versicherungskosten gespart.

Jürgen Kuczynski: Darstellung der Lage der Arbeiter in England von 1760 bis 1831. Bd. 23. Akademie-Verlag, Berlin 1964, S. 178 f.

1 Farbverschmutzungen
2 bedrückendes
3 Maschinen
4 Spulen
5 militärische Einheit
6 billiger

Nachgefragt

1. Fasse die in England herrschenden günstigen Voraussetzungen zusammen, die den Prozess der Industrialisierung in Gang brachten (VT2–VT4).

2. Liste auf, welche Veränderungen die Industrialisierung in England mit sich brachte (VT).

3. Erkläre anhand von D1 den Zusammenhang zwischen Rohstoffvorkommen, Bevölkerungsdichte und Industriestandorten. ○ → S. 213

4. Stell dir vor, ein Textilfabrikant kommt in deine Weberei. Du zeigst ihm deine Fabrik mit den neuesten Maschinen und willst ihn überzeugen, dass er dich mit der Herstellung des benötigten Stoffes beauftragt. Schreibe auf, was du ihm sagen würdest (Q1, Q3, VT2).

5. Die Industrialisierung war ein Prozess, bei dem lange Zeit Altes neben Neuem bestand und der große Auswirkungen auf die Umwelt hatte. Erläutere mithilfe von VT3, durch welche Bildelemente dies in Q2 deutlich wird.

Q4 Menschenfreundliche Fabriken?

Der britische Mediziner und Professor für Naturgeschichte und Chemie Andrew Ure schreibt 1835 über das entstehende Fabrikwesen:

Das beständige Ziel und die stete Wirkung wissenschaftlicher Verbesserungen in den Fabriken sind philanthropisch[1], denn sie streben dahin, die Arbeiter der Beschäftigung mit solchen kleinen Gegenständen zu entheben, welche den Geist erschöpfen und das Auge ermüden, oder ihnen dauernde Anstrengungen zu ersparen, welche den Körper schwächen oder verkrüppeln [...]. In geräumigen Hallen sammelt die wohltätige Kraft des Dampfes die Scharen seiner Diener um sich [...] und bringt an die Stelle der schmerzhaften Muskelanstrengung von ihrer Seite die Kraft seines eigenen gigantischen Armes und fordert dafür bloß Aufmerksamkeit und Gewandtheit, um kleine Fehler, die bisweilen bei seiner Arbeit vorkommen, schnell wiedergutzumachen [...]. Das ist das Fabriksystem voll von Wundern der Mechanik und Staatswirtschaftskunde, welches bei noch weiterem Wachstum der große Beförderer und Träger der Zivilisation zu werden verspricht [...].

Andrew Ure: Das Fabrikwesen in wissenschaftlicher, moralischer und commerzieller Hinsicht, Wigand, Leipzig 1835, S. 16–19.

1 menschenfreundlich

D2 Dampfmaschine von James Watt (1782)

D3 Animation
Dampfmaschine
hw8hx2

MK 6. Verfasse eine Gebrauchsanleitung für eine Dampfmaschine (D2, D3, VT3). Beschreibe dabei Schritt für Schritt die Funktionsweise der Maschine. Beachte auch die Nummerierung der Einzelteile.

7. Du bist Aufseher in einer Fabrik und dort für Webstühle verantwortlich, die bisher mit Wasserkraft angetrieben wurden. Nun plant der Besitzer, eine Dampfmaschine als Antrieb anzuschaffen. Stelle jeweils Vor- und Nachteile zusammen (Q1, D2, D3, VT3). ○ → S. 213

8. Arbeite aus dem Bericht des preußischen Beamten heraus, ob er die dortigen Zustände als vorbildlich oder abschreckend einschätzt (Q3). ○ → S. 213

9. Nimm aus heutiger Sicht Stellung zu den Ausführungen von Andrew Ure (Q4).

MK 10. Welche Fragen zur Industrialisierung möchtet ihr im Laufe des Kapitels untersuchen? Notiert jeweils fünf Fragen und besprecht diese. Ihr könnt auch digital arbeiten: Sammelt eure Ideen in einem gemeinsamen Dokument und gewichtet sie (Online-Code). ●

AFB I: 1, 2, 6, 10 AFB II: 3, 4, 5, 7, 8 AFB III: 9

Verspäteter Aufbruch in Deutschland

Erst Mitte des 19. Jahrhunderts setzte auch in den deutschen Staaten die Industrialisierung ein. Doch sie verlief anders als in England. Welche Besonderheiten gab es in Deutschland?

D1 Deutscher Zollverein und Eisenbahnnetz, 1834–1866

Zunftordnungen
Sie regelten Arbeitszeiten, Betriebsgröße, Preise und Rohstoffbezug. Nur Zunftmitgliedern war es gestattet, ein Gewerbe oder Handwerk auszuüben und Waren zu verkaufen.

Gewerbefreiheit
Freiheit für jedermann, sich in einem Gewerbe seiner Wahl zu betätigen

VT1 Hemmnisse in Deutschland

In Deutschland waren die Voraussetzungen für die Industrialisierung deutlich schlechter als in England. Zwar gab es um 1800 bereits in Westfalen, im Rheinland und in Oberschlesien regionale Gewerbezentren, aber mehrheitlich war Deutschland noch ein Agrarland. Mehrere Faktoren hemmten die industrielle Entwicklung: Die Zersplitterung in Kleinstaaten behinderte den Handel, denn überall galten unterschiedliche Maße, Gewichte und Währungen. Bei der Ein- und Ausfuhr von Waren mussten zudem hohe Zölle gezahlt werden (Q3). Auch das schlechte Verkehrsnetz erschwerte den Handel: Die Händler klagten über miserable Landstraßen und langsame Postkutschen. Nachteilig waren auch die strengen Gewerbevorschriften. Sie behinderten die Entwicklung eines freien Unternehmertums, da sie genau festlegten, wem es erlaubt war, ein Unternehmen zu gründen, was und wie viel hergestellt werden durfte und zu welchem Preis es verkauft werden sollte.

VT2 Überfällige Reformen

Erst Anfang des 19. Jahrhunderts kam es zu Reformen in Deutschland. Die mittelalterlichen **Zunftordnungen** wurden abgeschafft, die **Gewerbefreiheit** eingeführt und die Leibeigenschaft der Bauern aufgehoben. Allmählich setzte sich die Einsicht durch, dass ein größeres zusammenhängendes Gebiet ohne Zollschranken Handel und Gewerbe fördert. Diese Entwicklung mündete 1834 in der Gründung des Deutschen Zollvereins, in dem sich 18 Staaten des Deutschen Bundes unter Preußens Führung zu einem Handelsgebiet ohne Zollschranken zusammenschlossen (D1).

VT3 Verbesserungen im Verkehrswesen

Auch die Verkehrswege wurden verbessert. Nach 1815 setzten die deutschen Fürsten den unter Napoleon begonnenen Bau steinerner Chausseen fort. Auf solchen gepflasterten Landstraßen konnten Pferdefuhrwerke vier- bis fünfmal so viel Last transportieren wie auf einer unbefestigten Straße. Die Regulierung großer Flüsse seit den 1820er-Jahren, die Flussdampfschifffahrt und der Kanalbau verbesserten zudem Transportmöglichkeiten und erschlossen neue Absatzmärkte.

VT4 Leitsektor Eisenbahn

Den stärksten Impuls erhielt die Industrialisierung in Deutschland aber von einem anderen, neuen Verkehrsmittel: Die Eisenbahn und die mit ihrer Herstellung eng verbundene Eisen- und Stahlindustrie wurden zwischen den 1840er- und den 1870er-Jahren zu Triebfedern des industriellen und wirtschaftlichen Aufschwungs. Der Siegeszug der Eisenbahn begann im Jahr 1835, als zwischen Nürnberg und dem sechs Kilometer entfernten Fürth die erste Zugstrecke in Deutschland eröffnet wurde.

Der Bau der Eisenbahnen veränderte die Landschaft, die Wirtschaft und das Leben der Menschen grundlegend. Güter konnten jetzt schneller und billiger zu weiter entfernten Märkten gebracht werden (D2). Für Lokomotiven, Waggons und Schienen wurden große Mengen an Eisen und Stahl gebraucht. Die **Metallverhüttung** und die Befeuerung der Lokomotiven wiederum benötigten Kohle.

All dies kurbelte die Eisen- und Stahlindustrie sowie den Kohleabbau an. Bergwerke und Fabriken sowie der Bau der Eisenbahnstrecken und Bahnhöfe ließen den Bedarf an Arbeitskräften stark wachsen. Hunderttausende Menschen fanden so neue Arbeit.

In dieser Etappe der Industrialisierung setzte ein sich selbst tragender wirtschaftlicher Aufschwung ein. Diesen bezeichnet man als „Take-off".

VT5 Im Ruhrgebiet entstehen Fabriken

Die Industrialisierung veränderte ganze Landstriche, so auch die Region an den Flüssen Emscher und Ruhr. Schon seit dem Mittelalter wurde dort Kohle abgebaut und seit Mitte des 18. Jahrhunderts auch Eisen verhüttet. Mithilfe von Dampfmaschinen, die das Grundwasser abpumpten, gelang es nun, immer tiefere Schächte zu graben und so hochwertigere Kohle zu fördern. In unmittelbarer Nachbarschaft zu diesen Bergwerken entstanden bald erste Hochöfen und Stahlfabriken.

So entwickelten sich Schritt für Schritt mächtige Unternehmen der **Schwerindustrie**. Diese verdrängten zwar die kleinen Handwerksbetriebe, boten aber eine Vielzahl neuer Arbeitsfelder, etwa für Schmelzer, Hammerschmiede, Fräser und Schlosser. Aus kleinen Orten wie Bochum oder Gelsenkirchen wurden Industriestädte, die Arbeitskräfte aus nah und fern anzogen.

Die Einwohner mussten versorgt und die Fabriken beliefert werden. So siedelten sich weitere Unternehmen an. Im Laufe des 19. Jahrhunderts wurde das Ruhrgebiet so nicht nur zum schwerindustriellen Zentrum Deutschlands, sondern zum größten Industriegebiet Europas.

Q1 Eisenbahnbrücke über den Rhein

Öl auf Kupfer, angefertigt von Paul Friedrich Meyerheim im Auftrag des Industriellen Albert Borsig im Jahr 1875. 3,57 × 2,70 m

VT6 Neue Berufe entstehen

Anfangs liefen in den Unternehmen noch alle Fäden in der Hand der Eigentümer zusammen. Je größer ihre Unternehmen wurden, desto weniger konnten sie jedoch alle Führungsaufgaben allein bewältigen: Von nun an lenkten Direktoren die Geschäfte des Unternehmens. Die technischen Produktionsabläufe und deren Weiterentwicklung übernahmen **Ingenieure**, die an Hochschulen ausgebildet wurden. Für die Verwaltung und das Rechnungswesen wurden oft Buchhalter, Büroangestellte und Schreibkräfte eingestellt.

Metallverhüttung
Verfahren, bei dem unter hohen Temperaturen Eisen und andere Metalle aus Erzgestein gewonnen werden

Schwerindustrie
Sammelbegriff für Bergbau, Eisen- und Stahlindustrie

Ingenieur
Techniker mit einer wissenschaftlichen und praxisbezogenen Ausbildung

Q2 Sächsische Maschinenfabrik Chemnitz
Ab etwa 1850 wurden in der Sächsischen Maschinenfabrik Lokomotiven gebaut. Der Stahlstich zeigt eine Produktionshalle, 1868.

Q3 Zu viele Zollgrenzen

Im Namen des Allgemeinen Deutschen Handels- und Gewerbevereins reicht der Wirtschaftswissenschaftler Friedrich List am 20. April 1819 bei der Bundesversammlung folgende Bittschrift ein:

In einem Lande, wo notorisch[1] die Mehrzahl der Fabriken entweder eingegangen ist oder ein sieches[2] Leben kümmerlich dahinschleppt, wo die Messen und Märkte mit Waren fremder Nationen überschwemmt sind, wo die Mehrzahl der Kaufleute fast untätig geworden ist, bedarf es da noch näheren Beweises, daß das Übel den höchsten Grad erreicht habe? [...] Achtunddreißig Zoll- und Mautlinien in Deutschland lähmen den Verkehr im Innern und bringen ungefähr dieselbe Wirkung hervor, wie wenn jedes Glied des menschlichen Körpers unterbunden wird, damit das Blut ja nicht in ein anderes überfließe. Um von Hamburg nach Österreich, von Berlin in die Schweiz zu handeln, hat man zehn Staaten zu durchschneiden, zehn Zoll- und Mautordnungen zu studieren, zehnmal Durchgangszoll zu bezahlen. Wer aber das Unglück hat, auf einer Grenze zu wohnen, wo drei oder vier Staaten zusammenstoßen, der verlebt sein ganzes Leben mitten unter feindlich gesinnten Zöllnern und Mautnern, der hat kein Vaterland.

Friedrich List: Schriften, Reden, Briefe. Band 1. Hrsg. von Erwin von Beckerath. Hobbing, Berlin 1932, S. 491f.

1 ständig, gewohnheitsmäßig
2 krankes, schwaches

Nachgefragt

1. Zähle Unterschiede und Gemeinsamkeiten der Industrialisierung in England und Deutschland auf (VT). ○ → S. 213

2. Ein junger Arbeiter beschreibt in einem Brief an seinen Vater, einen Dorfschmied, das Moderne an seiner Tätigkeit in der Sächsischen Maschinenfabrik. Schreibe seinen Brief (Q2).

3. Q1 zeigt verschiedene Transportmöglichkeiten: Zug, Kutsche, Schiff, zu Fuß. Lege dafür eine vierspaltige Tabelle an und nenne die jeweiligen Vor- und Nachteile (VT3–VT4).

MK **4.** Das Bild Q1 ist Teil eines Bilderzyklus mit dem Titel „Lebensgeschichte einer Lokomotive". Recherchiere im betreffenden Wikipedia-Artikel: Welche Brücke ist in Q1 dargestellt? Diskutiere mit deinem Lernpartner, ob es sich bei den Gemälden um eine idealisierte Darstellung handelt.

5. Die Eisenbahn und der Zollverein sind als „siamesische Zwillinge" bezeichnet worden. Erläutere, was mit

Q4 Was leistet die Eisenbahn?

Der Wirtschaftswissenschaftler Friedrich List äußert sich vor der Eröffnung der ersten deutschen Eisenbahnlinie 1835:

Was die Dampfschiffahrt für den See- und Flußverkehr, ist die Eisenbahn-Dampfwagenfahrt für den Landverkehr, ein Herkules in der Wiege, der die Völker erlösen wird von der Plage des Kriegs, der Theuerung und Hungersnoth, des Nationalhasses und der Arbeitslosigkeit, Unwissenheit und des Schlendrians[1], der ihre Felder befruchtet, ihre Werkstätten und Schachte beleben und auch den niedrigsten unter ihnen Kraft verleihen wird, sich durch den Besuch fremder Länder zu bilden, in entfernten Gegenden Arbeit und an fremden Heilquellen und Seegestaden Wiederherstellung ihrer Gesundheit zu suchen.

Zit. nach Karl von Rotteck/Carl Theodor Welcker (Hrsg.): Staatslexikon, Bd. 4. Hammerich, Altona 1835, S. 112.

1 Achtlosigkeit, Bequemlichkeit

Q5 Nicht alle jubeln über die Eisenbahn

Porzellaneinsatz auf dem Deckel eines Bierkrugs, um 1850

D2 Fahrzeiten Postkutsche und Eisenbahn

km	Strecke	Reisedauer in Stunden	
		Postkutsche 1841	Eisenbahn 1851
320	Berlin–Hannover	32	6
290	Berlin–Hamburg	31½	8
215	Berlin–Leipzig	17¼	7
85	Halle–Magdeburg	6	2½
75	Augsburg–München	6½ (1845)	2½ (1845)
26	Düsseldorf–Elberfeld	3½ (1845)	1⅛ (1845)

Nach Klaus Hermann: Die Personenbeförderung bei Post und Eisenbahn. In: Scripta Mercaturae, 2/1977, Scripta Mercaturae Verlag, Gutenberg 1977, S. 10.

D3 Leitsektor Eisenbahn

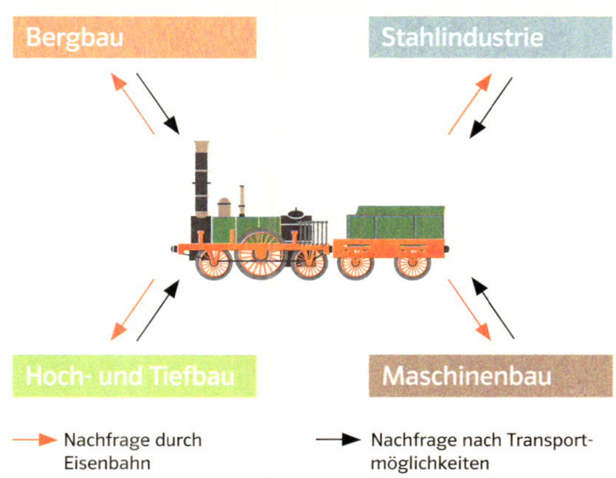

diesem Vergleich gemeint sein könnte (D1, Q3, Q4). ○ → S.213

SP **6.** Notiere die Eindrücke eines Reisenden, der erstmals mit der Eisenbahn fährt, in einem Tagebucheintrag (Q1, D2, VT4). Verwende dabei die folgenden Begriffe: Postkutsche, Eisenbahn, Waggon, Landschaft, Geschwindigkeit.

7. Die Eisenbahn wurde überwiegend begrüßt. Es gab jedoch auch Verlierer dieser Entwicklung. Erkläre, um welche Berufsgruppen es sich handeln könnte (Q5). ○ → S.213

8. Erläutere die Skizze D3 und nenne die Waren und Dienstleistungen, die jeweils nachgefragt wurden.

9. Übertrage die Skizze D3 auf ein Lernplakat zum Thema „Beginn der Industrialisierung in Deutschland“ und ergänze dort weitere Bereiche, die mit der Eisenbahn in Verbindung zu bringen sind. ●

AFB I: 1, 3 AFB II: 2, 4, 5, 6, 7, 8 AFB III: 9

Neue Industrien entstehen

Im letzten Drittel des 19. Jahrhunderts beginnt in Deutschland die zweite Industrialisierungsetappe, die hauptsächlich von der Elektrotechnik und der chemischen Industrie getragen wurde. Was kennzeichnete diese neuen Industrien?

Q1 Ergo Lampe
Das Werbeplakat von 1910 spielt auf die Prometheus-Sage an. Darin heißt es, dass der griechische Gott Prometheus den Menschen das Feuer vom Olymp brachte.

VT1 Neue Leitsektoren entstehen

Bis in die 1870er-Jahre hinein war das Streckennetz der Eisenbahn im Deutschen Reich so weit ausgebaut, dass der Bedarf an Eisen und Stahl allmählich zurückging. Zwar boten Kohlebergbau, Eisen- und Stahlindustrie sowie der Maschinenbau immer noch Millionen von Menschen Arbeit, doch zu diesen „alten" Industrien gesellten sich nun die Industriezweige der Chemie und Elektrotechnik. Sie wurden zu Antriebsmotoren der zweiten Etappe des wirtschaftlichen Aufschwungs ab 1880/90. In beiden Bereichen waren deutsche Unternehmen bald weltweit führend.

VT2 Elektrizität ersetzt Kohle und Dampf

1884 ging in Berlin das erste Elektrizitätswerk Europas in Betrieb. Andere Städte folgten. Neu entwickelte Elektromotoren begannen nun, die Dampfmaschine als Antriebsart in Industrie und Handwerk abzulösen. Voraussetzung dafür war, dass genügend Elektroenergie zur Verfügung stand. Bald gelang es zudem, den Strom per Hochspannungsleitung über große Entfernungen zu transportieren. Der Aufstieg der Elektroindustrie bewirkte Veränderungen in den Städten: Straßenbahnen erleichterten den Nahverkehr und die städtische Beleuchtung wurde zunehmend elektrifiziert. Bald wurden auch erste elektrische Haushaltsgeräte entwickelt.

VT3 Aufschwung der chemischen Industrie

Der wirtschaftliche Aufschwung der chemischen Industrie begann mit der Entdeckung künstlicher Farben. Sie waren billiger, lichtbeständiger und leuchtstärker als die bis dahin von der Textilindustrie benutzten natürlichen Farbstoffe.

Als der Mediziner Paul Ehrlich entdeckte, dass manche Krankheitserreger durch bestimmte Farbstoffe vernichtet werden können, entwickelte sich mit der pharmazeutischen Industrie ein weiteres gewinnbringendes Geschäftsfeld. Auch die Düngemittel- und Pflanzenschutzproduktion trug zum Aufstieg der chemischen Industrie bei.

VT4 Wissenschaft und Industrie

Der Erfolg der neuen Industrien basierte auch auf der engen Zusammenarbeit von wissenschaftlicher Forschung an den Hochschulen und industrieller Produktion der Unternehmen. So entstanden Produkte nach neuesten wissenschaftlichen Erkenntnissen. Das Zusammenspiel zeigte sich auch in der Ausbildung: Staatliche Ingenieurschulen und Technische Hochschulen bildeten Ingenieure als hochqualifizierte Spezialisten für die Unternehmen aus (Q3).

Q2 Vorteile der Elektrizität

1891 äußert sich der Generaldirektor der Allgemeinen Elektricitäts-Gesellschaft Berlin (AEG), Emil Rathenau:

Es liegt [...] in der Natur des Dampfes, als Betriebskraft für große Betriebe mit Erfolg verwendet werden zu können. Wir haben kein Mittel, um mit materiellem und technischem Vorteil den Dampf direkt in die Wohnung des Kleinmeisters zu führen, ebenso wenig können wir die Wirkungen des Dampfes [...] gut auf erhebliche Entfernungen übertragen. Ganz anders die Elektrizität! Die neuesten Fortschritte werden uns gestatten, großartige Krafterzeugungszentren an beliebigen Stellen, im Bergwerk, an der Meeresküste, um die Ebbe und Flut zu benutzen, an den großen Katarakten[1] anzulegen, die dort vorhandenen, bisher zwecklos vergeudeten Kräfte in nutzbringende Elektrizität umzusetzen, diese in, wir können fast sagen, beliebige Entfernungen zu versenden und dort in beliebiger Art zu verteilen und zu verbrauchen. Wir können dem Handwerksmeister seine Nähmaschine elektrisch betreiben, wir heizen ihm sein Bügeleisen, wir rüsten dem Vergolder die chemischen Bäder für seine Erzeugnisse. Wir geben noch dazu einem jeden die Beleuchtung in der Stärke und an dem Orte und zu der Zeit, wo sie am vorteilhaftesten ist. Und wenn wir schließlich den Elektromotor mit anderen ähnlichen Maschinen vergleichen, so finden wir, daß er den geringsten Raum einnimmt, daß seine Einrichtung die einfachste ist, daß er keine Wartung braucht und keine Gefahr des Explodierens vorhanden ist, vor allem aber, daß er ökonomisch deshalb am vorteilhaftesten arbeitet, weil sein Kraftverbrauch sich mit seiner Belastung selbsttätig regelt.

Zit. nach Preußen. Zur Sozialgeschichte eines Staates. Eine Darstellung in Quellen. Bd. 3. Rowohlt, Reinbek b. Hamburg 1981, S. 240.

1 reißende Stellen in einem Fluss

Q3 Von der Meisterwerkstatt zum Ingenieurbetrieb

Walther Rathenau, der Sohn Emil Rathenaus schreibt über den Beruf der Ingenieure:

Die früheren Maschinenfabriken boten keine brauchbaren Vorbilder. Die Ausführung in den Werkstätten erfolgte in ihnen fast nur nach den Angaben und den besonderen Erfahrungen der Werkmeister, die oft auch als Konstrukteure auftraten. Die Fabrikleiter waren selten Ingenieure, manchmal Kaufleute oder Finanzleute, die eine Fabrik auf dem Halse behielten und mit dem geringsten Aufwand von Geld und geistigem Kapital weiterführten.

Die Werkstättenleiter entschieden auch über Konstruktionen, gelegentlich arbeiteten sie ohne Zeichnung nach eigenem Willen oder änderten die Konstruktionen nach ihren Erfahrungen und Gepflogenheiten. Betriebsingenieure gab es nicht, oder sie waren nur eine andere Form von Werkmeistern. Wissenschaftliche Einsicht, mit Erfahrung vereint, hatte in der Leitung noch keinen Einfluß. [...] Trotz dieser unleidlichen Verhältnisse haben die Technischen Hochschulen Großes geleistet, und die von ihnen herangebildeten Ingenieure haben die große Umwälzung geschaffen. Maschinen bauen können viele, Erfahrung allein genügt dazu in vielen Fällen; Maschinen bauen und Betriebe durchführen mit geringsten Kosten und höchsten Betriebsvorteilen, das ist Aufgabe und Leistung der wissenschaftlich denkenden Ingenieure.

Zit. nach Alois Riedler: Emil Rathenau und das Werden der Großwirtschaft. Springer, Berlin 1916, S. 114 f.

Nachgefragt

1. Gib wieder, was die zweite Etappe der Industrialisierung kennzeichnet (VT).

2. Erkläre mithilfe des Plakates Q1, welche Bedeutung der Glühlampe und der Elektrizität überhaupt im 19. Jahrhundert zugeschrieben wurde (VT2). ○ → S. 213

3. Fasse die Vorteile der Elektrizität gegenüber dem Dampf zusammen (Q2, VT2). ○ → S. 214

SP **4.** Schreibe als Fabrikbesitzer eine Stellenanzeige, mit der du einen wissenschaftlich ausgebildeten Ingenieur aus dem Bereich Elektrotechnik oder Chemie suchst. Nutze folgende Bausteine: „Wir sind ...", „Wir suchen ...", „Wir erwarten ...", „Wir bieten ..." (Q3, VT4).

5. Ein traditionell ausgebildeter Meister berichtet seiner Frau von dem neu eingestellten Ingenieur, der ab jetzt sein Vorgesetzter ist (Q3, VT4). ●

Die Industrialisierung verändert den Alltag

Der Wandel Deutschlands zum Industriestaat veränderte auch den Alltag der Menschen. Immer mehr Landbewohner wanderten in die Städte und hofften, dort Arbeit und ein besseres Leben zu finden. Erfüllten sich diese Hoffnungen?

Urbanisierung
Begriff für das zahlenmäßige Wachstum der Städte und die Ausbreitung typisch städtischer Lebensformen

D1 Website
Virtuelles Kartenarchiv
hw8hx2

VT1 Menschen ziehen in die Städte

Die neuen Arbeitsmöglichkeiten in den Fabriken zogen Menschen von nah und fern in die wachsenden Städte. Während die Landgemeinden etwa ein Drittel ihrer Einwohner verloren, wuchsen die Städte rasant (D2). Diese **Urbanisierung** führte zu einem Ausbau und einer Modernisierung der Städte, brachte aber auch Probleme mit sich: Bezahlbare Wohnungen waren oft überbelegt, hatten weder fließend Wasser noch Toiletten und konnten meist nicht geheizt werden. Um Abhilfe zu schaffen, ließen die Stadtverwaltungen in der Nähe der Industriegebiete neue Wohnviertel bauen. Auf engstem Raum entstanden mehrstöckige **Mietskasernen** mit mehreren Hinterhöfen. In den kleinen, dunklen Wohnungen teilten sich mehrköpfige Arbeiterfamilien ein, höchstens zwei Zimmer (Q1, Q4).

Um die Jahrhundertwende verbesserte sich die Wohnqualität für Facharbeiter, Meister und Angestellte, die sich eine höhere Miete leisten konnten. Zu dieser Zeit entstanden zahlreiche Häuser, die wir heute als „Altbauten" schätzen.

VT2 Städter müssen versorgt werden

Die Versorgung der zahlreichen Einwohner mit Lebensmitteln, frischem Wasser, Heizmaterial, Gas und Strom stellte die Stadtverwaltungen vor große Herausforderungen. Kommunale Versorgungsunternehmen für Gas, Elektrizität und Wasser entstanden, Abwasserkanalisation und Müllabfuhr wurden städtisch organisiert, Krankenhäuser und Schulen mussten errichtet werden. In immer mehr Städten fuhren erste elektrische Straßenbahnen (Q2).

VT3 Arbeit: Maschinen geben den Ton an

Die neuartige Fabrikarbeit unterschied sich erheblich vom Arbeitsleben im traditionellen Handwerksbetrieb oder in der Landwirtschaft. Arbeit fand nun nicht mehr in familiärer Gemeinschaft in der häuslichen Umgebung statt, vielmehr gingen die Familienmitglieder getrennten Beschäftigungen nach. Art und Tempo der Arbeit gaben die Maschinen vor. Oft ersetzten jetzt zwar Maschinen die körperliche Schwerstarbeit, doch die eintönigen und sich stets wiederholenden Tätigkeiten verlangten Konzentration und Ausdauer. Lärm, Hitze, Gestank und Staub in den Fabriken belasteten die Gesundheit. Die Arbeitszeiten waren lang: Gearbeitet wurde meist zehn bis zwölf Stunden an sechs Tagen in der Woche, mitunter auch in Nachtschichten. Urlaub war unbekannt.

Streng wurde auf die Arbeitsdisziplin geachtet. Fabrikordnungen schrieben Lohnabzüge für Verspätungen oder Regelverstöße vor (Q6). Dabei reichte der Lohn eines Arbeiters meistens kaum für den Lebensunterhalt seiner Familie aus. Ehefrauen und oft auch Kinder mussten in den Fabriken mitarbeiten (Q5). Manche Fami-

Q1 Arbeiterquartier um 1900
Das Foto zeigt das Hamburger Gängeviertel. Hier standen Fachwerkhäuser, die teils aus dem 17. und 18. Jahrhundert stammten, eng beieinander, nur durch kleine Gassen, Gänge und Innenhöfe getrennt.

Q2 Elektrische Straßenbahn in Barmen

Seit Beginn des 20. Jahrhunderts fuhren in immer mehr deutschen Städten elektrische Straßenbahnen, wie hier in Barmen (heute ein Teil von Wuppertal). Foto, 1914

lien waren gar gezwungen, ein Zimmer oder auch nur ein Bett in der engen Wohnung zu vermieten, um über die Runden zu kommen.

VT4 „Dicke Luft" in den Städten

Während der Industrialisierung galten rauchende Fabrikschornsteine lange Zeit als Zeichen von Fortschritt und wirtschaftlichem Erfolg. Die damit einhergehende Luftverschmutzung wurde deshalb von den meisten akzeptiert. Unter dem Ruß und Rauch der Kohle- und Koksverbrennung hatten vor allem die Arbeiter zu leiden, die in den Wohnvierteln nahe bei den Fabriken lebten.

Sorglos ging man auch mit den Flüssen um. Sie dienten nicht mehr nur dem Fischfang und der Schifffahrt, sondern transportierten die Abfälle der Stadt und die Abwässer der Fabriken. Erst spät wurde den Menschen bewusst, dass sie damit die Umwelt zerstörten.

VT5 Zwischen Elend und Fortschritt

Die meisten Arbeiter lebten in großer Armut. Industrialisierung und Urbanisierung brachten aber auch Fortschritte mit sich. Die neu entstehenden Berufe in den Fabriken, Büros und städtischen Einrichtungen ermöglichten manchen, aus alten vorindustriellen Zwängen auszubrechen. Zunehmend größere Teile des Bürgertums konnten es sich leisten, ihr Geld auch für Waren in den neu entstehenden Kaufhäusern auszugeben (Q3).

Das Engagement der Stadtverwaltungen und einzelner Unternehmer beim Ausbau der Städte verbesserte schrittweise die hygienischen Verhältnisse und die medizinische Versorgung der Menschen. Gesteigerte Erträge der Landwirtschaft, günstigerer und schnellerer Transport, der Einsatz von Nahrungsmittelchemie und neue Konservierungsmethoden verbilligten die Lebensmittel, steigerten deren Qualität und halfen, die Menschen in den Großstädten zu versorgen.

Mietskasernen
Bezeichnung für große mehrgeschossige Mietshäuser für ärmere Bevölkerungsschichten. Ziel war es, eine möglichst hohe Anzahl von Wohnungen auf dem Grundstück zu errichten. Dabei wurden die Bauvorschriften gerade noch eingehalten oder sogar ignoriert.

→ Themen verknüpfen
Mehr zu den neu entstehenden Berufen kannst du auf Seite 31 noch einmal nachlesen.

D2 Einwohnerzahl deutscher Städte

	um 1816/19	1871	1910
Berlin	198 000	826 000	2 071 000
Dortmund	4 000	44 000	214 000
Essen	5 000	52 000	295 000
Hamburg	128 000	290 000	931 000
Hannover	15 000	88 000	302 000
Köln	50 000	129 000	517 000
Leipzig	35 000	107 000	679 000
München	54 000	169 000	596 000

Nach Jürgen Reulecke: Geschichte der Urbanisierung in Deutschland. Suhrkamp, Frankfurt/M. 1985, S. 203. In: Michael Sauer: Die Industrialisierung. Die Entstehung der modernen Welt. Klett, Leipzig 1999, S. 94.

Q3 Berliner Stadtleben: Neues Einkaufserlebnis

Strumpfabteilung im Kaufhaus Wertheim, Foto, 1906

Q4 Verstädterung eines Dorfes

Der Schriftsteller Karl Scheffler schildert die Veränderungen eines Dorfes bei Hamburg:

Zuerst wurden weiter oben am Fluße einige große Fabriken gebaut. Sie standen zunächst ganz kurios[1] da mit ihren hohen Ziegelschornsteinen inmitten der Viehweiden. Aber es dauerte nicht lange, bis daneben Häuser entstanden, die zu dem Fabrikstil passten, bis das Grün der Weiden unter großen Haufen von Kohlen, Schutt und Abfall verschwand. Mit den Fabriken kamen Menschen ins Dorf, die dort früher nie zu sehen gewesen waren, es sei denn in Feiertagskleidern als Ausflügler. Es waren Scharen jener Arbeiter und Arbeiterinnen, die sich von den ländlichen und handwerklichen Arbeitern auf den ersten Blick unterschieden, weil sie nichts gelernt hatten als ein paar Handgriffe, weil kein Berufsgeist in ihnen war, weil sie zur Klasse derer gehörten, die in der Folge Proletarier[2] genannt worden sind. Da der Weg zur Stadt weit war, stellte sich bald das Bedürfnis heraus, für diese Arbeiter im Dorfe selbst Wohnungen zu schaffen. [...] Einsam im Felde erhoben sich hohe, kahle Stockwerkshäuser, in denen arme Familien schmutzig und ohne Behagen nebeneinander hausten; ein ungepflegter, schnell verwahrlosender Hof schloß sich an. Die Häuser und der Raum zwischen ihnen wimmelten von Kindern. [...] Die Stockwerkshäuser brauchten besondere Anlagen für Licht, Wasser und Kanalisation, weil die Zusammenballung vieler Menschen in einer Wohnkaserne eine gewisse Sorge für die Volksgesundheit erfordert.

Karl Scheffler: Der junge Tobias. Insel-Verlag, Leipzig 1927, S.27–29.

1 befremdlich, bizarr
2 Angehörige der wirtschaftlich unselbstständigen Schicht, die für wenig Lohn hart arbeiteten

Nachgefragt

1. Untersuche, welche Städte am deutlichsten wuchsen (D2). Nutze die Arbeitsschritte auf S. 235. ○ → S. 214

2. Liste auf, welche Herausforderungen und neuen Probleme die Städte in der zweiten Hälfte des 19. Jahrhunderts zu lösen hatten (Q1–Q2, D2, VT1–VT2, VT4).

SP **3.** Versetze dich in die Rolle eines Großvaters bzw. einer Großmutter. Du lebst schon dein ganzes Leben lang auf einem kleinen Bauernhof in dem Dorf bei Hamburg (Q4). Berichte deinen Enkeln, wie sich das Dorf und das Miteinander der Menschen im Zuge der Industrialisierung verändert haben.

MK **4.** Überprüfe die in Q4 geschilderte Verstädterung am Beispiel Kölns. Recherchiere hierzu im virtuellen Kartenarchiv (D1) Kölner Stadtpläne aus den Jahren 1732 bis 1926. Achte beim Vergleich auf die Ausdehnung der Stadt und den Ausbau der Verkehrswege. ○ → S. 214

Q5 „Einmal ausschlafen"

Die Frauenrechtlerin Adelheid Popp (1869–1939) war das jüngste von 15 Kindern einer Weberfamilie, von denen nur vier überlebten. Ihr Vater starb, als Adelheid sechs Jahre alt war. Nach drei Jahren Schule musste sie als zehnjähriges Kind in der Fabrik arbeiten. Darüber berichtet sie später:

Wir zogen in die Stadt zu einem alten Ehepaar in eine kleine Kammer, wo in einem Bett das Ehepaar, im andern meine Mutter und ich schliefen. Ich wurde in einer Werkstätte aufgenommen, wo ich Tücher häkeln lernte; bei zwölfstündiger fleißiger Arbeit verdiente ich 20 bis 25 Kreuzer[1] am Tag. Wenn ich noch Arbeit für die Nacht mit nach Hause mitnahm, so wurden es einige Kreuzer mehr. Wenn ich frühmorgens um 6 Uhr in die Arbeit laufen mußte, dann schliefen andere Kinder meines Alters noch. Wenn ich um 8 Uhr abends nach Hause eilte, dann gingen die anderen gut genährt und gepflegt zu Bette. Während ich gebückt bei meiner Arbeit saß und Masche an Masche reihte, spielten sie, gingen spazieren oder sie saßen in der Schule. Damals nahm ich mein Los als etwas Selbstverständliches hin, nur ein heißer Wunsch überkam mich immer wieder: mich nur einmal ausschlafen zu können. Schlafen wollt ich, bis ich selbst erwachte, das stellte ich mir als das Herrlichste und Schönste vor. Wenn ich dann manchmal das Glück hatte, schlafen zu können, dann war es erst kein Glück, dann war Arbeitslosigkeit oder Krankheit die Veranlassung. Wie oft an kalten Wintertagen, wenn ich abends die Finger schon so erstarrt hatte, daß ich die Nadel nicht mehr führen konnte, ging ich zu Bett mit dem Bewußtsein, daß ich morgens umso früher aufstehen müsse.

Adelheid Popp: Jugend einer Arbeiterin. Hrsg. v. Hans J. Schütz. Dietz, Bonn 1980, S. 36.

1 Münze von geringem Wert

Q6 Strenge Strafen

Auszug aus der Fabrikordnung der Baumwollspinnerei Staub & Söhne in Altenstadt von 1853:

§ 6: Jeder Arbeiter ist für die ihm anvertrauten Gegenstände persönlich verantwortlich. Wenn er dieselben bei Nachfragen nicht gleich vorweisen kann, werden sie auf seine Kosten durch neue ersetzt.

§ 7: Wenn in einem Arbeitssaal während der Arbeitszeit, [...] ein Gegenstand beschädigt wird, [...] so sind die Arbeiter des ganzen Saales bis zur Nachweisung des Täters für den Schaden haftbar. [...]

§ 9: Ferner werden bestraft:

1. Unehrerbietiges Betragen gegen die Aufseher [...].
4. Störung anderer Arbeiter.
5. Verspätung und Versäumnisse besonders der Unfug des blauen Montags[1] und des Herbeiholens von Speise und Trank.
6. Unvorsichtigkeit mit Feuer und Licht.
7. Das Tabakrauchen. [...]

§ 13: Die erhobenen Geldstrafen [...] werden zur Unterstützung kranker und beschädigter Arbeiter verwendet. [...]

§ 22: Die Fabrikbesitzer sind jedoch zur augenblicklichen Entlassung des Arbeiters ohne Vergütung von Lohn berechtigt, wenn dieser das eine oder das andere der nachstehenden Vergehen sich zuschulden kommen läßt.

1. Diebstahl oder Untreue.
2. Prügelei, Unzucht oder Betrunkenheit im Fabrikgebäude.
3. Komplotte[2] oder Auflehnung gegen die Fabrikordnung.
4. Beschimpfung der Aufseher [...]

Zit. nach Peter Borscheid: Textilarbeiterschaft in der Industrialisierung. Industrielle Welt. Bd. 25. Hrsg. v. W. Conze. Klett-Cotta, Stuttgart 1978, S. 545 f.

1 Bis ins 19. Jahrhundert hinein war es üblich, am Montag nur mit halber Kraft oder gar nicht zu arbeiten („blaumachen").
2 geplante Aufstände

5. Schildere die Lage der Arbeiterkinder im 19. Jahrhundert (Q5, VT3). ○ → S. 214

6. Beurteile Q6 aus Sicht eines damaligen Unternehmers oder aus Sicht eines damaligen Arbeiters (VT3).

7. Schreibe als neuer Einwohner einer Großstadt um 1908 einen Tagebucheintrag über deinen ersten Besuch in einem Kaufhaus (Q3, VT5). ●

8. Führt ein Streitgespräch über die Vor- und Nachteile der Industrialisierung aus der Perspektive eines Arbeiters (Q5, Q6), eines Mitglieds im Stadtrat und eines Angehörigen des Bürgertums (Q3, VT).

MK **9.** Arbeitet zu zweit: Wählt zwei Erklärvideos zur sozialen Frage auf einer Videoplattform aus und analysiert jeweils ein Video mithilfe der Arbeitsschritte auf S. 239. Vergleicht eure Ergebnisse und diskutiert, welches der beiden Videos ihr euren Mitschülern empfehlen würdet.

AFB I: 2 AFB II: 1, 3, 5, 7 AFB III: 4, 6, 8, 9

Wie kann die soziale Frage gelöst werden?

Die Industrialisierung brachte zwar wirtschaftliches Wachstum und modernisierte den Alltag, gleichzeitig lebte aber ein großer Teil der Bevölkerung in bedrückenden Verhältnissen. Wie diese Not zu lindern war, darüber gab es unterschiedliche Vorstellungen.

Gemeinsam lernen

Gruppenarbeit

Wie kann die soziale Frage gelöst werden?

1. Bildet jeweils eine Gruppe zu den Bereichen: Parteien und Gewerkschaften – Revolutionäre – Unternehmer – Kirchen – Staat.
2. Lest alle Informationen im VT und in den Materialien dieses Unterkapitels, die sich auf euer jeweiliges Gruppenthema beziehen.
3. Formuliert in eurer Gruppe kurz und knapp euren Lösungsansatz für die soziale Frage und haltet diesen schriftlich fest.
4. Tragt alle Gruppenergebnisse an der Tafel zusammen und übertragt diese in eure Hefte.
5. Schlussdiskussion im Plenum: Diskutiert die Vor- und Nachteile der jeweiligen Lösungsvorschläge und notiert eure Ergebnisse.

soziale Frage
Sammelbezeichnung für die sozialen Probleme, die als Folge der Industrialisierung auftraten: elende Arbeitsbedingungen, Kinderarbeit, schlechte Wohnverhältnisse, mangelnde soziale Absicherung.

Kommunismus
(von lat. communis = gemeinschaftlich)
Er betont die Gleichheit aller Menschen und die Aufhebung des Privateigentums.

VT1 Die soziale Frage

Einerseits hatte die Industrialisierung die Lebensbedingungen vieler Menschen verbessert, denn sie brachte neue Arbeitsplätze, eine bessere Versorgung mit Lebensmitteln sowie manchen Fortschritt mit sich. Andererseits sorgten bedrückende Wohnverhältnisse und Arbeitsbedingungen für anhaltende soziale Probleme. Die Löhne in den Fabriken waren oft so niedrig, dass viele Arbeiter dauerhaft am Rande des Existenzminimums lebten. Die meisten von ihnen konnten keine Ersparnisse für Notzeiten anlegen. Waren sie aufgrund von Krankheit oder Alter nicht mehr in der Lage zu arbeiten oder wurden entlassen, so drohte die Verelendung. Ähnlich erging es auch den Kleinbauern auf dem Land, die mit der Mechanisierung der großbürgerlichen Betriebe nicht mithalten und ihren Lebensunterhalt kaum noch sichern konnten.
Diese Situation stieß in der Öffentlichkeit auf steigenden Unmut. Allmählich gewann die Überzeugung Oberhand, dass Elend und Armut kein naturgegebenes oder persönlich zu verantwortendes Schicksal seien, sondern dass dagegen etwas getan werden könne. Verschiedene Gruppen und Personen suchten nach Antworten auf diese **soziale Frage**.

VT2 Arbeiter gründen Gewerkschaften

Die Arbeiter suchten nach Lösungen für ihre Situation. Schnell erkannten sie, dass sie am ehesten Verbesserungen erreichen konnten, wenn sie sich zusammenschlossen. Gewerkschaften (Q4) entstanden, die mit den Arbeitgebern verhandeln oder durch die Androhung von Streiks Druck auf sie ausüben wollten (Q1). Außerdem wurden auch Selbsthilfeeinrichtungen wie Krankenkassen, Streikkassen und eigene Lebensmittelläden gegründet. Den Unternehmern und auch vielen Politikern waren die Gewerkschaften lästig. Sie akzeptierten sie nicht und bekämpften sie.

VT3 Arbeiter organisieren sich in Parteien

Teile der Arbeiterschaft erkannten, dass eine wirkliche Verbesserung ihrer Lage nur durch eine Veränderung der bestehenden politischen Ordnung zu erreichen war. Ab den 1860er-Jahren gründeten sie verschiedene Arbeiterparteien, die sich 1875 zur Sozialistischen Arbeiterpartei (SAP) zusammenschlossen. 1890 benannte sich die SAP in Sozialdemokratische Partei Deutschlands (SPD) um. Durch demokratisch errungene Wahlerfolge wollten die Sozialdemokraten an die Macht kommen und einen Staat schaffen, in dem soziale Gerechtigkeit herrscht.

VT4 Eine Revolution als Lösung?

Einen radikaleren Weg schlugen der deutsche Philosoph und Wirtschaftswissenschaftler Karl Marx und sein Freund Friedrich Engels bereits im Jahr 1848 vor. In ihrem „Manifest der **Kommu-**

Q1 Der Streik Gemälde von Robert Köhler, 1886, 1,81 × 2,75 m

nistischen Partei“ entwickelten sie die Theorie, dass die Gesellschaft in zwei **Klassen** zerfalle: das Proletariat und die **Bourgeoisie**. Diese beiden Klassen ständen sich im Wirtschaftssystem des **Kapitalismus** auf immer und ewig feindlich gegenüber. Dieser Gegensatz könne nur durch die Abschaffung des Privateigentums beseitigt werden. Erst dann sei die Voraussetzung dafür geschaffen, dass alle Menschen gleich sein können. Weil die Unternehmer ihren Besitz aber niemals freiwillig abgeben würden, müsse dieses Ziel durch eine gewaltsame Revolution erreicht werden (Q2).

VT5 Die Unternehmer

Auch die Unternehmer selbst kümmerten sich um bessere Lebensbedingungen für ihre Arbeiter. Damit wollten sie die qualifizierten Arbeiter an ihre Betriebe binden und Streiks vermeiden. Sie ließen Werkswohnungen erbauen, unterstützten Betriebskrankenkassen und gründeten eigene Kindergärten, Schulen und Krankenhäuser. Mit diesen Verbesserungen war jedoch auch immer der Anspruch auf Kontrolle über die eigenen Arbeiter verbunden (Q5).

VT6 Die Kirchen

Die Kirchen sahen die Beseitigung der Armut als eine Aufgabe christlicher Nächstenliebe (Q3). Der evangelische Theologe Johann Hinrich Wichern errichtete in Hamburg ein Haus für evangelische Waisenkinder und obdachlose Jugendliche, die dort ein Handwerk erlernten. Adolph Kolping, ein katholischer Priester aus Elberfeld, gründete Gesellenvereine, in denen ledige Arbeiter zu einem sparsamen und gesitteten Lebenswandel angehalten werden sollten.

VT7 Der Staat

Auch der Staat fühlte sich verpflichtet, die schlimmste Not der Arbeiter abzuwenden. Erste Arbeitsschutzvorschriften begrenzten ab 1839 die Kinderarbeit in Preußen. Für Frauen wurden Höchstarbeitszeiten und ein Nachtarbeitsverbot eingeführt. In den 1880er-Jahren wurden mehrere sozialpolitische Gesetze verabschiedet. Sie begründeten ein damals einzigartiges staatliches Renten- und Krankenversicherungssystem, in das sowohl Arbeitnehmer wie auch Arbeitgeber einzahlen mussten – die Anfänge unseres heutigen Sozialversicherungssystems (D1).

Klasse
gesellschaftliche Gruppe oder Gesellschaftsschicht

Bourgeoisie
Gruppe der wohlhabenden Bürger, die auf Kosten der Proletarier lebt. Gemeint sind Unternehmer, Beamte, Gelehrte und Ärzte.

Kapitalismus
Wirtschaftsform, in der der Unternehmer Fabriken als Eigentum besitzt und frei darüber verfügen darf. Das wirtschaftliche Handeln ist auf größtmöglichen Gewinn ausgerichtet.

Q2 Gewaltsamer Umsturz

Aus dem 1848 veröffentlichten „Kommunistischen Manifest“ von Karl Marx und Friedrich Engels:

[...] Unsere Epoche, die Epoche der Bourgeoisie, zeichnet sich jedoch dadurch aus, daß sie die Klassengegensätze vereinfacht hat. Die ganze Gesellschaft spaltet sich mehr und mehr in zwei große feindliche Lager, in zwei große einander direkt gegenüberstehende Klassen: Bourgeoisie und Proletariat [...]

Im Anfang kämpfen die einzelnen Arbeiter, dann die Arbeiter einer Fabrik, dann die Arbeiter eines Arbeitszweiges an einem Ort gegen den einzelnen Bourgeois, der sie direkt ausbeutet. Sie richten ihre Angriffe nicht nur gegen die bürgerlichen Produktionsverhältnisse, sie richten sie gegen die Produktionsinstrumente selbst; sie vernichten die fremden konkurrierenden Waren, sie zerschlagen die Maschinen, sie stecken die Fabriken in Brand [...].

[Die] Kommunisten unterstützen überall jede revolutionäre Bewegung gegen die bestehenden gesellschaftlichen und politischen Zustände. In allen diesen Bewegungen heben sie die Eigentumsfrage, welche mehr oder minder entwickelte Form sie auch angenommen haben möge, als die Grundfrage der Bewegung hervor. [...] Die Kommunisten verschmähen es, ihre Ansichten und Absichten zu verheimlichen. Sie erklären es offen, daß ihre Zwecke nur erreicht werden können durch den gewaltsamen Umsturz aller bisherigen Gesellschaftsordnung. Mögen die herrschenden Klassen vor einer kommunistischen Revolution zittern. Die Proletarier haben nichts in ihr zu verlieren als ihre Ketten. Sie haben eine Welt zu gewinnen. Proletarier aller Länder, vereinigt euch!

Karl Marx/Friedrich Engels: Manifest der Kommunistischen Partei. Zit. nach Wolfgang Lautemann/Manfred Schlenke (Hrsg.): Geschichte in Quellen. Bd. 5: Das bürgerliche Zeitalter. bsv, München 1980, S. 865–873.

Q3 „Der Geist der Neuerungen“

Unter dieser Überschrift äußert sich Papst Leo XIII. 1891 zur sozialen Frage:

[...] Ein Grundfehler in der Behandlung der sozialen Frage ist [...] der, daß man das gegenseitige Verhältnis zwischen der besitzenden und der unvermögenden, arbeitenden Klasse so darstellt, als ob zwischen ihnen von Natur ein unversöhnlicher Gegensatz Platz griffe, der sie zum Kampf aufrufe. Ganz das Gegenteil ist wahr. Die Natur hat vielmehr alles zur Eintracht, zu gegenseitiger Harmonie hingeordnet; [...]. Die Kirche, als Vertreterin und Wahrerin der Religion, hat zunächst in den religiösen Wahrheiten und Gesetzen ein mächtiges Mittel, die Reichen und die Armen zu versöhnen und einander nahezubringen; ihre Lehren und Gebote führen beide Klassen zu ihren Pflichten gegeneinander und namentlich zur Befolgung der Vorschriften der Gerechtigkeit. [...]

Es ist überdies als Wahrheit von einschneidender Bedeutung vor Augen zu halten, daß der Staat für alle da ist, in gleicher Weise für die Niedern wie für die Hohen. Die Besitzlosen sind vom naturrechtlichen Standpunkt nicht minder Bürger als die Besitzenden, d.h. sie sind wahre Teile des Staates, die am Leben der aus der Gesamtheit der Familien gebildeten Staatsgemeinschaft teilnehmen; und sie bilden zudem, was sehr ins Gewicht fällt, in jeder Stadt bei weitem die größere Zahl der Einwohner. Wenn es also unzulässig ist, nur für einen Teil der Staatsangehörigen zu sorgen, den andern aber zu vernachlässigen, so muß der Staat durch öffentliche Maßnahmen sich in gebührender Weise des Schutzes der Arbeiter annehmen.

Zit. nach Oswald von Nell-Breuning: Texte zur katholischen Soziallehre. Teil 1. Die sozialen Rundschreiben der Päpste und andere kirchliche Dokumente. Ketteler, Köln 2007. Unter: http://www.kathpedia.com/index.php?title=Rerum_novarum_%28Wortlaut%29 (Zugriff: 18.12.2019).

Nachgefragt

1. Fasse zusammen, was mit dem Begriff „soziale Frage“ gemeint ist und welche Bevölkerungsgruppen davon betroffen waren.

2. Erstelle eine Tabelle und schreibe in die linke Spalte, welche Gruppen sich mit der sozialen Frage befassten: Gewerkschaften, Sozialdemokraten, Kommunisten, Unternehmer, Kirche, Staat. Trage in die rechte Spalte ihre Lösungsvorschläge ein. (VT).

3. Verfasse einen Zeitungsartikel über den Streik in Q1. Überlege auch, was die Personen im Bild sagen könnten. Lasse ihre Aussagen einfließen. ○ → S.214

4. Stell dir vor, du bist Arbeiter im Unternehmen Alfred Krupps. Was denkst du über die Ratschläge deines Chefs zur Lebensführung (Q5, VT2, VT3, VT5)?

Q4 Aufgaben der Gewerkschaften

Aus einer Rede des damaligen SPD-Vorsitzenden August Bebel über die Aufgaben der Gewerkschaften, 1900:

Der einzelne Arbeiter ist dem Unternehmer gegenüber machtlos. Jeder Versuch, auf eigene Faust seine Lage zu verbessern, endet in der Regel mit einer Niederlage. [...] Die einzige Möglichkeit, seine Arbeit und damit seine Lebensbedingungen auf einige Dauer zu verbessern, ist die Vereinigung mit seinesgleichen. Deshalb ist der Beitritt zu einer Gewerkschaft eine Lebensnotwendigkeit für jeden Arbeiter. Die Gewerkschaft erstrebt: Erhöhung des Lohnes nach Maßgabe der Verhältnisse des Arbeitsmarktes, Verkürzung der Arbeitszeit, Herbeiführung menschenwürdiger Zustände im Betrieb, Rechtsschutz, Arbeitslosenunterstützung. [...] Ferner stärkt sie das Solidaritätsgefühl, ohne das kein großes Ziel erreicht werden kann.

Helmut Hirsch (Hrsg.): August Bebel. Kiepenheuer & Witsch, Köln/Berlin 1968, S. 352.

Q5 Ein Unternehmer an seine Arbeiter

Aus dem Entwurf einer Rede Alfred Krupps, 1877:

Ich habe den Mut gehabt, für die Verbesserung der Lage der Arbeiter Wohnungen zu bauen, worin bereits 20 000 Seelen untergebracht sind, ihnen Schulen zu gründen und Einrichtungen zu treffen zur billigen Beschaffung von allem Bedarf. Ich habe mich dadurch in eine Schuldenlast gesetzt, die abgetragen werden muß. Damit dies geschehen kann, muß jeder seine Schuldigkeit tun in Friede und Eintracht und in Übereinstimmung mit unsern Vorschriften. [...] Nach getaner Arbeit verbleibt im Kreise der Eurigen, bei den Eltern, bei der Frau und den Kindern und sinnt über Haushalt und Erziehung. Das sei Eure Politik, dabei werdet Ihr frohe Stunden erleben. Aber für die große Landespolitik erspart Euch die Aufregung. Höhere Politik treiben erfordert mehr freie Zeit und Einblicke in die Verhältnisse, als dem Arbeiter verliehen ist.

Ernst Schraepler: Quellen zur Geschichte der Sozialen Frage in Deutschland 1871 bis zur Gegenwart. Muster-Schmidt, Göttingen 1996, S. 102 f.

D1 Deutsches Sozialversicherungssystem Ende des 19. Jahrhunderts

Jahr	Versicherung	Beiträge	Leistungen
1883	Krankenversicherung für Arbeiter und (freiwillig ab 1892) für ihre Angehörigen	2–3 % des Lohnes: – 2/3 vom Arbeiter – 1/3 vom Arbeitgeber	– ärztliche Behandlung und Medizin – Krankenhauskosten – Krankengeld: die ersten beiden Krankentage unbezahlt, danach 50 % des Lohnes
1884	Unfallversicherung für Arbeiter	Arbeitgeber	– Heilungskosten – bei Erwerbsunfähigkeit 2/3 des Einkommens – bei Tod 1/5 des Einkommens für Witwe
1889	Invaliditäts- und Altersversicherung für Arbeiter und Landarbeiter (ab 1911 auch für Angehörige)	1 % des Lohnes: – 1/2 vom Arbeiter – 1/2 vom Arbeitgeber	– Invalidenrente bei Erwerbsunfähigkeit – Altersrente ab 70. Lebensjahr

Zusammengestellt nach Das deutsche Kaiserreich 1871-1918. Hrsg. von Rainer Bölling/Johann Henseler. Ploetz, Freiburg 1986, S. 47f.

5. Arbeite Gründe heraus, die einen Fabrikbesitzer überzeugen könnten, die Einführung des Sozialversicherungssystems als einen Fortschritt anzusehen, der auch ihm nützt (D1, VT5, VT7).
○ → S. 214

SP **6.** Entwerft ein Streitgespräch zwischen einem Gewerkschafter und einem Kommunisten über die verschiedenen Wege, die soziale Frage zu lösen (Q2, Q4, VT2, VT4). Verwende dabei die folgenden Begriffe: Revolution, Rechte, Streik, Enteignung, Privateigentum.

7. Nimm Stellung zum Denkansatz des Papstes, dass es unter Christen keine soziale Frage geben könne (Q3, VT6).

8. Recherchiere zur Geschichte des „Rauhen Hauses" und seinem Gründer Johann Hinrich Wichern und halte einen Kurzvortrag in der Klasse. ●

AFB I: 1, 2 AFB II: 3, 5, 8 AFB III: 4, 6, 7

Arbeitsblatt
Selbsteinschätzungsbogen
hw8hx2

Üben interaktiv
Wissens-Check
hw8hx2

MK 1. Die Industrialisierung – gut erklärt?

Einen Erklärfilm erschließen

Sachkompetenz, Methodenkompetenz, Urteilskompetenz

Fasst arbeitsteilig zusammen, wie der Erklärfilm D1 die einzelnen Etappen der Industrialisierung darstellt, und stellt euch eure Ergebnisse gegenseitig vor. Vergleicht die Informationen aus dem Film mit eurem Wissen über die Zeit der Industrialisierung. Diskutiert dann über Stärken und Schwächen des Erklärfilms.

D1 Erklärfilm
Industrielle Revolution
hw8hx2

2. Überblickswissen zur Industrialisierung

Begriffe erklären

Sachkompetenz

Schreibe die Erklärungen und den jeweils gesuchten Begriff in dein Heft. Setze mithilfe der in Klammern genannten Zahl die Buchstaben für das Lösungswort zusammen.

1 Leitsektor der Industrialisierung in England (5)
2 Transportmittel, das den Industrialisierungsprozess beschleunigte (9)
3 James Watt machte diese Maschine effektiver (1)
4 planmäßig angelegte Straße (4)
5 Erfinder der ersten Spinnmaschine (10)
6 wissenschaftliche Methode zur zahlenmäßigen Erfassung und Darstellung einer Entwicklung (4)
7 Zusammenschluss von Staaten in Deutschland zu einem einheitlichen Handelsgebiet (7)
8 mehrstöckiges Wohnhaus für Arbeiter (2)
9 kommunistischer Vordenker (2)
10 Vordenker der katholischen Soziallehre (3)
11 Beruf, der den „alten" Werkmeister ablöste (1)
12 neue Einkaufsmöglichkeit in den Großstädten (8)
13 schottischer Vordenker der freien Marktwirtschaft (3)
14 schwerindustrielles Zentrum Deutschlands (6)
15 Druckmittel der Arbeiter (3)
16 Ausbreitung städtischer Lebensformen (1)
17 künstliche Wasserstraße (3)
18 Klasse der wohlhabenden Bürger (5)

SP 3. Die Lebensverhältnisse im Kaiserreich

Unterschiedliche Perspektiven einnehmen

Sachkompetenz, Urteilskompetenz

Die Lebensverhältnisse der Menschen im Kaiserreich unterschieden sich sehr stark voneinander. Formuliere aus der Perspektive der folgenden fiktiven Personen eine Einschätzung: Wie gut lässt es sich leben im Kaiserreich (um 1900)? Trage dazu Informationen aus dem Kapitel zusammen, die dir weiterhelfen können. Nimm abschließend eine Zusammenfassung vor.

Paul Willig ist Arbeiter in einer Stahlfabrik. Er ist 22 Jahre alt, jung und kräftig. Bislang hat er für sich allein ganz gut verdient. Aber jetzt ist seine Freundin schwanger. Sie werden heiraten und bald wird sie nicht mehr arbeiten können. Da muss er mit seinem Lohn drei Mäuler stopfen. Paul ist Sozialdemokrat, genau wie schon sein Vater.

Frieda Bönicke ist Angestellte bei einer Versicherung. Sie hat Glück gehabt, dass sie die Stelle bekommen hat. Es gibt so viele Frauen, die eine solche Arbeit suchen. Viel verdient sie nicht, aber sie wohnt ja auch noch bei ihren Eltern. So kann sie sich öfter mal einen Besuch im Kino leisten. Ihren Chef mag sie nicht, aber natürlich zeigt sie das nicht – man ist so schnell entlassen.

Johannes Heinemann ist Arzt in einer Kleinstadt. Seine Frau ist selbstverständlich nicht berufstätig. Sie hat zu Hause genug zu tun, schließlich muss sie die Köchin und das Dienstmädchen anleiten. Das Dienstmädchen ist auch für die beiden Töchter zuständig, ein eigenes Kindermädchen wäre doch zu aufwendig. Das nächste Kind wird hoffentlich ein Junge werden.

Therese Walter ist Volksschullehrerin in einer Industriestadt. Sie hat in ihrer Klasse 80 Mädchen. Das ist sehr anstrengend. Trotzdem ist sie stolz auf ihren Beruf. Ärgerlich ist, dass sie so viel weniger als ihre männlichen Kollegen verdient. Und wenn sie heiraten sollte, müsste sie aus dem Schuldienst ausscheiden – verheiratete Lehrerinnen darf es laut Vorschriften nicht geben.

4. Veränderung der Arbeitswelt

Eine Statistik auswerten

Sachkompetenz, Methodenkompetenz

Untersuche, wie sich durch die Industrialisierung die Arbeit in Deutschland veränderte. Werte dazu die Statistik D2 aus. Nutze die Arbeitsschritte auf S. 235.

5. Arbeit und soziale Sicherung

Eine Bildquelle untersuchen

Sachkompetenz, Methodenkompetenz, Urteilskompetenz

a) Schreibe einen Zeitungsbericht zu dem Unfall. Beschreibe dazu das Bild Q1 und achte dabei auch auf die Antriebsart der Maschinen.
b) Erläutere, auf welche Weise versucht wurde, die Folgen solcher Arbeitsunfälle zu mildern.
c) Formuliere ein Merkblatt für die Arbeiter, wie solche Unfälle zu vermeiden sind.

D2 Entwicklung der Beschäftigungsbereiche im 19. Jahrhundert in Deutschland

Beschäftigungsbereich	1800	1850	1900
Land- und Forstwirtschaft, Fischerei	62 %	55 %	38 %
Produktion von gewerblichen und industriellen Gütern	21 %	24 %	37 %
Dienstleistungen	17 %	21 %	25 %
Beschäftigte insgesamt (in Mio.)	10,5	15,8	25,5

Zit. nach Friedrich Wilhelm Henning: Die Industrialisierung in Deutschland 1800–1914. 8. Aufl., Schöningh, Paderborn 1993, S. 20.

Q1 Unfall in einer Maschinenfabrik

Holzstich nach einer Zeichnung von Johann Bahr, 1889, 32,4 x 48 cm

Imperialismus und Erster Weltkrieg
Online-Material
r5j57e

2 Imperialismus und Erster Weltkrieg

Noch heute erinnern in vielen Städten und Dörfern Denkmäler an die Toten des Ersten Weltkrieges. Mit dem Kriegsende endete auch die Phase des Hochimperialismus. Deren Kennzeichen waren ein aggressiver Nationalismus, ein „Wettlauf" der Großmächte um Kolonien, die Unterdrückung der Bevölkerung in vielen Regionen Afrikas und Asiens und ein allgemeines Wettrüsten infolge wachsender Rivalitäten untereinander.

1878	1885	1892	1899

1879–1887
Reichskanzler Bismarck schließt Bündnisse, um die Stellung des Deutschen Reichs in Europa zu sichern.

1884/85
Auf der Kongo-Konferenz in Berlin einigen sich 14 Staaten über die Aufteilung Afrikas. Das Deutsche Reich beginnt seine Kolonialpolitik.

1892
Frankreich und Russland schließen ein Bündnis.

1897/98
Beginn der Flottenpolitik im Deutschen Reich

Kompetenzen Am Ende dieses Kapitels weißt und kannst du Folgendes:

Sachkompetenz
- Du weißt, warum Europäer ihre Herrschaft über Afrika und Asien ausdehnten.
- Du kennst die Kolonien der europäischen Mächte.
- Du kannst zwischen Anlass und Ursachen des Ersten Weltkriegs unterscheiden.
- Du kannst Auswirkungen der „modernen" Kriegsführung auf den Alltag an der Front und in der Bevölkerung erläutern.
- Du kennst wesentliche Inhalte der Pariser Friedensverträge.

Methodenkompetenz
- Du kannst in digitalen Sammlungen recherchieren.
- Du weißt, wie du den Operator „Vergleichen" anwendest.

Urteilskompetenz
- Du kannst die Folgen europäischer Herrschaft für die Bevölkerung der Kolonien beurteilen.
- Du kannst Motive und Handeln der Politiker während der „Julikrise" beurteilen.
- Du kannst erörtern, warum das Jahr 1917 ein Epochenjahr war.
- Du kannst die Angemessenheit heutiger Erinnerung an die Opfer des Ersten Weltkriegs bewerten.

Handlungskompetenz
- Du kannst dich mit Formen des Erinnerns an den Ersten Weltkrieg auseinandersetzen.

◄ **D1 Gedenken an den Beginn des Ersten Weltkrieges**
Jugendliche aus elf Ländern legen am Ehrenmal der Gefallenen in Berlin Blumen nieder. Foto, 2014

1906 | **1913** | **1920**

1904–1907
Großbritannien einigt sich mit Frankreich und Russland über die Lösung bestehender Konflikte in Afrika und Asien.

28. Juni 1914
Ein bosnischer Serbe ermordet den österreichisch-ungarischen Thronfolger Franz-Ferdinand in Sarajewo.

August 1914
Der Erste Weltkrieg beginnt.

1917
Die USA treten in den Ersten Weltkrieg ein.

1917
Zar Nikolaus II. von Russland muss abdanken.

1918
Ende des Ersten Weltkrieges, Revolutionen und Sturz der Monarchien in Deutschland und Österreich-Ungarn

MK In digitalen Sammlungen recherchieren

Immer mehr Museen, Bibliotheken, Archive und Forschungseinrichtungen machen ihre Quellenbestände in digitalen Sammlungen im Internet zugänglich. Das bietet neue Möglichkeiten, sich mit Geschichte zu beschäftigen und historische Fragen durch eigene Recherchen zu beantworten.

VT1 Neue Möglichkeiten: Digitale Sammlungen

Digitale Sammlungen bieten einen Zugang zu digitalisierten Reproduktionen von Originalquellen, etwa zu historischen Karten, Zeitungen, Filmen oder auch gegenständlichen Quellen. Während Quellen im Buch häufig bearbeitet oder gekürzt abgedruckt sind, präsentieren digitale Sammlungen die Quellen möglichst originalgetreu. Oft kann man mit Werkzeugen, wie einer Zoomfunktion, Fotos oder Karikaturen detailliert betrachten. Trotz möglichst originalgetreuer Reproduktion können die sogenannten Digitalisate allerdings nie alle Informationen einer Originalquelle abbilden. Sie bleiben eine digitale Kopie, die man nicht anfassen oder fühlen kann. Die Digitalisate sind in Datenbanken organisiert. Dadurch ist es möglich, mit gut überlegten Schlagworten gezielt nach ihnen zu suchen. Im Gegensatz zum Museum oder dem Archiv vor Ort bieten digitale Sammlungen einen zeit- und standortunabhängigen Zugriff auf historische Quellen.

VT2 Selbst recherchieren

Wie in einer Bibliothek oder in einem Archiv kann man in einer digitalen Sammlung schnell den Überblick verlieren. Deshalb ist es wichtig, bei einer Recherche planvoll vorzugehen: Ausgangspunkt sollte entweder die Suche nach einer konkreten Quelle oder eine Forschungsfrage sein, die durch gezieltes Recherchieren von Quellen beantwortet werden soll. Für beides benötigst du Hintergrundwissen, um passende Suchbegriffe und Suchzeiträume festzulegen. Zudem solltest du dich über den Aufbau der Sammlung, den Anbieter, thematische Schwerpunkte, die verfügbaren Quellen sowie die Funktionen der Sammlung informieren. Diese Informationen bieten dir Orientierung für deine Recherche und sind wichtige Kriterien für die Beurteilung der Qualität der Sammlung. Bei der Auswertung recherchierter Quellen solltest du dich am methodischen Vorgehen für die jeweilige Quellengattung (zum Beispiel Karikaturen, Karten oder Textquellen) orientieren.

D1 Digitale Sammlung historischer Zeitungen „zeit.punktNRW"

1 Informationen zur digitalen Sammlung
2 Zugang zu allen digitalisierten Zeitungen
3 Recherchemöglichkeiten über Karten-, Orts- und Kalenderansicht
4 Zoomfunktion zur besseren Ansicht der Zeitung
5 Digitalisat der historischen Zeitung
6 Quellenangaben zur Ausgabe der Zeitung
7 Blättern in der digitalisierten Zeitung

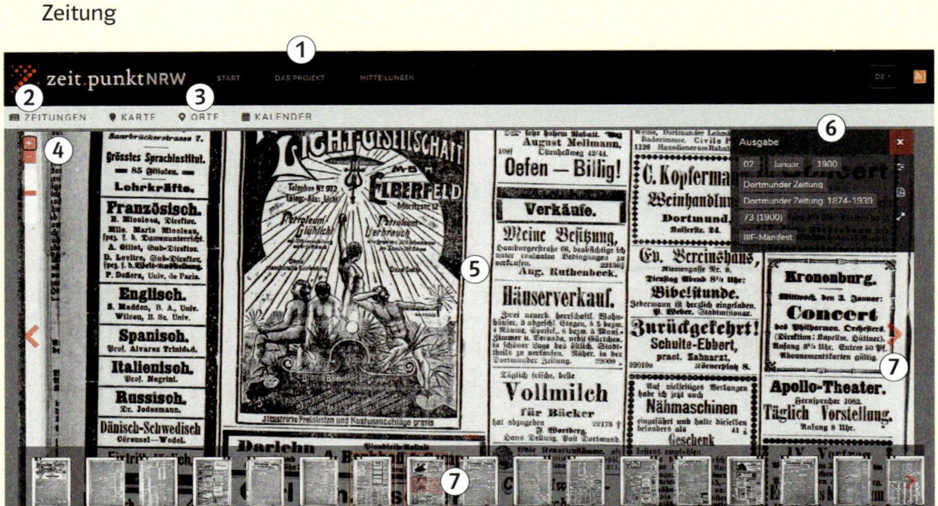

Q1 Website
Digitale Sammlung:
zeit.punktNRW
r5j57e

Arbeitsschritte

1. Recherche vorbereiten →

- Kläre das Ziel der Recherche.
- Verschaffe dir einen ersten Überblick über die digitale Sammlung, den Anbieter, die Struktur, thematische Schwerpunkte und verfügbare Quellen.
- Informiere dich über die in der Sammlung zur Verfügung stehenden Recherchemöglichkeiten und deren Funktionsweise.
- Prüfe, ob die Sammlung zur Beantwortung der Fragestellung geeignet ist.

2. Recherchieren →

- Überlege dir ausgehend von der Fragestellung eine Recherchestrategie: Formuliere dazu Suchbegriffe und begrenze Suchzeiträume.
- Überprüfe die Suchergebnisse und ändere, wenn nötig, deine Recherchestrategie.
- Werte die recherchierten Quellen mit Blick auf die Fragestellung aus. Beachte dabei Zusatzinformationen zum Digitalisat und nutze mögliche Funktionen wie die Vergrößerung oder das Speichern der digitalen Quellen.

3. Recherche auswerten

- Interpretiere die Ergebnisse der Recherche und Analyse und versuche die Fragestellung zu beantworten.
- Prüfe, ob zur umfassenden Beantwortung der Fragestellung weitere Recherchen, zum Beispiel in anderen digitalen Sammlungen, nötig sind.
- Beurteile die digitale Sammlung hinsichtlich ihrer Funktionalität sowie der Eignung für historisches Forschen und Lernen zur Fragestellung.

Tipps zur Recherche

Für einen guten Überblick über eine digitale Sammlung können dir folgende Leitfragen helfen:

- Wer ist der Anbieter der digitalen Sammlung?
- Welchen inhaltlichen Schwerpunkt hat die digitale Sammlung (Thema, Zeit, Region etc.)?
- Welche Digitalisate werden bereitgestellt (Quellenart)?
- An welche Zielgruppen richtet sich die digitale Sammlung?
- Welche Funktionen und Recherchestrategien ermöglicht die digitale Sammlung?

D2 Erklärfilm
In einer digitalen Sammlung recherchieren
r5j57e

Arbeitsblatt
Gemeinsam Fragen entwickeln
r5j57e

Nachgefragt

1. Erkläre den Begriff Digitalisat und stelle anschließend die Merkmale von digitalisierten Quellen (D1), Quellen im Schulbuch und Quellen im Archiv vergleichend gegenüber.

2. Untersuche die digitale Sammlung „zeit.punktNRW" (Q1) mithilfe der Arbeitsschritte.

3. Recherchiert Zeitungsmeldungen zu einem der Ereignisse, die in der Zeitleiste auf S. 46–47 dieses Buches genannt werden.

4. Formuliert in der Klasse historische Fragestellungen, die man mithilfe von Q1 beantworten könnte. Sammelt eure Vorschläge in einem digitalen Fragenkatalog (Etherpad). Nutzt den Online-Code.

5. Wähle eine Fragestellung aus Aufgabe 4 aus und beantworte diese mithilfe der digitalen Sammlung Q1. Orientiere dich am Erklärfilm D2.

6. Diskutiert Vor- und Nachteile von digitalen Sammlungen im Vergleich zu einem Archivbesuch vor Ort.

AFB II: 1, 2, 3, 4, 5 AFB III: 6

Die Europäer verteilen die Welt

In den 1880er-Jahren wetteiferten viele europäische Staaten darum, ihren Machtbereich auf Gebiete in Asien und Afrika auszuweiten. Warum taten sie das und welche Folgen hatte der europäische Imperialismus für die dort lebenden Menschen?

Imperialismus (von lat. imperare = herrschen) Bezeichnung für das Streben von Staaten, die eigene Herrschaft über und den eigenen Einfluss auf andere Staaten auszudehnen. Als Phase des Hochimperialismus gelten vor allem die Jahre zwischen 1880 und 1914.

VT1 Eine Konferenz in Berlin

Im November 1884 trafen sich Staatsmänner aus 14 europäischen Ländern in Berlin. Auf ihren Tischen lagen große Karten eines Kontinents, von dem sie nur wenig wussten: Afrika. Viele dortige Regionen galten in Europa als unerforscht. Europäische Entdecker berichteten von unerschlossenen Bodenschätzen und Handelsmöglichkeiten. So rückte Afrika in den Blick der europäischen Großmächte, die in der Zeit des Hoch**imperialismus** um Macht und Einfluss in der Welt rangen. Auf der Konferenz in Berlin legten die Staatsmänner die Grundlagen für die Aufteilung riesiger Gebiete des afrikanischen Kontinents. Was die einheimische Bevölkerung über die Pläne dachte (Q5), interessierte sie nicht: Kein einziger afrikanischer Herrscher durfte an der Konferenz teilnehmen.

VT2 Unterwerfung der Welt

Die Aufteilung Afrikas war ein weiterer Schritt, um den Machtbereich vieler europäischer Staaten zu erweitern. Seit der versehentlichen Landung der Europäer auf dem amerikanischen Kontinent am Ende des 16. Jahrhunderts hatten Europäer Kolonien und Stützpunkte in anderen Erdteilen gegründet. In Afrika und Asien beschränkte sich ihre Herrschaft aber meist auf die Küstenregionen. Seit den 1880er-Jahren drangen die Europäer weiter ins Innere dieser Kontinente vor. Möglich wurde dies durch Fortschritte der Industrialisierung: Dampfschiffe konnten die großen Flüsse hinauffahren und Eisenbahnen das Hinterland erschließen. Telegrafenleitungen vernetzten die in Besitz genommenen Regionen untereinander.
Mit falschen Versprechungen und Gewalt zwangen die europäischen Mächte viele einheimische Fürsten und Stammeshäuptlinge, sich zu unterwerfen. Den Versuchen der indigenen Herrscher, eigenen Handlungsspielraum zu erhalten, begegneten die Kolonialmächte oft mit Strafen und unmenschlicher Gewalt.

VT3 Motive und Ziele der Europäer

Die Gründe, warum europäische Mächte nach Kolonialbesitz strebten, waren vielfältig. Deutsche Politiker, Militärs, Kaufleute und Industrielle, aber auch große Teile der Öffentlichkeit forderten, das Deutsche Reich solle seinen Einfluss auf Kolonien ausdehnen, um als Weltmacht anerkannt zu werden. Diese Forderung beruhte auf der damals weit verbreiteten Vorstellung, die Staaten der Welt befänden sich in einem „Kampf ums Dasein", in dem sich nur die stärksten Nationen durchsetzen würden. Die Anhänger dieser Überzeugung beriefen sich auf den englischen Naturforscher Charles Darwin. Dessen Theorie, wonach in der Tierwelt nur die stärksten und am besten angepassten Arten überleben, übertrugen sie auf politische und gesellschaftliche Verhältnisse.
Viele Europäer begründeten die Expansionspolitik zudem mit einer angeblichen, auf rassistischen Vorstellungen basierenden Überlegenheit der „westlichen Zivilisation" (Q2). Die Völker Afrikas und Asiens – auch alte Hochkulturen wie China oder die der Aschanti in Westafrika – hielten sie für unterentwickelt. Sie waren überzeugt, dass die Europäer die Pflicht hätten, indigene Völker in deren eigenem Interesse nach europäischen Maßstäben zu „zivilisieren". Ihr eigenes Handeln in den Kolonien war dagegen alles andere als „zivilisiert", sondern von Habgier, Menschenverachtung, Gewalt und Mord geprägt. Rassistische Anschauungen waren weit verbreitet. Es gab jedoch auch damals schon Gegenstimmen, die vor Rassismus, Hochmut gegenüber anderen Kulturen und den Gefahren einer expansiven Außenpolitik für den Frieden unter den Großmächten warnten (Q6).
Eine weitere Triebkraft der europäischen Expansion war das wirtschaftliche Interesse von

Industriellen, Kaufleuten und Politikern. Sie betrachteten die Kolonien als billige Lieferanten von Rohstoffen und als Absatzgebiete der eigenen Waren. Politiker hofften, dadurch die heimische Wirtschaft zu stabilisieren und den wachsenden Wohlstand im eigenen Land aufrechtzuerhalten. Manche Politiker glaubten auch, mit ihrer Kolonialpolitik von Spannungen im eigenen Land ablenken und angesichts steigender Bevölkerungszahlen neue Siedlungsgebiete für Auswanderer schaffen zu können.

Um sich zu bereichern, plünderten die Kolonialmächte rücksichtslos die Rohstoffe der Kolonien und zwangen die indigene Bevölkerung zum Anbau von Produkten, von denen nur die Kolonialherren profitierten. Dennoch erfüllten sich die wirtschaftlichen Hoffnungen kaum. Der Handel mit den Kolonien spielte im Vergleich zu dem der europäischen Staaten untereinander nur eine untergeordnete Rolle.

Die Formen der europäischen Herrschaft waren unterschiedlich. In manchen Kolonien setzten die Kolonialmächte eigene Gouverneure und Beamte ein. Angesichts der geringen Zahl eigener Kolonialbeamter übten sie ihre Herrschaft häufig jedoch indirekt aus. Einheimische Fürsten und Stammesführer konnten daher oft weiterregieren. Voraussetzung war, dass sie die Forderungen der Kolonialherren erfüllten.

VT4 Folgen für die indigene Bevölkerung

Das respektlose und grausame Verhalten der europäischen Kolonialmächte schockierte viele indigenen Völker zutiefst. Ungerechtigkeit, Benachteiligung, Erniedrigung, Plünderungen und Gewalt kennzeichneten nun den Alltag. Wer sich nicht fügte, riskierte massive Strafen und militärische Unterwerfung. Millionen von Menschen starben als direkte Folge der Kolonialherrschaft, teils durch die Folgen von Vertreibung, Zwangsarbeit, Hunger und Misshandlung, teils durch Strafmaßnahmen und militärische Konflikte in Reaktion auf Aufstände.

Entscheidend für den Alltag der einheimischen Bevölkerung waren auch die Eingriffe in die bestehenden Eigentums- und Rechtsordnungen. Dazu gehörten Landenteignungen für die Anlage großer Plantagen und Farmen europäischer Auswanderer oder die Ausbeutung von Rohstoffen. Diese Maßnahmen zerstörten in vielen Gebieten die traditionellen Lebensgrundlagen der indigenen Bevölkerung. Die bei Landenteignungen vertriebenen Stämme wurden gezwungen, sich auf weniger fruchtbarem Land niederzulassen, und litten deshalb an Hunger. Die Einführung von Steuern, die z.B. in Naturalien, Geld oder Arbeit zu leisten waren, zwang sie zudem zur Arbeit auf den Plantagen oder in den Gold- und Diamantenminen der Europäer. Die dortigen Arbeitsbedingungen waren in vielen Fällen unerträglich.

Die Kolonialherrschaft legte in den unterworfenen Gebieten den Grundstein für viele spätere Konflikte: Die willkürlich gezogenen Ländergrenzen führten und führen heute noch immer zu anhaltenden militärischen Auseinandersetzungen. Die rücksichtslose Ausbeutung der Bodenschätze und der Fokus auf die Rohstoffproduktion verschärfen bis heute, z.B. in Afrika, die Abhängigkeit von den reichen Industrienationen. In ehemaligen Siedlungskolonien wie Zimbabwe und Südafrika, aber auch in Australien sind die Europäer zudem für Spannungen zwischen der einheimischen und der eingewanderten weißen Bevölkerung verantwortlich. Nicht zuletzt hat der Kolonialismus rassistische Denkmuster geprägt, die bis heute Hass und Gewalt schüren.

Q1 Kuchen der Könige und Kaiser
Karikatur aus der französischen Zeitschrift Le Petit Jounal, 1898

1 China
2 Großbritannien
3 Deutschland
4 Russland
5 Frankreich
6 Japan

Q2 Kolonialistisches Selbstbild

Der englische Kaufmann und Politiker Cecil Rhodes fordert in einer Denkschrift 1877:

Ich behaupte, daß wir die erste Rasse[1] der Welt sind und daß es für die Menschheit umso besser ist, je größere Teile der Welt wir bewohnen [...]. Darüber hinaus bedeutet es einfach das Ende aller Kriege, wenn der größere Teil der Welt in unserer Herrschaft aufgeht. [...] Da [Gott] sich die Englisch sprechende Rasse offensichtlich zu seinem auserwählten Werkzeug geformt hat, [...] muß es auch seinem Wunsch entsprechen, daß ich alles in meiner Macht Stehende tue, um jener Rasse so viel Spielraum und Macht wie möglich zu verschaffen. Wenn es einen Gott gibt, denke ich, so will er daher eines gern von mir getan haben: Nämlich so viel von der Karte Afrikas britisch-rot[2] zu malen wie möglich und anderswo zu tun, was ich kann, um die Einheit der Englisch sprechenden Rasse zu fördern und ihren Einflußbereich auszudehnen.

Zit. nach The Last Will and Testament of Cecil J. Rhodes. Hrsg. von W. T. Stead. Review of Reviews Office, London 1902, S. 58 f., 98. Übers. von Peter Alter.

1 Die damals gängige Vorstellung, es gäbe verschiedene Menschenrassen, ist heute klar widerlegt.
2 übliche Farbe für Großbritannien auf zeitgenössischen Landkarten

Q3 Dorfschule in französischer Kolonie

Kinder der Mitglieder einheimischer Hilfstruppen erhalten in der Kolonie Afrique occidentale – Soudan (heute Mali) Unterricht. Französische Bildpostkarte, 1906

Q4 Eine Lebensfrage?

Der Historiker Heinrich von Treitschke beschreibt 1890 die Bedeutung von Kolonien für große Mächte:

Alle großen Völker der Geschichte haben, wenn sie stark geworden waren, den Drang gefühlt, Barbarenländern[1] den Stempel ihres Wesens aufzudrücken. Und heute sehen wir die Völker Europas drauf und dran, weit über den Erdkreis eine Massenaristokratie[2] der weißen Rasse zu schaffen. Wer bei diesem gewaltigen Wettkampf nicht mitwirkt, wird später einmal eine klägliche Rolle spielen. Es ist daher eine Lebensfrage für eine große Nation heute, kolonialen Drang zu zeigen. [...] Ganz ohne Zweifel ist eine große koloniale Entwicklung ein Glück für ein Volk.

Heinrich von Treitschke: Politik. Vorlesungen gehalten an der Universität zu Berlin. Bd. 1. S. Hirzel, Leipzig 1899, S. 121.

1 abfällige zeitgenössische Bezeichnung für Länder außerhalb des europäischen Kulturkreises
2 Vorherrschaft einer kleinen Gruppe, hier: der Europäer

Nachgefragt

1. Erläutere, wie die europäischen Großmächte bei der Kolonialisierung der Welt vorgingen (VT1–VT4).

2. Erkläre, inwiefern der industrielle und technische Fortschritt den Kolonialismus begünstigte (VT2).

3. Analysiere Q1 und schreibe einen kurzen Kommentar dazu. ○ → S. 214

4. Stelle dar, womit Befürworter und Gegner ihre Haltung zur Kolonialisierung begründeten (Q2, Q4, Q6).

SP **5.** Formuliere als zeitgenössischer Journalist einen Zeitungskommentar zur Reichstagsrede Bebels (Q6). Wer ist deine Zielgruppe (z. B. Sozialdemokraten oder das Bürgertum)? Baue deine Argumentation entsprechend auf und beachte, dass bei einem Kommentar deine Meinung im Vordergrund steht.

Q5 Unpassende Gesetze

Das Volk der Nama lebte Ende des 19. Jahrhunderts unter deutscher Kolonialherrschaft in Afrika. Ihr Anführer Hendrik Witbooi erläutert 1892 einem Freund seine Haltung gegenüber den Kolonialherren:

Ich schreibe Euch […], daß ich damit nicht einverstanden bin, und daß ich nicht haben will, daß Ihr Weißen Farmplätze auf meinem Gebiet gebt. Ich wünsche auch nicht, daß Ihr einem Weißen einen Platz auf Eurem Gebiet gebt. Ich denke so: dieses Afrika ist das Land der roten Kapitaine[1]; wir sind von derselben Farbe und Lebensart, haben gemeinschaftliche Gesetze, die für uns und unsere Leute genügen. Wir sind nicht hart gegeneinander, sondern ordnen Dinge in Frieden und Brüderschaft. Wenn Leute eines Kapitains mit Menschen eines anderen Kapitains auf demselben Platz wohnen, so halten sie Frieden […]. Sie stellen keine Gesetze gegeneinander auf über Wasser, Weide, Wege, um Geld daraus zu schlagen. Für jeden Reisenden, der durch unser Land kommt, halten wir diese Dinge frei zur Verfügung, sei er von roter, weißer oder schwarzer Farbe. Das ist recht und gut und reicht für uns zum Leben. Wir benachteiligen auf diese Art niemanden, weder an seinen Lebensmöglichkeiten noch an seinem Geld, und belästigen keinen Menschen durch Fragerei nach Wasser, Weide und Geld. Die weißen Menschen aber handeln ganz anders. Ihre Gesetze sind unpassend für uns rote Menschen und undurchführbar. Diese unbarmherzigen Gesetze bedrücken den Menschen von allen Seiten; sie kennen kein Gefühl oder Rücksicht darauf, ob ein Mensch reich ist oder arm.

Hendrik Witbooi: Afrika den Afrikanern! Aufzeichnungen eines Nama-Häuptlings aus der Zeit der deutschen Eroberung Südwestafrikas 1884 bis 1894. Dietz, Berlin/Bonn 1982, S. 132 f.

1 einheimische Bezeichnung für die Anführer der jeweiligen Gemeinschaft

Q6 Kolonialpolitik ist Ausbeutung

Der SPD-Vorsitzende August Bebel sagt in einer Rede vor dem deutschen Reichstag am 17. Februar 1894:

Meine Herren, was bedeutet denn aber in Wahrheit Ihre christliche Zivilisation in Afrika? Täuschen Sie sich doch nicht darüber, oder versuchen Sie nicht, Andere zu täuschen – denn ich kann unmöglich glauben, daß Sie sich darüber täuschen – also: was bedeutet in Wahrheit diese ganze sogenannte christliche Zivilisation in Afrika? Äußerlich Christenthum, innerlich und in Wahrheit Prügelstrafe, Weibermißhandlung, Schnapspest[1], Niedermetzelung mit Feuer und Schwert, mit Säbel und Flinte. Das ist Ihre Kultur. Es handelt sich um ganz gemeine materielle Interessen, ums Geschäftemachen und um nichts weiter!
[Große Unruhe rechts und in der Mitte. Lebhafte Zustimmung bei den Sozialdemokraten.]
[…] Gegen diese Art von Zivilisation wenden wir uns. In Rücksicht auf diesen brutalen Egoismus, in Rücksicht auf die rein materiellen und geschäftlichen Ziele […] erklären wir uns gegen die ganze Politik. Hoffnung auf große materielle Vortheile, das ist der wahre Grund dieser Kolonialpolitik. Es handelt sich einfach um Ausbeutung und Ausraubung der Negerbevölkerung[2] zu Gunsten christlicher Kapitalisten.

Zit. nach Weiß auf schwarz. Kolonialismus, Apartheid und afrikanischer Widerstand. Hrsg. v. Manfred O. Hinz u. a. 2. Aufl. Elefanten Press, Berlin 1986, S. 116.

1 umgangssprachlich für Alkoholismus
2 zeitgenössische Bezeichnung für Menschen mit schwarzer Hautfarbe, gilt heute als abwertend und rassistisch diskriminierend

Q7 Website

Digitale Sammlung: Kolonialismus auf Bildpostkarten
r5j57e

6. Erkläre, warum Q3 als Postkarte verbreitet wurde. ○ → S. 214

7. Fasse zusammen, was Hendrik Witbooi den Kolonialmächten vorwirft (Q5), und nimm Stellung dazu.

8. Bewerte das Verhältnis zwischen indigener Bevölkerung und den Kolonialherren (Q3, Q5, VT4).

9. Stelle mithilfe von Wirtschaftskarten in einem Atlas fest, an welchen Rohstoffen in Afrika und Asien die Europäer interessiert waren. ○ → S. 214

MK **10.** Recherchiere in der digitalen Sammlung Q7 Bildpostkarten zum Kolonialismus. Beschreibe anhand einer selbstgewählten Postkarte die Darstellung der indigenen Bevölkerung. Prüfe, inwieweit mit der Postkarte rassistische Zuschreibungen vermittelt werden. ●

AFB I: 9 AFB II: 1, 2, 3, 4, 6, 10 AFB III: 5, 7, 8

Afrika – ein herrenloser Kontinent?

Viele Europäer rechtfertigten die Inbesitznahme von Gebieten in Afrika mit dem Hinweis, dieser Kontinent sei „herrenloses“ Land und es sei ihre Pflicht, den dort lebenden „Wilden“ die Fortschritte europäischer Zivilisation zu bringen. Diese Auffassung spiegelte jedoch nicht die Wirklichkeit wider.

VT1 Unbekanntes Afrika

Über Afrika wussten die Europäer lange nur wenig. Obwohl Karawanen seit der Antike Gold und Elfenbein, aber auch Sklaven nach Europa brachten, war Afrika für die meisten Europäer bloß ein Kontinent, auf dem exotische Tiere und „wilde“ Menschen lebten. Doch wie es im Innern des riesigen Kontinents aussah, war bis in die Neuzeit weitgehend unbekannt. Erst als die Europäer einen Seeweg nach Indien suchten, begannen sie, sich für die Küstenregionen zu interessieren und erste Stützpunkte zu errichten.

VT2 Vielfalt der Reiche und Kulturen

Was fanden die Europäer in Afrika vor? In den verschiedenen Regionen gab es Reiche von unterschiedlicher Größe mit verschieden entwickelten Organisations- und Siedlungsformen, Kulturen und Religionen. Über viele Entwicklungen in Afrika wissen wir jedoch nur wenig, da die frühen Reiche keine Schrift hatten und somit keine Zeugnisse für die Nachwelt hinterlassen haben. Eine Ausnahme sind jene Reiche, die, wie das von Mali, früh den muslimischen Glauben angenommen und die arabische Schrift übernommen hatten. Mündliche Überlieferungen, die von Generation zu Generation weitererzählt und später von Missionaren aufgeschrieben wurden, sind daher bis heute eine der wichtigsten Quellen (Q2). Auch Missionare, Kaufleute und Forscher, die seit 1500 afrikanischen Boden betraten, beschrieben, was sie sahen. Diese Berichte sind jedoch gefärbt, da ihren Urteilen europäische Maßstäbe zugrunde lagen.

Neben zahlreichen islamischen Reichen im nördlichen Afrika und in den großen Savannenregionen gab es auch Staatsbildungen in anderen Teilen des riesigen Kontinents. In einigen regierten Könige, die sich auf eine gut funktionierende Verwaltung und große Armeen stützten. Ihre „Hauptstädte“ wie Ibadan im heutigen Nigeria hatten zeitweise 70 000 Einwohner. Manche dieser Reiche zerfielen im Laufe der Zeit aufgrund innerer Wirren oder wurden von stärkeren Nachbarn unterworfen. In anderen Regionen lebten Gruppen von Verwandten, die einander halfen, aber keine staatlichen Strukturen kannten. Diese Völker, die zumeist Nomaden waren, haben wenige Spuren hinterlassen. Herren-, kultur- und geschichtslos ist Afrika aber nie gewesen.

VT3 Das Königreich Mapungubwe

Ein Beispiel für die vielfältigen afrikanischen Hochkulturen ist das Königreich Mapungubwe. Die Region war vor knapp tausend Jahren das größte Königreich Südafrikas.

Ausgrabungen legten mehrere reich geschmückte Königsgräber und Palastruinen frei. Zu den Fundstücken zählten auch Glasperlen und kunstvolle Arbeiten aus Gold, Kupfer, Porzellan und Elfenbein. Diese wertvollen Materialien lassen auf regen Handel mit der afrikanischen Ostküste und den dortigen Gütern aus Indien, China und Ägypten schließen.

Die Einwohner von Mapungubwe waren in der Lage, Eisen zu bearbeiten, und erreichten durch Landwirtschaft, Baumwollanbau und Handelsbeziehungen großen Wohlstand.

Die Erforschung der Geschichte des Königreiches dauert noch an.

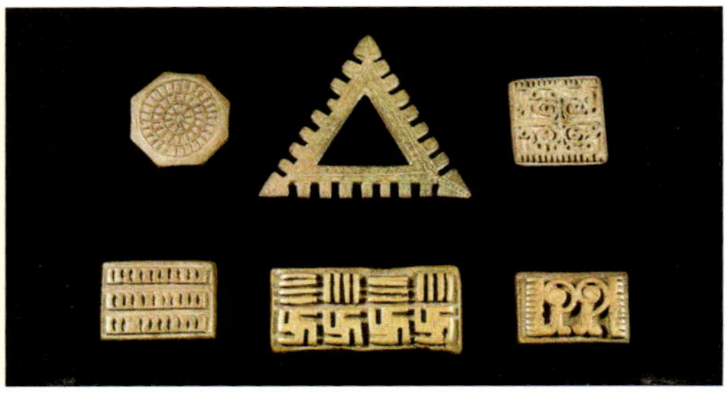

Q1 Gewichte zum Abwiegen von Gold
Aus dem Reich der Aschanti

Q2 „Die Wärme der menschlichen Stimme“

Ein Sänger leitet seinen Bericht über die Gründung des Mali-Reiches ein:

Ich bin Sänger. Ich bin Djeli Mamoudou Kouyate, Sohn von Bintou Kouyate und Djeli Kedian Kouyate. Ich bin Meister in der Kunst der Rede. [...] Die Kunst der Rede hat kein Geheimnis für uns: ohne uns verfielen die Namen der Könige in Vergessenheit. Wir sind das Gedächtnis der Menschen. Durch das Wort geben wir den Taten der Könige Leben vor den jungen Generationen. Ich erhielt meine Wissenschaft von meinem Vater Djeli Kedian, und dieser erhielt sie von seinem Vater. Die Geschichte hat kein Geheimnis für uns. Das einfache Volk lehren wir, was wir für richtig halten, denn wir besitzen die Schlüssel für die zwölf Tore des Mandingolandes.[1] [...] Könige lehrte ich die Geschichte ihrer Ahnen, damit das Leben der Ahnen ihnen als Beispiel diene; denn die Welt ist alt, aber die Zukunft geht aus der Vergangenheit hervor. [...]

Andere Völker bedienen sich der Schrift, um die Vergangenheit festzuhalten. Aber diese Erfindung hat ihr Gedächtnis getötet. Sie fühlen die Vergangenheit nicht mehr, denn die Schrift hat nicht die Wärme der menschlichen Stimme. Bei ihnen glauben alle zu wissen, obwohl doch Wissen geheim bleiben muß.

Zit. nach Franz Ansprenger: Kolonisierung und Entkolonisierung in Afrika. 3. Aufl., Klett, Stuttgart 1979, S. 8f.

1 Provinzen des Siedlungsgebiets der Mandingo, einer Volksgruppe, die sich als kulturelle Nachkommen des Königreichs Mali definiert

Q3 Eine Stadt wie in Europa?

Der Hamburger Heinrich Barth nahm zwischen 1849 und 1855 im Auftrag der englischen Regierung an einer Reise zur Erforschung Afrikas teil. Dabei besuchte er auch die Stadt Kano im heutigen Nigeria:

Alle Seiten des Lebens zeigten sich mir in den Straßen, auf den Marktplätzen und in dem Inneren der Häuser. Es war ein reiches, lebendiges Bild einer kleinen Welt für sich, äußerlich durchaus von dem, was man in europäischen Städten zu sehen gewohnt ist, verschieden und doch [...] ähnlich. Hier war eine Reihe Läden voll einheimischer und fremder Waren, mit Käufern und Verkäufern in allen Abstufungen von Gestalt, Farbe und Kleidung, aber alle auf das eine Ziel bedacht, durch Übervorteilung des Anderen sich einen kleinen Gewinn zu machen; dort eine große Schattenbude [...] voll halb nackter, halb verhungerter Sklaven, ihrer Heimat, ihren Weibern oder Männern, ihren Eltern oder Kindern entrissen, wie Vieh in Reihen aufgestellt und verzweifelnd auf die Käufer starrend, ängstlich erwartend, in wessen Hände ihr Schicksal sie führen würde.

Ein anderer Teil der Buden war mit Lebensbedürfnissen aller Art angefüllt, wo der Reiche die schmackhaftesten Dinge für sein Haus findet und der Arme anhält und begierig auf ein Stück trockenen Brotes schaut, um seinen Hunger zu stillen. Hier ein reicher Herr, in Seide und glänzende Gewänder gekleidet, auf einem edlen und reich verzierten Rosse sitzend, gefolgt von einem zahlreichen Trosse übermütiger und träger Sklaven [...].

Heinrich Barth: Reisen und Entdeckungen in Nord und Central-Afrika in den Jahren 1849 bis 1855. Bd. 2. Perthes, Gotha 1857, S. 127.

Nachgefragt

1. Erstelle eine Mindmap über die wichtigsten Inhalte des VT.

2. Fasse zusammen, wie Djeli Mamoudou Kouyate über mündliche und schriftliche Überlieferung von Geschichte denkt (Q2).

MK **3.** Diskutiert anhand von Q2 und Q3 die Vor- und Nachteile mündlicher Überlieferungen von Geschichte.

4. Erläutere anhand von Q3, welche Auswirkungen solche Berichte auf das europäische Bild von Afrika hatten.

SP **5.** Afrikanische Gegenstände sind heute in vielen Museen zu sehen. Stell dir vor, du wärst Museumsführer. Erkläre, was Objekte wie Q1 uns heute über Afrika „erzählen“ können.

6. Verfasse einen Artikel für eine Schülerzeitung zum Thema „Afrika – ein herrenloser Kontinent?“. ●

7. Recherchiere im Internet: Fertige eine Liste der Reiche in Afrika um 1600 an. Bereite ein Kurzreferat über eines dieser Reiche vor und halte es vor der Klasse. ○ → S. 215

AFB I: 2 AFB II: 1, 4, 5, 7 AFB III: 3, 6

Braucht Deutschland einen „Platz an der Sonne“? – deutsche Außenpolitik im Imperialismus

Das Deutsche Reich war die wirtschaftlich und militärisch stärkste Nation in Europa. Vielen Deutschen reichte dies jedoch nicht: Wie andere Großmächte sollte auch Deutschland durch den Erwerb von Kolonien eine „Weltmacht“ werden. Dieser Anspruch führte zu einem immer stärkeren Konkurrenzdenken unter den europäischen Mächten – und hatte verheerende Folgen.

Gemeinsam lernen

Rollenspiel

Braucht Deutschland einen „Platz an der Sonne“?

Auf einem damaligen Diplomatenempfang in Berlin diskutieren ein Befürworter der deutschen Weltmachtpolitik, ein sozialdemokratischer Gegner dieser Politik und ein englischer Diplomat über die deutsche Außen- und Kolonialpolitik während des Imperialismus.

Teilt eure Klasse in drei oder sechs Gruppen ein, die sich jeweils eine der Rollen erarbeiten. Lest dazu folgende Texte:
- Befürworter der deutschen Weltmachtpolitik: S. 56–59: VT2, VT3, Q3, D2
- SPD-Abgeordneter: S. 56–59: VT2, VT3, Q4, D2 sowie Q6 auf S. 53
- englischer Diplomat: S. 56–59: VT1, VT3–VT6, Q5, D2

Erarbeitet jeweils Rollenkarten und tragt das Rollenspiel in der Klasse vor. Orientiert euch an den Arbeitsschritten auf S. 242.

Empire
(von lat. imperare = herrschen) Reich, das über viele Länder außerhalb seiner eigenen Grenzen herrscht

→ Themen verknüpfen
Über die Reichsgründung kannst du auf S. 12 bis 15 nachlesen.

VT1 Sicherheit statt Expansion

Die Reichsgründung 1871 hatte den Wunsch vieler Deutscher nach einer einheitlichen Nation erfüllt. Die europäischen Großmächte – Großbritannien, Frankreich, Russland und Österreich-Ungarn – befürchteten hingegen, dass das Deutsche Reich die Vorherrschaft auf dem Kontinent anstreben könnte. Reichskanzler Otto von Bismarck betrachtete es daher als seine Hauptaufgabe, diese Bedenken zu zerstreuen und gleichzeitig das Deutsche Reich nach außen zu sichern. Dazu schuf er ein System von Bündnissen (D1), das den Frieden erhalten sollte. Den Nachbarn versicherte er, dass das Deutsche Reich keine weitere Expansion in Europa plane.

VT2 Braucht Deutschland Kolonien?

In den 1880er-Jahren mehrten sich die Stimmen in Bevölkerung, Politik und Wirtschaft, die auch für Deutschland Kolonien forderten. Allerdings gab es – vor allem unter den Sozialdemokraten – auch Gegner einer deutschen Kolonialpolitik. Dennoch gab Reichskanzler Bismarck den Forderungen der zahlreichen Kolonialbefürworter schließlich nach. Ab 1884/85 nahm nun auch das Deutsche Reich Gebiete in Afrika und Ozeanien in Besitz. Trotz dieses Kurswechsels blieb Bismarck bis zu seinem Rücktritt im Jahr 1890 ein vorsichtiger Kolonialpolitiker. Konflikte mit anderen Staaten aufgrund von Rivalitäten in Übersee gefährdeten in seinen Augen unnötig die Sicherheit des Reiches.

VT3 Deutschland betreibt „Weltpolitik“

Bismarcks Nachfolger hielten dessen gemäßigte Kolonialpolitik für nicht mehr zeitgemäß. Unter Führung Kaiser Wilhelms II. forderten sie, dass das Deutsche Reich ein Weltreich werden müsse. Aufgrund seiner Größe und Stärke stehe Deutschland ein „Platz an der Sonne“ zu, so der deutsche Außenminister Bernhard von Bülow 1897. Das Vorbild für eine solche Politik war Großbritannien (Q3). Dessen **Empire** umfasste fast ein Viertel der Welt. Wie Großbritannien begann daher auch das Deutsche Reich, eine große Flotte zu bauen. Diese sollte die eigenen Interessen schützen oder im Konfliktfall militärisch durchsetzen.

In großen Teilen der Bevölkerung stieß diese Politik auf Zustimmung. Mehr als eine Million Menschen waren bald Mitglieder des Deutschen Flottenvereins und anderer „nationaler“ Verbände. Diese warben mit Vorträgen, Flottenschauspielen und Plakaten für die Politik der Regierung. Sie versprachen sich davon mehr Macht und Ansehen, Einfluss und Reichtum für das Deutsche Reich. Nur die Anhänger der Sozialdemokratischen Partei und einige Linksliberale beobachteten die Entwicklung mit großer Sorge, befürchteten sie doch Verwicklungen mit anderen Staaten (Q4).

VT4 Das Deutsche Reich weckt Misstrauen

Diese Sorgen erwiesen sich bald als berechtigt. Um seinen Weltmachtanspruch deutlich zu machen, mischte sich das Deutsche Reich seit Mitte der 1890er-Jahre in viele internationale Konflikte ein. So nachvollziehbar dem Ausland der Anspruch des Reiches schien, in gleicher Weise wie die anderen Mächte seine Interessen in der Welt zu vertreten, so unverständlich war oft das schroffe Auftreten dabei. Die Ungeduld der deutschen Regierung weckte zunehmend das Misstrauen der anderen Großmächte.

VT5 Wettrüsten zur See ...

Vor allem Großbritannien fühlte sich durch das deutsche Auftreten in der internationalen Politik und den Bau einer starken Flotte bedroht (Q5). Dessen Stellung als führende Weltmacht beruhte auf der Überlegenheit der eigenen Flotte. Verhandlungen über eine Begrenzung der Flottenrüstung lehnte die Regierung in Berlin mehrfach ab. Sie hoffte, nach Fertigstellung der Flotte für ein Entgegenkommen in dieser Frage sehr viel mehr fordern zu können. Die Folge war ein gefährliches und kostspieliges Wettrüsten zur See (Q3): 1905/06 begann die englische Regierung ihrerseits neue und stärkere Kriegsschiffe bauen zu lassen. Obwohl auch Deutschland seine Flotte mehrfach verstärkte, konnte Großbritannien die Vorherrschaft zur See wahren.

Der deutsch-englische **Rüstungswettlauf** veränderte maßgeblich die Beziehungen der Großmächte untereinander. Bereits 1892 und 1894 hatten Frankreich und Russland ein Bündnis geschlossen, um sich vor dem Deutschen Reich zu schützen. Da Großbritannien seit der Jahrhundertwende koloniale Konflikte mit Frankreich und Russland beigelegt hatte, rückten die drei Mächte immer näher zusammen. Diese Verbindung wurde von Zeitgenossen als **Triple Entente** (Dreierbündnis) bezeichnet. Das aggressive und ungeschickte Verhalten des Deutschen Reichs in außenpolitischen Krisensituationen festigte die Verbindungen dieser Mächte untereinander. Das Deutsche Reich fühlte sich bald außenpolitisch isoliert.

D1 Das Bismarck'sche Bündnissystem

VT6 ... und zu Land

Das Gefühl zunehmender Isolation und Bedrohung durch den Zusammenschluss der Ententemächte Großbritannien, Frankreich und Russland veranlasste die Regierung des Deutschen Reiches 1912, neben der Flotte auch die Armee in großem Umfang aufzurüsten. Die Folge war ein internationales Wettrüsten zu Lande.

Da alle Staaten glaubten, dass nur militärische Stärke die eigene Position unter den Mächten sichern könne, wuchs zugleich das gegenseitige Misstrauen. Viele Menschen hatten daher bald das Gefühl, Europa stünde am Rande einer Katastrophe. Manche Politiker betrachteten einen baldigen Krieg daher als die einzige Möglichkeit, die zunehmend als unerträglich empfundene Spannung zu lösen.

Q1 Website
Digitale Sammlung: Deutsche Geschichte in Dokumenten und Bildern
r5j57e

Rüstungswettlauf
Staaten vergrößern in immer schnellerem Tempo ihre Armeen und Flotten, um gegenüber einem möglichen Gegner nicht unterlegen zu sein und dadurch an Macht und Einfluss zu verlieren.

Triple Entente
informelles Bündnis zwischen Großbritannien, Frankreich und Russland

Q2 „Im Dreadnoughtfieber“

Karikatur aus der sozialdemokratischen Zeitschrift Der wahre Jacob vom 22. Juni 1909. „Dreadnought“ (= „Fürchtenichts“) bezeichnet einen Typ von Schlachtschiffen, der zuerst in Großbritannien gebaut wurde.

Q3 „Hammer oder Amboß“?

Außenminister Bernhard Graf von Bülow rechtfertigt die Weltpolitik im Reichstag am 11. Dezember 1899:

Die rapide Zunahme unserer Bevölkerung, der beispiellose Aufschwung unserer Industrie, die Tüchtigkeit unserer Kaufleute, kurz, die gewaltige Vitalität des deutschen Volkes haben uns in die Weltwirthschaft verflochten und in die Weltpolitik hineingezogen. Wenn die Engländer von einer Greater Britain[1] reden, wenn die Franzosen sprechen von einer Nouvelle France[2], wenn die Russen sich Asien erschließen, haben auch wir Anspruch auf ein größeres Deutschland [...], nicht im Sinne der Eroberung, wohl aber im Sinne der friedlichen Ausdehnung unseres Handels [...]. Das Mittel, meine Herren, in dieser Welt den Kampf ums Dasein durchzufechten ohne starke Rüstung zu Lande und zu Wasser, ist für ein Volk von bald 60 Millionen [...]noch nicht gefunden worden. In dem kommenden Jahrhundert wird das deutsche Volk Hammer oder Amboß sein.

Stenographische Berichte über die Verhandlungen des Reichstags. 1898/1900. Bd. 168. Berlin 1900, S. 3293, 3295.

1 Schlagwort für ein eng mit Großbritannien verbundenes Kolonialreich
2 Neufrankreich; Bezeichnung für das französische Kolonialreich

D2 Panzerkreuzer und Linienschiffe europäischer Seemächte, 1898–1914 (Zahl und Gewicht in Tonnen)

	Großbritannien	Deutsches Reich	Frankreich	Russland
1898	43 (495 752 t)	19 (120 963 t)	34 (288 374 t)	17 (127 165 t)
1905	60 (796 226 t)	27 (240 588 t)	28 (276 795 t)	11 (102 047 t)
1910	58 (871 516 t)	34 (369 968 t)	16 (203 130 t)	12 (131 335 t)
1912	62 (982 226 t)	40 (510 648 t)	21 (296 663 t)	11 (125 645 t)
1914	62 (1 040 626 t)	42 (581 320 t)	24 (366 330 t)	13 (172 445 t)

Elmar B. Potter u. a.: Seemacht. Eine Seekriegsgeschichte von der Antike bis zur Gegenwart. Pawlak, Herrsching 1986, S. 294.

Nachgefragt

1. Fasse die Grundzüge der deutschen Außenpolitik bis 1890 zusammen (VT1–VT2).

2. Begründe die Außenpolitik Bismarcks (VT1).

MK 3. Recherchiere mit Q1 die Originaltexte der in D1 aufgeführten Bündnisse Bismarcks. Erstelle anschließend eine Übersicht zu Vertragspartnern, Inhalten und Zielen der Bündnisse.

4. Erkläre die Folgen der Außenpolitik unter Wilhelm II. (Q2, Q6, VT3–VT6).

5. Fasse zusammen, was Zeitgenossen unter „Weltpolitik“ verstanden (Q3, VT3). ●

Q4 Gegen die Rüstungspolitik

Aus dem Manifest der Sozialdemokratischen Partei Deutschlands und der Sozialistischen Partei Frankreichs vom 1. März 1913:

Die französische und die deutsche Sozialdemokratie erheben einmütig[1] und einstimmig Protest gegen die unaufhörlichen Rüstungen, die die Völker erschöpfen, sie zur Vernachlässigung der wichtigsten Kulturaufgaben zwingen, das gegenseitige Mißtrauen steigern und, statt den Frieden zu sichern, Konflikte heraufbeschwören, die zu einer Weltkatastrophe führen mit Massenelend und Massenvernichtung im Gefolge. [...] Die herrschenden Klassen hüben und drüben sind es, die die nationalen Gegensätze, statt sie zu bekämpfen, künstlich verschärfen, die gegenseitige Feindseligkeit schüren und dadurch die Völker von ihren Kulturbestrebungen und ihrem Befreiungskampf im Innern ablenken. Um den Frieden, die Unabhängigkeit der Völker und den Fortschritt der Demokratie auf allen Gebieten in beiden Staaten zu sichern, fordert die Sozialdemokratie, daß alle Streitigkeiten zwischen den Völkern schiedsgerichtlich geschlichtet werden.

Zit. nach Dokumente zur deutschen Geschichte 1910–1914. Hrsg. von Dieter Fricke. DVW, Berlin 1977, S.101.

1 völlig übereinstimmend

Q5 „Natürliche Befürchtungen"

Der englische Außenminister Edward Grey begründet 1911 die englische Politik gegenüber Deutschland:

Die deutsche Stärke ist an sich schon eine Gewähr[1] dafür, daß kein anderes Land einen Streit mit Deutschland wünschen oder suchen wird. Das ist die eine Seite der Sache, auf die die Deutschen mit Recht stolz sein können, aber ich meine, die deutsche öffentliche Meinung sollte bedenken, daß die Sache ihre Kehrseite hat, und zwar: Wenn eine Nation die größte Armee in der Welt besitzt und wenn sie eine sehr große Flotte hat und fortfährt, eine noch größere Flotte zu bauen, dann muß sie alles, was in ihren Kräften steht, tun, um den natürlichen Befürchtungen vorzubeugen, die sonst bei Ländern, die keine aggressiven Absichten gegen jene Macht haben, dahin entstehen würden, daß jene Macht mit ihrer Armee und Flotte aggressive Absichten gegen sie hege.

Zit. nach Die Britischen Amtlichen Dokumente. Bd. 7/2. Hrsg. von George P. Gooch/Harold W. Temperley. DVA, Stuttgart 1932, S. 1199. Übers. v. Lutz Hermann.

1 Garantie, Versicherung

Q6 Militärische Übermacht der Feinde?

Außenminister Gottlieb von Jagow notiert über ein Gespräch mit dem Chef des Generalstabs, General Helmuth von Moltke, Mitte Mai 1914:

Unterwegs entwickelte mir Moltke seine Auffassung unserer militärischen Lage. Die Aussichten in die Zukunft bedrückten ihn schwer. In 2–3 Jahren würde Rußland seine Rüstungen beendet haben. Die militärische Übermacht unserer Feinde wäre dann so groß, daß er nicht wüßte, wie wir ihrer Herr werden könnten. Jetzt wären wir ihnen noch einigermaßen gewachsen. Es bleibe seiner Ansicht nach nichts übrig als einen Präventivkrieg[1] zu führen, um den Gegner zu schlagen, solange wir den Kampf noch einigermaßen bestehen könnten. Der Generalstabschef stellte mir demgemäß anheim unsere Politik auf die baldige Herbeiführung eines Krieges einzustellen.

Die Julikrise und der Ausbruch des Ersten Weltkriegs 1914. Hrsg. von Winfried Baumgart. Wiss. Buchgesellschaft, Darmstadt 1983, S. 30.

1 Krieg, der einem befürchteten Angriff des Gegners zuvorkommt

SP **6.** Schreibe einen Kommentar zur Politik Bülows (Q3). Formuliere entweder aus Sicht eines Gegners oder eines Befürworters. ○ → S.215

7. Untersuche die Karikatur Q2 und nimm Stellung zu deren Aussage.

8. Erstelle ein Diagramm zu D2 und erkläre diese Entwicklung mit Q2, Q3 und Q6. ○ → S.215

9. Arbeite aus Q4 und Q5 die Vorbehalte gegenüber der Rüstungspolitik heraus.

10. Erkläre den Begriff „Zeitalter des Wettrüstens".

AFB I: 1, 5 AFB II: 2, 3, 4, 8, 9, 10 AFB III: 6, 7

Herero und Nama – unterdrückte Völker wehren sich

Auch wenn manche einheimischen Völker „Schutzverträge“ unterschrieben hatten, bedeutete dies nicht, dass sie die Willkürherrschaft der Europäer auf die Dauer widerstandslos hinnahmen. In vielen Kolonien kam es zu offenem Widerstand. Ein Beispiel dafür ist der Aufstand der Herero und Nama im heutigen Namibia.

D1 Website
Bundestag: Debatte zur Entschädigung von Herero und Nama
5j57e

VT1 Unterdrückung der Nama und Herero

1883 schloss der Bremer Kaufmann Adolf Lüderitz einen Vertrag mit dem Nama-Anführer Josef Fredericks. Darin trat dieser einen Landstreifen im Gegenzug für 200 alte Gewehre und 100 Pfund in Gold ab. Während Lüderitz auf gute Geschäfte mit den Nama hoffte, betrachtete Fredericks den deutschen Kaufmann als Stütze gegenüber rivalisierenden Stämmen.
Dieser und weitere Verträge, die bald auch mit den Herero geschlossen wurden, legten den Grundstein für die Inbesitznahme des Landes durch deutsche Einwanderer. Als Farmer und Viehzüchter verdrängten sie die einheimische Bevölkerung von ihren Weidegründen und machten sie zu abhängigen Arbeitern auf ihren Farmen. Harte Strafen für geringe Vergehen, Misshandlungen und die wachsende Ausbeutung der zur Arbeit gezwungenen Nama und Herero waren schließlich Anlass für einen Aufstand.

VT2 Aufstand und Vernichtung

Anfang 1904 griffen Angehörige der Herero unter ihrem Oberhäuptling Samuel Mahahero deutsche Farmen und Stützpunkte an. 123 Siedler und Angehörige der deutschen Kolonialtruppen kamen dabei ums Leben. Nachdem die Kolonialtruppen den Aufstand gewaltsam niedergeschlagen hatten, flohen die Herero – Männer, Frauen und Kinder – in die wasserlose Omaheke-Wüste (Q1). Die meisten von ihnen starben dort, weil die Besatzer sie an der Rückkehr hinderten. Wer es angesichts von Hunger und Durst dennoch wagte zurückzukehren, auf den sollte geschossen werden.
Ende 1904 erhoben sich auch die Nama gegen die deutsche Kolonialherrschaft, auf deren Seite sie zuvor noch gegen die Herero gekämpft hatten. Anlass war das brutale Vorgehen gegen die Herero (Q2). Die Folgen der brutalen Niederschlagung des Aufstands waren schrecklich. Die Zahl derer, die bei den Kämpfen und willkürlichen Hinrichtungen, vor allem aber in der Wüste an Hunger und Durst starben, wird auf etwa 60 000 bis 80 000 Herero und etwa 10 000 Nama geschätzt. Insgesamt verloren etwa drei Viertel der Herero- und rund die Hälfte der Nama-Bevölkerung ihr Leben. Die Überlebenden kamen in Arbeits- und Straflager oder mussten Zwangsarbeit leisten. Mehr als die Hälfte überlebte die unmenschlichen Bedingungen in den Lagern nicht.
Viele Historikerinnen und Historiker sowie Politikerinnen und Politiker bezeichnen die Vernichtung der Herero und Nama heute als Völkermord.

Q1 Gefangene Herero nach ihrer Rückkehr aus der Omaheke-Wüste
Foto, 1907

Q2 Krieg aus kleinen Dingen

Ein christlicher Herero berichtet rückblickend von den Ursachen des Aufstands 1907:

Der Krieg ist von ganz kleinen Dingen gekommen, und hätte nicht [zu] kommen brauchen. Einmal waren es die „Stuurmann"[1] mit ihrem schrecklichen Wucher[2] und eigenmächtigem, gewaltsamen Eintreiben. [...]. Dann ist es der Branntwein gewesen, der die Leute schlecht und gewissenlos gemacht hat. Wenn jemand trinkt, dann ist es ihm gleich, was er tut. Aber das schlimmste Übel ist, was viel böses Blut und Streit hervorgerufen hat, die Vergewaltigung unserer Frauen durch Weiße. Manche Männer sind totgeschossen [worden] wie Hunde, wenn sie sich weigerten, ihre Frauen und Töchter preiszugeben, und drohten, sie mit der Waffe in der Hand zu verteidigen.

„... da und dort ein junges Deutschland gründen". Rassismus, Kolonien und kolonialer Gedanke vom 16. bis zum 20. Jahrhundert. Hrsg. von Horst Gründer. dtv, München 1999, S. 153.

1 Kaufleute
2 Angebot von Leistungen oder Waren zu einem deutlich überhöhten Preis

Q3 Kolonialistisches Weltbild

Der kurz zuvor eingesetzte Kommandeur der sogenannten Schutztruppe, General Lothar von Trotha, schreibt am 4. Oktober 1904 an den Chef des Generalstabs, General Alfred Graf von Schlieffen:

Die Ansichten darüber bei dem Gouverneur und einigen „alten Afrikanern"[1] einerseits und mir andererseits gehen gänzlich auseinander. Erstere wollten schon lange verhandeln und bezeichnen die Nation der Herero als notwendiges Arbeitsmaterial für die zukünftige Verwendung des Landes. Ich bin gänzlich anderer Ansicht. Ich glaube, daß die Nation als solche vernichtet werden muß, oder, wenn dies durch taktische Schläge nicht möglich war, [...] aus dem Lande gewiesen wird. Es wird möglich sein, durch die erfolgte Besetzung der Wasserstellen [...] und durch eine rege Beweglichkeit der Kolonnen[2] die kleinen nach Westen zurückströmenden Teile des Volkes zu finden und sie allmählich aufzureiben. [...] Da ich mit den Leuten weder paktieren kann noch ohne ausdrückliche Weisung Seiner Majestät des Kaisers und Königs will, so ist eine gewisse rigorose Behandlung aller Teile der Nation unbedingt notwendig [...]. Ich habe gestern vor meinem Abmarsch die in den letzten Tagen ergriffenen Orlog-Leute[3] kriegsgerichtlich verurteilt, aufhängen lassen, und habe alle zugelaufenen Weiber und Kinder wieder in das Sandfeld [...] zurückgejagt. [...] Andererseits ist die Aufnahme der Weiber und Kinder, die beide zum größten Teil krank sind, eine eminente[4] Gefahr für die Truppe, sie jedoch zu verpflegen eine Unmöglichkeit. Deshalb halte ich es für richtiger, daß die Nation in sich untergeht, und nicht noch unsere Soldaten infiziert und an Wasser und Nahrungsmitteln beeinträchtigt. Dieser Aufstand ist und bleibt der Anfang eines Rassenkampfes [...].

Zit. nach Horst Drechsler: Aufstände in Südwestafrika. Der Kampf der Herero und Nama 1904–1907 gegen die deutsche Kolonialherrschaft. Dietz, Berlin (Ost) 1984, S. 86 f.

1 gemeint sind Deutsche, die schon länger in Afrika leben
2 in langer Formation marschierende Truppen
3 Krieger
4 große

Nachgefragt

1. Nenne die Motive der Deutschen für die Unterdrückung von Herero und Nama (Q3, VT1, VT2).

2. Arbeite die Ursachen der Konflikte zwischen den Herero und Nama und den deutschen Kolonialtruppen heraus (VT1, VT2).

3. Nimm Stellung zu den in Q2 genannten Gründen für den Widerstand der Herero.

4. Beschreibe und beurteile das Vorgehen der Kolonialtruppen gegen die Herero (Q1, VT2).

SP **5.** Analysiere den Brief von General von Trotha hinsichtlich seiner politischen Ansichten (Q3). Achte auf besondere sprachliche Mittel. Berücksichtige die Hinweise zum Analysieren auf den vorderen Ausklappseiten.

6. Stell dir vor, du wärst Journalist einer kolonialkritischen Zeitung und würdest den Brief Q3 zugespielt bekommen. Schreibe mithilfe von VT2 einen kurzen Bericht für deine Zeitung. ○ → S. 215

MK **7.** Recherchiere mithilfe von D1 zur Bundestags-Debatte um die Entschädigung der Herero und Nama. Du findest dort Dokumente und ein Video. Wie hättest du entschieden? Diskutiert in der Klasse. ●

AFB I: 1 AFB II: 2, 5, 6 AFB III: 3, 4, 7

Raus aus den Museen? – Wie gehen wir heute mit Objekten des Kolonialismus um?

Während der Zeit des Kolonialismus gelangten hunderttausende Objekte afrikanischer Kultur in die Sammlungen europäischer Museen. Oft geschah das unrechtmäßig. Folgende Fragen stellen sich im Umgang mit diesen Objekten: Woher kommen die Objekte? Sollten sie zurückgegeben werden? Wie könnte eine angemessene und respektvolle museale Präsentation aussehen? Und welche Chancen bieten dafür neue Möglichkeiten der Digitalisierung?

D1 Digitale Steckbriefe von Museumsobjekten
Das Museum „Fünf Kontinente" in München hat eine große Sammlung mit Gegenständen aus Afrika. Bei vielen Objekten sind aber die Bedeutung und die Herkunft unklar. Wissenschaftlerinnen aus Deutschland und Kamerun versuchen, mit digitalen Steckbriefen eine Zuordnung der Objekte zu ermöglichen. Foto, 2020

VT1 Sensible Objekte in Europas Museen

Europäische Völkerkundemuseen beherbergen in ihren Sammlungen hunderttausende Objekte, die im Zuge der Kolonialisierung Afrikas nach Europa gelangten. Ihr Erwerb war häufig mit Gewalt und Abhängigkeitsverhältnissen während der Kolonialherrschaft verbunden. Zu besonders sensiblen Objekten gehören menschliche Überreste, Grabbeigaben, religiöse und künstlerische Objekte, Herrschaftszeichen und Gegenstände, die für Rituale genutzt wurden. Ihre Bedeutung erhielten diese Sammlungsstücke nicht erst in europäischen Museen, sondern bereits in den Herkunftsgesellschaften Afrikas, in denen sie als Kulturgüter genutzt wurden und Teil des kulturellen Erbes sind.
Für einen angemessenen Umgang mit diesen Objekten ist die Erforschung ihrer Biografie und Bedeutung sowie ihres Weges in europäische Museen unverzichtbar. Es ist Aufgabe der sogenannten Provenienzforschung, den Ursprung dieser Kulturgüter zu klären (Q3). Dazu gehört auch die Frage nach der Rechtmäßigkeit der Aneignung und damit verbunden nach Restitution, also der möglichen Rückgabe dieser Objekte (Q2).
Dennoch gibt es auch heute noch Museen, die sich weigern, Objekte aus kolonialem Kontext an die Ursprungsländer zurückzugeben.

Q1 Website
Digitale Sammlung: Ethnologisches Museum Berlin
r5j57e

Nachgefragt

1. Erläutere, warum es sich bei Grabbeigaben, religiösen Gegenständen und menschlichen Überresten aus Afrika in europäischen Sammlungen um „sensible Objekte" handelt (Q2, VT1).
2. Erkläre den Zusammenhang zwischen Kolonialismus, europäischen Museen, Provenienzforschung und Restitution (VT1, Q2).
3. Diskutiert, ob alle Objekte aus Afrika aus europäischen Museen entfernt werden sollten (Q2).

Q2 „Die Kultobjekte müssen zurück"

Der Wissenschaftler Albert Gouaffo koordiniert von seiner Heimat Kamerun aus die Forschungen des Münchner Museums „Fünf Kontinente" nach sensiblen Objekten. Bei der ersten Sichtung der Objekte und Figuren der Sammlung ist er erschüttert, wie viele Kultobjekte er hier findet:

Das sind Figuren, die eigentlich nicht in der Öffentlichkeit stehen dürften. Kultobjekte werden bestellt[1], entweder als Ahnenfigur, um die Geschichte der Aristokratie[2] zu erzählen, oder als Fetischfigur[3] für bestimmte Rituale oder für Initiationsriten[4]. Die gehören nicht in Vitrinen, wenn ich das hier finde, ist das für mich eine Verletzung ihrer Rechte. […] Die Deutschen möchten vielleicht mehr Information über die Gegenstände, wahrscheinlich Besitzverhältnisse legitimieren […], aber wir Kameruner wollen über diese Objekte die Tradition wiederherstellen. Diese Objekte müssen zurück, weil die Herkunftsgesellschaft sie braucht. Sie braucht sie, weil diesem Volk etwas fehlt: Spiritualität, Religion, Bodenständigkeit […].

Albert Gouaffo: Provenienzforschung in München. (30.01.2020). Unter: http://albert-gouaffo.com/2020/01/30/provenienzforschung-in-munchen/ (Zugriff: 20.07.2020).

1 genutzt
2 Adelsherrschaft
3 magische Figur
4 Brauch bei der Einführung Jugendlicher in den Kreis der Erwachsenen bei indigenen Völkern

Q3 Digitalisierung hilft beim Wissensaustausch

Die ehemalige Direktorin des Ethnologischen Museums Berlin Viola König erklärt den Zusammenhang zwischen Provenienzforschung und Digitalisierung:

Bei der Provenienzforschung […] müssen parallel dazu die Digitalisierung und die Onlinepublikation aller Basisdaten im Fokus stehen: Inventarisierungsnummer, Objektbeschreibung, Sammler, Erwerbsort und -datum, vor allem Fotos, Zeichnungen und historisches Audio- bzw. Filmmaterial. Je mehr Menschen Zugang zu diesen Daten erhalten, desto größter ist die Chance, Objekte auf ihre Provenienz, ihren Ursprungskontext und die Funktion in den Herkunftsgesellschaften hin erforschen zu können.

Viola König: Die Ethnologen sind keine Täter. (04.09.2017). Unter: https://www.preussischer-kulturbesitz.de/newsroom/dossiers-und-nachrichten/dossiers/dossier-humboldt-forum/die-ethnologen-sind-keine-taeter/ (Zugriff: 14.07.2020).

Q4 „Ein demokratisches und dekolonisiertes Museum"

Der Präsident der Stiftung Preußischer Kulturbesitz Prof. Dr. Helmut Parzinger über die Idee eines demokratischen und dekolonisierten Museums:

Ein demokratisiertes und dekolonisiertes Museum ist nicht mehr allein ein „Tempel der Besinnung und des Wissens". Es ist vielmehr ein Forum oder eine Art Labor, eine offene Universität, in der die Besucher mehr über sich selbst und die Verflechtung der Welt erfahren. Die aktive Teilhabe sämtlicher Besucherschichten (Publikumsorientierung), die Teilung der kuratorischen[1] Macht sowie eine maximale Transparenz im Hinblick auf die Entstehung der Sammlung (gemeinsame Geschichte) sowie die Auflösung überkommener Hierarchien und Wissensstrukturen (gemeinsames Erbe) sind für die Museen der Zukunft von enormer Bedeutung […].

Hermann Parzinger: Wie kann man ein Museum demokratisieren/dekolonisieren?, in: Humboldt 108. Especial. Episodios do Sul/Spezial. Episoden des Südens. Goethe-Institut Sao Paulo 2017, S.18, auch unter: https://issuu.com/goethe-institutsaopaulo/docs/humboldt_final_fe9b7191cd323b (Zugriff: 12.07.2020).

1 Ein Kurator organisiert die Auswahl einer Sammlung oder Ausstellung.

MK **4.** Recherchiere in Q1 Objekte aus Afrika. Erstelle für ein Objekt deiner Wahl einen Steckbrief mit den in Q3 genannten Basisdaten. Beurteile, ob es sich um ein „sensibles Objekt" handelt.

5. Erkläre das Konzept eines „demokratischen und dekolonisierten Museums" (Q4). Diskutiert, inwiefern es sich von euren bisherigen Erfahrungen in Museen unterscheidet.

6. Ideenwerkstatt: Entwickelt eigene Konzepte für eine angemessene Präsentation von kolonialen Objekten in einem Museum.

AFB II: 1, 2 AFB III: 3, 4, 5, 6

Der Balkan – ein „Pulverfass“ für Europa?

Viele Menschen bezeichneten den Balkan zu Beginn des 20. Jahrhunderts als „Pulverfass“ Europas. Warum?

Arbeitsblatt
Einen Pecha-Kucha-Vortrag halten
r5j57e

VT1 Nationale Bestrebungen

Seit dem späten Mittelalter war der Balkan Teil des Osmanischen Reiches. Mit der zunehmenden Schwäche des Reiches gelang es nationalen Freiheitsbewegungen in Serbien, Griechenland, Bulgarien und Montenegro seit Beginn des 19. Jahrhunderts eigene Nationalstaaten zu gründen. Aus machtpolitischen Gründen, aber auch als Schutzherr aller slawischen Völker unterstützte Russland die jungen Balkanstaaten. So hoffte es, Zugang zum strategisch wichtigen Mittelmeerraum zu bekommen. Österreich-Ungarn betrachtete den Balkan seit den Kriegen gegen das Osmanische Reich im 17. und 18. Jahrhundert ebenfalls als seinen Einflussbereich. Es versuchte daher, Russlands wachsendem Einfluss Einhalt zu gebieten. Zugleich wollte es damit verhindern, dass das Streben der Balkanvölker nach großen Nationalstaaten auch die Vielvölkermonarchie mit ihren Millionen Slawen erfasste (Q2).

VT2 Angst vor einem großen Krieg in Europa

Im Oktober 1912 griffen die Balkanstaaten das Osmanische Reich an, um die übrigen Gebiete von osmanischer Herrschaft zu befreien und ihren jeweiligen Nationalstaaten anzugliedern. Nach wenigen Wochen hatten sie das Osmanische Reich besiegt. Streit über die neuen Grenzen führte 1913 zu einem zweiten Balkankrieg unter den ehemaligen Verbündeten.
Die europäischen Großmächte vermittelten 1913 einen Friedensvertrag. Von einer Entspannung auf dem Balkan konnte jedoch keine Rede sein (Q3). Österreich betrachtete die großserbische Bewegung als Bedrohung und lehnte alle serbischen Forderungen nach Ausdehnung seines Gebietes ab. Gegen Serbien militärisch vorzugehen, konnte jedoch unabsehbare Konsequenzen haben, denn hinter ihm stand Russland. Da die Großmächte untereinander verbündet waren, konnte ein Konflikt auf dem Balkan einen großen europäischen Krieg auslösen.

D1 Der Balkan 1908–1913

Q1 „Der kochende Kessel“

Karikatur in der Londoner Zeitschrift Punch nach Ausbruch des Ersten Balkankrieges im Oktober 1912

THE BOILING POINT.

Q2 Verlust der Großmachtstellung

Der österreichische Generalstabschef beschreibt am 20. Januar 1913 die von Serbien ausgehenden Gefahren für die Donaumonarchie:

Die Entwicklung eines selbstständigen großserbischen Staates ist eine eminente[1] Gefahr für die Monarchie, sie liegt darin: daß […] die Slawen der Monarchie […] ihren Hort[2] in diesem neuen, von Rußland unterstützten Staatswesen suchen, daß vor allem die Serben der Monarchie die Angliederung an dasselbe anstreben werden; damit droht der Monarchie der Verlust der wichtigsten Gebiete für ihre Großmachtstellung und ihr wirtschaftliches Gedeihen […]. Eingekeilt zwischen Rußland, dann einem mächtig gewordenen Serbien und Montenegro und einem auf die Dauer kaum verläßlichen Italien wird die Monarchie zur politischen Ohnmacht und damit zum sicheren Niedergang verurteilt sein […]. Die Monarchie muß durch eine militärische Kraftäußerung ihr Prestige[3], besser gesagt ihre politische Geltung, wiederherstellen […].

Franz Conrad v. Hötzendorff: Aus meiner Dienstzeit 1906–1918. Bd. 3. Rikola, Wien 1922, S. 12 f.

1 außerordentliche, große
2 hier: Schutzort
3 Ansehen, Ruf

Q3 Ruf nach „Rache“

Die serbische Zeitung Piemont schreibt am 8. Oktober 1913, dem Jahrestag der Annexion Bosniens und der Herzegowina durch Österreich:

Den Schmerz, der an diesem Tage dem serbischen Volke zugefügt wurde, wird das serbische Volk noch durch Jahrzehnte fühlen […] Das Volk legt das Gelübde ab, Rache zu üben, um durch einen heroischen Schritt zur Freiheit zu gelangen. Serbische Soldaten […] legen heute das Gelübde ab, daß sie gegen die „zweite Türkei“[1] ebenso vorgehen werden, wie sie […] gegen die Balkan-Türkei vorgegangen sind […]. Der Tag der Rache naht. Eine Türkei verschwand. Der gute serbische Gott wird geben, daß auch die „zweite Türkei“ verschwindet.

Zit. nach Materialien für den Geschichtsunterricht in den mittleren Klassen. Hrsg. von Wolfgang Kleinknecht/Herbert Krieger. Bd. 5. Diesterweg, Frankfurt/M. 1965, S. 140.

1 gemeint ist Österreich-Ungarn, das viele Serben ebenso als Unterdrücker empfanden wie das Osmanische Reich

Nachgefragt

1. Erstelle mithilfe von D1 eine Liste der Staaten auf dem Balkan und beschreibe die Veränderungen durch die Balkankriege 1912/13. ○ → S. 215

2. Erkläre, warum viele Zeitgenossen den Balkan als ein „Pulverfass“ bezeichneten (Q1, Q2, VT1, VT2). ○ → S. 215

3. Beschreibe Q1. Was wollte der Karikaturist damit zum Ausdruck bringen?

4. Halte eine Gegenrede zu dem Vorschlag des österreichischen Generalstabschefs (Q2).

MK **5.** Erstelle einen Pecha-Kucha-Vortrag zur Geschichte eines Balkanstaates. Nutze das Arbeitsblatt im Online-Bereich. ●

SP **6.** Schreibe aus der Sicht eines um den Frieden besorgten Lesers einen Brief an die serbische Zeitung Piemont (Q3).

AFB I: 1, 3 AFB II: 2, 5 AFB III: 4, 6

Ein Weltkrieg entsteht

Im Juli 1914 spitzten sich die Konflikte zwischen den europäischen Mächten zu. Schließlich kam es zu dem von vielen Menschen seit Jahren befürchteten großen Krieg. Wie war das möglich?

Blankoscheck
ein gültiger Scheck, auf dem kein Geldbetrag eingetragen ist; im übertragenen Sinn eine Erlaubnis zur völligen Handlungsfreiheit

Ultimatum
Aufforderung, etwas innerhalb einer bestimmten Frist und ohne Widerrede zu tun. Meistens wird eine Strafe angedroht, falls die Forderungen nicht erfüllt werden.

Arbeitsblatt
Gemeinsam Texte erstellen
r5j57e

VT1 Krieg statt Diplomatie

Am 28. Juni 1914 ermordete ein bosnischer Serbe den österreichisch-ungarischen Thronfolger Franz Ferdinand und dessen Frau in der bosnischen Hauptstadt Sarajevo (Q1). Österreich-Ungarn hatte Bosnien 1878 besetzt und 1908 schließlich annektiert. Hier lebte eine große serbische Minderheit, in der es Gruppen gab, die für einen Anschluss Bosniens an Serbien kämpften. Unterstützung erhielt der Attentäter, der einer bosnischen Geheimorganisation angehörte, vom serbischen Geheimdienst. Dieser Mord war für die Regierung in Wien ein geeigneter Anlass, dem Streben Serbiens nach Vereinigung aller Serben in einem Staat mit Gewalt Einhalt zu gebieten.

Die Regierung in Berlin erteilte der österreichischen Regierung einen „**Blankoscheck**“ für das weitere Vorgehen. Dadurch hoffte sie, die deutsche Stellung in Europa verbessern und das vom Zerfall bedrohte Österreich-Ungarn stärken zu können, nahm damit jedoch den möglichen Ausbruch eines Weltkrieges in Kauf (Q3). Aber auch die anderen Mächte waren aus unterschiedlichen Gründen nicht bereit, einen Krieg um jeden Preis zu vermeiden.

Q1 Das Attentat von Sarajevo
Zeichnung aus der französischen Zeitschrift Le Petit Journal vom 12. Juli 1914 (Ausschnitt)

VT2 Die Julikrise

Am 23. Juli forderte die Regierung in Wien in einem **Ultimatum** Serbien auf, alle am Attentat Beteiligten hart zu bestrafen und künftig sämtliche Handlungen gegen Österreich-Ungarn zu unterbinden. Serbien war dazu bereit. Die Forderung, österreichische Beamte selbstständig in Serbien ermitteln zu lassen, lehnte die Regierung in Belgrad jedoch ab. Daraufhin erklärte Österreich-Ungarn am 28. Juli Serbien den Krieg. Als Russland seine Armee zur Unterstützung Serbiens mobilisierte, machte das mit Österreich-Ungarn verbündete Deutsche Reich gegen Russland und Frankreich mobil, das wiederum mit Russland verbündet war. Britische Versuche, durch gemeinsame Vermittlung zwischen den Großmächten den Frieden zu erhalten, lehnte die Regierung in Berlin ab. Am 1. August erklärte sie zunächst Russland, dann auch Frankreich den Krieg. Als deutsche Truppen am 4. August in das neutrale Belgien einmarschierten, um Frankreich militärisch zu besiegen, trat auch Großbritannien als „Schutzmacht“ der militärischen Neutralität Belgiens gegen Deutschland in den Krieg ein. Über die Frage, welchen Anteil die jeweiligen Mächte am Ausbruch dieses Krieges hatten, der als Erster Weltkrieg in die Geschichte eingehen sollte, streitet die Geschichtsforschung bis heute.

Q2 „Abrechnung mit Serbien“

Der österreichische Ministerpräsident Karl Stürgkh erläutert am 7. Juli 1914 vor dem Ministerrat:

Die Besprechungen in Berlin hätten zu einem sehr befriedigenden Resultate geführt, indem sowohl Kaiser Wilhelm als Herr von Bethmann Hollweg uns für den Fall einer kriegerischen Komplikation mit Serbien die unbedingte Unterstützung Deutschlands mit allem Nachdrucke zugesichert hätten. [...] Er sei sich klar darüber, daß ein Waffengang[1] mit Serbien den Krieg mit Rußland zur Folge haben könnte. Rußland treibe aber gegenwärtig eine Politik, die [...] den Zusammenschluss der Balkanstaaten, inbegriffen Rumänien, zum Zwecke hat, um dieselben sodann im geeignet scheinenden Momente gegen die Monarchie ausspielen zu können. Die logische Folge, die sich aus dem Gesagten ergebe, wäre, unseren Gegnern zuvorzukommen und durch eine rechtzeitige Abrechnung mit Serbien den bereits in vollem Gange befindlichen Entwicklungsprozeß aufzuhalten, was später zu tun nicht mehr möglich sein würde.

Zit. nach Die Julikrise und der Ausbruch des Ersten Weltkrieges 1914. Hrsg. von Winfried Baumgart. Wiss. Buchgesellschaft, Darmstadt 1983, S. 667.

1 Kampf

Q3 „Wir dürfen nicht kneifen“

Am 18. Juli 1914 erläutert der deutsche Außenminister Gottlieb von Jagow:

Österreichs Erhaltung, und zwar eines möglichst starken Österreichs, ist für uns aus inneren und äußeren Gründen eine Notwendigkeit. [...] Wir müssen sehen, den Konflikt zwischen Österreich und Serbien zu lokalisieren. Ob dies gelingen kann, wird zunächst von Rußland und in zweiter Linie von dem mäßigenden Einfluß seiner Ententebrüder abhängen. [...] In einigen Jahren wird Rußland nach aller kompetenten Annahme schlagfertig sein. Dann erdrückt es uns durch die Zahl seiner Soldaten, dann hat es seine Ostseeflotte und seine strategischen Bahnen gebaut. [...] Ich will keinen Präventivkrieg, aber wenn der Kampf sich bietet, dürfen wir nicht kneifen. Ich hoffe und glaube auch heute noch, daß der Konflikt sich lokalisieren läßt. Englands Haltung wird dabei von großer Bedeutung sein.

Zit. nach Die Julikrise und der Ausbruch des Ersten Weltkrieges 1914. Hrsg. von Winfried Baumgart. Wiss. Buchgesellschaft, Darmstadt 1983, S. 100 f.

Q4 Kein passiver Zuschauer

Der russische Außenminister Sergei D. Sasonow begründet am 24. Juli 1914 im Ministerrat seine Politik:

Russland kann kein passiver Zuschauer bleiben, wenn bewusst auf einem slawischen Volk herumgetreten werde. In den Jahren 1876 und 1877 hatte Russland für die Befreiung der slawischen Völker auf dem Balkan gegen das Osmanische Reich gekämpft. Wir haben für diese Sache enorme Opfer gebracht [...]. Wenn Russland es versäumt, seine historische Mission zu erfüllen, wird es [...] von nun an nur noch in der zweiten Reihe der Großmächte stehen. [...] Wenn wir in diesem kritischen Augenblick die Serben ihrem Schicksal überlassen, wird das russische Ansehen auf dem Balkan ganz und gar zusammenfallen.

Zit. nach Sean McMeekin: Juli 1914. Der Countdown in den Krieg. Europa Verlag, Berlin 2014, S. 236. Übers. von Franz Leipold.

Nachgefragt

1. Beschreibe Q1 und ordne die Zeichnung mithilfe von VT1 historisch ein.

SP **2.** Begründe, warum das Attentat von Sarajewo (Q1) als Anlass für den Ersten Weltkrieg betrachtet wird. Beachte dabei den Unterschied zwischen den Wörtern „Anlass“ und „Ursache“.

3. Untersucht arbeitsteilig eine der Textquellen Q2–Q4. Arbeitet die kurz- und langfristigen Ursachen des Ersten Weltkriegs heraus.

MK **4.** Diskutiert in einem gemeinsamen Dokument, ob und wie man einen Krieg hätte vermeiden können (Q2–Q4, VT1–VT2). Nutzt dafür den Online-Code.

5. Wähle einen der an den Entscheidungen beteiligten Politiker aus und setze dich mit seiner Haltung zum Krieg auseinander (Q2–Q4). ○ → S. 216

AFB II: 1, 2, 3 AFB III: 4, 5

Mit Jubel in den „Heldentod“?

Da den verantwortlichen Staatsmännern der Wille fehlte, den Frieden zu erhalten, brach Anfang August ein Krieg aus, der zunächst Europa und bald nahezu die ganze Welt erfassen und in großen Teilen verwüsten sollte. Dabei wurden neue Techniken eingesetzt. Wie sah diese „moderne“ Kriegsführung aus und welche Auswirkungen hatte sie?

Q1 Menschen verabschieden in Wien Soldaten, die an die Front fahren
Fotopostkarte, 1914

Q2 Truppentransport kurz vor der Abfahrt in Berlin
Foto, 1914

Materialschlacht
Einsatz ungeheurer Mengen von Waffen und Munition, um den Gegner aus seinen Stellungen zu vertreiben und damit zu besiegen

Stellungskrieg
Kampfhandlungen, bei denen sich der Frontverlauf zwischen den kämpfenden Parteien über längere Zeit nicht oder nur wenig ändert, da die „Stellungen“ des Gegners – Schützengräben und Bunker – nicht überwunden werden können

VT1 Jubel bei Kriegsausbruch?

Manche Fotos aus den ersten Augusttagen des Jahres 1914 erwecken den Eindruck, als ob alle Menschen darüber gejubelt hätten, dass es Krieg in Europa gab. Viele Männer meldeten sich freiwillig an die Front. Auch die Arbeiter der am Krieg beteiligten Staaten, die zuvor noch für den Frieden demonstriert hatten, eilten ohne Zögern zu den Waffen. Sie waren der Meinung – und zwar in allen beteiligten Ländern gleichermaßen –, es gehe darum, ihr Vaterland zu verteidigen.

Ob die Fotos und Freiwilligenzahlen die Wirklichkeit richtig widerspiegeln, ist jedoch in der Geschichtsforschung umstritten. Viele dieser Fotos waren gestellt (Q2). Tagebücher und Briefe zeigen zudem, dass die Stimmung in Städten und Dörfern sehr unterschiedlich war. In bürgerlichen Stadtvierteln überwog der Jubel, in Arbeitervierteln und auf dem Land die Sorge um den Verlust von Angehörigen.

VT2 Materialschlachten

Die deutschen Generäle erhofften sich einen schnellen Sieg gegen Frankreich. Dann, so die Annahme, würde auch Russland, das länger brauchte, um seine Soldaten an die Front zu schicken, nicht weiterkämpfen wollen. Diese Hoffnungen erfüllten sich nicht. Anfang September stoppten französische und englische Truppen den deutschen Vormarsch vor Paris. Für mehr als vier Jahre erstarrten die Fronten in einem Netz von Schützengräben und Stacheldraht, das sich von der Schweizer Grenze bis zum Ärmelkanal zog. Zugleich wurde deutlich, dass Industrialisierung und Technik die Kriegsführung grundlegend verändert hatten: Neue Waffen wie Giftgas, Maschinengewehre und Flammenwerfer, Panzer und Flugzeuge machten das Leben in diesen Gräben zur Hölle. In grausamen **Materialschlachten** versuchten die Generäle, eine Entscheidung zu erzwingen. In einem **Stellungskrieg** schickten die Militärführungen beider Seiten bei der französischen Stadt Verdun und an der Somme allein 1916 eine Million Soldaten in den Tod. Mit dem Eintritt des Osmanischen Reiches und Bulgariens aufseiten Deutschlands und Österreichs sowie Italiens und Rumäniens auf **alliierter** Seite weitete sich der Krieg in Europa immer weiter aus. Nur im Osten konnten deutsche Truppen größere Erfolge erringen, bevor auch hier die Front zum Stehen kam. Erst der Zusammenbruch des Zarenreiches 1917 durch die russische Revolution ermöglichte ein weiteres Vordringen.

VT3 Weltkrieg

Nicht nur im Westen, Osten und Süden Europas kämpften Soldaten gegeneinander. Auch im Nahen Osten und in den afrikanischen Kolonien des Deutschen Reiches fanden Kämpfe statt. Hunderttausende Einheimische starben bei den Kämpfen oder durch Hungersnöte, die die Verwüstungen von Äckern und Feldern verursacht hatten.

Seit Beginn des Krieges verhinderte die englische **Blockade** in der Nordsee die Einfuhr von Lebensmitteln und Rohstoffen ins Deutsche Reich. Mit einem rücksichtslosen Unterseebootskrieg gegen feindliche und neutrale Handelsschiffe wollte die Reichsleitung die englische Blockade brechen und den alliierten Nachschub an Waffen und Lebensmitteln unterbinden. Der erhoffte Erfolg blieb jedoch angesichts der ungebrochenen englischen Seeherrschaft aus. Stattdessen traten im Frühjahr 1917 auch die Vereinigten Staaten aufseiten der Alliierten in den Krieg ein, nachdem ein deutsches U-Boot das Passagierschiff Lusitania mit zahlreichen amerikanischen Passagieren angegriffen und versenkt hatte.

VT4 Kriegsziele

Der Ausbruch des Krieges verleitete viele Staatsmänner, Generäle und Industrielle in allen kriegführenden Ländern bereits in den ersten Wochen dazu, weitreichende Kriegszielkataloge aufzustellen (Q4). Je länger der Krieg dauerte und je größer die Opfer wurden, umso schwieriger wurde daher dessen Beendigung durch Verhandlungen. Denn angesichts weitreichender Gebietsforderungen erschien jeder Friedensschluss, der keine Gewinne einbrachte, als Niederlage.

VT5 Krieg und Verbrechen

Die Zivilbevölkerung litt ebenfalls unter dem Kriegsgeschehen. In Belgien, Ostpreußen und auf dem Balkan richteten Soldaten Tausende Zivilisten für angebliche Verbrechen oder die Zugehörigkeit zu missliebigen nationalen Minderheiten hin. Unzählige Städte und Dörfer wurden durch die militärischen Kämpfe zerstört. Millionen Menschen waren als Folge des Krieges jahrelang auf der Flucht oder wurden vertrieben. Zu den Gewaltverbrechen im Rahmen des Ersten Weltkrieges zählt auch der Völkermord an den christlichen Armeniern 1915/16. Sie wurden von der osmanischen Regierung aus ihrer anatolischen Heimat vertrieben. Schätzungsweise 1 bis 1,5 Millionen verloren dabei ihr Leben.

Alliierte
(von frz. s'allier = sich verbünden)
Als Alliierte werden die gegen Deutschland verbündeten Kriegsgegner bezeichnet.

Blockade
Maßnahmen, mit denen der Transport von Waren und Rohstoffen durch Sperrung aller Wege zu Lande oder zu Wasser verhindert werden soll

D1 Website
Zeitzeugenportal
r5j57e

Q3 „Das neue Europa"
italienische Postkarte, undatiert (nach 1915)

1	Deutschland	4	Großbritannien
2	Österreich-Ungarn	5	Russland
3	Italien	6	Frankreich

Q4 Deutsche Kriegsziele

Aus dem geheimen „Septemberprogramm" der deutschen Regierung vom 9. September 1914:

Das allgemeine Ziel des Krieges: Sicherung des Deutschen Reiches nach West und Ost auf erdenkliche Zeit[1]. Zu diesem Zweck muß Frankreich so geschwächt werden, daß es als Großmacht nicht neu erstehen kann, Rußland von der deutschen Grenze nach Möglichkeit abgedrängt und seine Herrschaft über die nichtrussischen Vasallenvölker[2] gebrochen wird. Die Ziele des Krieges im Einzelnen:

1. Frankreich. Von den militärischen Stellen zu beurteilen, ob die Abtretung von Belfort, des Westabhangs der Vogesen, die Schleifung der Festungen und die Abtretung des Küstenstrichs von Dünkirchen bis Boulogne zu fordern ist [...]

2. Belgien. Angliederung von Lüttich und Verviers an Preußen [...] Jedenfalls muß ganz Belgien, wenn es auch als Staat äußerlich bestehen bleibt, zu einem Vasallenstaat herabsinken, in etwa militärisch wichtigen Hafenplätzen ein Besatzungsrecht zugestehen, seine Küste militärisch zur Verfügung stellen, wirtschaftlich zu einer deutschen Provinz werden. [...]

3. Luxemburg wird deutscher Bundesstaat [...]

4. Es ist zu erreichen die Gründung eines mitteleuropäischen Wirtschaftsverbandes. [...] Dieser Verband [...] muß die wirtschaftliche Vorherrschaft Deutschlands über Mitteleuropa stabilisieren.

Zit. nach Werner Basler: Deutschlands Annexionspolitik in Polen und im Baltikum 1914–1918. Rütten & Loening, Berlin 1962, S. 383 f.

1 so lange wie möglich
2 Völker, die von einem mächtigeren Staat abhängig sind

Q5 „Unsere Sache ist gerecht"

Ein Gutsbesitzer aus Ostwestfalen schreibt Mitte August 1914 seinem Sohn an der Front:

Welche Wendung durch Gottes Fügung ist eingetreten, seit ich Dir zuletzt am Sonntag, den 26. Juli ausführlich nach Lockstedt schrieb. Wenn auch schon damals die Kriegsgewitterwolken sich auftürmten, so hoffte man doch allgemein, daß man noch zu einer friedlichen Lösung kommen würde, ja, groß war unsere Hoffnung, ja noch als wir am 1. August nachmittags zusammen [...] saßen. Nun ist schon seit 14 Tagen der grausame Krieg über uns hereingebrochen und Du [...] hast gewiß schon allerlei Schreckliches erlebt und Dich hoffentlich schon etwas an die Strapazen, Entbehrungen und die Gräueltaten einer Schlacht gewöhnt. [...] Nach allen Nachrichten ist es aber gut, daß der Krieg jetzt, wo man bestimmt annehmen darf, daß unsere Feinde noch nicht ganz gerüstet sind, ausgebrochen ist, denn er war nach kurzer Zeit unausbleiblich. Betrübt ist es, wie alles über Deutschland herfällt, aber unsere Sache ist gerecht und wir dürfen zuversichtlich hoffen, daß uns der liebe Gott zum Siege verhilft.

Zit. nach Heinz-Ulrich Kammeier: Der Landkreis Lübbecke und der 1. Weltkrieg. Alltagserfahrungen in einem ländlichen Raum Ostwestfalens. Leidorf, Rhaden/Westf. 1998, S. 247.

Nachgefragt

SP **1.** Stell dir vor, du wärst als Reporter bei der Abfahrt der Soldaten in Wien oder Berlin dabei gewesen. Schreibe einen Zeitungsbericht (Q1, Q2, VT1). Überlege dir eine Überschrift, eine Unterüberschrift und einen Vorspanntext, der das Interesse der Leserinnen und Leser weckt. Der Artikel sollte nicht länger als eine halbe DIN-A4-Seite sein.

2. Erkläre, wie das „neue Europa" aus Sicht des italienischen Zeichners aussehen sollte (Q3).

3. Untersuche die alliierten und die deutschen Kriegsziele. Erläutere deren mögliche Folgen (Q3, Q4). Schlage dafür in einem Atlas die in Q4 genannten Ortsangaben nach. ○ → S. 216

4. Analysiere Q5 und schreibe dem Verfasser einen Brief aus der Sicht einer französischen Mutter.

MK **5.** Recherchiere mithilfe von D1 Erinnerungen an den Kriegsausbruch 1914. Überprüfe, inwieweit die Informationen der Zeitzeugen mit denen im Schulbuch übereinstimmen.

Q6 Ein „gewaltiger Kreuzzug"

Der englische Soldat Herbert Hensley Henson schreibt im Dezember 1915 an seine Familie::

Um die Freiheit der Welt zu verteidigen, um unsere politische Freiheit zu bewahren, um die Ehre der Frauen und Kinder zu schützen, ist jeder, der die Freiheit liebt und die Ehre, jeder, der Prinzipien höher als sein Wohlergehen hält, das Leben höher als bloß zu leben; alle diese sind in einem gewaltigen Kreuzzug vereint, um – es lässt sich nicht leugnen – Deutsche zu töten, nicht um des Tötens willen, sondern um die Welt zu erretten, den guten wie den schlechten Deutschen, die jungen wie die alten [...]; sie allesamt zu töten, auf dass nicht die menschliche Zivilisation selbst getötet werde.

Zit. nach Die letzten Tage der Menschheit. Bilder des Ersten Weltkrieges. Hrsg. von Rainer Rother. Ars Nicolai, Berlin 1994, S. 68.

Q7 Warum kämpfen Soldaten?

Arthur Graf von der Groeben schreibt am 25. April 1915 von der Ostfront an seinen Vater:

Auf den Zusammenstoß mit dem Feinde freue ich mich, das darf ich dir ohne Übertreibung wirklich sagen. Und es übertrifft meine kühnsten Erwartungen, daß ich eine Truppe führen darf. – Gott gebe, daß ich es zum Nutzen unseres Vaterlandes tun werde. Ich hoffe, euch wiederzusehen mit dem freudigen Gefühl, endlich einmal mich nützlich erwiesen zu haben; sollte ich euch, Dich und Mutter, nicht wiedersehen können, so hoffe ich, daß Ihr meiner denken dürft als eines Mitgliedes unserer Familie, das wenigstens zuletzt ihren Traditionen gefolgt ist. Ich bin in meinem ganzen Leben nie so glücklich gewesen wie jetzt, und ich danke [...] [euch], daß ich vor allem an Eurem Beispiel gelernt habe, daß Eure Erziehung mich doch letzten Endes dazu befähigt hat, ein preußischer Soldat und Offizier zu werden.

Zit. nach Kriegsbriefe gefallener Studenten. Hrsg. von Paul Witkop. Langen & Müller, München 1928, S. 85f.

Q8 Britische Soldaten in Frankreich

Foto, 1917

6. Der Krieg, der 1914 ausbrach, wird heute als der „Erste Weltkrieg" bezeichnet. Erkläre diesen Begriff. ●

7. Vergleiche Q6 und Q7: Was bewegte deutsche und englische Soldaten, im Krieg zu kämpfen?

8. Beschreibe die Stimmung, in der Q7 verfasst wurde, und stelle einen Zusammenhang zu VT1 her.

9. Der Erste Weltkrieg gilt als erster „industrialisierter Krieg". Belege diese Aussage (Q8, VT2).

10. Stell dir vor, du wärst ein Soldat im Schützengraben in Q8. Schreibe einen Brief an einen Verwandten.

11. Fasse den Kriegsverlauf bis 1917 mithilfe des VT zusammen. ○ → S. 216

AFB I: 11 AFB II: 1, 2, 3, 4, 6, 8, 9, 10 AFB III: 5, 7

Front- und Alltagserfahrungen im Ersten Weltkrieg

Der Erste Weltkrieg war für die Soldaten an der Front eine einschneidende Erfahrung. Aber auch das Leben der Zivilbevölkerung änderte sich. Wie sahen die Lebensverhältnisse an Front und „Heimatfront" aus und wie kamen die Menschen mit ihnen zurecht?

Q1 Website
Digitale Sammlung: Feldpostbriefe aus dem Ersten Weltkrieg
r5j57e

VT1 Verschlechterung der Versorgungslage

Der Erste Weltkrieg war nicht, wie von der staatlichen Propaganda und den Zeitungen anfangs verkündet, Weihnachten 1914 beendet. Die britische Seeblockade führte zu einer merklichen Verschlechterung der Versorgung der deutschen Bevölkerung. In vielen Bereichen behalf man sich daher mit minderwertigen Ersatzprodukten: So wurde Baumwolle für Kleidung durch Brennnessel- und Papierfasern ersetzt. Der Staat legte im Oktober 1914 Höchstpreise für Getreide fest und rationierte Lebensmittel mithilfe von Essensmarken. Durch Ernteausfälle wurden auch Kartoffeln knapp, was besonders im Winter 1916/17 zu einer Versorgungskrise führte. Als Ersatz wurden Rüben an die Bevölkerung ausgegeben, die den Kalorienbedarf aber nur unzureichend decken konnten. Dieser Winter ging als „Hungerwinter" oder „Steckrübenwinter" in die Erinnerung der Menschen ein. Mit Hohn und Spott reagierte die notleidende Bevölkerung auf Ratschläge der Behörden, die Hungernden sollten durch häufigeres Kauen selbst für eine bessere Nahrungsverwertung sorgen (Q2). An den Folgen von Hunger, Unterernährung und Krankheiten starben schätzungsweise über 700 000 Menschen.

Q2 Spöttischer Nachruf
Postkarte, 1917

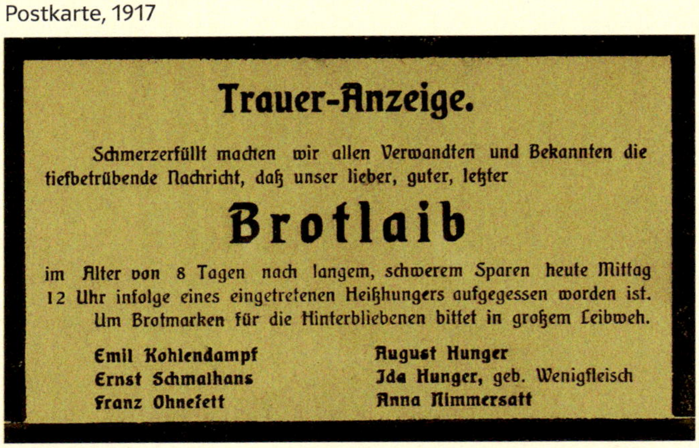

Trauer-Anzeige.

Schmerzerfüllt machen wir allen Verwandten und Bekannten die tiefbetrübende Nachricht, daß unser lieber, guter, letzter

Brotlaib

im Alter von 8 Tagen nach langem, schwerem Sparen heute Mittag 12 Uhr infolge eines eingetretenen Heißhungers aufgegessen worden ist.
Um Brotmarken für die Hinterbliebenen bittet in großem Leibweh.

Emil Kohlendampf
Ernst Schmalhans
Franz Ohnefett
August Hunger
Jda Hunger, geb. Wenigfleisch
Anna Nimmersatt

VT2 Frauen an der „Heimatfront"

Durch die Mobilmachung fehlten in der Industrie und Landwirtschaft nach Beginn des Krieges Arbeitskräfte, die vor allem durch Frauen ersetzt wurden (Q3). Ihre Arbeit war zwar ein unverzichtbarer Bestandteil der Kriegsmaschinerie an der „Heimatfront", bezahlt wurden sie aber deutlich schlechter als ihre männlichen Kollegen. Weil sie zudem für Haushalt und Familie sorgen mussten, kam es häufig zu einer Doppelbelastung.
Viele bürgerliche Frauen sahen im Krieg eine patriotische Aufgabe: Als „Mütter des Vaterlandes" organisierten sie z.B. Rohstoffsammlungen, pflegten Verwundete in Lazaretten oder arbeiteten als Hilfslehrerinnen.

VT3 Soldaten an der Front

Über Feldpostbriefe und Postkarten erfuhren die Soldaten an der Front von den schwierigen Lebensverhältnissen ihrer Familien in der Heimat und berichteten umgekehrt von ihrem eigenen Alltag. Während die staatliche Propaganda den strahlenden Helden präsentierte, sah die Realität für die Soldaten ganz anders aus: Die feindlichen Truppen lagen sich in Schützengräben gegenüber. Hier standen sie unter dauerndem Beschuss und waren Regen, Kälte und Krankheiten ausgesetzt. Die blutigen Materialschlachten forderten Millionen Menschenleben.
Nach dem Krieg hatten viele Soldaten große Schwierigkeiten damit, sich wieder in die bürgerliche Gesellschaft einzugliedern. Fast drei Millionen Männer trugen körperliche oder geistige Schäden davon.

Q3 Frauen an der „Heimatfront“

Postkarte, 1918

D1 Feldpost als Quelle

Der Historiker Peter Knoch schreibt 1993:

Bauern und Bäuerinnen, Angestellte und Arbeiter, deren Frauen und Kinder, viele bürgerliche Ehepaare hätten sich normalerweise nicht der Mühe unterzogen, nahezu täglich über ihre Lebensumstände und Erlebnisse, ihre Nöte und Bedürfnisse schriftlich zu berichten. Im Krieg waren sie durch ihre Trennung gezwungen, die Geschichte ihres Alltags, ihr Leid und ihre Gedanken, ihre Wünsche und Träume, Trost und Hoffnungen aufzuschreiben. [...] Im Vergleich zu den Feldpostbriefen des Zweiten Weltkriegs sind die des Ersten Weltkriegs in aller Regel von einer außerordentlichen Offenheit und Mitteilungsfülle.

Peter Knoch: Erleben und Nacherleben. Das Kriegserlebnis im Augenzeugenbericht und im Geschichtsunterricht. In: Keiner fühlt sich hier mehr als Mensch. Erlebnis und Wirkung des Ersten Weltkriegs. Hrsg. von Gerhard Hirschfeld. Klartext, Essen 1993, S. 200.

Q4 Briefe von der Front

Der 24-jährige Walter Limmer aus Leipzig schreibt Briefe an seine Familie, bevor er am 24. September 1914 an seinen Verwundungen stirbt:

Leipzig (leider immer noch!), 3. August 1914

Hurra! [...] Stunde um Stunde habe ich auf meinen Befehl gewartet. [...]: Ich gehöre nicht mehr ins friedliche Leipzig. [...] Wenn wir in diesen Zeiten an uns und unsere Angehörigen denken, werden wir klein, schwach. Denken wir an unser Volk, unser Vaterland, [...] so werden wir mutig und stark.

Im Eisenbahnzug

Erhebend und packend war unser Abmarsch. [...] – diese Begeisterung! Das ganze Bataillon hatte Uniform und Helm mit Blumen geschmückt.

Südlich von Châlons [Frankreich], 9. September 1914

Immer noch wütet diese furchtbare Schlacht, nun schon den vierten Tag! [...] Diesen Brief schreibe ich in einem grabartigen, etwa 40 cm tiefen, selbstgeschaufelten Lager der Schützenlinie. Die Granaten schlugen heute vor und hinter mir so häufig ein, daß man es als ein Geschenk Gottes betrachten muß, wenn man heil davonkam.

Attigny [Frankreich], 20. September 1914

[...] Ja, ich kann es selbst noch nicht recht fassen, aber es ist wahr, ich bin verwundet auf dem Wege zu Euch und zur Heimat. Oh, wie ich glücklich bin, wieder eine lichtere Welt zu sehen als diese Welt des Schreckens! [...] Wenn nicht ein besonderes, widerwärtiges Ereignis dazwischen tritt, habe ich vom Schicksal die Hoffnung wiedergeschenkt erhalten, Euch noch einmal in die lieben Augen schauen zu dürfen.

Zit. nach Kriegsbriefe gefallener Studenten. Hrsg. von Philipp Witkop. Langen & Müller, München 1928, S. 7–9.

Nachgefragt

1. Beschreibe die Versorgungslage in Deutschland während des Ersten Weltkriegs (VT1).

2. Erläutere den Begriff „Heimatfront“ (VT2).

3. Erkläre, inwieweit Frauen in die Kriegswirtschaft eingebunden waren (Q3, VT2).

4. Analysiere, worauf der Autor mithilfe der „Trauer-Anzeige“ hinweisen möchte. Beachte auch die sprachlichen Mittel (Q2).

5. Beschreibe das Leben der Soldaten an der Front (Q4, VT3).

6. Ordne die Briefe von Walter Limmers ein: Wie verändert sich seine Haltung zum Krieg (Q4)?

SP **7.** Schreibe mithilfe von Q2 und Q3 sowie VT1–VT3 einen Brief aus der Sicht einer jungen Frau an ihren Vater, der an der Front kämpft. Verwende dazu u.a. die Begriffe Versorgung, Brot, Rüben, Ersatzprodukte, Arbeit und Einsamkeit. ○ → S. 216

MK **8.** Recherchiert in der digitalen Sammlung Q1 einen Feldpostbrief aus deiner Region. Nutzt dafür die Arbeitsschritte auf S. 49. Stellt euch die verschiedenen Briefe vor und beurteilt anschließend, welche Chancen die Feldpost als Quelle bietet (D1). ●

AFB I: 1, 5 AFB II: 2, 3, 4, 6, 7 AFB III: 8

„Alle Macht den Sowjets“?

Russland wurde seit Jahrhunderten von Zaren regiert. Damit waren jedoch immer mehr Russen unzufrieden. War eine Revolution noch aufzuhalten?

Menschewiki/ Bolschewiki
(von russ. mensche = weniger; bolsche = mehr) Die Menschewiki wollten demokratische Reformen, die Bolschewiki eine kommunistische Diktatur aufbauen.

Sowjet
Rat; von Arbeitern und Soldaten gewählte Interessenvertretung

Kommunismus
(von lat. communis = gemeinschaftlich) Er betont die Gleichheit aller Menschen und die Aufhebung des Privateigentums.

VT1 Widerstand gegen die Zarenherrschaft

Seit 1547 herrschten Zaren in Russland mit nahezu uneingeschränkter Macht. Anfang des 19. Jahrhunderts lebten etwa 80 Prozent der Bevölkerung auf dem Land, wo die Industrialisierung nur schleppend voranging. Die Bauern konnten sich kaum selbst versorgen und litten unter Armut und Hunger. Auch in den Städten waren die Lebensbedingungen schlecht. Die Unzufriedenheit wuchs. Deshalb bildeten sich Parteien, die politische Mitbestimmung forderten. Arbeiter gründeten die Sozialdemokratische Arbeiterpartei Russlands (SDAPR), die sich 1903 in die gemäßigten **Menschewiki** und die radikalen **Bolschewiki** spaltete. Als im Januar 1905 etwa 140 000 Menschen in St. Petersburg gegen Zar Nikolaus II. demonstrierten, um auf ihre Armut und Rechtlosigkeit aufmerksam zu machen (Q2), erteilte dieser seinen Soldaten einen Schießbefehl. Über 100 Arbeiter kamen ums Leben. Da weitere Aufstände folgten, erlaubte der Zar im Oktober 1905 Wahlen zu einer Staatsduma (Volksvertretung) und gewährte dem Volk Grundrechte. Spätere Eingriffe in diese Rechte sowie die wiederholte Auflösung der Duma führten jedoch zu erneuten Unruhen. Die Lebensverhältnisse hatten sich nicht geändert.

Q1 Die Februarrevolution in Russland
Zeichnung von S. I. Dmitrijew, 1917

VT2 Wer soll das Volk vertreten?

Viele Russen wünschten sich eine Demokratie und wählten demokratische Politiker als Vertreter in die Duma. Unabhängig davon wählten Arbeiter in den Fabriken politische Fürsprecher, die sich in **Sowjets** zusammenschlossen. Der Zar nahm jedoch weder die Beschlüsse der Volksvertretung noch die Interessen der Sowjets ernst, was vor allem die teilweise in die Sowjets gewählten Bolschewiki verärgerte.

VT3 Die Februarrevolution 1917

Die Belastungen durch den Ersten Weltkrieg verschlechterten die Lebensverhältnisse der Bevölkerung zunehmend. Die Bolschewiki und ihr Anführer Wladimir I. Lenin wollten ein Ende des Krieges, den **Kommunismus** in Russland durchsetzen und den Zaren stürzen (Q3), während die Menschewiki eine gemäßigte bürgerliche Revolution anstrebten. In Russland herrschte zu Beginn des Jahres 1917 also keine Einigkeit darüber, ob die Herrschaft zukünftig demokratisch oder kommunistisch ausgeübt werden sollte. Im Februar 1917 brachen rund 200 000 Menschen in Petrograd zu einem Protestzug auf, der von demokratischen und kommunistischen Politikern unterstützt wurde. Der Zar befahl dem Militär, die Duma aufzulösen und die Menge zu beschießen. Anders als im Jahr 1905 verweigerten die Soldaten dem Zaren jedoch den Gehorsam und verbündeten sich stattdessen mit den Demonstranten. Daraufhin dankte der Zar im März ab. An seine Stelle trat eine Übergangsregierung unter der Führung der Menschewiki, die gegen den großen Widerstand der Bolschewiki und der russischen Bevölkerung weiter am Krieg teilnahm. Fast gleichzeitig beanspruchte der Petrograder Sowjet die Macht für sich. In der Geschichtswissenschaft spricht man deshalb von einer Doppelherrschaft.

Q2 Bittschrift an den Zaren

Arbeiter verfassen eine Bittschrift, die sie dem Zaren im Januar 1905 vorlegen wollen. Ungefähr 135 000 Personen unterschreiben:

Wir, die Arbeiter der Stadt St. Petersburg, unsere Frauen, Kinder und hilflosen greisen Eltern, sind zu Dir, Herrscher, gekommen, um Gerechtigkeit und Schutz zu suchen. Wir sind verelendet, wir werden unterdrückt, über unsere Kraft mit Arbeit belastet, man verhöhnt uns, man läßt uns nicht als Menschen gelten. Man behandelt uns wie Sklaven. Wir duldeten alles dies, aber man stößt uns immer weiter in den Pfuhl[1] der Armut, der Rechtlosigkeit und Unwissenheit. Despotismus[2] und Willkür würgen uns, und wir ersticken. [...] Gosudar[3], unsere Geduld ist erschöpft. Wir sind bei dem furchtbaren Augenblick angelangt, in dem der Tod willkommener ist als die Fortsetzung der unerträglichen Qualen. [...] Hier suchen wir die letzte Rettung. Verweigere Deinem Volke die Hilfe nicht, führe es heraus aus dem Grabe der Rechtlosigkeit, [...] nimm von ihm das unerträgliche Joch[4] der Beamten. [...] Wir haben keinen Ausweg mehr und kein Ziel. Wir sehen nur zwei Wege vor uns: entweder zur Freiheit und zum Glück oder in das Grab. Zeige uns, Gosudar, einen von beiden – wir werden ihn widerspruchslos gehen, und sei es der Weg des Todes.

Zit. nach Valentin Gitermann: Geschichte Rußlands. Bd. 3. Europäische Verlagsanstalt, Hamburg 1949, S. 389

1 kleiner Teich; Ansammlung von schmutzigem, fauligem Wasser
2 unumschränkte Gewaltherrschaft
3 Herrscher
4 hier: etwas, dem man unterworfen und wodurch die eigene Freiheit stark eingeschränkt ist

Q3 Lenins Aprilthesen

Nach der Abdankung des Zaren legt Lenin dem Petrograder Sowjet im April 1917 dar, welche Schritte notwendig seien, um in Russland eine kommunistische Herrschaft durchzusetzen:

Die Eigenart der gegenwärtigen Lage in Russland besteht im Übergang von der ersten Etappe der Revolution, die infolge des ungenügend entwickelten Klassenbewußtseins und der ungenügenden Organisiertheit des Proletariats[1] der Bourgeoisie[2] die Macht gab, zur zweiten Etappe der Revolution, die die Macht in die Hände des Proletariats und der ärmsten Schichten der Bauernschaft legen muß.

[...] Solange wir [die Sowjets] in der Minderheit sind, besteht unsere Arbeit in der Kritik und Klarstellung der Fehler, wobei wir gleichzeitig die Notwendigkeit des Übergangs der gesamten Staatsmacht an die Sowjets der Arbeiterdeputierten[3] propagieren[4], damit die Massen sich durch die Erfahrung von ihren Irrtümern befreien.

[...] Keine parlamentarische Republik – von den Sowjets der Arbeiterdeputierten zu dieser zurückzukehren wäre ein Schritt rückwärts –, sondern eine Republik der Sowjets der Arbeiter-, Landarbeiter- und Bauerndeputierten im ganzen Lande, von unten bis oben.

Abschaffung der Polizei, der Armee, der Beamtenschaft. [...]

Sofortige Verschmelzung aller Banken des Landes zu einer Nationalbank und Errichtung der Kontrolle über die Nationalbank durch den Sowjet der Arbeiterdeputierten.

Wladimir I. Lenin: Werke. Bd. 24. Dietz, Berlin 1959, S. 3-6.

1 besitzlose Bevölkerungsgruppe, vor allem Arbeiter
2 besitzende, wohlhabende Bevölkerungsgruppe, vor allem Fabrik- und Bankbesitzer
3 Abgeordnete, Vertreter der Arbeiter
4 von etwas überzeugen wollen

Nachgefragt

1. Gib die Geschichte Russlands von 1905 bis 1917 in Form einer Zeitleiste wieder (VT1–VT3).

2. Fasse die von den Arbeitern genannten Missstände zusammen (Q2).

3. Charakterisiere die Haltung, die die Arbeiter gegenüber dem Zaren einnahmen (Q2). ○ → S. 216

4. Bewerte, ob der Zar angemessen auf die Bittschrift der Arbeiter reagierte (Q2, VT1).

SP **5.** Analysiere Q1 und erläutere, ob du der Botschaft des Bildes zustimmst. Erkläre zunächst die einzelnen Bildelemente: „Die rote Fahne steht für …", „Die Frau soll … darstellen", „Die Handschellen in der Hand der Frau symbolisieren …".

6. Arbeite Lenins Ziele für Russland heraus (Q3, VT2–VT3).

7. Erläutere, welche Etappe der Revolution nach Lenin die Zeichnung zeigt (Q1, Q3). ●

AFB I: 1, 2 AFB II: 3, 6, 7 AFB III: 4, 5

Die USA – auf dem Weg der Demokratie?

1776 trennten sich die britischen Kolonien Nordamerikas von ihrem Mutterland England und damit auch von Europa. Sie wollten Freiheit und Selbstbestimmung. Ebenfalls „um der Freiheit Willen" – so argumentierte der US-Präsident – traten die USA 1917 in den Ersten Weltkrieg ein.

checks and balances
(engl. für Überprüfung und Ausgleich)
Um die Gewaltenteilung abzusichern, erhalten die verschiedenen Verfassungsorgane auch Machtmittel zur Verteidigung ihrer Rechte. Der Kongress kann z. B. den Präsidenten absetzen.

Dollarimperialismus
Bestreben der USA, andere Länder durch Handelsverträge, Kredite und Investitionen von sich abhängig zu machen, ohne sie formell zu annektieren

VT1 Unabhängigkeitserklärung

Mit der Amerikanischen Unabhängigkeitserklärung sagten sich die dreizehn britischen Kolonien Nordamerikas 1776 von ihrem Mutterland Großbritannien los. Der Frieden von Paris im Jahr 1783 besiegelte schließlich auch formal die Unabhängigkeit der USA von ihrer einstigen Kolonialmacht. Kurze Zeit später gaben sich die USA eine eigene demokratische Verfassung, die in wesentlichen Teilen bis heute gilt (D1): Die Spitze des Staates bildet ein vom Volk gewählter Präsident. Eine Volksvertretung mit zwei Kammern (Kongress mit Repräsentantenhaus und Senat) sowie eine unabhängige Gerichtsbarkeit komplettieren ein System, das durch **„checks and balances"** geprägt ist.

VT2 Selbstverständnis der USA

Während des 19. Jahrhunderts integrierten die USA weite Teile Nordamerikas in ihr Staatsgebiet. Gleichzeitig erlebten sie durch Einwanderung ein immenses Bevölkerungswachstum sowie einen rasanten wirtschaftlichen und industriellen Aufschwung. Schon 1823 hatte Präsident James Monroe (1758–1831) erklärt, dass die USA jede europäische Einmischung auf beiden amerikanischen Kontinenten als feindliche Handlung ansehen würden. Umgekehrt sollten sich die USA ihrerseits international auf Handel beschränken und auf jede Einmischung in Europa verzichten. In Folge dieser „Monroe-Doktrin" betrachteten die USA zunehmend ganz Amerika als ihre Einflusszone und erwarben Kolonien im karibischen und pazifischen Raum.

Zur Kolonialmacht wurden die USA indirekt auch für die Länder Mittel- und Südamerikas. Die USA betrachteten diese Staaten aufgrund ihrer geographischen Nähe als ureigenes Interessengebiet. Sie nahmen die Länder zwar nicht in Besitz, machten sie aber politisch und wirtschaftlich von sich abhängig: Sie setzten US-freundliche Regierungen ein und banden die Länder durch einen **„Dollarimperialismus"** an sich: durch Handelsverträge und Kredite zum eigenen Vorteil. Widerstände wurden, wenn nötig, mit Gewalt beseitigt. Auch wenn es gewichtige andere Interessen gab – die Regierung begründete diese Politik mit der „offenkundigen Bestimmung" („manifest destiny") der USA, anderen Völkern Demokratie und Freiheit zu bringen.

Q1 Die Freiheitsstatue in New York
Foto, 2020

VT3 Kriegseintritt der Vereinigten Staaten

Als 1914 in Europa der Erste Weltkrieg ausbrach, sympathisierten die US-Amerikaner mit den Entente-Mächten England und Frankreich, die sie als verwandte Demokratien ansahen. Im deutschen Kaiserreich hingegen sahen sie ein politisch rückständiges und zu stark militärisch geprägtes System (Q2). Die USA folgten zwar zunächst weiter der Monroe-Doktrin und erklärten sich für neutral, unterstützten die Entente-Mächte aber durch Kredite und Waffen und traten Anfang April 1917 schließlich doch in den Krieg ein.

D1 Die Bundesverfassung der USA von 1787

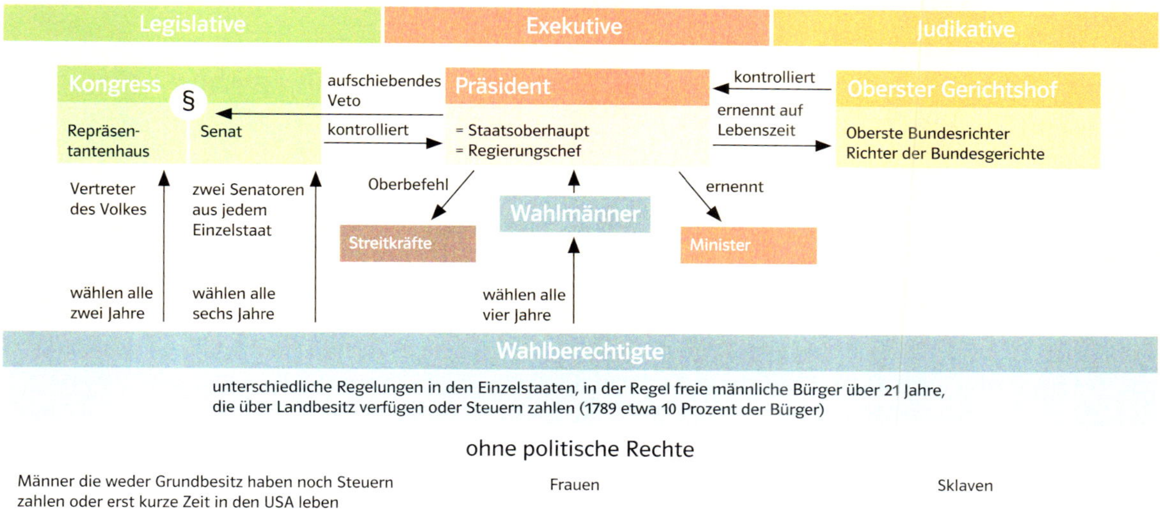

1789: Wahlrecht für 10 % der männlichen Erwachsenen
1868: Wahlrecht für alle männlichen Bürger über 21 Jahre; dennoch erhebliche Beschränkungen für die indigene Bevölkerung und Schwarze
1870: Wahlrecht „soll […] nicht aufgrund von Rasse, Farbe oder vormaliger Unfreiheit versagt oder gekürzt werden"; dennoch in den Südstaaten für Schwarze noch Wahlrechtsbehinderungen.
1920: Wahlrecht auch für Frauen über 21 Jahre
1924: volles Wahlrecht für die indigene Bevölkerung
1964: Alle noch existierenden Formen von Wahlrechtsbehinderungen werden verboten.
1971: Herabsetzung des Wahlalters auf 18 Jahre

Q2 Können die USA neutral bleiben?

US-Außenminister Robert Lansing schreibt am 9. Januar 1916 in einem Brief an den US-Präsidenten Woodrow Wilson:

Ich bin der Meinung, dass die Militärclique[1], die Deutschland regiert, ein bitterer Feind jeglicher Form von Demokratie ist. Wenn diese Clique über die freiheitlichen Regierungen von Großbritannien und Frankreich triumphiert, wird sie sich gegen uns richten, weil wir ein Hindernis für ihre Weltherrschaft sind. Daher ist es sicherer und klüger für uns, jetzt einer von ihren vielen Feinden zu sein, als in der Zukunft allein gegen ein siegreiches Deutschland zu stehen.

Zit. nach Ralph Dietl: Die USA und Mittelamerika. Frank Steiner, Stuttgart 1996, S. 441. Übers. von Peter Offergeld.

1 Gruppe von militärischen Anführern (abwertend gemeint)

Nachgefragt

1. Erstelle eine kommentierte Zeitleiste zur Geschichte der USA bis 1917. Recherchiere dafür die Ereignisse zu folgenden Jahreszahlen: 1620, 1773, 1776, 1775–1783, 1788, 1823, 1861–1865, 1917.

SP 2. Untersuche D1 mithilfe der Arbeitsschritte auf S. 234 und bereite einen Kurzvortrag zur US-amerikanischen Verfassung vor. Nutze folgende Formulierungen: „Das Schaubild zeigt …", „Untersucht man das Schaubild von oben nach unten fällt auf …", „Zur Legislative/Exekutive/Judikative gehören …".

3. Recherchiere im Internet zur Geschichte der Freiheitsstatue (Q1) und erläutere ihren Symbolcharakter.

4. Beurteile die Rolle, die die USA gegenüber Mittel- und Südamerika beanspruchte. ●

5. Beurteile den Standpunkt des US-Außenministers zur amerikanischen Neutralität 1916 (Q2). ○ → S. 216

AFB I: 1 AFB II: 2, 3 AFB III: 4, 5

1917 – Beginn einer neuen Epoche?

1917 traten die Vereinigten Staaten aufseiten der Alliierten in den Krieg ein. Zur gleichen Zeit stürzten in Russland Revolutionäre die alte Ordnung des Zarenreiches. Viele Historikerinnen und Historiker bezeichnen 1917 daher als Epochenjahr. Ist diese Deutung gerechtfertigt?

D1 Website
Wikipedia: 1917
r5j57e

VT1 Uneingeschränkter U-Boot-Krieg

Seit Beginn des Krieges verhinderte die britische Blockade in der Nordsee die Einfuhr von Lebensmitteln und Rohstoffen nach Deutschland. Deshalb nahmen Hunger und Not in der deutschen Bevölkerung immer mehr zu. Schlechte Ernten und der extrem kalte Winter 1916/17 verstärkten diese noch. Die kaiserliche Marine konnte die Blockade angesichts der Überlegenheit der britischen Flotte nicht brechen. Daher entschied die Reichsleitung, entgegen den Vereinbarungen des Seekriegsrechts, feindliche und neutrale Handelsschiffe ohne Vorwarnung durch U-Boote zu versenken. Sie hoffte so, die Lieferung von Lebensmitteln, Rohstoffen und Waffen an die Alliierten unterbinden und diese zum Frieden zwingen zu können. Einen möglichen Kriegseintritt der USA aufseiten der Alliierten nahm die Reichsleitung dabei bewusst in Kauf.

VT2 Kriegseintritt der Vereinigten Staaten

Bei deutschen U-Bootangriffen auf britische Schiffe waren auch amerikanische Staatsbürger zu Tode gekommen. Angriffe ohne Vorwarnung betrachtete die amerikanische Regierung außerdem als Bruch des Völkerrechts. Daher erklärten die Vereinigten Staaten dem Deutschen Reich im April 1917 den Krieg (Q3). Sie unterstützten die Alliierten mit Kriegsmaterial und griffen bald auch mit eigenen Soldaten ins Kampfgeschehen ein.

VT3 Russland – auf dem Weg zur Demokratie?

Im Frühjahr 1917 änderten sich auch die Verhältnisse in Russland. Hunger, Not und große Verluste an den Fronten lösten Massendemonstrationen aus. Als sich die Armee weigerte, den Zaren vor den Demonstranten zu schützen, dankte dieser im März 1917 ab. Die Gruppen, die den Zaren gestürzt hatten, verfolgten jedoch unterschiedliche Ziele. Wichtige Fragen, wie die Beendigung des Krieges, die künftige Regierungsform, die Umverteilung von Land und die Souveränität der verschiedenen Völker des Riesenreiches, waren zwischen bürgerlichen und linken Kräften umstritten. Diese Rivalität nutzten die Bolschewiki unter ihrem Führer Wladimir I. Lenin dazu, die Übergangsregierung durch einen Putsch zu stürzen („Oktoberrevolution“), um die eigenen Ziele zu verwirklichen (Q2). Zugleich beendeten sie den Krieg im Osten.

Im März 1918 mussten die Bolschewiki einen von den Deutschen und ihren Verbündeten diktierten Frieden unterschreiben. Russland verlor dadurch etwa ein Viertel seines bisherigen Gebiets im Baltikum sowie im Westen und Südosten an neue, jedoch vom Deutschen Reich und seinen Verbündeten abhängige Staaten.

VT4 Eine neue Epoche?

Mit dem Kriegseintritt der Vereinigten Staaten endete die Vorherrschaft Europas in der Welt. Fortan würden diese bei allen Konflikten und Krisen mitreden. Damit verknüpft war der Versuch, der Demokratie in der Welt den Weg zu ebnen (Q3).

Die Oktoberrevolution in Russland wiederum war der Beginn der Errichtung sozialistischer Systeme in vielen Teilen der Welt. Deren Ziel war die radikale Umgestaltung von Staat, Gesellschaft und Wirtschaft. Die Herrschaft der bisherigen Klassen sollte gebrochen und durch eine klassenlose Gesellschaft ersetzt werden. Damit verknüpft war eine Enteignung allen Besitzes und dessen Überführung in Gemeinschaftseigentum. Um diese Ziele zu erreichen, errichteten die Bolschewiki in Russland eine Diktatur unter der Führung der kommunistischen Partei, die von Anfang an alle Andersdenken blutig verfolgte.

Q1 Werbung der US-Regierung

Werbeplakat für die Finanzierung der US-amerikanischen Beteiligung am Ersten Weltkrieg, 1917

Q2 Umsturz

Lenin am 25. Oktober 1917 (nach russ. Zeitrechnung am 7. November) in der Zeitung Arbeiter und Soldat:

Die Provisorische Regierung ist gestürzt. Die Staatsmacht ist in die Hände des Organs des Petrograder[1] Sowjets der Arbeiter- und Soldatendeputierten[2], des Revolutionären Militärkomitees, übergegangen, das an der Spitze des Petrograder Proletariats und der Petrograder Garnison[3] steht. Die Sache, für die das Volk gekämpft hat: das sofortige Angebot eines demokratischen Friedens, die Aufhebung des Eigentums der Gutsbesitzer am Grund und Boden, die Arbeiterkontrolle über die Produktion, die Bildung einer Sowjetregierung – sie ist gesichert. Es lebe die Revolution der Arbeiter, Soldaten und Bauern!

Wladimir I. Lenin: Werke. Bd. 26. Dietz, Berlin (DDR), 1970, S. 227.

1 Petrograd war die Bezeichnung der Stadt St. Petersburg zwischen 1914 und 1924.
2 Abgeordnete, Vertreter der Arbeiter und Soldaten
3 Gesamtheit der an einem Standort stationierten Soldaten

Q3 Kriegserklärung an Deutschland

Aus der Rede des US-Präsidenten Wilson am 2. April 1917 vor dem Kongress:

Der jetzige deutsche U-Boot-Krieg gegen die Handelsschifffahrt ist ein Krieg gegen die Menschheit. [...] Neutralität ist nicht länger möglich [...]. Die Welt muss sicher gemacht werden für die Demokratie. Der Frieden muss auf den festen Grundlagen politischer Freiheit errichtet werden. Wir haben keine selbstsüchtigen Ziele, die wir verfolgen. Wir wollen keine Eroberung, keine Herrschaft. Wir wollen keine Entschädigung für uns, keinen materiellen Ausgleich für die Opfer; die wir freiwillig bringen. Wir sind nur einer der Vorkämpfer für die Menschenrechte. [...]

Es ist eine schmerzliche und bedrückende Pflicht [...] dieses große friedliebende Volk in den Krieg zu führen [...]. Aber das Recht ist kostbarer als der Frieden. Und wir werden für Güter kämpfen, die uns immer am Herzen lagen, für die Demokratie, [...] die allumfassende Herrschaft des Rechts durch das Zusammenwirken freier Völker; das allen Nationen Frieden und Sicherheit bringt und endlich die ganze Welt befreit.

Zit. nach America. A Reader. Hrsg. von Julia Bey/Herbert Geisen. Reclam, Stuttgart 2008, S. 178–181. Übers. von Michael Epkenhans.

Nachgefragt

1. Erkläre, warum die USA 1917 in den Krieg eintraten und fasse ihre Kriegsziele zusammen (Q3, VT1–VT2).

2. Erkläre am Beispiel des Plakats Q1, wie die amerikanische Regierung für ihr militärisches Eingreifen die Idee der Freiheit politisch nutzte. ○ → S. 216

SP **3.** Gestalte ein Plakat mit einem Bild Lenins in der Mitte. Schreibe Worte und Wortgruppen dazu, die Lenin, seine Ziele und sein Vorgehen beschreiben (Q2). Präsentiere dein Ergebnis und begründe deine Auswahl. ●

4. Erkläre anhand von Q3 auf S. 75 und Q3, was sich 1917 in Russland änderte.

5. Erörtere, ob 1917 zu Recht als Epochenjahr bezeichnet wird. Kläre dazu zunächst, was unter einer Epoche verstanden wird. ○ → S. 217

MK **6.** Beurteile die Qualität des Wikipedia-Artikels zum Jahr 1917 (D1). Nutze die Arbeitsschritte auf S. 239.

AFB II: 1, 2, 3, 4 AFB III: 5, 6

Operatorentraining: Vergleichen

Gibt es eigentlich Gemeinsamkeiten zwischen dem Ersten Weltkrieg und anderen kriegerischen Auseinandersetzungen der Geschichte? Welche Aussagen von Zeitgenossen gibt es über den Beginn des Ersten Weltkriegs und was können sie uns über die Zeit verraten? Gelangen Historikerinnen und Historiker zu den gleichen Urteilen, wenn sie sich mit dem Beginn des Ersten Weltkriegs beschäftigen? Bei einem Vergleich historischer Sachverhalte oder Aussagen geht es darum, ein möglichst umfassendes Bild von der Vergangenheit zu gewinnen. Dazu müssen Quellen und Darstellungen auf Gemeinsamkeiten aber auch auf Unterschiede untersucht werden.

D1 Modelltext

Vergleiche die Reaktion der Menschen beim Aufbruch der Truppen an die Front im Jahr 1914 (S. 68, Q1, Q2).

Die Bilder zeigen die Reaktion der Menschen beim Aufbruch der Truppen an die Front.

Die Männer, die auf der Fotografie aus Wien gezeigt werden, tragen Anzüge und Hüte oder Mützen. Sie ziehen also nicht als Soldaten in den Krieg. Auf dem Foto aus Berlin sieht man keinen Mann ohne Uniform. Alle Männer gehören also zur Truppe, die mit dem Zug an die Front reist.

Zunächst fällt auf, dass auf der Fotografie aus Wien hauptsächlich Frauen zu sehen sind, auf der Fotografie aus Berlin fast nur Männer.

Der historische Hintergrund beider Fotografien ist der Ausbruch des Ersten Weltkriegs im Sommer 1914. In den ersten Augusttagen meldeten sich viele Männer freiwillig, um in den Krieg zu ziehen.

Die Frauen in Q1 halten sich Taschentücher vor das Gesicht oder haben die Hände vor den Mund gelegt, wahrscheinlich weil sie weinen. Sie wirken sehr traurig über den Abschied von den Soldaten.

Auf der Fotografie (Q2) sind Männer abgebildet, die in Berlin aus einem Zug winken. Die Männer tragen Uniformen, es handelt sich also um Soldaten. Im Vordergrund steht eine Frau, die die Hand eines Soldaten im Zug hält. Im Hintergrund befindet sich eine Gruppe Männer. Einer von ihnen zeichnet etwas auf den Zug.

Bei dem folgenden Vergleich geht es um die unterschiedlichen Reaktionen der Menschen auf den Beginn des Ersten Weltkriegs. Dazu werden zwei Fotografien (Q1 und Q2), die wahrscheinlich im August 1914 aufgenommen wurden, ausgewertet.

Die Bildquellen zeigen, dass nicht alle jungen Männer in den Krieg gezogen sind. Außerdem wird deutlich, dass viele der abgebildeten Menschen nicht glücklich über den Kriegsausbruch sind. Lediglich unter den Soldaten herrscht Begeisterung angesichts des Krieges. Die Frauen, die in Wien zurückbleiben, wirken erschüttert und traurig. Vielleicht haben sie Angst, ihre Angehörigen im Krieg zu verlieren.

Die Soldaten in Q2 jubeln und winken. Sie wirken fröhlich und lachen. Ein Soldat zeichnet eine Karikatur eines französischen Soldaten an die Zugwand. Vermutlich will er mit der Zeichnung den Kriegsgegner verspotten. Es scheint, als wären die Männer besonders ausgelassen und freudig darüber, endlich in den Krieg zu ziehen.

Die Fotografie aus Wien (Q1) zeigt Menschen, die in Wien am Bahnsteig stehen. Im Vordergrund sieht man eine Gruppe Frauen, im Hintergrund stehen einige Männer.

Nachgefragt

1. Der Modelltext D1 ist durcheinandergeraten. Bringe die Textabschnitte wieder in die richtige Reihenfolge. Die Hinweise in „Schritt für Schritt" helfen dir, die richtige Textstruktur herauszufinden.

2. Notiere die Unterschiede der Fotografien, die im Modelltext aufgeführt werden, in einer Tabelle. Fallen dir weitere Bilddetails auf?

3. Betrachtet Q1 und Q2. Welcher Aspekt des Materials könnte interessant für einen Vergleich sein? Erarbeitet eine Fragestellung oder eine These, die den Vergleich leitet. Sammelt anschließend

Schritt für Schritt

Vergleichen:
Stelle Gemeinsamkeiten, Ähnlichkeiten oder Unterschiede von historischen Sachverhalten oder Aussagen gegenüber. Formuliere zu deinem Vergleich ein Ergebnis.

Das gehört in den Text →	Darauf musst du achten →	Formulierungshilfen
– Am *Anfang* wird der leitende Aspekt des Vergleichs benannt. Außerdem werden Informationen zum Kontext des historischen Sachverhalts oder der Aussage genannt. – Im *Hauptteil* werden Besonderheiten und Merkmale des historischen Sachverhalts oder der Aussagen herausgearbeitet und gegenübergestellt. Danach werden Gemeinsamkeiten und Unterschiede erklärt und gedeutet. – Am *Ende* werden die Ergebnisse zusammengefasst und ein Fazit gezogen.	– Zeitform: *Präsens* – Wenn du noch keinen genauen Eindruck von der Quelle oder Darstellung hast, kannst du das Material vor deinem Vergleich zunächst beschreiben. – Manchmal ist der leitende Aspekt eines Vergleichs schon in der Aufgabenstellung enthalten. Wenn keiner vorgegeben ist, kannst du selbst einen oder mehrere Schwerpunkte auswählen. – Stelle möglichst alle Gemeinsamkeiten und Unterschiede heraus. Lege dazu eine Tabelle an, in der du deine Ergebnisse sammelst.	– Für einen Vergleich: *Einerseits … andererseits …* *Allerdings/Jedoch/Trotzdem …* *Im Gegensatz zu …* *… ist vergleichbar mit …* *Während X … aufweist/zeigt/belegt, formuliert, sagt/ist Y …* – Um ein Ergebnis zu formulieren: *Schließlich …* *Zu guter Letzt/Abschließend …* *Man kann festhalten, dass …*

Q1 Plakat von 1916
Plakat von M. Richard-Gutz; Aufruf der französischen Nationalbank zum Kauf von Kriegsanleihen: „Unterzeichnet Kriegsanleihe für den Sieg"

Q2 Plakat von 1917/18
Amerikanisches Plakat von Henry Raleigh, das zum Kauf von Kriegsanleihen aufruft: „Hunne oder Heimat? Kauft mehr Kriegsanleihen". Hunnen galten als grausam und gewalttätig.

Gemeinsamkeiten und Unterschiede in einer Tabelle.

4. Vergleicht Q1 und Q2. Bearbeitet dazu in Gruppenarbeit folgende Aufgaben:

a) Verfasst einen Einleitungssatz, der in die Thematik des Vergleichs und den historischen Kontext einführt.
b) Verknüpft die Gemeinsamkeiten und Unterschiede, die ihr in Aufgabe 3 gesammelt habt, zu einem Fließtext. Die Formulierungshilfen in „Schritt für Schritt" helfen euch.
c) Verfasst den Schluss des Vergleichs, indem ihr eure Ergebnisse zusammenfasst und ein Fazit zieht.

AFB I: 1 AFB II: 2 AFB III: 3, 4

Der Erste Weltkrieg – ein Propagandakrieg?

Der Erste Weltkrieg fand nicht nur auf dem Schlachtfeld statt. Er war von Anfang an auch ein Propagandakrieg. Wie versuchten die Regierungen, die Bevölkerung von der „Notwendigkeit des Krieges" zu überzeugen?

Kriegsanleihen
Wertpapiere, die eine Regierung zur Finanzierung eines Krieges herausgibt. Käufer solcher Wertpapiere geben der Regierung eine Art Kredit für deren Kriegsführung und profitieren im Falle eines Sieges von hohen Zinsen.

VT1 Wozu diente Propaganda im Ersten Weltkrieg?

Alle Kriegsparteien versuchten, die eigene Bevölkerung hinter sich zu bringen oder neutrale Länder zur Unterstützung der eigenen Seite zu veranlassen, indem sie der jeweils anderen die Schuld am Krieg und den damit verbundenen Verbrechen gaben. Zudem wollte man die Menschen davon überzeugen, dass der Krieg gerecht und die Opfer notwendig seien. Um diese Ziele zu erreichen, gaben die Regierungen Plakate, Postkarten und Filme in Auftrag. Während des Ersten Weltkriegs wurden erstmals auch Fotografien als Propagandamittel eingesetzt. Staatliche Pressestellen konnten Künstler und Intellektuelle für die Kriegsberichterstattung und die Gestaltung von Propagandamaterial gewinnen.

Q1 „So säh' es aus in deutschen Landen käm' der Franzose an den Rhein"
Deutsches Propagandaplakat, 1918

VT2 Deutsche Kriegspropaganda

Auf deutscher Seite verfolgte die Propaganda zunächst das Ziel, nationale Geschlossenheit und Siegeszuversicht zu vermitteln. Zudem sollte das Selbstbild des Deutschen Reiches als überlegenes Kulturvolk gestärkt, der Krieg gerechtfertigt und das feste Bündnis der Mittelmächte Deutschland und Österreich-Ungarn, später auch mit Bulgarien und dem Osmanischen Reich unterstrichen werden. Aber auch die Abwehr alliierter Vorwürfe gegen die deutsche Kriegsführung spielte von Anfang an eine große Rolle. Vor allem die Bevölkerung der neutralen Staaten sollte dadurch für die deutsche Seite gewonnen werden. Je länger der Krieg dauerte und je größer die Opfer waren, desto mehr versuchte die Regierung mithilfe von Plakaten, Fotografien, Filmen und Kriegsausstellungen den Durchhaltewillen zu stärken. Nur ein Sieg, so hieß es, könne das Deutsche Reich in Zukunft sichern. Diese Botschaften vermittelten insbesondere die Aufrufe, **Kriegsanleihen** zu zeichnen, um Rüstungsmaterial zu finanzieren.

VT3 Alliierte Kriegspropaganda

Die Propaganda der Alliierten nahm die deutsche Kriegführung in Belgien zum Anlass, die Deutschen als Volk von Barbaren darzustellen. Plakate, Fotografien und öffentliche Aufrufe zeichneten das Bild eines Volkes, das rücksichtslos gegen die Zivilbevölkerung in den eroberten Gebieten vorging (Q2). Tatsächlich hatte die deutsche Armee etwa 5 500 Zivilisten in Belgien und etwa 900 in Frankreich hingerichtet und Kulturgüter wie z.B. die Kathedrale von Reims zerstört. Mit dieser Darstellung sollten auch hier die neutralen Staaten auf die eigene Seite gezogen und der Kriegswille der Bevölkerung gestärkt werden. Die damit geschaffenen Feindbilder sollten lange das Verhältnis zwischen den Staaten Europas beeinträchtigen.

Q2 „Zerstört das wahnsinnige Untier!"

US-Propagandaplakat zur Anwerbung von Freiwilligen, 106 cm × 71 cm, 1917

1 „Pickelhaube" (deutscher Soldatenhelm)
2 Oberlippenbart als Hinweis auf Kaiser Wilhelm II.
3 Figur stellt „Freiheit" (liberty) dar
4 „If this war is not fought to a finish in Europe, it will be on the soil of the United States."
5 „Enlist US-Army, if you want to fight for your country and freedom. Enlist today."

Q3 Barbaren

Das 1915 geschriebene Gedicht des anarchistischen und antimilitaristischen Autors Erich Mühsam erschien aufgrund der Kriegszensur erst 1920:

Sie streiten, wer Barbar sei unter ihnen,
und zum Beweise, daß stets nur die andern
vor aller Nachwelt solchen Ruf verdienen,
verwüsten sie mit schrecklichen Maschinen
Galipoli, Galizien, Serbien, Flandern,
Woldhynien und das Land der Beduinen.

Das Blut gerinnt. Es häufen sich die Leichen
im Elsaß, in Tirol, in Frankreich, Polen.
Auf hoher See und in den Tropenreichen
ist Kampfgetöse, Mord, ist Sieg und Weichen.
Es wird gebrannt, geschändet und gestohlen,
und über Trümmern ragen Ruhmeszeichen.

Aus Wolken fetzt der Mord, vom Meeresgrunde,
und Kinder müssen sterben, Frauen, Greise.
Den Hunger ruft man sich, die Pest zum Bunde.
Der Mutter Träne und die Todeswunde
erhabnen Planes zu der Menschheit Preise
gibt von der Heldenzeit Europas Kunde.

Und jubelnd töten sie für ihren Zaren,
für ihren Kaiser, König, Präsidenten;
und starke Männer sinken hin in Scharen
und wissen, daß sie tapfere Streiter waren. -
Blut tropft und Jammer von den Firmamenten.
Und jeder schmäht die andern als Barbaren.

Erich Mühsam: Barbaren. Unter: https://de.wikisource.org/wiki/Barbaren_(Erich_M%C3%BChsam) (Zugriff: 28.10.2020)

Nachgefragt

1. Fasse in eigenen Worten zusammen, was Propaganda ist und was die jeweiligen Regierungen mit ihr erreichen wollten (VT1–VT3).

SP **2.** Vergleiche Q1 und Q2. Beschreibe zunächst, wer oder was auf den Plakaten dargestellt wird, und gehe auf die einzelnen Bild- und Textelemente ein. Arbeite schließlich Ähnlichkeiten und Unterschiede heraus. Formulierungshilfen findest du auf S. 81.

3. Versetze dich in einen 20-jährigen US-Studenten, der 1917 das Plakat Q2 betrachtet. Halte in einem Tagebucheintrag fest, was dir dabei durch den Kopf geht. ○ → S. 217

4. Untersuche das Gedicht von Erich Mühsam (Q3). Schlage dafür auch die genannten Orte im Atlas nach. Weshalb wurde die Veröffentlichung während des Krieges verboten?

5. Erkläre, wie Q3 mit Q1 und Q2 zusammenhängt. Bewerte anschließend die Haltung des Dichters.

6. Informiere dich im Internet über das Leben Erich Mühsams. Bereite einen Kurzvortrag vor und halte ihn vor der Klasse. ●

AFB I: 1, 4 AFB II: 3, 6 AFB III: 2, 5

1918 – ein „Ende mit Schrecken"?

Der Erste Weltkrieg spielte sich nicht nur an den Fronten ab. Viel stärker als alle bisherigen Kriege beeinflusste er auch den Alltag der Menschen in der Heimat, wo Not und Verbitterung wuchsen. Welche Folgen hatte das für Deutschland?

→ **Themen verknüpfen**
Mehr zur Revolution im November 1918 erfährst du auf S. 100 bis 103.

VT1 Wachsende Verbitterung

Der Krieg umfasste bald alle Teile der Wirtschaft und Gesellschaft. Die damit verbundenen Belastungen und Entbehrungen zermürbten die Menschen zunehmend. Im Laufe des Krieges nahm der Mangel an Lebensmitteln, Brennstoffen und alltäglichen Gebrauchsgegenständen immer weiter zu. Hinzu kam die Sorge um die Männer an den Fronten. Die immer höheren Verluste trafen bald jede Familie (Q1). Gleichzeitig wuchs die Verbitterung über das bestehende System. Denn es schien unwillig und unfähig zu sein, eine gerechtere Verteilung der Lasten sicherzustellen. Seit dem „Steckrübenwinter" 1916/17 kam es daher zu immer mehr Massenprotesten. Der Wunsch der Bevölkerung nach Frieden wurde immer lauter.

VT2 Die Niederlage steht bevor

Nach dem Sieg über Russland wollte die Oberste Heeresleitung im Frühjahr 1918 auch im Westen einen entscheidenden Sieg erringen. Nach anfänglichen Erfolgen scheiterte die neue Offensive jedoch. Die deutschen Truppen mussten sich im Laufe des Sommers immer weiter aus Frankreich und Belgien zurückziehen und wurden kriegsmüde (Q3). Auch die Verbündeten Österreich-Ungarn, Bulgarien und das Osmanische Reich standen am Rande des militärischen Zusammenbruchs und wollten Frieden. Ende September forderte die militärische Führung daher die Reichsleitung zum baldigen Abschluss eines Waffenstillstands auf.

Anfang Oktober 1918 nahm die Regierung unter dem neuen Reichskanzler Prinz Max von Baden daher Verhandlungen mit den Alliierten über einen Waffenstillstand auf. Als Bedingung für Verhandlungen verlangte US-Präsident Woodrow Wilson politische Reformen, die mit der Änderung der Verfassung in eine parlamentarische Monarchie umgesetzt wurden. Damit erhielten die Parteien des Reichstages die Möglichkeit, die Politik der Regierung mitzugestalten. Diese Reform kam jedoch zu spät, um der neuen Regierung mit Blick auf die Niederlage wirklichen Handlungsspielraum zu geben.

VT3 Revolution und Zusammenbruch

Ohne Wissen der neuen Regierung befahl die Führung der Marine Ende Oktober eine „Todesfahrt" eines großen Teils der Flotte, um die „Ehre" der Offiziere zu retten. Die Matrosen weigerten sich jedoch auszulaufen und sinnlos zu sterben. Sie verbündeten sich daher mit unzufriedenen Arbeitern. Soldaten schlossen sich ihnen an. Am 9. November 1918 erreichte diese Bewegung auch Berlin. Der Reichskanzler verkündete die Abdankung Kaiser Wilhelms II. und übergab die Regierung Friedrich Ebert, dem Vorsitzenden der größten Partei, der SPD. Zwei Tage später unterzeichnete eine deutsche Delegation in einem Eisenbahnwaggon bei Compiègne im Norden von Paris den Waffenstillstandsvertrag. Der Erste Weltkrieg war zu Ende.

VT4 Verheerende Kriegsfolgen

Am 9. November 1918 brach nicht nur das Kaiserreich zusammen. Zugleich wurde auch deutlich, dass der Erste Weltkrieg eine Katastrophe für ganz Europa war: Das Deutsche Reich hatte 2 Millionen, Russland 1,8 Millionen, Frankreich 1,4 Millionen, Österreich-Ungarn 1,5 Millionen und Großbritannien eine Million tote Soldaten zu beklagen. Mehr als 2 Millionen waren im Laufe der Kämpfe verwundet, teilweise für den Rest ihres Lebens verkrüppelt worden. Große Landstriche waren verwüstet. In Frankreich und Belgien waren allein 350 000 Häuser zerstört. Hinzu kamen die Veränderungen auf der politischen Landkarte Europas, vor allem auf dem Balkan und im Osten. Neue Nationalstaaten traten an die Stelle alter Großreiche. Zugleich begann damit auch ein Jahrhundert der Instabilität und der Revolutionen. Der Eintritt der USA in den Krieg signalisierte zudem, dass Europa seine führende Rolle in der Welt verloren hatte.

Q1 Deutsche Postkarte vom Januar 1918

Die Unterschrift „Gefallen“ wurde in „Sein Leben weihte er dem Vaterland“ geändert.

Q2 Kampf ums Überleben

Die Frau eines Soldaten aus dem Weserbergland bittet 1917 um offizielle Unterstützung:

Meine älteste Tochter Sophie, 15 Jahre alt, ist lungenkrank, muß aber um nur einigermaßen durchzukommen mitarbeiten und verdient wöchentlich 9 M[ark]. Einen Antrag auf Zuweisung von mehr Fett, Eier und Fleisch für meine Tochter habe ich nicht gestellt, weil ich die Ausgaben hierfür nicht bestreben kann. Dies kann ich umsoweniger, da ich nur 12 M[ark] monatlich Mietsunterstützung erhalte, während die ganze Miete [...] 17 Mark beträgt. Durch die mangelhafte Ernährung und das unaufhörliche Mitarbeiten trotz meines großen Haushalts (5 Kinder) bin ich nun vollständig entkräftet und bettlägerig krank und werde auch wohl nie wieder Erwerbsarbeit treiben können. Meine traurige Lage ermöglicht es nicht, Arzt und Apotheke selbst zu bezahlen. Ferner ist es mir nicht möglich, die gekauften Kartoffeln bezahlen zu können. Infolge der Schweineseuche mußte ich 2 Schweine schlachten, wovon mir wegen der Hitze ein großer Teil verdorben ist. Mittel zum Ankauf eines neuen Schweins habe ich nicht. Dies alles macht mich völlig hoffnungslos, dazu der stete Gedanke, daß mein Mann immer in Lebensgefahr ist und ein Verschulden unsererseits nicht vorliegt.

Zit. nach Heinz-Ulrich Kammeier: Der Landkreis Lübeck und der 1. Weltkrieg. Alltagserfahrungen im ländlichen Raum Ostwestfalens. Leidorf, Rahden 1998, S. 29.

Q3 Friede um jeden Preis

Auszug aus einem Bericht der Postüberwachungsstelle der 6. Armee vom 4. September 1918:

Kriegsmüdigkeit und Gedrücktheit ist allgemein. Die Briefschreiber haben sich mit der für sie nackten Tatsache: „Wir können nicht siegen“ abgefunden und knüpfen daran sogar zum Teil die Anschauung, dass Deutschland unterliegen müsse. Eine gewisse Anzahl mahnt wohl zum Durchhalten, und manche Zeilen zeugen neben den vielen Stimmen des Mißmuts und der Unzufriedenheit von Königstreue und unveränderter Liebe zum Vaterlande, das aller Opfer wert sei. Die Ziffer der Briefschreiber, die dem Vaterland offen den Tod wünschen, ist indes nicht viel geringer. Sie sagen: „Durch etwaige weitere Erfolge Deutschlands könne der Krieg nur verlängert werden, durch eine Niederlage hätten wir den ersehnten Frieden!“ [...] Das Interesse des Einzelnen am Kriege ist in den Hintergrund getreten; der Mann steht fast durchgehend auf dem Standpunkt: „Ich drücke mich von der Front, so gut ich kann!“

Zit. nach Frontalltag im Ersten Weltkrieg. Wahn und Wirklichkeit. Hrsg. von Bernd Ulrich/Benjmin Ziemann. Fischer, Frankfurt/M. 1994, S. 203 f.

Nachgefragt

1. Analysiere Q1. Erkläre, warum die Propaganda für eine Fortsetzung des Krieges wirkungslos war.

2. Verfasse von offizieller Seite eine Antwort auf den Brief in Q2.

3. Untersuche Q3 und erkläre den Wandel der Stimmung unter den Soldaten (vgl. Q7 auf S. 71). ○ → S. 217

4. Begründe warum der Kriegsverlauf und die Kriegsbelastungen zum Zusammenbruch des Deutschen Kaiserreichs führten (VT1–VT3).

5. Schreibe einen Zeitungsartikel unter der Überschrift „Der Krieg ist zu Ende – was hat er Europa gebracht?“ (VT). ●

AFB II: 1, 2, 3, 4 AFB III: 5

Die Pariser Friedenskonferenz – ein Neuanfang?

Das Ende eines Krieges bedeutet noch keinen Frieden. Um diesen zu schaffen, trafen sich die Siegermächte im Januar 1919 in Paris. Gelang ihnen eine faire und stabile Friedensordnung oder setzten sich nationale Interessen durch?

14-Punkte-Plan
Plan, der eine friedliche Nachkriegsordnung für Europa vorsah. Dazu gehörten das Selbstbestimmungsrecht der Völker und die Forderung nach Räumung der besetzten Gebiete.

D1 Website
Podcast: Der Versailler Vertrag
r5j57e

VT1 Pariser Friedensverhandlungen

Mit dem Kriegsende waren gleich drei europäische Großmächte zusammengebrochen: Deutschland, Österreich-Ungarn und das Osmanische Reich. Auch Russland hatte Territorium und Einfluss eingebüßt. Die Siegermächte standen nun vor der Aufgabe, die europäische Staatenwelt neu zu ordnen. Am 18. Januar 1919 begannen in Paris die Verhandlungen über einen Friedensvertrag. Die Vertreter von 32 Nationen kamen nach Paris zu den Beratungen, mit ihnen über 10 000 Sachverständige, Diplomaten und Politiker. Wichtige Fragen wurden im „Rat der Vier" geklärt, das heißt unter den Regierungschefs von Frankreich (Georges Clemenceau), Großbritannien (David Lloyd George), Italien (Vittorio Orlando) sowie den USA (Woodrow Wilson).

Dabei waren die Ziele höchst unterschiedlich: Großbritannien wollte die Konkurrenz durch die deutsche Hochseeflotte ausschalten und finanzielle Wiedergutmachung. Außerdem sollten der Frieden in Europa und ein Gleichgewicht der Staaten dauerhaft gesichert werden: Deutschland sollte nur in Maßen geschwächt, Frankreich jedoch nicht zu sehr gestärkt werden.

Frankreich forderte umfangreiche Entschädigungszahlungen sowie eine militärische Schwächung Deutschlands. Zudem sollte der Rhein als neue Staatsgrenze festgelegt werden.

Italien hoffte auf Zugewinne seines Staatsgebietes auf Kosten Österreichs. Die USA hatten Sorge, dass die Russische Revolution auf Europa übergreifen würde. Sie strebten zudem eine gerechte Friedensordnung an, die einen weiteren Weltkrieg unmöglich machen sollte. Als Grundlage für die Verhandlungen diente der **14-Punkte-Plan** des amerikanischen Präsidenten Woodrow Wilson.

VT2 Kriegsschuldfrage

Die deutschen Vertreter durften an den Diskussionen nicht teilnehmen, erst zum Schluss konnten sie Nachbesserungen erwirken. Der Ver-

D2 Die Nachkriegsordnung in Europa und Kleinasien

sailler Vertrag sprach Deutschland und seinen Verbündeten im sogenannten Kriegsschuldartikel (Q2) die alleinige Verantwortung für den Krieg zu und leitete daraus Schadensersatzforderungen ab. Unter Protest unterzeichneten die deutschen Vertreter am 28. Juni 1919 den Vertrag an historischer Stätte: dem Spiegelsaal von Versailles. Vor 48 Jahren war hier der preußische König Wilhelm I. zum Deutschen Kaiser ausgerufen worden. Die USA erkannten die Vereinbarungen nicht an und schlossen 1921 einen Sonderfrieden mit Deutschland, den Berliner Vertrag.

VT3 Bestimmungen des Versailler Vertrages

Für die enormen Kriegsschäden vor allem in Frankreich sollte Deutschland durch Reparationen (Entschädigungszahlungen) aufkommen. Zudem musste es seine Kolonien und 15 % seines Territoriums abgeben und verlor dadurch 10 % seiner Bevölkerung und 20 % seiner Bodenschätze. Die Gebiete westlich des Rheins wurden alliierter Kontrolle unterstellt. Das Deutsche Reich sollte zwar insgesamt erhalten bleiben, aber auf die Rolle einer mittleren Macht in Europa beschränkt werden, von der keine Kriegsgefahr mehr ausgehen konnte. Deshalb musste auch die allgemeine Wehrpflicht abgeschafft und das Heer auf 100 000 Soldaten begrenzt werden.

VT4 Reaktionen in Deutschland

Die Siegermächte verhandelten nicht mit den Besiegten, sondern über sie. Sowohl das Zustandekommen des Versailler Vertrags als auch die darin formulierten Bedingungen empfanden viele Deutsche als zu hart und demütigend. Vor allem wegen des „Kriegsschuldartikels“ wurde der Versailler Vertrag von der äußersten Rechten bis hin zu den Sozialdemokraten grundsätzlich als „Schandfrieden“ abgelehnt. Die deutsche Regierung geriet unter Druck: Für den Fall, dass das Deutsche Reich den Versailler Vertrag nicht annehmen würde, drohte eine Invasion der Siegermächte, weshalb die deutsche Regierung den Friedensvertrag schließlich unterzeichnete. Für die Weimarer Republik war dies ein schweres Erbe.

Q1 „Versailles“

Karikatur aus der Satirezeitschrift Simplicissimus, 3. Juni 1919. Die Bildunterschrift lautet: „Auch Sie haben noch ein Selbstbestimmungsrecht: wünschen Sie, daß Ihnen die Taschen vor oder nach dem Tode ausgeleert werden?“

VT5 Weitere Entwicklungen

Gemeinsam setzten die vier großen Siegermächte auch die Gründung zahlreicher neuer Staaten durch (D2). Diese Staaten sollten sich nach westlichen demokratischen Prinzipien entwickeln. Der neu gegründete **Völkerbund** sollte als Instrument internationaler Verständigung und Friedenssicherung dienen. Deutschland als Hauptverantwortlicher für den Krieg durfte zunächst kein Mitglied werden.

Bis zum Sommer 1920 wurden auch Österreich, Ungarn, Bulgarien und dem Osmanischen Reich Friedensverträge vorgelegt.

Völkerbund
1920 in Paris von den Siegern des Weltkriegs gegründeter Staatenbund zur Friedenssicherung. Viele Staaten waren jedoch nicht bereit, auf einen Teil ihrer Souveränität zu verzichten. Die USA traten dem Bund nie bei, Deutschland und die Sowjetunion nur zeitweise, weshalb der Völkerbund scheiterte und 1946 zugunsten der UNO aufgelöst wurde.

Q2 „Kriegsschuld" und „Wiedergutmachung"

Der Friedensvertrag von Versailles vom 28. Juni 1919 umfasst 440 Artikel. Zum Umgang mit Deutschland heißt es darin:

Art. 231. Die alliierten [...] Regierungen erklären, und Deutschland erkennt an, dass Deutschland und seine Verbündeten als Urheber für alle Verluste und Schäden verantwortlich sind, die die alliierten und assoziierten Regierungen und ihre Staatsangehörigen infolge des ihnen durch Angriff Deutschlands und seiner Verbündeten aufgezwungenen Krieges erlitten haben.

Art. 232. Die alliierten und assoziierten Regierungen erkennen an, dass die Hilfsmittel Deutschlands unter Berücksichtigung ihrer dauernden, sich aus den übrigen Bestimmungen des gegenwärtigen Vertrags ergebenden Verminderung nicht ausreichen, um die volle Wiedergutmachung aller dieser Verluste und Schäden sicherzustellen. Immerhin verlangen die alliierten und assoziierten Regierungen und Deutschland verpflichtet sich dazu, dass alle Schäden wieder gutgemacht werden, die der Zivilbevölkerung jeder der alliierten und assoziierten Mächte und ihrem Gut während der Zeit, in der sich die beteiligte Macht mit Deutschland im Kriegszustand befand, durch diesen Angriff zu Lande, zur See und in der Luft zugefügt worden sind, sowie überhaupt alle Schäden, die in der Anlage I näher bezeichnet sind.

Zit. nach Quellen zur deutschen Verfassungsgeschichte der Moderne. Hrsg. von Martin Löhnig/Mareike Preisner. Edition Reichskultur, Regensburg 2018, S. 215.

Q3 „Stunde der Abrechnung"

Der französische Ministerpräsident Georges Clemenceau bei Übergabe des Vertragsentwurfs an die deutsche Delegation am 7. Mai 1919:

Es ist hier weder der Ort noch die Stunde für überflüssige Worte. Sie haben vor sich die Bevollmächtigten der großen und kleinen Mächte, die sich vereinigt haben, um den fürchterlichsten Krieg auszufechten, der ihnen aufgezwungen worden ist. Die Stunde der Abrechnung ist da. Sie haben uns um Frieden gebeten. Wir sind geneigt, ihn Ihnen zu gewähren. Wir übergeben Ihnen das Buch des Friedens. Jede Muße zu einer Prüfung wird Ihnen gegeben werden. [...]

Der [...] Versailler Frieden ist zu teuer von uns erkauft worden, als daß wir es auf uns nehmen könnten, die Folgen dieses Krieges allein zu tragen. Um auch die andere Seite meines Gedankens Ihnen zur Kenntnis zu bringen, muß ich notwendiger Weise hinzufügen, daß dieser [...] Versailler Friede [...] von den hier vertretenen Völkern zu teuer erkauft worden ist, als daß wir nicht einmütig entschlossen sein sollten, sämtliche uns zu Gebote stehenden Mittel aufzuwenden, um jede uns geschuldete Genugtuung zu erlangen.

Zit. nach Ursachen und Folgen. Vom deutschen Zusammenbruch 1918 und 1945 bis zur staatlichen Neuordnung Deutschlands in der Gegenwart. Bd. 3: Der Weg in die Weimarer Republik. Hrsg. von Herbert Michaelis/Ernst Schraepler. Wendler, Berlin 1959, S. 346.

Nachgefragt

MK **1.** Informiere dich mit dem Podcast D1 und VT1 über die Ziele der Siegermächte auf der Friedenskonferenz. Untersuche, ob der Versailler Vertrag einen Ausgleich der Interessen gewährleisten konnte.

2. Benenne die wesentlichen Bestimmungen des Versailler Vertrages (D2, Q2, VT2–VT3).

3. Untersuche die Karte D2 hinsichtlich der Neuordnung der europäischen Staaten. Welche Veränderungen wurden in Paris beschlossen und welche neuen Konflikte zogen diese Entscheidungen nach sich? ○ → S. 217

SP **4.** Als Reporter aus Deutschland nimmst du an den Pariser Verhandlungen teil. Schreibe einen Zeitungsartikel darüber. Folgende Stichworte können dir dabei helfen: Spiegelsaal von Versailles, 10 000 Teilnehmer, Ziele der Siegermächte, Kriegsschuldfrage, Bestimmungen.

5. Fasse zusammen, welche Folgen der Versailler Vertrag für Deutschland hatte.

Q4 „Wehrlos ist aber nicht ehrlos!"

Reichsminister Scheidemann war wegen des Versailler Vertrages von seinem Amt zurückgetreten. Sein Nachfolger Gustav Bauer (SPD) formulierte seine Kritik am Vertrag vor der Nationalversammlung am 23. Juni 1919:

Die Entente will uns das Schuldbekenntnis auf die Zunge zwingen, sie will uns zu Häschern[1] unserer angeschuldigten Landsleute machen; es soll uns nichts, gar nichts erspart bleiben [...]. Jetzt [...] kann und muß die ganze Welt sehen: hier wird ein besiegtes Volk an Leib und Seele vergewaltigt wie kein Volk je zuvor. [...] Unterschreiben wir! Das ist der Vorschlag, den ich Ihnen im Namen des gesamten Kabinetts machen muß. [...] Die Gründe, die uns zu diesem Vorschlag zwingen, sind dieselben wie gestern. Nur trennen uns jetzt eine Frist von knapp vier Stunden von der Wiederaufnahme der Feindseligkeiten. Einen neuen Krieg können wir nicht verantworten, selbst wenn wir Waffen hätten. Wir sind wehrlos. Wehrlos aber nicht ehrlos!

Verhandlungen der deutschen verfassunggebenden Nationalversammlung. Stenografischer Bericht, Berlin, 1919/1920, Band 327, S. 1140.

1 Personen, die in amtlichem Auftrag jemanden verfolgen, hetzen und zu ergreifen versuchen

D3 Erwartung und Überforderung

Der Historiker Jörn Leonhard schreibt 2019 über die Pariser Friedenskonferenz 1919:

Frankreich, Großbritannien, Italien und den Vereinigten Staaten war es ab Ende 1917 gelungen, eine funktionierende Kriegskoalition zu bilden. Aber der Verlauf der Friedenskonferenz bewies, dass die Sieger an den Herausforderungen eines gemeinsamen Friedensprogramms immer wieder scheiterten. Nur durch Kompromisse, Notlösungen und um den Preis erheblicher Widersprüche gelang es am Ende überhaupt, einen Vertragsentwurf fertigzustellen. Damit entfernte man sich von den Bedingungen jenes Friedens, auf dessen Basis die Vertreter Deutschlands am 11. November 1918 den Waffenstillstand unterzeichnet und ihre [...] Entwaffnung akzeptiert hatten. [...] Im April 1919 [lag] ein weitestgehend ausformulierter Definitivfrieden[1] vor, für den es keinen echten Verhandlungsspielraum mehr gab [...]. Und doch dürfen über die Probleme und Belastungen auch die Errungenschaften nicht übersehen werden. Denn es stellte eine erhebliche Leistung dar, angesichts der Krisen auf der Friedenskonferenz [...] überhaupt zu einem Friedensvertrag zu gelangen. [...] Auch mit seinen Widersprüchen, Belastungen und aufgeschobenen Problemen war das Ergebnis im Sommer 1919 besser als ein Scheitern der gesamten Friedenskonferenz, durch das die erschöpften Nachkriegsgesellschaften in eine unabsehbare Folge neuer Gewalt geschlittert wären.

Jörn Leonhard: Erwartung und Überforderung. Die Pariser Friedenskonferenz 1919. In: Aus Politik und Zeitgeschichte 15/2019 (05.04.2019). Unter: https://www.bpb.de/apuz/288778/pariser-friedenskonferenz-1919?p=all (Zugriff: 07.07.2020).

1 von den Siegermächten bestimmter Frieden

Gehe dabei auch auf die Kriegsschuldfrage ein (Q2, VT2–VT4).

6. Erläutere, warum Clemenceau von einem „Tag der Abrechnung" spricht (Q3).

7. Arbeite aus der Stellungnahme des deutschen Reichskanzlers Gustav Bauer (Q4) die Position der deutschen Regierung heraus.

8. Analysiere Q1 mithilfe der Arbeitsschritte auf S. 234 und beurteile die Sichtweise des Karikaturisten auf den Versailler Vertrag. ○ → S. 217

9. Bewerte die Reaktionen auf den Versailler Vertrag in Deutschland (Q1, Q4, VT4). Beziehe auch Q3 in deine Überlegungen mit ein.

10. Erläutere die Haltung Jörn Leonhards zur Pariser Friedenskonferenz (D3). Verfasse anschließend ein eigenes Urteil.

MK **11.** Diskutiert anhand des Historikerkommentars in D1, inwiefern sich die Bewertung historischer Ereignisse mit zeitlichem Abstand verändern kann. ●

AFB I: 2, 5 AFB II: 1, 3, 4, 7 AFB III: 6, 7, 8, 9, 10, 11

Das Ende des Osmanischen Reichs und die Gründung der Türkei

Im Ersten Weltkrieg war das Osmanische Reich an der Seite des Deutschen Kaiserreichs in den Krieg eingetreten. Als Kriegsverlierer musste es den Friedensvertrag von Sèvres unterzeichnen. Doch dieser Vertrag hielt nicht lange ...

Völkermord
Bezeichnung für staatlich organisierte Gewaltverbrechen, die zum Ziel haben, eine Menschengruppe aufgrund ihrer ethnischen oder religiösen Zugehörigkeit zu ermorden und ihre Kultur zu vernichten. Seit 1948 stellt Völkermord im Völkerrecht einen Straftatbestand dar.

Izmir
Bis zum Ende des Ersten Weltkriegs war Izmir eine multikulturell geprägte Hafenstadt, etwa zur Hälfte von Muslimen und zu 40% von Griechen bewohnt. Bei der Einnahme Izmirs 1919 gingen griechische Truppen z.T. brutal gegen muslimische Zivilisten vor. Bei der Rückeroberung 1922 wurden 25000 armenische und griechische Zivilisten getötet, Hunderttausende mussten fliehen.

VT1 Eine Waffenbrüderschaft?

Schon vor dem Ersten Weltkrieg hatten sich die politischen Beziehungen zwischen dem Deutschen Kaiserreich und dem Osmanischen Reich verstärkt. Deutsche Ingenieure halfen beim Bau der Bagdadbahn, deutsche Militärmissionen unterstützten die türkische Armee bei ihrer Modernisierung.

Im Oktober 1914 trat das Osmanische Reich an der Seite des Deutschen Kaiserreichs in die Kampfhandlungen ein. Diese „Waffenbrüderschaft" konnte zwar kurzzeitig einige Erfolge feiern, doch war das Osmanische Reich militärisch schwach. Gegenüber den Engländern, die vor allem von Ägypten aus angriffen, blieb es in der Defensive.

Das Bündnis zwischen dem Kaiserreich und dem Osmanischen Reich war von ständigem gegenseitigen Misstrauen geprägt und erwies sich als brüchig. Dennoch hielten beide Reiche an dem Bündnis fest. 1915/16 wurden im Osmanischen Reich hunderttausende Armenier und Aramäer ermordet oder vertrieben. Das Deutsche Kaiserreich half dem Bündnispartner dabei, diesen **Völkermord** zu verschleiern.

VT2 Der Vertrag von Sèvres

Der Vertrag von Sèvres vom 10. August 1920 regelte die Friedensbestimmungen für das Osmanische Reich, das am Ende des Ersten Weltkriegs ebenso wie das Deutsche Reich zu den Kriegsverlierern zählte. Der Vertrag sah eine Aufteilung großer und zentraler Gebiete des Osmanischen Reichs unter den Siegermächten vor (D1). Kurdistan sollte eine autonome Region und Armenien unabhängig werden. Sultan Mehmed VI. unterschrieb den Vertrag. Gegen diese Bestimmungen regte sich jedoch rasch Widerstand. Zum Anführer dieses „Nationalen Widerstands" („Milli Mücadele") wurde der erfolgreiche General Mustafa Kemal Pascha.

VT3 Der türkische Unabhängigkeitskrieg

Am 23. April 1920 erklärte Mustafa Kemal Pascha die Regierung des Osmanischen Reichs unter Sultan Mehmed VI. für ungültig und rief in Ankara eine neue Regierung aus. Im Januar 1921 verabschiedeten die Abgeordneten der Parallelregierung in Ankara eine Verfassung, nach der das Volk – und nicht mehr der Sultan in Konstantinopel (heute: Istanbul) – zum politischen Souverän erklärt wurde. Zeitgleich gelang es Kemal Pascha als militärischem Anführer im „türkischen Befreiungskrieg" („Kurtuluş Savaşı"), internationale Truppen zu besiegen, die zuvor Konstantinopel und die Hafenstadt Izmir besetzt hatten. 1922 führte er die Rückeroberung des griechisch besetzten **Izmir** an.

Die Entente-Mächte, die inzwischen politisch zerstritten und kriegsmüde waren, mussten ihre Niederlage einsehen und luden die neuen politischen Machthaber zu Vertragsgesprächen nach Lausanne in der Schweiz ein. Diese Einladung bedeutete, dass die Entente-Mächte die Parallelregierung in Ankara international anerkannten.

VT4 Der Vertrag von Lausanne und die Gründung der modernen Republik Türkei

Die Anerkennung löste im Osmanischen Reich ein Beben aus: Die Parallelregierung in Ankara beschloss als Reaktion auf diese Einladung im November 1922 die Absetzung des Sultans in Konstantinopel. Mehmed VI. verlor seinen Titel und musste aus der Stadt fliehen. Bei den Friedensgesprächen in Lausanne verhandelte nun ausschließlich die Regierung aus Ankara.

Das Ergebnis der Verhandlungen wurde am 24. Juli 1923 vertraglich festgehalten und bedeutete die Rücknahme fast aller Bestimmungen des Vertrags von Sèvres (D1). Für Armenier und Kurden hatte sich der Traum von einem unabhängigen Staat zerschlagen. Der unmittelbare Konflikt mit Griechenland wurde fürs Erste gelöst, allerdings zum Leid von zwei Millionen Menschen: Der Vertrag sah die Zwangsumsiedlung aller im Osmanischen Reich lebenden Griechen nach Griechenland und aller in Griechenland lebenden Muslime ins Osmanische Reich vor (Q1).

Am 29. Oktober 1923 wurde die Türkische Republik ausgerufen. Erster Präsident der Türkei wurde Mustafa Kemal Pascha, der 1934 den Namen Atatürk („Vater der Türken") erhielt. Das Osmanische Reich war Geschichte.

VT5 Kemal Atatürk: Befreier oder Unterdrücker?

Als erster Präsident der Türkei trieb Atatürk bis zu seinem Tod 1938 die Modernisierung des Landes nach europäischem Vorbild durch zahlreiche Reformen (D2) voran: Ein großes Anliegen war ihm die strenge Trennung von Staat und Religion, die sich in einer Reihe von religiösen Verboten zeigte. Wichtig war ihm auch die Emanzipation der Frau in der neuen Republik (Q3). Problematisch an diesen Reformen war, dass Atatürk sie autoritär und zum Teil mit Gewalt durchsetzte (D3).

Atatürk verfolgte eine streng nationalistische Türkisierungspolitik: Wer kein Türke war, hatte fortan im Grunde nur zwei Möglichkeiten – sich anpassen oder auswandern. Diese Politik führte immer wieder zu Übergriffen und Massakern an der nichttürkischen Bevölkerung wie den Kurden (1925), den Juden (1934) oder den **Aleviten** (1938). Tief enttäuscht von dieser Politik waren besonders die Kurden, die Atatürk in seinem Unabhängigkeitskrieg unterstützt hatten und denen nun die Bewahrung ihrer Kultur und Identität verboten wurde.

Aleviten
Mitglieder einer vorwiegend in der Türkei beheimateten Glaubensrichtung mit Bezug zum Islam

D1 Die territoriale Entwicklung vom Osmanischen Reich zur Republik Türkei

Q1 Auszug aus der türkisch-griechischen Konvention zum Bevölkerungsaustausch

Die Konvention wurde am 30. Januar 1923 von der griechischen und türkischen Regierung unterzeichnet:

Artikel 1: Beginnend mit dem 1. Mai 1923 soll ein verpflichtender Austausch auf türkischem Staatsgebiet ansässiger Staatsbürger des griechisch-orthodoxen Glaubens und auf griechischem Staatsgebiet ansässiger Staatsbürger muslimischen Glaubens stattfinden. Ohne die Erlaubnis der türkischen bzw. der griechischen Regierung ist es diesen Personen nicht gestattet, ihren Wohnsitz wieder in die Türkei bzw. nach Griechenland zurückzuverlegen.

Convention Concerning the Exchange of Greek and Turkish Population. Übers. v. Michael Brabänder. Unter: http://mbarchives.blogspot.de/2005/11/convention-concerning-exchange-of.html (Zugriff: 15.07.2020).

Q2 Folgen des Bevölkerungsaustauschs

Der US-Amerikaner Henry Morgenthal überwachte als Leiter der griechischen Ansiedlungskommission den türkisch-griechischen Bevölkerungsaustausch und beschrieb 1929 die Situation der griechischen Flüchtlinge:

Ich ging das Ufer entlang und sah eine Schiffsladung Flüchtlinge landen. Einen traurigeren Anblick kann man sich kaum vorstellen. Ich sah siebentausend Menschen, zusammengepfercht auf einem Schiff, dessen Fassungsvermögen normalerweise auf zweitausend geschätzt würde. Sie waren wie Sardinen auf dem Deck gestapelt, eine sich drehende und windende Masse menschlichen Elends. Sie waren vier Tage lang auf See gewesen. Es hatte keinen Raum gegeben, wo sie sich zum Schlafen hätten niederlegen können; es hatte keine Nahrung gegeben; es gab keinen Zugang zu irgendwelchen Toiletten. Vier Tage und Nächte lang hatten viele an Deck gestanden, durchnässt vom Herbstregen, durchfroren vom kalten Nachtwind und ausgedörrt durch die Mittagssonne. Sie kamen an Land in Lumpen, hungrig, krank, bedeckt mit Ungeziefer, hohläugig [...] gebeugt von Verzweiflung.

Zit. nach Michael Schwartz: Ethnische „Säuberungen" in der Moderne. Übers. v. Michael Schwartz. De Gruyter, München 2013, S. 402 f.

D2 Politische Reformen in der Regierungszeit Atatürks (Auswahl)

1924	Abschaffung des Amts des Kalifen, Entmachtung der alten religiösen Eliten wie der Derwisch-Orden
1925	Das Tragen religiöser Kleidung wird in der Öffentlichkeit verboten.
1925	Verbot oppositioneller Parteien und Zeitungen
1926	Reform des Zivilrechts; Gleichstellung von Mann und Frau
1928	Islam ist nicht länger Staatsreligion, die Türkei wird ein „laizistischer Staat", in dem Religion und Staat streng getrennt sind.
1928	Einführung der lateinischen und Abschaffung der arabischen Schrift
1934	Frauen erhalten das Wahlrecht.
1934	Die Hagia Sophia – älteste und berühmteste Moschee der Türkei – wird in ein Museum umgewandelt.

Zusammengestellt nach M. Sükrü Hanioglu: Atatürk. Visionär einer modernen Türkei. Theiss, Darmstadt 2015.

Nachgefragt

1. Beschreibe die Beziehungen zwischen dem Deutschen und dem Osmanischen Reich (VT1).

2. Benenne mithilfe von D1 und VT2 die Bestimmungen des Vertrags von Sèvres. Diskutiere diese Bestimmungen im Hinblick auf das Ziel eines jeden Friedensvertrags, dauerhaften Frieden zu garantieren. ○ → S. 217

3. Benenne mithilfe von D1 und VT4 die Bestimmungen des Vertrags von Lausanne und vergleiche diese mit den Bestimmungen von Sèvres. Diskutiere auch hier die Bestimmungen des

D3 Zu wenig Kritisches über Atatürk?

Hasnain Kazim, der damalige Türkei-Korrespondent des SPIEGEL, zeigt sich 2015 überrascht von der Atatürk-Begeisterung in der gegenwärtigen Türkei:

Mustafa Kemal Pascha, genannt Atatürk, ist allgegenwärtig in der Türkei. Sein Porträt hängt in Geschäften, Büros, Wohnzimmern, sein Gesicht ist auf T-Shirts gedruckt, auf Postkarten und Postern, seine Unterschrift findet man auf Souvenirs wie Taschenmessern und Schreibgeräten. [...] Ich wundere mich, dass so wenig Kritisches zu hören ist über den Gründer der Türkei. Immerhin hatte er seine Ansichten mit zum Teil brachialen Methoden durchgesetzt: Lehrer, die sich weigerten, die lateinische Schrift zu benutzen, wurden entlassen. Kopftücher wurden aus Schulen, Universitäten, Behörden, Gerichtssälen verbannt. Männer, die gegen das Verbot des orientalischen Fez[1] protestierten, wurden hingerichtet. [...] Millionen von Menschen – Armenier, Griechen – wurden vertrieben [...]. Atatürk hatte ignoriert, dass eine neue Kultur sich nicht mit Gewalt durchsetzen lässt. [...] Die Folgen sind bis heute zu spüren.

Hasnain Kazim: Wer ist der größte Held? (24.02.2015) Unter: https://www.spiegel.de/panorama/gesellschaft/tuerkei-atatuerk-ist-allgegenwaertig-kolumne-von-hasnain-kazim-a-1018998.html (Zugriff: 15.07.2020).

1 arabisch-türkische Kopfbedeckung in der Form eines stumpfen Kegels aus rotem Filz mit Quaste

Q3 Sabiha Gökçen

Sabiha Gökçen (1913–2001) war eines von acht Adoptivkindern von Atatürk. Sie war die erste Kampfpilotin der Welt und stand symbolisch für Atatürks Vision der modernen türkischen Frau. Foto, 1938

Vertrags im Hinblick auf einen langfristigen Frieden.

4. Erläutere die Bestimmungen des griechisch-türkischen Bevölkerungsaustauschs 1923 und dessen Konsequenzen (Q1, Q2, VT4).

5. Beschreibe Q3 und erläutere, wie die Rolle der Frau unter Atatürk aussehen sollte. ●

SP **6.** Verfasse mithilfe von VT4, D2 und D3 einen Artikel zu folgender Frage: Atatürk: Befreier oder Unterdrücker? Lege dir zunächst eine Tabelle mit möglichen Argumenten an. ○ → S. 218

AFB I: 1 AFB II: 4, 5 AFB III: 2, 3, 6

Erinnerung an den Ersten Weltkrieg: Opfer- oder Heldengedenken?

Bis vor wenigen Jahren fand der Erste Weltkrieg in Deutschland nur wenig Beachtung. Länder wie Frankreich oder Belgien dagegen erklärten den Jahrestag des Kriegsendes zum Feiertag. Wie hat sich das Gedenken in Deutschland vom Ende des Krieges bis heute entwickelt?

VT1 Gedenken in der Weimarer Republik

Nach Beendigung des Ersten Weltkriegs im November 1918 entstand die erste deutsche Demokratie: die Weimarer Republik. Auf einen zentralen Gedenkort für die Gefallenen des Krieges konnte man sich zwar nicht einigen, aber 1925 etablierte der Staat den Volkstrauertag. Überall fanden Gedenkfeiern für die rund zwei Millionen toten deutschen Soldaten statt. In vielen Städten und Gemeinden wurden, häufig an Kirchen, Ehrenmäler errichtet, an denen die Namen der Gefallenen vermerkt wurden. Sie wurden mit kriegerischen Zeichen (z.B. Handgranaten, Schwert und Stahlhelm) und christlichen Symbolen versehen. In den 1920er Jahren wurden zudem Figuren modern, die an antike Kämpfer angelehnt waren.

VT2 Gedenken im Nationalsozialismus

In der Zeit des Nationalsozialismus von 1933 bis 1945 stand weniger das Gedenken an die Opfer im Vordergrund. Soldaten wurden vielmehr als heldenhafte und mutige Kämpfer dargestellt. Zentrale Themen waren Opferbereitschaft, Kampf, Mut und Siegeswillen. Schwerter, Siegessäulen und der Adler wurden als gestalterische Elemente verwendet. Der Volkstrauertag wurde in „Heldengedenktag" umbenannt. Die in dieser Zeit entstandenen Denkmäler zeugen weniger von Totengedenken als vielmehr von verklärender Heldenverehrung.

VT3 Gedenken in der Gegenwart

Nach 1945 wurde die Erinnerung an den Ersten Weltkrieg in Deutschland durch die Erinnerung an die nationalsozialistische Gewaltherrschaft und die Schrecken des Zweiten Weltkriegs überschattet. Deshalb nahm er eine eher untergeordnete Rolle in der öffentlichen Wahrnehmung ein.

In der Bundesrepublik Deutschland wurde der Volkstrauertag als Gedenktag für die Opfer beider Weltkriege wiedereingeführt. Erst 2014, 100 Jahre nach Kriegsbeginn, wurde der Erste Weltkrieg verstärkt in Büchern, Zeitungen und anderen Medien präsent. Im Nachbarland Frankreich fanden in diesem Jubiläumsjahr wie auch zum 100. Jubiläum des Kriegsendes zahlreiche Feierlichkeiten für die Opfer statt (Q1) – so unter anderem in Paris, wo neben vielen anderen Staats- und Regierungschefs auch Bundeskanzlerin Angela Merkel anwesend war.

Q1 Amerikanische Soldaten am Triumphbogen in Paris
Unter dem Bogen liegt das Grabmal des unbekannten Soldaten aus dem Ersten Weltkrieg mit der ewigen Flamme in Gedenken an die zahlreichen Toten, die nie identifiziert wurden. Das Foto entstand während der Feierlichkeiten zum 100. Jubiläum des Endes des Ersten Weltkriegs am 11. November 2018.

Q2 Versöhnung in Compiègne

Der nordrhein-westfälische Ministerpräsidenten Armin Laschet hält zur Feier „100 Jahre Ende Erster Weltkrieg" am 13. November 2018 im Plenarsaal des Landtags in Düsseldorf eine Rede:

100 Jahre – mir scheint: Die Wucht dieser Zahl hat die Erinnerung geöffnet. Eine Erinnerung, die in Deutschland sehr stark durch den Zweiten Weltkrieg überdeckt war. Anders als in Frankreich. Dort war der Erste Weltkrieg stets präsent, La Grande Guerre[1] heißt er dort bis heute. [...] Emmanuel Macron[2] und Angela Merkel waren am vorigen Samstag in Compiègne[3]. Die Bilder ihrer Umarmung gingen um die Welt, sie zeigen: Aus einem Ort der Revanche[4] – denn im gleichen Wagon des Waffenstillstandsabkommens von 1918 musste Frankreich 1940 seine Kapitulation unterzeichnen – ist ein Ort der Versöhnung geworden. Am Sonntag kamen mehr als siebzig Staats- und Regierungschefs in Paris zusammen, um des Kriegsendes zu gedenken und um zu bekräftigen, dass Konflikte nie wieder durch Waffengewalt ausgetragen werden dürfen.

Zit. nach Erinnern für die Zukunft. 100 Jahre Ende Erster Weltkrieg. Hrsg. von André Kuper. Düsseldorf 2019. S. 20. Unter: https://www.landtag.nrw.de/files/live/sites/landtag/files/WWW/II.A.3/II.1/OeA/Publikationen/Broschuere/100_Jahre_Ende_Erster_Weltkrieg.pdf (Zugriff: 07.07.2020).

1 frz. für „der große Krieg"
2 Staatspräsident von Frankreich
3 Ort, an dem am 11. November 1918 ein Waffenstillstand zur Beendigung des Ersten Weltkriegs geschlossen wurde
4 Rache

Q3 Botschaft für die Zukunft Europas

Die französische Botschafterin Anne-Marie Descôtes hält zur Feier „100 Jahre Ende Erster Weltkrieg" am 13. November 2018 im Plenarsaal des nordrhein-westfälischen Landtags in Düsseldorf eine Rede:

Somit ist das 100-jährige Jubiläum des Ersten Weltkriegs ein entscheidender Moment, um konkrete Projekte im Dienste der Zukunft Europas ins Leben zu rufen. Genau das ist auch die Botschaft der zahlreichen Veranstaltungen, die in diesem Rahmen stattfinden, und die sich insbesondere an die jüngeren Generationen richtet: Wir müssen heute gemeinsam und entschlossen handeln, damit sich die dunklen Kapitel unserer Geschichte nicht wiederholen.

Zit. nach Erinnern für die Zukunft. 100 Jahre Ende Erster Weltkrieg. Hrsg. von André Kuper. Düsseldorf 2019. S. 17. Unter: https://www.landtag.nrw.de/files/live/sites/landtag/files/WWW/II.A.3/II.1/OeA/Publikationen/Broschuere/100_Jahre_Ende_Erster_Weltkrieg.pdf (Zugriff: 07.07.2020).

Nachgefragt

1. Untersuche, wie sich das Gedenken in Deutschland von 1918 bis zur 100-Jahr-Feier 2018 verändert hat. Berücksichtige dabei vor allem auch die sich ändernde Symbolik (Q2, VT1–VT3).

2. Beschreibe das Verhältnis zwischen Deutschland und Frankreich in der Gegenwart (Q2, Q3).

3. Erläutere die Botschaft von Anne-Marie Descôtes an die jüngere Generation (Q3).

4. Der Erste Weltkrieg war ein internationaler Krieg, an dem zahlreiche Länder beteiligt waren. Schreibe einen Zeitungskommentar zu den Feierlichkeiten zum 100. Jubiläum des Ersten Weltkriegs (Q1). Recherchiere dafür weitere Informationen im Internet.

5. Recherchiere in deinem Wohnort nach einem Denkmal für die Opfer des Ersten Weltkriegs. Untersuche, wie das Gedenken in Szene gesetzt wird, und bewerte die Darstellungsform.

AFB I: 2 AFB II: 1, 3, 5 AFB III: 4

Arbeitsblatt
Selbsteinschätzungsbogen
r5j57e

Üben interaktiv
Wissens-Check
r5j57e

1. Überblickswissen zur Kolonialisierung

Eine Übersicht erstellen

Sachkompetenz

Liste die Kolonien auf, die die europäischen Mächte um 1900 in Afrika, Asien und Amerika besaßen. Nutze dafür die Karte auf der Auftaktdoppelseite (S. 47).

Großmacht	Kolonien

2. Der Charakter des Ersten Weltkrieges

Frontalltag aus historischer Perspektive thematisieren

Sachkompetenz, Urteilskompetenz, Handlungskompetenz

Arbeitet zu zweit: Stellt euch vor, ihr wärt als Soldaten seit vier Jahren im Krieg und wollt, dass dieser zu Ende geht. Im Schützengraben kommt ihr darüber ins Gespräch. Doch ihr müsst vorsichtig sein: Sollte euch jemand belauschen und anschließend melden, könnte euch ein solches Gespräch das Leben kosten …
Haltet euren Dialog schriftlich fest.

3. Kriegführung im Ersten Weltkrieg

Eine Karikatur untersuchen

Methodenkompetenz

Untersuche die Karikatur Q1 entsprechend den Arbeitsschritten auf S. 234. Verfasse für die Zeitschrift einen passenden Leitartikel.

MK

4. Imperialismus und Erster Weltkrieg im Spiegel von Quellen

Digitale Sammlungen für historisches Lernen nutzen

Methodenkompetenz, Urteilskompetenz

a) Wählt in Kleingruppen aus den digitalen Sammlungen dieses Kapitels (vgl. S. 48, S. 53, S. 57, S. 72) das Angebot aus, welches sich eurer Meinung nach am besten für historisches Lernen eignet. Stellt die digitale Sammlung in der Klasse vor.
b) Recherchiert im Internet selbstständig eine weitere digitale Sammlung zu einem Themenfeld dieses Kapitels. Präsentiert die Sammlung, deren Anbieter, Inhalte und Recherchemöglichkeiten in der Klasse.
c) Erarbeitet in der Gruppe eine Ausstellung mit Quellen zum Thema Imperialismus und Erster Weltkrieg. Nutzt dafür die digitalen Sammlungen aus diesem Kapitel und wählt geeignete Digitalisate aus.

Q1 „Die Erde im Jahre 1916 vom Mond aus gesehen"
Titelseite der sozialdemokratischen Satirezeitschrift Der Wahre Jacob vom 4. August 1916

SP **5. 1917 – ein Epochenjahr?**

Zusammenhänge in einer Concept Map darstellen

Sachkompetenz, Methodenkompetenz

Stelle die Ereignisse und Entwicklungen des Jahres 1917 in einer Concept Map dar. Verwende dafür die folgenden Begriffe und stelle einen Zusammenhang zwischen ihnen her, indem du sie mit beschrifteten Pfeilen verbindest. Ergänze weitere Begriffe.

Oktoberrevolution – „Steckrübenwinter" – Ende der Zarenherrschaft – Kriegseintritt der USA – Februarrevolution – Bolschewiki – Demokratie – Kommunismus – Seeblockade – Ende der Vorherrschaft Europas in der Welt

6. Wer trug die Schuld am Ersten Weltkrieg?

Historikermeinungen vergleichen

Methodenkompetenz, Urteilskompetenz

a) Stelle die Argumente der beiden Historiker in D1 und D2 in einer Tabelle gegenüber.
b) Fasse zusammen, wer nach Meinung der beiden Historiker die Hauptschuld am Ausbruch des Ersten Weltkriegs trägt.
c) Nimm in einem kurzen Text begründet Stellung, welche Historikermeinung dir plausibler erscheint.

D1 Druck von außen

Der Historiker Christopher Clark sagt in einem Interview mit der Wochenzeitung Die Zeit im September 2013:

Der Hamburger Historiker Fritz Fischer hat in den sechziger Jahren die These von der Hauptschuld der Deutschen am Krieg aufgestellt. Sie seien die Verantwortlichen gewesen, weil sie als Einzige den Krieg wirklich gewollt hätten. [...] Aber ich sehe das anders. Besonders interessant an der Krise im Juli 1914 ist doch, dass sich alle getrieben fühlten. Alle meinten, unter Druck von außen zu handeln. Alle meinten, der Krieg werde ihnen von den Gegnern aufgezwungen. Alle trafen jedoch Entscheidungen, die zur Eskalation der Krise beitrugen. Insofern tragen sie auch alle die Verantwortung, nicht nur Deutschland.

Der Griff nach der Weltmacht. Gunter Hofmann und Judith Scholter im Gespräch mit Christopher Clark und Adam Krzemiński. In: DIE ZEIT Nr. 38/2013 (12.09.2013). Unter: https://www.zeit.de/2013/38/interview-erster-weltkrieg-christopher-clark-adam-krzeminski (Zugriff: 17.09.2020).

D2 Julikrise als Machtprobe

Der Historiker Volker Ullrich schreibt in der Wochenzeitung Die Zeit im Januar 2014:

Auch die anderen europäischen Nationen tragen Verantwortung für den Beginn des Weltkriegs. Deutschland war vor 1914 wahrscheinlich nicht der einzige Störenfried im Mächtekonzert – das haben viele wissenschaftliche Studien der vergangenen Jahre gezeigt [...]. Aber es waren eben die Regierungen in Wien und Berlin, welche die Julikrise zur Machtprobe nutzten, es war vor allem die deutsche Reichsleitung, die mit ihrem „Blankoscheck" an den österreichisch-ungarischen Bundesgenossen vom 5./6. Juli 1914 für die entscheidende Eskalation sorgte. Dieser Wille zur Zuspitzung unterscheidet die Julikrise von den vielen anderen, die in den Jahren zuvor immer noch entschärft werden konnten. Bislang sind keine Quellen bekannt geworden – und auch Clark führt sie nicht an –, die diese Erkenntnis erschüttern könnten.

Volker Ullrich: Nun schlittern sie wieder. Mit Clark gegen Fischer: Deutschlands Konservative sehen Kaiser und Reich in der Kriegsschuldfrage endlich rehabilitiert. In: DIE ZEIT Nr. 4/2014 (16.01.2014). Unter: https://www.zeit.de/2014/04/erster-weltkrieg-clark-fischer (Zugriff: 17.09.2020).

3 Die Weimarer Republik – zwischen Erfolg und Scheitern

Die Weimarer Republik – zwischen Erfolg und Scheitern
Online-Material
8mm9hf

Berlin im Jahr 2016: Auf dem Alexanderplatz laufen die Dreharbeiten zu einer neuen Krimiserie. Das Besondere: Die Handlung führt zurück in das Berlin der Zwanzigerjahre, also die Zeit der Weimarer Republik. Doch was macht diese Zeit für ein Filmsetting so interessant? Deutschlands erste Demokratie scheiterte nach (nur) 14 Jahren und war von politischen und gesellschaftlichen Spannungen geprägt. Zugleich steht diese Zeit für einen kulturellen Aufbruch, der bis heute fasziniert.

1917 | 1920 | 1923 | 1926

Herbst 1918
Kriegsniederlage zeichnet sich ab. Die OHL will Waffenstillstand.

9. November 1918
Sturz der Monarchie – Ausrufung der Republik

5. Januar 1919
Ausbruch der Januarunruhen

19. Januar 1919
Wahlen zur Nationalversammlung

28. Juni 1919
Unterzeichnung des Vertrages von Versailles

1922
Vertrag von Rapallo

1923
Inflation und Putschversuche

1925
Vertrag von Locarno

1925
Tod Friedrich Eberts und Wahl Paul von Hindenburg zum Reichspräsidenten

1926
Aufnahme Deutschlands den Völkerbu

Kompetenzen Am Ende dieses Kapitels weißt und kannst du Folgendes:

Sachkompetenz

- Du kannst Unterschiede zwischen parlamentarischer Demokratie und Rätesystem erläutern.
- Du kannst anhand der Neuerungen und konservativen Züge der Weimarer Reichsverfassung Kontinuität und Wandel der politischen Ordnung erläutern.
- Du kannst gesellschaftliche Folgen der neuen Massenmedien, der Konsumgesellschaft und neuer Wege in Kunst und Kultur darstellen.

Methodenkompetenz

- Du kannst politische Plakate analysieren.
- Du weißt, wie du den Operator „Erörtern“ anwendest.

Urteilskompetenz

- Du kannst das Verhalten von Politikern der Weimarer Parteien gegenüber der Republik bewerten.
- Du kannst erörtern, inwieweit sich die Republik ab 1924 trotz innerer und äußerer Belastungen stabilisierte.
- Du kannst beurteilen, inwieweit Frauen in den 1920er-Jahren mehr Selbstbestimmung und Gleichberechtigung erlebten.
- Du kannst Ansätze zur Lösung der Weltwirtschaftskrise am Beispiel der USA und Deutschlands vergleichen.

Handlungskompetenz

- Du kannst politische Werbung und Propaganda der 1920er-Jahre mit heutiger Wahlwerbung vergleichen.

◄ **D1 Drehpause am Filmset von „Babylon Berlin“**
Die bisher teuerste deutsche Fernsehserie wird u.a. in Berlin und den Babelsberger Studios gedreht. Foto, 2016

1929 **1932** **1935**

1929
Die Weltwirtschaftskrise bricht in den USA aus und erreicht Deutschland.

30. Januar 1933
Reichspräsident Hindenburg ernennt Adolf Hitler (NSDAP) zum Reichskanzler.

Frieden durch Revolution?

Der Erste Weltkrieg endete in Deutschland mit einer Revolution: Anfang November 1918 kam es zum Aufstand deutscher Soldaten gegen ihre Offiziere, bald danach zum Streik vieler Arbeiter. Ihre Forderungen waren: ein schnelles Kriegsende, die Abdankung des Kaisers und mehr Demokratie. Doch auf welchem Weg sollten Frieden und Demokratie erreicht werden?

Räte/Rätesystem
In Russland hatten ein Jahr zuvor Arbeiter- und Soldatenräte wichtige Aufgaben der Politik und des Staates übernommen: In Kasernen, Fabriken und ganzen Städten bildeten sich gewählte Räte, die Parlament, Gericht und Verwaltung in einem waren.

Spartakusgruppe
Die Gruppe war schon 1914 aus einer Gruppe von linken SPD-Mitgliedern entstanden, die jede Unterstützung des Krieges als Verrat an der internationalen Arbeiterklasse ansahen. Ab November 1918 nannte sich die Gruppe „Spartakusbund".

→ Themen verknüpfen
Zur Russischen Revolution kannst du noch einmal auf den Seiten 78 und 79 nachlesen.

VT1 Der Krieg ist verloren!

Die revolutionären Ereignisse nahmen Ende September 1918 ihren Anfang: Das Eingeständnis der Obersten Heeresleitung (OHL), der Krieg sei nicht mehr zu gewinnen und es solle unverzüglich ein Waffenstillstand ausgehandelt werden, war für viele ein Schock. Hatten doch die Generäle Hindenburg und Ludendorff an der Spitze der OHL seit 1916 Deutschland fast wie in einer Diktatur regiert und immer wieder betont, der Sieg sei erreichbar und Verhandlungen mit den Gegnern überflüssig.
Nun akzeptierten die beiden militärisch Verantwortlichen die Stärkung des Parlaments und die Ernennung eines neuen Reichskanzlers: Prinz Max von Baden sollte an der Spitze einer von der Reichstagsmehrheit getragenen Regierung Reformen einleiten und Verhandlungen für einen Waffenstillstand führen.

VT2 Revolution statt Reformen

Noch im Oktober wurde das Deutsche Reich zur parlamentarischen Monarchie und die Rechte des Reichstags damit entscheidend gestärkt. Doch mitten in der Phase politischer Reformen traf die Leitung der Marine einen folgenschweren Entschluss: Zur Wahrung der Ehre sollte die deutsche Flotte einen letzten Angriff auf die britische Marine führen. Daraufhin begannen die Matrosen in den Flottenstützpunkten am 28. Oktober, sich gegen die Anordnung aufzulehnen. Sie setzten Offiziere fest und bildeten eigene gewählte **Räte**, die das Kommando übernahmen. Binnen weniger Tage weitete sich dieser Aufstand zu einer revolutionären Massenbewegung im Deutschen Reich aus. Arbeiter- und Soldatenräte ersetzten vielerorts die Regierung. In Bundesstaaten, die noch Monarchien waren, wurden die Fürstenhäuser gestürzt. Am 9. November 1918 folgte dann ein letzter Paukenschlag: Reichskanzler Max von Baden gab ohne dessen Zustimmung die Abdankung des Kaisers bekannt. Gleichzeitig übergab er sein Amt an Friedrich Ebert, den Vorsitzenden der SPD-Reichstagsfraktion. Damit war das Ende der Monarchie besiegelt. Doch wie sollte es weitergehen?

VT3 Gespaltene Reaktionen: SPD

Die Mehrheit in der SPD wollte keine Revolution (Q3). Seit Jahren hatten die Sozialdemokraten für einen Ausbau der Demokratie gearbeitet: Dieser sollte gemeinsam mit den anderen Parteien in einem neuen Parlament und in einer Republik vollendet werden. Deutschland schien in den Augen der SPD zu weit entwickelt für eine Revolution nach russischem Vorbild: Die demokratische Zusammenarbeit mit den Parteien der Mitte war bereits Alltag, eine hoch entwickelte Industrie sollte im Nachkriegsdeutschland für Wohlstand sorgen. Die seit November 1917 in Russland etablierte Diktatur der kommunistischen Partei galt als abschreckend. Ziel der SPD war es, mit den Stimmen der Arbeiterschaft und vieler Frauen, die jetzt auch das Wahlrecht bekommen würden, die stärkste politische Kraft zu werden. In der Folge wollte die SPD wesentlich bei der Gestaltung einer neuen Verfassung mitwirken.

VT4 USPD und Spartakusbund

Seit Beginn des Ersten Weltkrieges hatte in der SPD die Gruppe derjenigen stetig zugenommen, die jede Form der Unterstützung für den Krieg ablehnten und einen sofortigen Frieden forderten. Mitglieder dieser Gruppe warfen vor allem der Führung von SPD und Gewerkschaften vor, sich unter dem Druck des Krieges zu sehr auf eine Zusammenarbeit mit den Spitzen von Militär, Wirtschaft und Verwaltung eingelassen zu haben. 1917 gründete diese Gruppe eine eigene Unabhängige Sozialdemokratische Partei (USPD). Auch radikalere Gruppierungen, wie die **Spartakusgruppe** um Rosa Luxemburg und Karl Liebknecht, traten der neu gegründeten USPD bei. Nach der Revolution trennten sich ihre Wege jedoch teilweise wieder – im Dezember 1918 gründeten Luxemburg und Liebknecht gemeinsam mit anderen die Kommunistische Partei Deutschlands (KPD), die die Etablierung einer Räterepublik nach dem Vorbild der russischen Kommunisten erreichen wollte. Auch Teile der USPD verfolgten weiterhin den Rätegedanken.

VT5 Die Weichen werden gestellt

In Berlin fühlten sich jetzt die Politiker von SPD, USPD und Spartakusgruppe aufgrund der sich überstürzenden Ereignisse zum Handeln gedrängt: Als am 9. November die Aufstandsbewegung Berlin erreichte (Q1), riefen Philipp Scheidemann (SPD) eine parlamentarische Republik und Karl Liebknecht von der Spartakusgruppe die Räterepublik aus. Damit wurde für kurze Zeit unter den linken Parteien der Wettstreit um das politische System des neuen Staats eröffnet.

Bei dieser Weichenstellung fiel dem neuen Kanzler Friedrich Ebert eine Schlüsselrolle zu. Bereits am 10. November bildete er mit führenden Köpfen von SPD und USPD eine Übergangsregierung, die auch vom Berliner Arbeiter- und Soldatenrat unterstützt wurde. Gleichzeitig einigte sich Ebert im Geheimen mit der OHL auf eine Zusammenarbeit (Q5). Die OHL sollte die geordnete Rückführung von Millionen deutschen Soldaten organisieren und die neue Übergangsregierung im Krisenfall unterstützen. Im Gegenzug würde die Regierung Generäle und Offiziere in ihren Ämtern lassen.

Am 15. November schlossen Vertreter von Unternehmern und Gewerkschaften ein Abkommen über die Bildung einer **Zentralarbeitsgemeinschaft**. Bereits am 20. Dezember fiel dann in Berlin die Vorentscheidung beim Reichsrätekongress, der Versammlung der Soldaten- und Arbeiterräte aus ganz Deutschland (Q6, Q7): Eine deutliche Mehrheit entschied sich gegen das Rätesystem und für die parlamentarische Demokratie. Am 19. Januar 1919 sollte die Wahl für die verfassunggebende Nationalversammlung stattfinden.

Q1 Aufständische Soldaten am Brandenburger Tor
Foto, 9. November 1918

VT6 Januarunruhe und Nationalversammlung

Durch die Absprache mit dem Militär, das Abkommen mit den Unternehmern und die klare Mehrheit im Reichsrätekongress entschied die SPD den Machtkampf für sich. An einem Aufstand radikaler Arbeiterinnen und Arbeiter im Berliner Verlagsviertel im Januar beteiligte sich auch der Spartakusbund, wie die Spartakusgruppe nun hieß. Der unmittelbare Auslöser für diesen Aufstand war die Absetzung des Berliner Polizeipräsidenten (USPD). Die Regierung ließ sie durch Truppen und **Freikorps**soldaten niederkämpfen. In der Folge wurden Liebknecht und Luxemburg von Freikorps-Offizieren ermordet. Die Revolution war vorerst – wenn auch blutig – gestoppt, doch zu einem hohen Preis: Durch die deutsche Arbeiterbewegung verlief nunmehr ein noch tieferer Graben zwischen linken und gemäßigteren Kräften.

Doch mit ihrer Politik hatte die SPD zunächst Erfolg: Bei der Wahl zur Nationalversammlung wurde sie stärkste Partei und bildeten zusammen mit zwei anderen Parteien die Regierung. Die Versammlung wählte Philipp Scheidemann zum Reichsministerpräsidenten und Friedrich Ebert zum Reichspräsidenten.

Zentralarbeitsgemeinschaft
Unternehmer und Gewerkschaften gründeten sie, um sich gegen eine Revolution abzusichern: Die Unternehmer behielten die Kontrolle über ihre Firmen, die Gewerkschaften erreichten dafür den 8-Stunden-Tag und die Anerkennung als gleichberechtigter Partner bei Lohnverhandlungen.

Freikorps
reaktionäre und meist antidemokratische Verbände von ehemaligen Soldaten, die innenpolitisch eingesetzt wurden

Q2 Website
Audio: Scheidemann über den 9. November
8mm9hf

Q3 Flugblatt der sozialdemokratischen Parteizeitung Vorwärts vom 9. November 1918

3. Extraausgabe Sonnabend, den 9. November 1918.

Vorwärts

Berliner Volksblatt.
Zentralorgan der sozialdemokratischen Partei Deutschlands.

Arbeiter, Soldaten, Mitbürger!

Der freie Volksstaat ist da!
Kaiser und Kronprinz haben abgedankt!
Fritz Ebert, der Vorsitzende der sozialdemokratischen Partei, ist Reichskanzler geworden und bildet im Reiche und in Preußen eine neue Regierung aus Männern, die das Vertrauen des werktätigen Volkes in Stadt und Land, der Arbeiter und Soldaten haben. **Damit ist die öffentliche Gewalt in die Hände des Volkes übergegangen. Eine verfassunggebende Nationalversammlung tritt schnellstens zusammen.**

Arbeiter, Soldaten, Bürger! Der Sieg des Volkes ist errungen, er darf nicht durch Unbesonnenheiten entehrt und gefährdet werden. Wirtschaftsleben und Verkehr müssen unbedingt aufrecht erhalten werden, damit die Volksregierung unter allen Umständen gesichert wird.

Folgt allen Weisungen der neuen Volksregierung und ihren Beauftragten. Sie handelt im engsten Einvernehmen mit den Arbeitern und Soldaten.

Hoch die deutsche Republik!

Der Vorstand der Sozialdemokratie Deutschlands.
Der Arbeiter- und Soldatenrat.

Arbeitsblatt
Text in moderner Schrift
8mm9hf

Q4 Demonstration im Januar 1919, Foto

Q5 Geheime Absprachen zwischen OHL und SPD

General Wilhelm Groener leitete Rückmarsch und Entwaffnung des deutschen Heeres. Über seine Absprachen mit Friedrich Ebert vom 10. November 1918 schreibt er:

Am Abend rief ich die Reichskanzlei an und teilte Ebert mit, daß das Heer sich seiner Regierung zur Verfügung stelle, daß dafür der Feldmarschall [Paul von Hindenburg] und das Offizierskorps von der Regierung Unterstützung erwarteten bei der Aufrechterhaltung der Ordnung und Disziplin im Heer. Das Offizierskorps verlange von der Regierung die Bekämpfung des Bolschewismus[1] und sei dafür zum Einsatz bereit. Ebert ging auf meinen Bündnisvorschlag ein. Von da ab besprachen wir uns täglich abends auf einer geheimen Leitung zwischen der Reichskanzlei und der Heeresleitung über die notwendigen Maßnahmen. Das Bündnis hat sich bewährt. Für den Schritt des 10. November habe ich allein die Verantwortung zu übernehmen. Hindenburg wußte nichts von ihm, billigte ihn aber, nachdem ich die innenpolitische Lage in der Heimat eingehend mit ihm besprochen hatte.

Wilhelm Groener: Lebenserinnerungen: Jugend, Generalstab, Weltkrieg. Vandenhoeck & Ruprecht, Göttingen 1957. Zit. nach: Die deutsche Revolution 1918–1919. Dokumente. Hrsg. von Gerhard A. Ritter/Susanne Miller. 2. Aufl., Fischer, Frankfurt/M. 1983, S. 981.

1 gemeint ist der Kommunismus

Nachgefragt

1. Beschreibe mithilfe des VT mögliche Hoffnungen und Befürchtungen der Menschen in Q1 und Q4.

MK 2. In Q2 berichtet Philipp Scheidemann über die Ereignisse am 9. November 1918. Höre dir das Tondokument an und beschreibe seine Wahrnehmung des Tages.

3. Erkläre, welchen Anteil die Oberste Heeresleitung einerseits und die aufständischen Soldaten andererseits am Ausbruch der Revolution hatten (VT).

4. Erläutere mithilfe von VT3–VT4, wie sich die Reaktionen auf die revolutionären Ereignisse bei der SPD und USPD unterschieden.

5. Arbeite zunächst aus Q3 die Ziele der SPD-Führung und aus Q5 die der OHL heraus. Erkläre dann, warum beide Seiten sich schnell darüber einig waren, sich gegenseitig zu unterstützen. Nutze den Online-Code, um Q3 in moderner Schrift lesen zu können. ○ → S. 218

Q6 Alle Macht den Räten!

Am 15. Dezember 1918, am Tag vor dem Beginn des Ersten Allgemeinen Kongresses der Arbeiter- und Soldatenräte Deutschlands (Reichsrätekongress) in Berlin, formuliert Rosa Luxemburg in einem Zeitungsartikel ihre Forderungen. Sie selbst war nicht in den Kongress gewählt worden und durfte auch nicht als Gastrednerin sprechen.

Vier dringendste Maßnahmen sind es, mit deren Erfüllung der Zentralrat[1] das Versäumte nachholen und sich den Platz sichern kann, der ihm gebührt:
1. Er muß das Nest der Gegenrevolution, er muß die Stelle, an der alle Fäden der gegenrevolutionären Verschwörung zusammenlaufen, er muß das Kabinett Ebert-Scheidemann-Haase[2] beseitigen.
2. Er muß die Entwaffnung aller Fronttruppen fordern, die nicht die höchste Gewalt der Arbeiter- und Soldatenräte bedingungslos anerkennen.
3. Er muß [...] die Rote Garde[3] schaffen.
4. Er muß die Nationalversammlung als ein Attentat auf die Revolution und die A[rbeiter]- und S[oldaten]-räte ablehnen.

Noch können sich die Arbeiter- und Soldatenräte, indem sie diese vier Maßnahmen unmittelbar zur Tat werden lassen, an die Spitze der Revolution setzen: Das Proletariat ist willig, sich von ihnen führen zu lassen, wenn sie ein starker Führer sein wollen gegen den Kapitalismus, [...] das Proletariat ist bereit, ihnen alles zu geben und sie zur höchsten Höhe zu heben mit dem Rufe: Alle Macht den Arbeiter- und Soldatenräten!

Rosa Luxemburg: Ausgewählte Reden und Schriften. Bd. 2. Dietz, Berlin (Ost) 1951, S. 639.

1 gemeint ist der Reichsrätekongress
2 gemeint ist die Übergangsregierung
3 Truppe von bewaffneten Arbeitern

Q7 Nationalversammlung oder Räte?

Auf dem Reichsrätekongress diskutieren SPD- und USPD-Anhänger über das richtige Regierungssystem:

a) Max Cohen (SPD) am 19. Dezember 1918:

Wie man auch über die Arbeiter- und Soldatenräte denken mag, [...] in jedem Fall drücken die Arbeiter- und Soldatenräte nur einen Teilwillen, niemals aber den Willen des ganzen Volkes aus. [...] Aber, Parteigenossen, nach meiner festen Überzeugung, die, wie ich weiß, von sehr vielen geteilt wird, wird nur die Nationalversammlung die moralische Autorität haben, diese auseinanderstrebenden Teile [Deutschlands: z. B. das Rheinland, Nord-, Mittel- und Süddeutschland] zusammenzuhalten. [...] Es sollte eigentlich für jeden Sozialisten selbstverständlich sein [...], daß der Volkswille [durch die Wahl einer Nationalversammlung] so schnell wie möglich zur Geltung kommt.

b) Ernst Däumig (USPD) sagt auf dem Kongress:

Die alte bürgerliche Demokratie mit ihrem Stimmzettel und ihren Parlamenten ist keine Ewigkeitserscheinung; [...] und wie der Sozialismus als neues Grundprinzip der Welt aufzieht, so ist selbstverständlich damit auch verbunden, daß dieser bürgerlichen Demokratie die proletarische Demokratie folgen muß: wie sie ihren organisatorischen Ausdruck in dem Rätesystem findet [...]. Ich weiß, daß diesem System der Ludergeruch[1] des Bolschewismus anhaftet. [...] Die Diktatur ist zweifellos mit dem Rätesystem verbunden. Aber was sich in Russland durch historische Gesetze aufzwang, braucht in Deutschland noch lange nicht der Fall sein.

Zit. nach Die deutsche Revolution 1918–1919. Dokumente. Hrsg. von Gerhard A. Ritter/Susanne Miller. Fischer, Frankfurt/M. 1983, S. 372–374

1 Aasgeruch, abfällige Metapher

6. Nenne und erläutere die Ziele Rosa Luxemburgs (Q6) am Tag vor dem Beginn des Reichsrätekongresses.

SP **7.** Erläutere den Unterschied zwischen Rätesystem und parlamentarischer Demokratie (Q7, VT3, VT4). Verwende dabei folgende Begriffe: gewählte Räte, keine Gewaltenteilung, „proletarische Demokratie", Nationalversammlung, Parteien.

8. Schreibe aus heutiger Sicht einen Zeitungsartikel über die Diskussion zum Regierungssystem auf dem Reichsrätekongress. Zeige darin auf, was die Gründe für die spätere Entscheidung waren (Q7, VT3–VT6). ○ → S. 218

9. Erörtere Rosa Luxemburgs Behauptung, man müsse „die Nationalversammlung als ein Attentat auf die Revolution" ablehnen (Q6). Was sprach für, was gegen diese Bewertung? ○ → S. 218

10. Erkläre die Forderungen auf den Plakaten in Q4 und ordne das Foto in den historischen Kontext ein. ●

AFB I: 1, 2 AFB II: 3, 4, 5, 6, 7, 8, 10 AFB III: 9

Musterlösung
Politische Plakate untersuchen
8mm9hf

MK Politische Plakate untersuchen

Politische Plakate sind Werbung: Im Vorbeigehen soll der Betrachter mit einem kurzen Blick eine Botschaft aufnehmen, um sich mit den Zielen einer der werbenden Parteien zu identifizieren. Hierfür sind die Bilder und Slogans entscheidend, mit denen die Wähler gewonnen werden sollen. Welche Themen beschäftigen die Menschen? Wie werden die politischen Gegner auf den Plakaten dargestellt? Was sind die Ziele und Vorstellungen der Parteien? Mit diesen Fragen lassen sich auch die Plakate zu den ersten Wahlen der Weimarer Republik untersuchen.

VT1 Fragen stellen und nach Antworten suchen

Bei heutigen Wahlplakaten wird viel Wert auf die Vereinfachung der Bild- und Textelemente gelegt, die Botschaft des Plakats soll so in Erinnerung bleiben. Bei politischen Plakaten aus der Zeit der Weimarer Republik dagegen finden sich häufig Anspielungen, Zuspitzungen oder offene Angriffe, die sich gegen die politischen Gegner richten. Hierzu wurden die Bild- und Textelemente bis ins Detail ausgestaltet. Beim Untersuchen der Plakate sind deshalb zunächst die offenen Fragen zu klären: Beim Plakat Q2 stellt sich z.B. die Frage, welche Bedeutung die Flaggen (Schwarz-Weiß-Rot einerseits, Schwarz-Rot-Gold andererseits) haben. Auf welche konkrete Situation spielt der Kampf auf dem Meer an? Mit Blick auf das Plakat Q3 liegt die Frage nahe, wo die dargestellte Szene spielt.

Q1 Website
Digitale Sammlung: Wahlplakate
8mm9hf

Q2 Wahlplakat der DNVP zur Reichstagswahl 1920

Arbeitsschritte

1. Beschreiben	2. Untersuchen	3. Deuten
– Halte deinen ersten Eindruck vom Plakat fest. – Nenne kurz Titel, Thema, Entstehungszeit sowie Anlass und ggf. den Auftraggeber. – Beschreibe die wichtigsten Bild- und Textelemente sowie den Bildaufbau (Vordergrund, Hintergrund) und die Farbigkeit.	– Erkläre zunächst die dargestellten Personen, Gegenstände, Figuren und Symbole, dann die Art und Weise der Darstellung (Vorder- und Hintergrund, Größenverhältnisse, Beziehungen zwischen den Personen, Farben). – Erläutere die Textelemente. – Suche nach Informationen zu Auftraggebern, Adressaten und den Gründen für die Gestaltung.	– Formuliere die Botschaft des Plakats. – Erläutere die Entstehungssituation und die Ziele der Auftraggeber. – Beurteile, ob auf dem Plakat zugespitzte Sichtweisen dargestellt werden. – Stelle dar, wie das Plakat auf die Wähler gewirkt haben könnte.

Formulierungshilfen

Beschreiben
Das Plakat wirkt auf mich …
Thema des Plakats ist …
Es entstand anlässlich …, der Auftraggeber ist …
Auf dem Plakat sind … zu sehen.

Untersuchen
Bei der Bildgestaltung fällt auf, dass …
Darin ist eine Anspielung zu erkennen auf …
Der Text fordert dazu auf, …
Zum Zeitpunkt der Veröffentlichung des Plakats wollte die Partei …

Deuten
Das Plakat vermittelt die Botschaft, dass …
Mit dem Plakat verfolgen die Auftraggeber das Ziel, …
Auf dem Plakat wird … zugespitzt dargestellt.
Auf die Wählerinnen und Wähler wirkte das Plakat …

Q3 Wahlplakat des Spartakusbundes/der KPD zur Reichstagswahl 1920

Nachgefragt

1. Erschließe Q2 mithilfe der Arbeitsschritte. Erkläre, auf welche Ereignisse der Kriegsjahre 1917 bis 1918 das Plakat anspielt. Überlege, mit welcher Seite sich der Betrachter identifizieren soll. Wen greift die DNVP an?

2. Erschließe Q3 mithilfe der Arbeitsschritte. Gegen wen kämpft die KPD?

3. Vergleiche die Form der politischen Werbung in Q2 und Q3 und formuliere Vermutungen zu möglichen Auswirkungen radikaler politischer Werbung.

4. Beide Plakate wenden sich gegen Regierungsparteien, die die Weimarer Republik unterstützen. Prüfe anhand der Wahlergebnisse (D3, S. 109), inwieweit DNVP und KPD mit ihrem Kampf gegen die Republik bei den Wählerinnen und Wählern Erfolg hatten.

5. Recherchiert in Q1 nach Wahlplakaten der Weimarer Parteien. Geht arbeitsteilig vor, analysiert die Plakate mithilfe der Arbeitsschritte und stellt euch eure Ergebnisse gegenseitig vor.

6. Vergleiche die Wahlplakate zur Zeit der Weimarer Republik mit heutigen Wahlplakaten und halte die wichtigsten Gemeinsamkeiten und Unterschiede fest.

AFB II: 1, 2 AFB III: 3, 4, 5, 6

Republik ohne Demokraten?

Als am 31. Juli 1919 die neue Verfassung im Weimarer Nationaltheater verabschiedet wurde, waren sich viele Zeitgenossen einig: Sie galt als modern und demokratisch. Dennoch konnten und wollten sich viele nicht mit dem neuen Staat anfreunden, manche waren sogar bereit, ihn zu bekämpfen. Warum stieß die erste deutsche Republik auf so viel Ablehnung und Widerstand?

Mehrheits- und Verhältniswahlrecht
Beim Mehrheitswahlrecht muss jeder Kandidat einer Partei in seinem Wahlkreis die meisten Stimmen gewinnen. Dabei kommen die Vertreter kleiner Parteien häufig nicht zum Zuge. Beim Verhältniswahlrecht erhält jede Partei nach der Wahl entsprechend ihrer Prozentzahl der Wählerstimmen Sitze.

Volksbegehren/ Volksentscheid
Die Weimarer Verfassung sah vor, einen Volksentscheid z. B. für ein neues Gesetz durchzuführen, wenn zuvor in einem Volksbegehren 10 % der Stimmberechtigten dafür waren. An dem eigentlichen Volksentscheid mussten sich dann mindestens 50 % der Stimmberechtigten beteiligen.

VT1 Modernität der Verfassung

Federführend bei der Formulierung der neuen Verfassung waren vor allem liberale Politiker und Juristen. Sie wollten deutliche Veränderungen gegenüber der Kaiserzeit erreichen: das Wahlrecht für Frauen und das **Verhältniswahlrecht** als Ersatz für das **Mehrheitswahlrecht**, ferner Grundrechte für alle, **Volksbegehren** und **Volksentscheid** sowie die Direktwahl des Reichspräsidenten (D1).

VT2 Konservative Züge der Verfassung

Gleichzeitig besaß die Verfassung konservative Züge. Um die Macht des Parlaments zu beschränken, wurde die Rolle des Reichspräsidenten gestärkt: Der Reichskanzler wurde nicht vom Parlament gewählt, sondern vom Reichspräsidenten ernannt. Im Krisenfall konnte der Reichspräsident mit Notverordnungen (Art. 48) selbst als Gesetzgeber tätig werden und sogar den Reichstag auflösen (Art. 25). Kritiker aus SPD und USPD sprachen von einem „Ersatzkaisertum" und warnten vor einem Missbrauch durch den Reichspräsidenten, der für ganze sieben Jahre direkt vom Volk gewählt wurde (Q1).

VT3 Fehlende Verantwortung der Parteien

Als die neue Verfassung in der Nationalversammlung zur Abstimmung gestellt wurde, stimmte mehr als ein Viertel der Anwesenden dagegen. Sowohl in der Nationalversammlung als auch später im Reichstag stellten sich einzelne Parteien offen gegen die Verfassung und den neuen Staat. Selbst wenn man mit anderen Parteien die Regierung bildete, war man nur begrenzt zu Kompromissen bereit. Im Notfall gab es immer noch den Reichspräsidenten, der mit Notverordnungen und Neuwahlen einsprang und damit die Parteien aus ihrer Verantwortung nahm.

VT4 SPD, Zentrum, DDP und DVP

Die SPD als Arbeiterpartei, das Zentrum als Vertretung der Katholiken und die Deutsche Demokratische Partei (DDP) als Sprachrohr von Beamten, Selbstständigen und Unternehmern unterstützten die Verfassung und bildeten gemeinsam die erste Regierung. Später beteiligte sich auch die konservative Deutsche Volkspartei (DVP) als Vertreterin größerer Unternehmer an Regierungen, sie hatte zunächst noch die Verfassung abgelehnt. Die Zusammenarbeit mehrerer Parteien wurde durch Interessenkonflikte erschwert und sollte schon bald mehrfach scheitern (D3).

VT5 USPD und KPD

Auch die USPD hatte gegen die Verfassung gestimmt. Im Laufe des Jahres 1919 hatte die USPD sich immer mehr radikalisiert und sich an einer großen Streikwelle beteiligt, die vor allem das Ruhrgebiet erfasste. Doch solche Versuche scheiterten nach kurzer Zeit am Eingreifen der Reichswehr, die auf Veranlassung des Reichspräsidenten Ebert in Marsch gesetzt wurde. Am Ende dieses Radikalisierungsprozesses schloss sich ein Großteil der USPD mit der bis dahin kleineren Kommunistischen Partei Deutschlands (KPD) zusammen, die im Januar 1919 gegründet worden war. Beide bildeten ab 1920 die neue linksradikale KPD, die sich gegen die vom „Kapitalismus beherrschte" Republik wandte.

VT6 DNVP und NSDAP

Ein weiterer Gegner der Weimarer Verfassung war die Deutschnationale Volkspartei (DNVP). In ihr sammelten sich vor allem kaisertreue, antisemitische und rechte Kräfte. Noch radika-

D1 Die Verfassung der Weimarer Republik

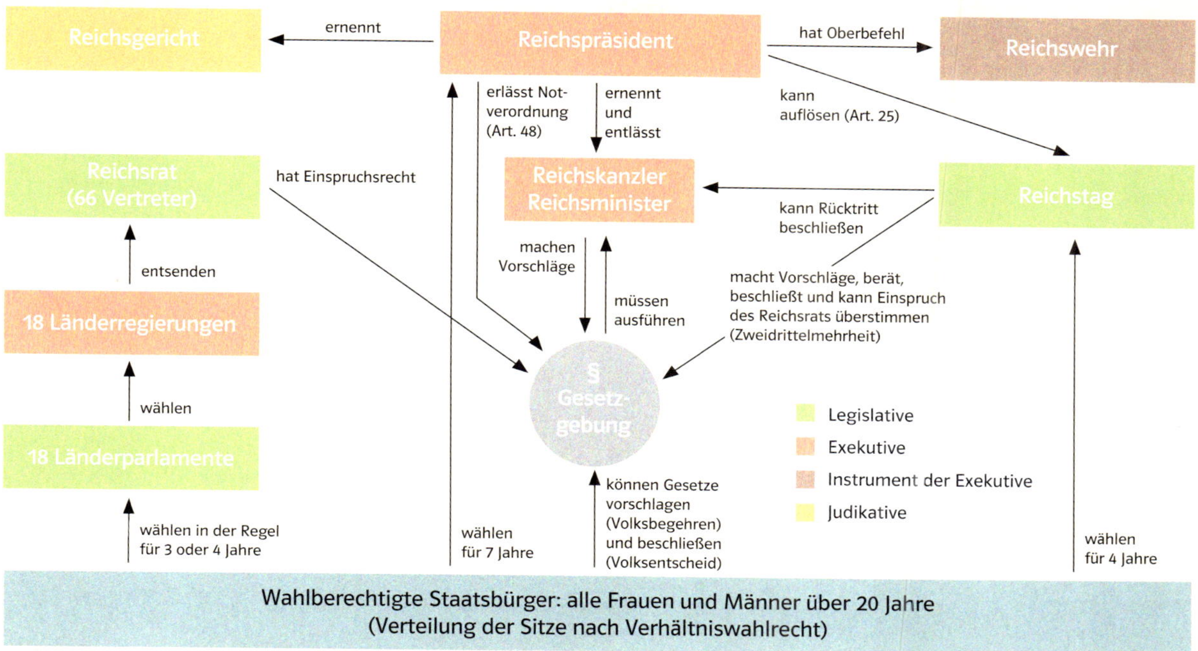

ler in ihrer politischen Programmatik war die 1920 gegründete Nationalsozialistische Deutsche Arbeiterpartei (NSDAP). Sie war zunächst vor allem in Bayern stark, das damals eine sehr konservative Regierung bekam, und machte den Antisemitismus zu einem „Markenzeichen".

VT7 Reichswehr, Freikorps, Justiz

1919 stand ein Großteil der Reichswehr und der Freikorps der Republik und ihrer Regierung ablehnend gegenüber. Sie machten die Republik für die Folgen des Versailler Vertrages verantwortlich. Als dann 1920 gemäß den Bestimmungen des Versailler Vertrages die Reichswehr auf 100 000 Soldaten reduziert werden sollte, wollten rechtsradikale Offiziere mit einem Putsch die Republik stürzen: Sie ließen ihre Freikorpssoldaten das Berliner Regierungsviertel besetzen. Doch dem Reichspräsidenten und der Reichsregierung gelang die Flucht. Sie riefen zum Widerstand auf. Arbeiter und Beamte gingen in den Generalstreik, sodass die Putschisten aufgaben.

Die reaktionären Freikorps schreckten auch vor Mord nicht zurück, um politische Gegner zum Schweigen zu bringen: So wurden beispielsweise 1921 Finanzminister Matthias Erzberger und ein Jahr später Außenminister Walther Rathenau ermordet. Einige der Mörder wurden gefasst und kamen vor Gericht. Konservativ eingestellte Richter sympathisierten vielfach mit ihnen und verhängten milde oder gar keine Strafen.

VT8 Neuer Reichspräsident: Hindenburg

1925 starb Reichspräsident Ebert. In der Wahl um seine Nachfolge konnte sich ausgerechnet der ehemalige Chef der OHL Paul von Hindenburg durchsetzen (Q3). Ihm war es zuvor gelungen, mit der **Dolchstoß-Lüge** in der Öffentlichkeit seine Verantwortung als führender General für die Kriegsniederlage auf die linken und liberalen Parteien abzuwälzen, die auf Veranlassung der OHL den Frieden mit den Alliierten geschlossen hatten (Q2). Der neue Reichspräsident hatte zuvor seine Bekanntheit und Beliebtheit als ehemaliger General dazu genutzt, die Demokratie durch falsche Unterstellungen zu schwächen.

Dolchstoß-Lüge
Fälschliche Behauptung, durch die nachträglich die Kriegsniederlage erklärt wurde. Das unbesiegte deutsche Heer habe größtenteils aus tapferen Soldaten bestanden, sei aber durch „revolutionäre Kameraden" in den eigenen Reihen entscheidend geschwächt bzw. „erdolcht" worden.

→ Themen verknüpfen
Zu Hindenburgs Rolle im Ersten Weltkrieg kannst du noch einmal auf den Seiten 100 bis 103 nachlesen.

Q1 Die Stellung des Reichspräsidenten

Aus der Debatte der Verfassunggebenden Nationalversammlung 1919:

a) Adelbert Düringer (DNVP):

[Wir vermissen] in dem Entwurf die für die Entwicklung und Zusammenfassung eines so großen und vielfältigen Volkes notwendige starke Zentralgewalt. Diesen Vorwurf erheben wir insbesondere angesichts der Regelungen, die die Stellung des Reichspräsidenten in der Verfassung gefunden hat. Der Präsident ist in der Tat [...] lediglich ein Dekorationsstück. Er repräsentiert das Reich nach außen und nach innen; aber so gehoben seine Stellung hiernach, rein äußerlich betrachtet, erscheint, tatsächlich ist er in jeder Hinsicht ein gebundener Mann. Der Schwerpunkt der Regierung liegt nicht beim Reichspräsidenten, auch nicht bei der Reichsregierung, sondern er liegt ganz woanders. Er liegt bei den Parteien, er liegt bei den Fraktionen[1].

b) Oskar Cohn (USPD):

Wäre schon überall in der Masse der Bevölkerung das Bewußtsein von der Verderblichkeit der Monarchie für die Entwicklung des deutschen Volkes [verbreitet ...]: Es würde dazu geführt haben die starken Anklänge an monarchische Einrichtungen nicht zu schaffen, die sich jetzt in Bestimmungen über den Präsidenten des Reiches finden. [...] [Ein Abgeordneter] hat es für möglich erklärt, daß sich der Präsident weit über die formalen Beschränkungen hinaus, die ihm die Verfassung scheinbar auferlegt, seine Stellung erobern und befestigen könne, und wenn Sie ihm, wie Sie es jetzt tun, in seiner siebenjährigen Amtsperiode die Möglichkeit dazu geben, so ist die Gefahr der Rückkehr monarchischer Einrichtungen doppelt groß. [...] Wie, wenn ein Herr von der Deutschen Volkspartei oder von den Deutschnationalen oder nach 15 Jahren ein Hohenzoller[2], oder schon früher ein Trabant[3] der Hohenzollern, vielleicht ein General, an der Spitze des Reichswehrministeriums steht?

Zit. nach Verhandlungen der deutschen verfassunggebenden Nationalversammlung. Stenographische Berichte Berlin 1919, S. 2089, 2098, 1330. Unter: www.reichstagsprotokolle.de (Zugriff: 03.06.2016).

1 Zusammenschluss aller Abgeordneten einer Partei in einem Parlament
2 Mitglied der ehemalige Kaiserfamilie
3 Begleiter, Anhänger

Q2 Ausschnitt eines Plakates der DNVP

zur Reichstagswahl 1924

Q3 Wahlplakat zur Reichspräsidentenwahl 1925

für Wilhelm Marx (Zentrum) mit der „Maske" seines Konkurrenten Hindenburg (unterstützt von der Bayerischen Volkspartei, DVP, DNVP und NSDAP)

D2 Rechtsprechung 1918–1922

Politische Morde begangen von:	Anzahl der Morde	ungesühnte Morde[1]	teilweise gesühnte Morde[2]	gesühnte Morde[3]	verurteilte Mörder	freigesprochene Mörder	hingerichtete Mörder	Freiheitsstrafe je Mord
Linksstehenden	22	4	1	17	38	–	10	15 Jahre
Rechtsstehenden	354	326	27	1	24	23	–	4 Monate

Zit. nach Emil Julius Gumbel: Vier Jahre politischer Mord. Verlag der Neuen Gesellschaft, Berlin 1922, S. 81.

1 Morde ohne gerichtliche Bestrafung
2 Morde, bei denen die Richter eine zu geringe Strafe festgesetzt hatten
3 Morde, die angemessen bestraft wurden

D3 Reichstagswahlergebnisse von 1919–1932

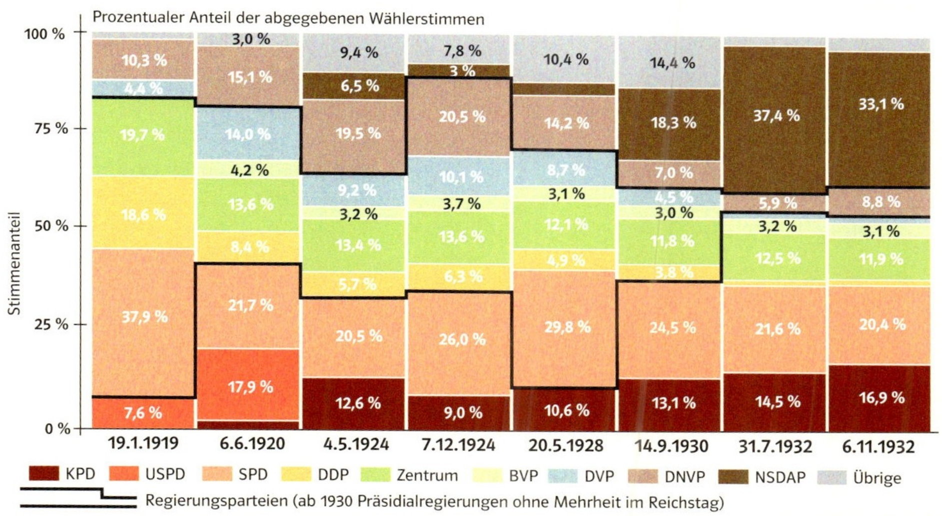

Nachgefragt

1. Nenne die fortschrittlichen und konservativen Merkmale der neuen Verfassung (D1, VT1–VT2).

MK **2.** Recherchiere mit einem Lernpartner im Internet zwei Erklärvideos zur Weimarer Verfassung. Vergleicht die Videos mithilfe der Arbeitsschritte auf S. 239 und formuliert eine Empfehlung.

SP **3.** Untersuche die politische Rolle von Reichspräsident, Reichsregierung und Reichstag (D1, VT1–VT3). Worüber können sie entscheiden? Von wem werden sie ernannt bzw. gewählt? Wer kontrolliert sie und kann sie ggf. entlassen bzw. auflösen?

4. Erkläre, warum es für die Parteien schwer war, gemeinsam über längere Zeit zusammen zu regieren (VT3–VT5).

5. Erläutere, wie sich die Kräfteverhältnisse zwischen den politischen Lagern von 1919 bis 1932 veränderten (D3). Berücksichtige, welchen Einfluss diese Veränderungen auf die Möglichkeiten der Regierungsbildung hatten. ○ → S. 219

6. Vergleiche die Positionen zur Rolle des Reichspräsidenten (Q1).

7. Ist der Reichspräsident „Dekorationsstück" oder ein monarchischer Ersatz für den Kaiser? Nimm Stellung.

8. Untersuche Q2 und erläutere, warum der „Dolchstoß"-Vorwurf eine Lüge war.

9. Erläutere die Gründe für den Wahlerfolg Hindenburgs (VT8). Untersuche dann das Wahlplakat seines Gegners (Q3). ○ → S. 219

10. Untersuche D2. Recherchiere Gründe und Beispiele für die erkennbaren Auffälligkeiten. ●

AFB I: 1 AFB II: 3, 4, 5, 8, 9, 10 AFB III: 2, 6, 7

Krisenjahr 1923 – Zusammenarbeit mit ehemaligen Gegnern?

Seit 1919 hielten französische, belgische und britische Truppen die deutschen Gebiete links des Rheins besetzt. 1923 besetzten Franzosen und Belgier auch noch das Ruhrgebiet. Das stürzte die Weimarer Republik in ihre bis dahin schwerste Krise. Wie war es dazu gekommen und was wurde dagegen getan?

Inflation
Wertverlust des Geldes. Der Staat lässt Geld drucken, die Warenmenge wird jedoch nicht vermehrt. Dies führt zu steigenden Preisen.

Vertrag von Rapallo
1922 schlossen Vertreter Deutschlands und Russlands im italienischen Rapallo einen Vertrag. Dieser sah einen Verzicht auf gegenseitige Zahlungen von Kriegsschäden sowie eine diplomatische und militärische Zusammenarbeit vor.

VT1 Höhe der Reparationen

Kaum etwas belastete die internationalen Beziehungen der jungen Republik so sehr wie die Reparationen. Bis 1921 sollte eine Kommission der Siegermächte festlegen, wie hoch genau die Reparationen sein sollten, die Deutschland zu zahlen hatte. Die Kommission legte die Gesamtsumme und den Zeitraum der Zahlungen fest: 132 Milliarden Goldmark insgesamt, zu zahlen in jährlichen Raten in einer Höhe von ca. 3 Milliarden Goldmark. Die Siegermächte stellten der deutschen Regierung ein Ultimatum: Sollte dieser Zahlungsplan nicht erfüllt werden, würde das Ruhrgebiet besetzt werden.

VT2 Deutsches Taktieren

Um die Zahlungen dauerhaft leisten zu können, hätten die deutsche Wirtschaft und Währung saniert werden müssen. Das war unter den schwierigen Bedingungen der Nachkriegszeit nicht ohne Weiteres möglich. Das Reich war durch den Krieg hoch verschuldet. Die deutsche Regierung hatte ihre zunehmenden Ausgaben durch das Drucken von immer mehr Geld finanziert und neue Schulden gemacht – **Inflation** war die Folge. Die Entwertung des Geldes sollte, so die Strategie der Regierung, dem Ausland die mangelnde Zahlungsfähigkeit zeigen. Gleichzeitig wollte man außenpolitische Unab-

D1 Das Rheinland und das Ruhrgebiet in den 1920er-Jahren

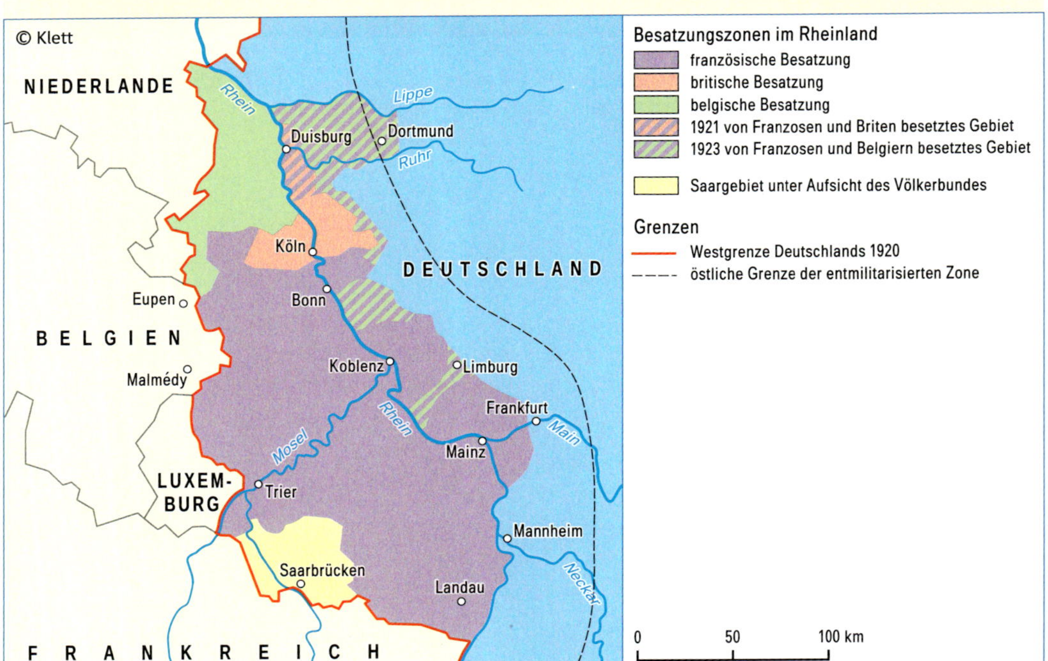

hängigkeit demonstrieren und schloss 1922 in **Rapallo** einen Vertrag mit Russland.

VT3 Reaktion Frankreichs und Belgiens

Einen Teil der Zahlungsverpflichtungen erbrachte das Deutsche Reich in Form von Holz- und Kohlelieferungen. Als diese zum Jahresende 1922 nicht ganz erfüllt wurden, ging die französische Regierung in die Offensive (Q2): Sie besetzte mit belgischer Unterstützung und britischer Duldung das Ruhrgebiet (D1).

VT4 Die Ruhrbesetzung und ihre Folgen

Da die deutsche Regierung nicht die Mittel besaß, um militärisch gegen die Besetzung der wichtigsten deutschen Wirtschaftsregion vorzugehen, rief sie den Generalstreik aus (Q1). Tatsächlich ließ die große Mehrheit der Arbeiter und Beamten im Ruhrgebiet ihre Arbeit ruhen und verweigerte jede Zusammenarbeit mit den Besatzern. Lohn und Unterhalt für Millionen Streikende bezahlte die Regierung, indem sie immer weiter neues Geld drucken ließ. Mit dieser Maßnahme geriet jedoch die Steuerung der Währung außer Kontrolle. Die Inflation nahm ein bisher unbekanntes Ausmaß an: Dinge des Alltags wie z.B. Brot kosteten binnen weniger Wochen zunächst Tausende (D2), dann Millionen von Reichsmark. In dieser ausweglosen Situation beschloss die Reichsregierung im Oktober, den Widerstand aufzugeben (Q3).

VT5 Trittbrettfahrer der Krise: Die NSDAP

Diese Krisensituation versuchten radikale Gruppen für sich zu nutzen. Am kritischsten war die Lage in Bayern: Hier verhängte die rechte Regierung nach dem Ende der Ruhrbesetzung den Ausnahmezustand. Sie weigerte sich, Anweisungen der Reichsregierung in Berlin umzusetzen. Dabei stand sie unter dem Druck noch radikalerer Kräfte, allen voran der von Adolf Hitler geführten NSDAP. Die Partei hatte sich Erich von Ludendorff als Verbündeten gesucht, einen der führenden Generäle am Ende des Ersten Weltkriegs. Erst als Hitler und Ludendorff mit einem Putschversuch 1923 die Macht in München und dann im ganzen Reich übernehmen wollten, entschloss sich die bayerische Regierung, die Autorität der Reichsregierung anzuerkennen und den Putsch der NSDAP niederzuschlagen.

Q1 Plakat der Reichsregierung zum „Ruhrkampf" 1923

VT6 Ausweg durch Kooperation

Entscheidend für die Bewältigung der Krise wurde die verstärkte internationale Zusammenarbeit der Regierungen. Die Initiative ging dabei zunächst von der amerikanischen Regierung und Wirtschaft aus. Nicht zuletzt auf amerikanischen und britischen Druck hin zog Frankreich bis 1925 seine Truppen aus dem Ruhrgebiet ab. Ferner wurde auf amerikanische Initiative mit dem **Dawesplan** eine Neuregelung der Reparationen auf den Weg gebracht.
Auch die deutsche Seite wurde aktiv: Noch im November 1923 ging die neue Regierung unter Gustav Stresemann daran, die Wirtschaftskrise durch die Einführung einer neuen Währung zu lösen. Gleichzeitig sorgten Stresemann und der neue französische Ministerpräsident Aristide Briand für eine Annäherung zwischen Deutschland und Frankreich: 1925 schlossen sie in **Locarno** einen Vertrag, mit dem die neuen Grenzen anerkannt wurden (Q4, Q5).

Dawesplan
Unter der Leitung des amerikanischen Bankiers Charles G. Dawes legte eine Gruppe von Sachverständigen die Reparationen neu fest: Für die nächsten Jahre wurden die deutschen Zahlungen deutlich gesenkt, die Gesamtsumme der Reparationen offengelassen.

Vertrag von Locarno
Mit dem im Schweizer Ort Locarno geschlossenen Vertrag verzichteten Deutschland, Frankreich und Belgien auf eine gewaltsame Veränderung der Grenzen. Dem Vertrag folgte ein Jahr später die Aufnahme Deutschlands in den Völkerbund.

D2 Preise während der Inflation

In Berlin kosteten am 9./10. Juni 1923:

Produkt/Leistung	Preis
1 Pfund Kartoffeln	112–130 Mark
1 Pfund Kaffee	26 000–36 000 Mark
1 Ei	800–810 Mark
1 Brot	2 500 Mark
1 Straßenbahnfahrt	600 Mark

Zit. nach Deutsche Geschichte 1918–1933. Dokumente zur Innen- und Außenpolitik. Hrsg. von Wolfgang Michalka/ Gottfried Niedhart. Fischer, Frankfurt/M. 1992, S. 79.

Q2 „Legitime Forderungen"

Bild von der Titelseite der illustrierten Beilage der Pariser Zeitung Petit Journal vom 28. Januar 1923. Im Text dazu heißt es: „Damit Deutschland zahlt. Die Besetzung des Industriegebiets an der Ruhr erfolgte kampflos. An den Türen aller öffentlichen Gebäude und aller Fabriken erinnern die blauen Mäntel unserer Soldaten die vergesslichen Deutschen an die legitimen Forderungen und den entschlossenen Willen Frankreichs."

Q3 Das Ende des „Ruhrkampfs"

Nachricht des Kanzlers Gustav Stresemann an das deutsche Volk vom 26. September 1923:

An das deutsche Volk!

Am 11. Januar haben französische Truppen wider Recht und Vertrag[1] das deutsche Ruhrgebiet besetzt. Seit dieser Zeit haben Ruhrgebiet und Rheinland schwerste Bedrückungen zu erleiden. Über 180 000 deutsche Männer, Frauen, Greise und Kinder sind von Haus und Hof vertrieben worden, für Millionen Deutsche gibt es den Begriff der persönlichen Freiheit nicht mehr. Gewalttaten ohne Zahl haben den Weg der Okkupation[2] begleitet. [...] Die einstige Produktion des Rheinlandes und des Ruhrgebietes hat aufgehört. Das Wirtschaftsleben im besetzten und unbesetzten Deutschland ist zerrüttet. Mit furchtbarem Ernst droht die Gefahr, daß bei Festhaltung an den bisherigen Verfahren die Schaffung einer geordneten Währung, die Aufrechterhaltung des Wirtschaftslebens und damit die Sicherung der nackten Existenz für unser Volk unmöglich gemacht wird. Diese Gefahr muß im Interesse der Zukunft Deutschlands ebenso wie im Interesse von Rhein und Ruhr abgewendet werden. Um das Leben von Volk und Staat zu erhalten, stehen wir vor der bitteren Notwendigkeit, den Kampf abzubrechen.

Zit. nach Deutsche Geschichte in Quellen und Darstellung. Bd. 9. Hrsg. von Heinz Hürten. Reclam, Stuttgart 1995, S. 83 f.

1 unrechtmäßig, entgegen den Vereinbarungen
2 Besetzung

Nachgefragt

1. Erläutere mithilfe von D1 und VT1–VT4 die Vorgeschichte und den Verlauf der Besetzung des Ruhrgebiets.
2. Erläutere die Gründe Frankreichs für die Besetzung Deutschlands sowie die politischen und wirtschaftlichen Folgen des Widerstands gegen die Besetzung (VT3–VT5, Q2).
3. Vergleiche die französische und die deutsche Perspektive auf den Konflikt mithilfe von Q1 und Q2. ○ → S. 219
4. Großbritannien verweigerte der Besetzung seine Unterstützung. Erläutere die möglichen Gründe hierfür. Lies dazu noch einmal die Seiten 86/87. ●
5. Untersuche D2 und erkläre, was dir an der Preistabelle besonders auffällt.

Q4 Der Vertrag von Locarno

Aus der Rede von Außenminister Gustav Stresemann im deutschen Rundfunk am 3. November 1925, die vermutlich von mehreren Millionen Menschen gehört wurde:

Aber für Frankreich blieb das Problem der Sicherheit. Es ist für uns Deutsche nicht leicht, das einzusehen, und wir fragen, was ein militärisch so stark gerüstetes Frankreich von einem entwaffneten Deutschland befürchten kann. Aber die Tatsache dieses Sicherheitsbedürfnisses besteht, und mit dieser Tatsache muß jeder Politiker und müssen auch wir rechnen. [...] Man beginnt überall in Europa einzusehen, daß man mit Krieg und mit der Fortsetzung der Versailler Methoden nicht weiterkommen kann. Es ist nötig, daß andere Wege gegangen werden, und die größte Bedeutung von Locarno sehe ich schließlich darin, daß man sich jetzt allseitig entschlossen hat, einen Kurs- und Richtungswechsel mit dem Ziel vorzunehmen, an die Stelle der Methoden von Versailles die Verständigung treten zu lassen. Die Verhandlungen, die wir in Locarno geführt haben, waren ein Beweis dafür, daß ein solcher Kurswechsel von den alliierten Staatsmännern ernstlich und aufrichtig beabsichtigt ist. [...] Wenn die deutsche Regierung sich dazu entschließen sollte, am 1. Dezember in London die in Locarno paraphierten[1] Verträge endgültig zu unterzeichnen, so werden wir auch bereit sein, in den Völkerbund[2] einzutreten. [...] Der Sinn von Locarno besteht in der Erkenntnis, daß europäische Staaten nicht länger gegeneinander wüten dürfen, wenn Europa nicht zugrunde gehen soll.

Zit. nach Gustav Stresemann: Reden. Hrsg. und bearb. von Wolfgang Elz. Mainz 2014. S. 353, 354, 361. Unter: https://neuestegeschichte.uni-mainz.de/internationale-politik/stresemann-reden (Zugriff: 21.08.2020)

1 von einer bevollmächtigten Person vorläufig unterzeichneten
2 Weltfriedensorganisation von vor allem europäischen Staaten von 1920 bis 1946

Q5 Wir haben europäisch miteinander gesprochen

Aus der Rede des französischen Außenministers Aristide Briand vor der französischen Abgeordnetenkammer am 26. Februar 1926:

[...] energische Reden führen, leidenschaftliche Reden, erfüllt von glühendster, aufrichtiger Vaterlandsliebe, selbst mit Wärme, mit Liebe vom Frieden sprechen, das alles ist leicht. Aber tatsächlich einen Schritt näher zum Frieden machen, wirklich zum Frieden beitragen, dies ist schwerer; es ist auch gefährlich für den Staatsmann, der sich darauf einläßt. Ich übertreibe nicht die Bedeutung des Locarnowerkes. [...] Was der Locarnovertrag in diesem Lande Gutes getan, das so viele Tote zu beklagen hat, das so viele kriegsbeschädigte junge Menschen zählt, die in ihrem Berufsleben behindert sind, was er hier Gutes getan hat, besteht vor allem darin, daß er den Müttern gestattet, ihre Söhne mit der Hoffnung anzublicken, daß diese nicht auch einst auf den Schlachtfeldern zerrissen werden. [...]

Glauben Sie [...], daß ich ohne Erregung zu diesem Zusammentreffen gegangen bin, bei dem ich den deutschen Ministern begegnen sollte? Glauben Sie nicht, daß ich sehr gemischte Gefühle hatte, daß ich tief erregt war? Doch ich bin hingegangen, – sie sind hingekommen –, und wir haben europäisch miteinander gesprochen. Eine neue Sprache, die man lernen sollte! [...] Locarno bedeutet die Notwendigkeit zu verhandeln. Es hindert die Völker, blind übereinander herzufallen.

Aristide Briand: Frankreich und Deutschland. Mit einer Einleitung von Gustav Stresemann. Übers. und hrsg. von Artur Rosenberg. Reissner, Dresden 1928, S. 138 f., 144–146.

SP **6.** Untersuche Q3 mithilfe von VT4. Achte dabei besonders auf die sprachlichen Mittel und die mögliche Wirkung.

7. War die Ruhrbesetzung gerechtfertigt oder nicht? Gestaltet ein Streitgespräch. ○ → S. 219

8. Arbeite aus dem VT heraus, wie die Krise schließlich gelöst werden konnte.

9. Vergleiche die Argumente, mit denen Stresemann und Briand die Verhandlungen und den Vertrag von Locarno rechtfertigten (Q4, Q5). ○ → S. 219

10. Verfasse einen zeitgenössischen Zeitungskommentar, in dem du die Reden zu den Verhandlungen und dem Vertrag von Locarno bewertest (Q4, Q5). Überlege, ob der Kommentar für eine liberale oder eine rechte Zeitung sein soll.

AFB II: 1, 2, 4, 5, 6, 8 AFB III: 3, 7, 9, 10

Kommt mit dem Aufschwung mehr Stabilität?

Seit 1924 verbesserten sich die Beziehungen zum Ausland, 1926 wurde Deutschland in den Völkerbund aufgenommen. Die Wirtschaft erholte sich, die Produktion in der Industrie stieg. In der Politik verloren die radikalen Kräfte an Einfluss. Doch wie erfolgreich und stabil war dieser Aufschwung wirklich?

Grundrecht auf Wohnen
In der Weimarer Verfassung waren auch soziale Rechte festgeschrieben: Im Artikel 155 etwa wurde „jedem Deutschen eine gesunde Wohnung" und allen Familien, besonders den kinderreichen, eine ihren Bedürfnissen entsprechende Wohnmöglichkeit zugesichert.

→ Themen verknüpfen
Zum Völkerbund kannst du auf den Seiten 86/87 noch einmal nachlesen.

VT1 Außenpolitik und Wirtschaft

Viele deutsche Politiker sahen in der verbesserten außenpolitischen und wirtschaftlichen Zusammenarbeit vor allem mit den USA seit 1924 die Möglichkeit, Deutschland zu stärken: Wenn man schon durch den Versailler Vertrag militärisch und politisch geschwächt worden war, so wollte man wenigstens auf dem Gebiet der Wirtschaft international wieder stärker Einfluss nehmen können. Deshalb unterstützten neben den Unternehmern auch die meisten Parteien den Dawesplan: Er bedeutete eine Senkung der Reparationszahlungen und schuf die Grundlage für umfangreiche amerikanische Kredite. Deutschland erhielt in den Jahren 1925 bis 1928 mehr Geld vom Ausland, als es an andere Staaten zahlen musste.

VT2 Modernisierung mithilfe der USA

Bis 1923 hatte sich die deutsche Industrie häufig nur durch den Verkauf ihrer Produkte zu Niedrigpreisen im Ausland behaupten können. Jetzt wollten viele Unternehmer auf dem Weltmarkt ihre führende Position, die sie vor dem Krieg gehabt hatten, zurückgewinnen (D2). Mithilfe der milliardenschweren US-Kredite konnten bis 1928 die Banken in Deutschland den Unternehmern mehr Geld leihen. Die Unternehmer nutzten das geliehene Geld, um ihre Produktion zu modernisieren: Nach amerikanischem Vorbild wurde etwa die Fließbandarbeit eingeführt. Bis 1928 stiegen die Gewinne vieler Unternehmer und die Löhne der Arbeiter. Gleichzeitig nahm die Abhängigkeit der deutschen von der amerikanischen Wirtschaft zu, ohne deren Unterstützung es diesen Aufschwung nicht gegeben hätte.

VT3 Soziale Verbesserungen

Amerikanische Kredite, eine wachsende Wirtschaft und somit höhere Steuereinnahmen ermöglichten dem Staat, den Ländern und den Städten, den Wohnungsbau finanziell zu fördern. Das **Grundrecht auf Wohnen** sollte besser umgesetzt werden. Hiervon profitierten vor allem die Arbeiterfamilien, die teilweise noch in miserablen Wohnverhältnissen lebten. Seit 1914 hatte es kaum noch große Neubauprojekte gegeben, ab 1924 wurde mit dem Bau von Hunderttausenden neuer Wohnungen begonnen (D2). Das Leben in den neuen Wohnsiedlungen war deutlich komfortabler und gesünder als in den Mietskasernen der Kaiserzeit (Q1). 1927 wurde als weitere Verbesserung die Arbeitslosenversicherung eingeführt: Damit besaß jeder, der seine Arbeit verlor, einen Anspruch auf eine finanzielle Unterstützung. Zudem wurden die Rechte der Arbeitnehmer und Mieter gestärkt.

VT4 Politische Stabilisierung?

Bei den Reichstagswahlen in den Jahren 1924 bis 1928 verloren die radikalen Parteien an Boden, dagegen konnte die SPD ihre Stellung als größte Partei ausbauen. 1928 kam es sogar zu einer großen Koalition der bürgerlichen Parteien der Mitte mit der SPD. Zugleich waren jedoch die Interessen dieser Parteien sehr unterschiedlich: Die SPD vertrat konsequent die Anliegen der Arbeiter, ihr Regierungspartner DVP dagegen stritt für die Interessen vieler Unternehmer. Manche Deutsche richteten jetzt ihre Hoffnungen auf den 1925 neu gewählten Reichspräsidenten Hindenburg: Würde ihm die Versöhnung der konservativen Teile der Bevölkerung mit der Republik gelingen? Der ehemalige kaiserliche General hielt sich zwar an die Verfassung, blieb aber letztlich ein Gegner der Republik.

D1 Sozialpolitische Neuerungen

1918 Der 8-Stunden-Tag wird eingeführt, 1923 aber wieder eingeschränkt.

1919 Gewerkschaften bekommen Tarifautonomie[1], Grundrechte auf eine angemessene Wohnung sowie auf Erziehung und Bildung werden festgeschrieben.

1920 Das Betriebsrätegesetz garantiert Mitsprache der Arbeitnehmer in Betrieben mit mehr als 20 Mitarbeitern.

1923 Das Mieterschutzgesetz schützt vor willkürlicher Kündigung.

1924 Heimarbeiterinnen[2] erhalten Anspruch auf staatliche Armenfürsorge, Mindestlöhne und Sozialversicherung.

1926 Arbeitsgerichte werden eingerichtet.

1927 Das Arbeits- und Kündigungsgesetz für werdende und stillende Mütter tritt in Kraft, die Arbeitslosenversicherung und die Arbeitsvermittlung werden eingeführt.

1 Recht der Gewerkschaft, frei mit den Unternehmern ohne Eingriff des Staates z. B. über Lohnerhöhungen zu verhandeln
2 Frauen, die z. B. als Näherinnen Bekleidungsstücke zu Hause zu niedrigen Preisen anfertigten

Q1 Licht und Luft in die Wohnung!
Plakat, um 1925

D2 Produktion wichtiger Güter

Produkt	Angabe in	1913	1919	1925	1930	1932
Steinkohle	Mill. t	190,1	116,7	132,6	142,7	104,7
Rohstahl	Mill. t	17,7	7,9	13,8	13,5	7,2
Elektrizität	Mill. kWh	2533	5067	9915	16101	13423
neue Wohnungen	1000	–	57	179	311	141

Zusammengestellt nach Auszug aus Bevölkerung und Wirtschaft 1872–1972. Hrsg. von Statistisches Bundesamt Wiesbaden. Kohlhammer, Stuttgart/Mainz 1972, S. 182, 185.

Nachgefragt

1. Erläutere mithilfe von D2 und VT2 die Entwicklung der traditionsreichen Kohle- und Stahlindustrie sowie der relativ jungen Elektroindustrie. ○ → S. 220

2. Erkläre mithilfe von D1, D2, Q1 und VT3 die sozialpolitischen Neuerungen der Weimarer Republik.

SP 3. Arbeite aus dem VT heraus, inwieweit sich die Weimarer Republik nach dem Krisenjahr 1923 stabilisieren konnte. Übertrage die stabilisierenden und destabilisierenden Faktoren in eine Strukturskizze. Vergleicht eure Ergebnisse in der Klasse. ○ → S. 220

4. Beurteilt die Qualität des wirtschaftlichen Aufschwungs und der sozialpolitischen Verbesserungen. ●

5. Erörtere, ob die Republik sich nach 1924 stabilisierte oder instabil blieb. Diskutiert, inwiefern man von einer „Stabilisierung auf dünnem Eis" sprechen kann.

AFB II: 1, 2, 3 AFB III: 4, 5

Fortschritt im Alltag?

In den 1920er-Jahren veränderte sich das Alltagsleben in den großen Städten. Für alle sichtbar kam es hier zu einer rasanten Modernisierung des Lebens. Doch nicht alle sahen in diesen Veränderungen einen Fortschritt.

Q1 Großstadt
Triptychon (großes, dreiteiliges, oft über Altären hängendes Gemälde) von Otto Dix, 1,81 × 4,02 m, 1927/28, Kunstmuseum Stuttgart

Massenmedien
Kommunikationsmittel (z. B. Rundfunk, Zeitungen), die mit ihren Informationen einen sehr großen Personenkreis erreichen

Konsumgesellschaft
In allen Bereichen der Gesellschaft werden Bedürfnisse durch den Kauf von Gütern befriedigt.

VT1 Berlin: Stadt der Superlative

Um 1930 war Berlin nach New York und London mit 4,3 Millionen Einwohnern die drittgrößte Stadt der Welt. Wie keine andere deutsche Stadt verkörperte sie das moderne Leben. Berlin besaß eine lebhafte Szene an Theatern, Kabaretts und Orchestern, die weltweit ihresgleichen suchte. Berlin war auch die Stadt der neuen **Massenmedien**. Die Stadt verfügte über die größten Filmateliers Europas und nirgendwo sonst gab es so viele Zeitungsverlage. Von hier aus wurde das deutsche Rundfunknetz aufgebaut, für das 1926 der 100 Meter hohe Funkturm errichtet wurde. Abends brachte die schnellste Stadtbahn der Welt die Großstädter zu den Lokalen, Tanzklubs und den Kinosälen mit ihren glitzernden Leuchtreklamen (Q4). Heiß begehrt waren die neuesten Filme und Tänze aus den USA. Die Großstadtatmosphäre inspirierte Schauspieler, Musiker, Schriftsteller und Künstler, neue Wege zu beschreiten. Freude am Experimentieren und Kreativität waren typisch für Kunstwerke dieser Zeit (Q6).

VT2 Modernes Leben: Fortschritt für alle?

Das schnelle, hektische und zugleich bunte Großstadtleben zog so manchen in seinen Bann. Großflächige farbige Werbung für neue Produkte gehörte zum Stadtbild Berlins, sie symbolisierte die neue **Konsumgesellschaft**. Auf Plakaten und in Zeitungen wurde für die ersten Kühlschränke, Waschmaschinen und Staubsauger geworben (Q2, Q3). Doch noch konnte sich kaum jemand die teuren Geräte leisten. Manche Haushalte verfügten noch nicht einmal über die notwendigen Stromanschlüsse. Und nur wer genügend Geld besaß, leistete sich den Besuch der Kabaretts und teuren Klubs. Viele Menschen konnten in ihrem Alltag von den Neuerungen aus Geldmangel also gar nicht profitieren.

Einige standen dem modernen Großstadtleben generell skeptisch gegenüber, sie sahen darin eine Zerstörung ihrer Kultur. Konservative Zeitgenossen kritisierten die „Amerikanisierung" des Lebens und meinten damit den Verlust ihrer vertrauten Lebensweise.

VT3 Alltag der Frauen – Die „Neue Frau"

Filme, Werbung und Romane verbreiteten das Bild der „Neuen Frau": Dazu gehörte ein attraktives, modisches Aussehen mit Schminke, Bubikopf (Q2) und Zigarette. Sie strahlte Selbstständigkeit und Selbstbewusstsein aus.

Doch wie sah die Wirklichkeit aus? Inwieweit waren Frauen und Männer tatsächlich gleichberechtigt? Etwa ein Drittel aller Frauen zur Zeit der Weimarer Republik war berufstätig. Frauen arbeiteten in Warenhäusern und in Büros, als Sekretärinnen oder Telefonistinnen, aber auch in Fabriken am Fließband. Deutlich mehr Frauen als früher fanden jetzt Arbeit als Angestellte. Das bedeutete einen sozialen Aufstieg, insbesondere für jene, die aus Arbeiterfamilien stammten.

Frauen bekamen jedoch weniger Gehalt als ihre männlichen Kollegen. Die Berufstätigkeit von Frauen galt zudem als unschicklich. Idealbild für viele blieb die Ehefrau und Mutter, die sich zu Hause um ihre Familie kümmerte. Letztlich besaßen und nutzten nur wenige reichere Frauen, Künstlerinnen, Schriftstellerinnen und andere Intellektuelle die Spielräume für ein Leben als „Neue Frau".

Q2 Werbung für den Vampyr

Dieser Staubsauger von AEG kostete 130 Reichsmark. Angestellte verdienten um die 300 bis 370 RM im Monat, einfache Arbeiterinnen und Arbeiter deutlich weniger. Das Bild zeigt eine bekannte Schauspielerin mit Bubikopf-Frisur. Werbepostkarte, um 1929

VT4 Neue Wege in Kunst und Kultur

Bereits vor dem Ersten Weltkrieg hatten sich einzelne Architekten, Ingenieure und Künstler zu neuen Gestaltungs- und Kunstformen aufgemacht. Nicht mehr die schmuckreiche Ausgestaltung von Möbeln und Bauwerken sollte im Vordergrund stehen, sondern ihre Funktionalität (Q7, Q9). Ein Ort, an dem eine Gruppe von Gleichgesinnten nach neuen Wegen suchte, war das **Bauhaus**.

Etwa zeitgleich entwickelte sich in der Literatur die Stilrichtung der Neuen Sachlichkeit. Vielen Schriftstellerinnen und Schriftstellern sowie Künstlerinnen und Künstlern ging es darum, in ihren Bildern und Texten die Wirklichkeit kritisch und authentisch darzustellen. Sie wählten hierfür einerseits nüchterne und realistische (Q1), andererseits aber auch ausdrucksstarke und emotionale Darstellungsformen.

VT5 Zu viele Veränderungen in kurzer Zeit?

Vielen Menschen missfielen die Neuerungen, die sich im freizügigen Großstadtleben, in neuen Frauenbildern oder in ungewohnten Kunstformen ausdrückten. Ihre Vorstellungen waren noch stark von den Werten des Kaiserreiches geprägt. Sie empfanden die Veränderungen nicht als Chance oder Bereicherung, sondern als Krise und Abkehr von den alten Werten und waren verunsichert (Q5).

Bauhaus
Die 1919 von Architekt Walter Gropius gegründete Kunsthochschule „Bauhaus" erklärte einfache, klare Formen zum Ziel ihres Schaffens. Alles Überflüssige sollte entfallen. Für die Entwicklung dieser neuen funktionaleren Formen sollten Künstler, Architekten und Handwerker eng zusammenarbeiten.

Q3 Website
Digitale Sammlung: Illustrierte Magazine
8mm9hf

Q4 Verkehr am Potsdamer Platz in Berlin
Foto (Ausschnitt), um 1930

Q5 „Die Großstadt macht heimatlos"

Die „Adler und Falken" waren ein Jugendbund, der mit Wanderungen und Zeltlagern Jugendlichen naturverbundene Lebensformen näherbringen wollte. Seine Mitglieder waren antidemokratisch eingestellt. Ein Mitglied kennzeichnet die Lebenssituation um 1929 so:

Die Großstadt ist kein organisches Gebilde, sie ist eine vollkommen unnatürliche Zusammenballung von Menschen, die nur möglich wurde durch die Technik und das kapitalistische Wirtschaftsdenken. [...] Sie kann sich nur durch ungeheuren Verbrauch von Menschen erhalten. Dieser Menschenverschleiß ist aber nicht nur ein körperlicher, sondern in viel größerem Maße ein geistiger und seelischer. Wen die Großstadt in ihren Bann gezwungen, der wird ihr Sklave.

H. Mohr: Fronterlebnis und Großstadterlebnis, in: Der Falke 1929, Heft 8, S. 6 f.

Q6 „Die Luft in Berlin war elektrisch geladen"

Der Dichter Leonhard Frank (1882–1961), der seit 1918 meist in Berlin lebte, schreibt in seinen Lebenserinnerungen über die 1920er-Jahre:

Damals war die schöne Zeit. [...] Ein neues Deutschland hatte sich herausgeschält. Eine Art Märchen vom Aschenbrödel war für eine ganze Nation Wirklichkeit geworden. Diese Zeit war der Beweis dafür, daß Wirtschaftskraft und -aufstieg auch das geistige und künstlerische Schaffen befruchten. Selbst der junge Maler hungerte nicht mehr, er malte nicht nur, er verkaufte. [...] Theater, Oper, Konzertsäle waren überfüllt. Europäische Künstler aus Paris, London, Rom, die nach Berlin kamen, waren begeistert und wollten nicht mehr fort. Die Luft in Berlin war elektrisch geladen.

Leonhard Frank: Links wo das Herz ist. Aufbau, München 1963, S. 113 f.

Nachgefragt

1. Beschreibe, wie der Anblick des dichten Verkehrs (Q4) auf Besucher aus einer Kleinstadt gewirkt haben könnte.

2. Vergleiche die unterschiedlichen Perspektiven auf das Großstadtleben in Q5 und Q6. ○ → S. 220

3. Untersuche, wie der Maler Otto Dix in dem dreiteiligen Bild (Q1) den Alltag der Großstadt darstellt.

4. Vergleiche die Darstellung auf der Werbepostkarte (Q2) mit dem Alltag der Mehrheit der Frauen (Q7, VT3).

5. Beurteile, inwieweit durch die Modernisierung der 1920er-Jahre Frauen im Alltag mehr Selbstbestimmung und Gleichberechtigung erlebten (Q7–Q9, VT3).

SP **6.** Vergleiche die Einrichtung in Q9 mit der Einrichtung des bürgerlichen Wohnzimmers (Q8). Verwende Formulierungen wie „Im Gegensatz zu ..." oder „Einerseits ..., andererseits ...". Diskutiert anschließend, in welcher Wohnung ihr lieber wohnen würdet. ○ → S. 220

7. Arbeite heraus, worin Margarete Schütte-Lihotzky die Vor- und Nachteile einer modernen Form der Wohnungseinrichtung sah (Q7).

Q7 „Rationalisierung im Haushalt“ (1926/27)

Margarete Schütte-Lihotzky stammte aus Wien und war Grafikerin und Architektin. Sie entwarf die erste deutsche Einbauküche. In der Zeitschrift Neues Frankfurt beschreibt sie ihre Ziele:

Jede denkende Frau muß die Rückständigkeit bisheriger Haushaltsführung empfinden und darin schwerste Hemmungen eigener Entwicklung und somit auch der Entwicklung ihrer Familie erkennen. Die Frau, an die das heutige hastige Großstadtleben weit höhere Ansprüche stellt, als das beschauliche Leben vor 80 Jahren, ist dazu verdammt, ihren Haushalt, einige wenige Erleichterungen ausgenommen, noch immer so zu führen wie zu Großmutters Zeiten. [...] Wie können wir aber die bisher übliche kraft- und zeitvergeudende Arbeitsweise im Haushalt verbessern? Wir können die Grundsätze arbeitssparender, wirtschaftlicher Betriebsführung, deren Verwirklichung in Fabriken und Büros zu ungeahnten Steigerungen der Leistungsfähigkeit geführt hat, auf die Hausarbeit übertragen. Wir müssen erkennen, daß es für jede Arbeit einen besten und einfachsten Weg geben muß, der daher auch der am wenigsten ermüdende ist. [...]

Kommen wir in die Wohnungen, so finden wir noch immer den alten Tand[1] und die üble übliche „Dekoration“. [...] Die Frauen nehmen lieber alle Mehrarbeit auf sich, um ein „trauliches[2] und gemütliches“ Heim zu haben. Einfachheit und Zweckmäßigkeit hält die Mehrzahl heute noch für gleichbedeutend mit Nüchternheit.

Zit. nach Deutscher Werkbund: Die Zwanziger Jahre des Deutschen Werkbunds. Hrsg. vom Deutschen Werkbund und dem Werkbund-Archiv. Anaber, Gießen/Lahn 1982, S. 202–204.

1 Ansammlung nutzloser Gegenstände
2 heimeliges, behagliches

Q8 Bürgerliches Wohnzimmer in den 1920er-Jahren

Q9 Inneneinrichtung im Bauhausstil in den 1920er-Jahren

8. Stell dir vor, die Frau auf dem Stuhl (Q8) hätte nach einem Besuch der Wohnräume in Q9 im Zug zufällig Margarete Schütte-Lihotzky (Q7) getroffen und ein Gespräch mit ihr begonnen. Schreibe einen Dialog. ●

MK **9.** Illustrierte Magazine gehörten in der Weimarer Republik zu den neuen Massenmedien. Bildet Gruppen und untersucht jeweils ein Magazin aus Q3: Diskutiert, inwiefern sich der gesellschaftliche Wandel in Titelbildern, Werbeanzeigen und Inhalten widerspiegelt.

10. Für eine Fernsehserie über das Berlin der 1920er-Jahre wird nach typischen Orten des Alltags gesucht. Stelle eine Liste mit Schauplätzen zusammen (jeweils mit einer kurzen Begründung).

11. „Goldene Zwanzigerjahre“ – so wird häufig die Zeit von 1924 bis 1929 bezeichnet. Überlege zunächst, was mit diesem Begriff gemeint sein könnte. Nimm dann Stellung, ob er aus deiner Sicht zutrifft. ○ → S. 220

Ein Ausweg aus der Weltwirtschaftskrise?

Nach einer Boomphase stürzte die US-amerikanische Wirtschaft 1929 in eine tiefe Krise, die auch die deutsche Wirtschaft traf. Mit welchen Mitteln stellten sich die USA dieser Herausforderung? Und welche Folgen hatte die Krise für Deutschland?

„Schwarzer Freitag"
Extremer Kurseinbruch an der New Yorker Börse am 24.10.1929, einem Donnerstag. Durch die Zeitverschiebung erreichte die Nachricht davon Europa erst am Freitag (25.10.).

New Deal
Eigentlich das Neuverteilen der Karten im Spiel. Der Begriff wurde im Präsidentschaftswahlkampf 1932 von Roosevelt verwendet, um für einen gesellschaftlichen und wirtschaftlichen Neuanfang in der Weltwirtschaftskrise zu werben. Dieser sollte mithilfe eines Programms staatlicher Eingriffe und Förderungen für die Wirtschaft erreicht werden, das auch den besonders hart getroffenen Teilen der Bevölkerung zugutekommen sollte.

VT1 Erfolge der US-Wirtschaft

Nach dem Ersten Weltkrieg erlebte die amerikanische Wirtschaft trotz stagnierender Weltwirtschaft eine Boomphase. Die Ursachen dafür lagen in der Modernisierung der Wirtschaft, dem Massenkonsum und dem Handel mit Aktien, die zunächst enorm an Wert gewannen. Viele Amerikaner finanzierten durch Kredite den Kauf von Konsumgütern, einige auch den Kauf von Aktien, was riskant war. Dieses Verhalten förderte der Staat zusätzlich mit niedrigen Steuern. Das entsprach dem liberalen Wirtschaftsdenken der US-Regierung: Der Staat griff nicht in den Markt ein und gab im sozialen Bereich kaum Geld aus. So gab es keine allgemeine Kranken- oder Arbeitslosenversicherung. Jeder sollte frei und für sich selbst verantwortlich sein.

VT2 Weltwirtschaftskrise 1929

Bis zum Ende der 1920er-Jahre kam es in den USA zur Überproduktion in Landwirtschaft und Industrie. Durch fieberhaftes Spekulieren wurden viele Aktien deutlich über Wert gehandelt, der Aktienmarkt war überhitzt. Am **„Schwarzen Freitag"** kam es zum schlagartigen Verfall der Aktienwerte. Er stürzte die US-Wirtschaft in eine schwere Krise, die sich schnell auf die gesamte Weltwirtschaft auswirkte und alle Industrieländer erfasste: Überall wurden Banken zahlungsunfähig und mussten schließen, Unternehmen mussten ihre Produktion verringern oder ganz einstellen. Gehälter und Löhne wurden gekürzt und Millionen von Menschen wurden arbeitslos. In den USA waren es etwa 30 % der Beschäftigten.

VT3 Zeit für einen „New Deal"

Binnen kurzer Zeit verarmten Millionen amerikanische Familien. Da von der Seite des Staates so gut wie keine finanzielle Unterstützung der Bürger vorgesehen war, wurden nicht wenige Familien obdachlos und litten an Hunger.

Q1 Roosevelt im Wahlkampf
Foto, 1932

Der amtierende US-Präsident, der Republikaner Herbert C. Hoover, leitete keine grundlegenden Veränderungen ein, baute stattdessen auf die Selbsthilfe der Bürger (Q5) und verbreitete Optimismus. In dieser Situation gewann der Kandidat der Demokraten Franklin D. Roosevelt mit dem Versprechen staatlicher Hilfe die Präsidentschaftswahl 1932: Für alle Bevölkerungsteile sollte ein Neuanfang möglich werden (Q2, Q4).

VT4 Umstrittene Eingriffe des Staates

Zwischen 1933 und 1939 veränderten die Reformen Roosevelts die Rolle des Staates in Wirtschaft und Gesellschaft der USA: Zunächst wurden Währung und Banken stabilisiert und Letztere im Aktiengeschäft an Regeln gebunden. Zudem wurde ein Arbeitsbeschaffungsprogramm für Millionen von Arbeitslosen im Alter von 18 bis 25 Jahren durchgeführt. Ferner wurden die Landwirte unterstützt und der private Wohnungsbau gefördert. Nach der erfolgreichen Wiederwahl Roosevelts 1936 ergriff die Regierung Maßnahmen zur Einführung des Sozialstaats in den USA: So wurden etwa Renten für Alte, Witwen, Behinderte und schwer

Erkrankte eingeführt. Von seinen politischen Gegnern wurde Roosevelt dafür angegriffen (Q3) und von manchen sogar verdächtigt, Kommunist zu sein.

Inwieweit alle diese Reformen am Ende erfolgreich waren, ist heute noch umstritten. Die Zahl der Arbeitslosen etwa nahm bis 1941 nur langsam ab, sie sank erst deutlich, als die USA in den Zweiten Weltkrieg eingriffen. Dennoch ging von dem **New Deal** für die Mehrheit der amerikanischen Bevölkerung ein positives Signal aus: Der Glaube an das eigene demokratische System blieb auch in der Krise bei den meisten bestehen.

VT5 Folgen für Deutschland

Neben den USA war Deutschland in der Weltwirtschaftskrise das am stärksten betroffene Land: Für die deutsche Wirtschaft brach in kurzer Zeit nicht nur der wichtige Handel mit dem Ausland zusammen, zeitgleich verlangten auch die amerikanischen Banken ihre milliardenschweren Kredite zurück (D1). Beides zusammen hatte dramatische Folgen: Deutsche Banken forderten nun ebenfalls ihre Kredite von den deutschen Unternehmen zurück, die ihre Waren weder im Inland noch im Ausland wie gewohnt verkaufen konnten. Zahlreiche Unternehmen fuhren ihre Produktion zurück, viele gingen Pleite. Dadurch stieg die Arbeitslosigkeit, was wiederum dazu führte, dass noch weniger gekauft wurde. Von 1929 bis 1932 sank die Industrieproduktion um ca. 40 Prozent, während Banken zahlungsunfähig wurden und die **Arbeitslosenzahl** auf über fünf Millionen stieg (D2).

VT6 Enge Grenzen für den Staat

Im Unterschied zu den USA waren die Handlungsspielräume für den deutschen Staat begrenzter. Staat und Wirtschaft hatten in den Jahren zuvor die Reparationen zu schultern und die Inflationszeit im Krisenjahr 1923 zu bewältigen. In den wenigen Jahren des Aufschwungs seit 1924 hatte der Staat außerdem viel Geld in neue Straßen, Wohnungen und Fabriken investiert. Die Finanzierung hierfür basierte u.a. auf amerikanischem Geld. Rücklagen für Krisenfälle gab es kaum. Das zeigte sich schnell bei der neuen Arbeitslosenversicherung: Nur für kurze Zeit bekam ein Arbeitsloser Unterstützung, danach lebte er vom Geld der städtischen Wohlfahrtspflege, das kaum für das Lebensnotwendigste reichte.

VT7 Vertrauensverlust der Bürger

In Deutschland fühlten sich jetzt viele Menschen nicht nur wirtschaftlich in ihrer Existenz bedroht, sondern zweifelten an der noch jungen Demokratie: Manche stellten sich die Frage, ob die häufig zerstrittenen Parteien überhaupt gemeinsam einen Ausweg aus der Krise finden könnten. Immer offener wurde der Wunsch nach einer starken politischen Persönlichkeit geäußert, die Deutschland aus der Krise führen konnte (Q6).

Arbeitslosenzahl
Sie gibt die Anzahl der Personen wieder, die offiziell beim Arbeitsamt als arbeitslos gemeldet sind. Daneben gibt es jedoch eine Dunkelziffer von Personen, die Arbeit suchen, jedoch nicht gemeldet sind. Zur Zeit der Weltwirtschaftskrise lag diese Dunkelziffer bei etwa zwei Millionen. Zu ihnen zählten alle, die gerade die Schule abgeschlossen hatten und keinen Ausbildungsplatz fanden.

Arbeitsblatt
Ein digitales Schaubild entwerfen
8mm9hf

Themen verknüpfen
Wie die deutsche Regierung versuchte, einen Weg aus der Weltwirtschaftskrise zu finden, erfährst du auf den Seiten 127 und 128.

D1 Geldkreisläufe nach dem Ersten Weltkrieg

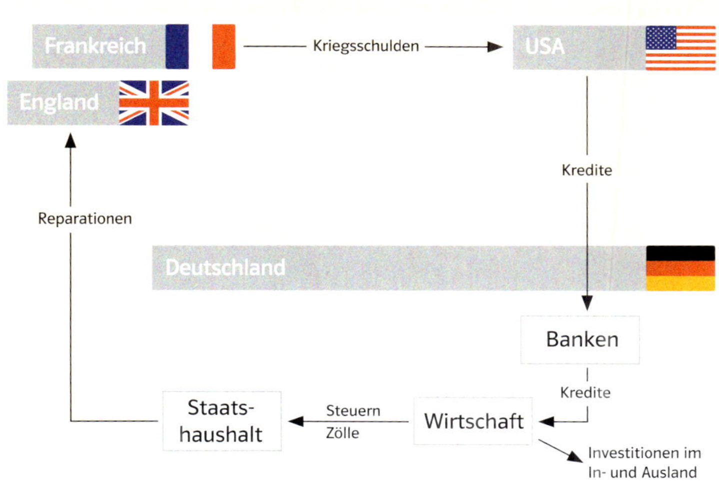

Q2 „Wir fordern einen New Deal"
Karikatur von John Miller Baer, 1931

Q3 „Das Trojanische Pferd vor unserem Tor"
Karikatur von Carrey Orr, 1935

Q4 Recht des Menschen auf Arbeit

In einer Wahlrede sagte der Demokrat Franklin D. Roosevelt am 23. September 1932 in San Francisco:

Jeder Mensch hat das Recht zu leben; und das bedeutet, dass er auch das Recht hat, einen ausreichenden Lebensunterhalt zu verdienen. [...] Jeder Mensch hat ein Recht auf sein eigenes Eigentum, das bedeutet, dass er ein Recht hat, so weit wie möglich der Sicherheit seiner Ersparnisse gewiss zu sein. Mit keinem anderen Mittel können Menschen die Lasten jener Teile des Lebens tragen, die aufgrund ihrer Natur keine Chance auf Arbeit bieten: Kindheit, Krankheit, Alter. [...] Wenn wir in Übereinstimmung mit diesem Prinzip die Tätigkeit des Spekulanten, des Börsenmanipulators, ja sogar des Finanzspezialisten einschränken müssen, dann müssen wir, so glaube ich, die Einschränkung als notwendig akzeptieren, nicht um den Individualismus zu behindern, sondern um ihn zu beschützen.

Franklin D. Roosevelt: The New Deal: Commonwealth Club Address. Übers. v. Martin Krön. Unter: https://publicpolicy.pepperdine.edu/academics/research/faculty-research/new-deal/roosevelt-speeches/fr092332.htm (Zugriff: 21.08.2020).

Q5 Freiheit und Verantwortung eines Amerikaners

Der republikanische Präsident Herbert Hoover erklärte in einer Wahlrede am 21. Oktober 1932:

Dieser Wahlkampf ist mehr [...] als ein Wettstreit zwischen zwei Parteien. [...] Sie [die Opposition] schlägt Veränderungen und sogenannte neue Vereinbarungen [„New Deals"] vor, die die eigentlichen Grundlagen unseres amerikanischen Systems zerstören würden. [...] Die Grundidee dieses ganzen amerikanischen Systems ist nicht das Vorschreiben von Regeln, sondern das Zusammenwirken von freien Menschen. Es basiert auf der Idee der Verantwortung des Einzelnen für die Gemeinschaft [...]. Die Zentralisierung des Regierens[1] wird die Verantwortlichkeiten schwächen und das System zerstören.

Herbert Hoover: Campaign Speech in Madison Square Garden. Übers. v. Martin Krön. Unter: https://millercenter.org/the-presidency/presidential-speeches/october-21-1932-campaign-speech-madison-square-garden (Zugriff: 21.08.2020).

1 gemeint sind die geplanten Gesetze und Reformen Roosevelts

Nachgefragt

MK **1.** Stelle mithilfe von VT1–VT7 die Ursachen, den Anlass sowie die wirtschaftlichen und gesellschaftlichen Folgen der Weltwirtschaftskrise in einem Schaubild dar. Arbeite digital mithilfe des Online-Codes.

2. Beschreibe Q1 und erläutere die Gründe für Roosevelts Erfolg (VT3, VT4).

3. Arbeitet zu zweit: Wählt jeweils eine der beiden Karikaturen Q2 und Q3 und untersucht sie in Einzelarbeit mithilfe von VT1–VT4 und der Arbeitsschritte auf S. 234. Tauscht euch anschließend über eure Ergebnisse aus und vergleicht die beiden Karikaturen.

4. Beurteile die Argumente für und gegen das Eingreifen des Staats in Q4 und Q5. ●

Q6 Arbeitsuchende stehen vor dem Arbeitsamt in Hannover an

Auf der Hauswand steht der Schriftzug „Wählt Hitler“. Ausschnitt eines Fotos aus der Reihe „Arbeitslosigkeit“ von Walter Ballhause, 1932

Q7 Froh sein, wenn man überhaupt etwas hat

Schülerinnen und Schüler einer Abschlussklasse äußern sich über ihre Berufsaussichten, 1932:

„... ich möchte gern Elektriker werden, aber der Meister darf nun doch keinen Lehrling mehr einstellen, ich muß noch bei meinem Vater im Milchgeschäft bleiben. Aber heute bei der großen Arbeitslosigkeit muß man ja froh sein, wenn man überhaupt etwas hat [...]“

„... ich bin manchmal ganz wirr im Kopf vom vielen Vorstellen. Ich bin jeden Tag auf jede Anzeige losgewesen, aber immer war es schon besetzt.

„... in der nächsten Woche ist unsere Schulentlassung, ich freue mich schon sehr darauf. Ich habe eine schöne Stelle als Friseurlehrling bekommen. Das ist für mich ein großes Glück; denn in meiner Klasse haben von 60 nur 10 etwas bekommen.“

Zit. nach Werner Abelshauser/Anselm Faust/Dietmar Petzina (Hrsg.): Deutsche Sozialgeschichte 1914–1945. Ein historisches Lesebuch. C.H. Beck, München 1985, S. 333.

D2 Entwicklung der Arbeitslosenzahlen

Jahr	Arbeitslose in Tausend	Anteil an der gesamten Erwerbsbevölkerung (%)
1922	215	0,7
1923	818	4,5
1924	927	5,8
1925	682	3,0
1926	2025	8,0
1927	1312	3,9
1928	1391	3,8
1929	1899	5,9
1930	3076	9,5
1931	4520	13,9
1932	5603	17,2
1933	4804	14,8

Statistisches Bundesamt, Wiesbaden: Auszug aus Bevölkerung und Wirtschaft 1872–1972.

5. Untersuche die Statistik D2 und erkläre mithilfe des VT auffallende Entwicklungen zwischen 1922 und 1932. ○ → S.221

6. Erläutere die Geldkreisläufe in D1 und ihre Auswirkungen für Deutschland vor und nach 1929.

7. Arbeite heraus, wie die drei interviewten Schülerinnen und Schüler ihre beruflichen Chancen einschätzen (Q7). Welche Gefühle sprechen sie an?

SP **8.** Eine Gruppe von Arbeitsuchenden in der Warteschlange vor dem Arbeitsamt (Q6) beginnt zu diskutieren. Wer trägt die Verantwortung für die Krise? Die Amerikaner, die deutschen Manager oder die Politiker? Notiert euch mögliche Argumente und spielt die Diskussion nach. ○ → S.221

Operatorentraining: Erörtern

Die Auseinandersetzung mit historischen Sachverhalten führt dazu, dass Historikerinnen und Historiker sich ihr eigenes Urteil bilden. Das kannst du im Unterricht auch, zum Beispiel indem du eine eigene Stellungnahme verfasst. Nicht nur im Unterricht, sondern auch in der Wissenschaft kommt es oft zu kontroversen Diskussionen, denn schließlich möchte man mit der eigenen Stellungnahme andere überzeugen. Damit das gelingt, musst du eigene Argumente entwickeln, aber auch die Aussagen von anderen prüfen. Beim Erörtern einer These oder Problemstellung stellst du deshalb Argumente, die für und gegen eine Annahme sprechen, gegenüber und wägst sie ab. So gelangst du zu einer begründeten Stellungnahme.

D1 Modelltext

Wie könnte ein Neuanfang für die amerikanische Wirtschaft im Jahr 1932 aussehen? Erörtere die in Q4 und Q5 (S. 122) gemachten Lösungsansätze.

Der Einbruch des Börsenhandels im Jahr 1929 führte zu einer weltweiten Wirtschaftskrise. In Amerika verloren viele Menschen ihre Arbeit, da Geschäfte und Fabriken schließen mussten. Zahlreiche Menschen wurden obdachlos und verarmten. Über die Frage, ob es einen „New Deal", also einen Neuanfang für die amerikanische Wirtschaft geben sollte, wurde im Wahlkampf zwischen dem amtierenden Präsidenten Herbert C. Hoover und dem neuen Kandidaten Franklin D. Roosevelt diskutiert.
Von Präsident Hoover wurde die Freiheit der Amerikaner und des Wirtschaftssystems als besonders wichtig erachtet. Er befürchtete, durch ein Eingreifen in die Wirtschaft, die „Grundlagen [des] amerikanischen Systems" (Z. 5 f.) zu zerstören. Demgegenüber sah der Präsidentschaftskandidat Franklin D. Roosevelt die Freiheit der Amerikaner in Gefahr. Er betonte, dass alle Menschen das Recht hätten „einen ausreichenden Lebensunterhalt zu verdienen" (Z. 2 f.). An erster Stelle müsse deshalb für den Staat stehen, Ersparnisse und Eigentum der Bürger zu schützen, damit diese für sich und ihre Kinder sorgen können. Deshalb sei es wichtig, dass der Staat in die Wirtschaft eingreifen dürfe.
Trotz der wirtschaftlichen Probleme der Bevölkerung betonte Hoover, dass ein staatliches Eingreifen die Verantwortung des Einzelnen für die Gemeinschaft schwächen würde. Statt auf Maßnahmen, die von der Regierung durchgeführt werden, setzte er auf die Selbsthilfe der Bürger und die natürliche Erholung der Wirtschaft. Darüber hinaus unterstützte er Konzerne, Banken und Versicherungen durch Kredite. Arbeitslose sollten keine Hilfen erhalten.
Roosevelt forderte hingegen, einen Sozialstaat einzuführen, der auch Arbeitslose unterstützt. Er wollte den Bau von Wohnungen und Programme zur Arbeitsbeschaffung fördern und setzte sich für die Einführung von Renten- und Krankenversicherung ein. Darüber hinaus sprach er sich für strengere Regeln im Aktiengeschäft aus.
Die Weltwirtschaftskrise hatte die amerikanische Gesellschaft schwer getroffen. Deshalb war es wichtig, einen Neuanfang zu wagen. Die Idee des Präsidentschaftskandidaten Franklin D. Roosevelt ist besonders überzeugend, denn sie richtet sich an die Menschen, die ihre Arbeit oder ihre Wohnung durch die Wirtschaftskrise verloren haben. Durch den „New Deal" sollte der Aktienmarkt besser kontrolliert werden, sodass eine erneute Krise verhindert würde. Aus diesem Grund ist schließlich diese Idee für die amerikanische Gesellschaft am plausibelsten.

Schritt für Schritt

Erörtern:

Setze dich mit Argumenten zu einer historischen Problemstellung oder These auseinander. Wäge die Argumente ab und überprüfe sie. Formuliere auf dieser Grundlage eine eigene Stellungnahme.

Das gehört in den Text →

- Am *Anfang* wird die These oder Problemstellung, um die sich die Erörterung dreht, benannt. Außerdem werden Informationen zum Material und zum historischen Kontext wiedergegeben.
- Im *Hauptteil* werden Pro- und Kontra-Argumente gegenübergestellt.
- Am *Ende* wird die einleitende Frage beantwortet. Dazu werden die Ergebnisse zusammengefasst und das eigene Urteil dargelegt.

Darauf musst du achten →

- Zeitform: *Präteritum*
- In der Einleitung kannst du die Fragestellung aufgreifen oder eine eigene These entwickeln.
- Damit deine Argumente überzeugend sind, stütze sie durch Beispiele und Quellenbelege.
- Auch wenn du von einem Standpunkt überzeugt bist, sollte deine Erörterung sachlich sein.
- Du kannst eine Tabelle anlegen, in der du deine Pro-und-Kontra-Argumente zunächst sammelst und strukturierst.

Formulierungshilfen

- Um Argumente zu gliedern: *Erstens … Zweitens …; Darüber hinaus/Des Weiteren …; An … Stelle …*
- Um Argumente abzuwägen: *Besonders überzeugend/plausibel/fragwürdig/problematisch ist …*
- Um Vergleiche anzustellen: *Einerseits … andererseits …; Demgegenüber/Trotzdem …*
- Um ein Ergebnis zu formulieren: *Schließlich …; Zu guter Letzt …; Man kann festhalten, dass …*

D2 Babylon Berlin

Im Interview mit dem Radiosender Deutschlandfunk beantwortet der Historiker Hanno Hochmuth die Frage, worauf der Erfolg der Krimiserie zurückzuführen ist:

Ich glaube, dass die Weimarer Republik lange Zeit so ein Schattendasein in unserer Erinnerungskultur gefristet hat und jetzt irgendwie wiederkommt. […] Grundsätzlich, würde ich sagen, ist das sehr gut gelungen, dass dort ein großes gesellschaftliches Panorama entwickelt wird, was einerseits die vielen Freiheiten und Freizügigkeiten dieser Zeit, dieser Zeit der Entfesselung zeigt, aber auf der anderen Seite auch die Schattenseite dieser Freiheit. […] Und wir sehen […] die politische Zerrissenheit der Weimarer Republik, also dieser Demokratie ohne Demokraten. […] Und das macht die Serie heute extrem aktuell, dass es eigentlich um eine Demokratie geht, die von rechts herausgefordert wird.

„Babylon Berlin" holt Weimarer Republik aus dem Schattendasein. Hanno Hochmuth im Gespräch mit Carsten Schroeder. In: Deutschlandfunk. Aus Kultur- und Sozialwissenschaften v. 25.10.2018. Unter: https://www.deutschlandfunk.de/krimiserie-babylon-berlin-holt-weimarer-republik-aus-dem.1148.de.html?dram:article_id=431489 (Zugriff: 30.09.2020).

Nachgefragt

1. Lies den Modelltext D1.
a) Welche Informationen zum Thema kannst du der Einleitung entnehmen? Notiere Stichpunkte.
b) Welche Argumente werden für und welche gegen den „New Deal" angeführt? Sammle die Argumente in einer Tabelle.
c) Finde mithilfe von „Schritt für Schritt" die sprachlichen Besonderheiten der Erörterung heraus.

2. Erörtert gemeinsam, inwiefern die 1920er-Jahre eine Zeit der politischen Zerrissenheit oder ein fortschrittliches und modernes Jahrzehnt waren (D2). Bearbeitet dazu die folgenden Aufgaben in Einzel- bzw. Gruppenarbeit.
a) Tragt zu der Fragestellung Informationen aus diesem Kapitel zusammen. Stellt eure Argumente gegenüber.
b) Wie bezieht ihr dazu Stellung? Diskutiert gemeinsam.
c) Erörtert die Frage mithilfe folgender Aufgaben:
- In welchen historischen Kontext lässt sich die Frage einordnen? Verfasst gemeinsam einen Einleitungssatz.
- Verfasst gemeinsam den Hauptteil. Nutzt dafür eure Ergebnisse aus a) und b) und die Formulierungshilfen
- Formuliert den Schluss, indem ihr eure Ergebnisse zusammenfasst und euren Standpunkt verdeutlicht.

AFB I: 1 AFB III: 2

Die Republik am Ende: Scheitern oder Zerstörung?

Die Weltwirtschaftskrise bedeutete für die Weimarer Republik eine harte Belastungsprobe. Massenarbeitslosigkeit und Angst vor Verelendung führten zur politischen Radikalisierung. Nun musste sich erweisen, inwieweit die Bevölkerung, die Parteien und die Verantwortlichen in der Regierung bereit waren, sich für den Erhalt der jungen Republik einzusetzen.

autoritäres Regime
eine Regierungsform, in der die Demokratie eingeschränkt wird und die Herrschaftsgewalt und die Macht im Staat in den Händen weniger liegt

VT1 Krise vor der Krise: Die Parteien

Noch vor der Weltwirtschaftskrise hatten sich die Konflikte zwischen den demokratischen Parteien verschärft. Kernpunkt waren dabei die finanziellen Belastungen für die Arbeitnehmer und Arbeitgeber: Es ging konkret um Löhne, Arbeitszeiten und die Finanzierung der Arbeitslosenversicherung. Während SPD und Gewerkschaften unter allen Umständen die bisher ausgehandelten Leistungen halten wollten, trat vor allem die DVP für eine Leistungskürzung der Arbeitslosenversicherung und eine stärkere Belastung der Arbeitnehmer ein. Damit wollte die DVP die Interessen ihrer Wähler, der Unternehmer, durchsetzen. Viele von ihnen, vor allem Vertreter der Schwerindustrie, forderten, den Einfluss von SPD und Gewerkschaften in Wirtschaft und Politik zurückzudrängen. Im Zeichen der Wirtschaftskrise und wachsender Arbeitslosigkeit sahen nun fast alle Parteien die Interessen ihrer wichtigsten Wählergruppen gefährdet. Selbst als Regierungspartei war man immer weniger bereit, Kompromisse einzugehen.

Diese Kompromisslosigkeit führte schließlich am 26. März 1930 zum Scheitern der Großen Koalition unter dem SPD-Kanzler Hermann Müller, der letzten Regierung mit einer Mehrheit im Parlament. Einen „schwarzen Tag" sahen viele darin, dass sich SPD und DVP bei einem zentralen Thema nicht hatten einigen können: der Frage, wie die erhöhten Beiträge für die Arbeitslosenversicherung zwischen Arbeitern und Unternehmern verteilt werden konnten.

Q1 „Der Reichstag wird eingesargt"
Collage des deutschen Künstlers John Heartfield, 1932

VT2 Das Parlament wird ausgeschaltet

Die mangelnde Kompromissfähigkeit der Parteien und das Scheitern der Großen Koalition waren das Startsignal für Reichspräsident Hindenburg und seine Berater: Sie begannen, die parlamentarische Demokratie auszuhebeln. Bereits vor Beginn der Krise gab es beim Reichspräsidenten und seinen Beratern die Absicht, die bei vielen ungeliebte Republik in einen Staat mit einem **autoritären Regime** umzubauen. Ein offenkundiges Versagen der Parteien im Rahmen der Großen Koalition bot jetzt den willkommenen Anlass, mit der Veränderung des politischen Systems zu beginnen. Hindenburg und seine Berater ergriffen die Chance, eine allein vom Reichspräsidenten abhängige Regierung zu bilden. Sie sollte sich nicht länger auf Mehrheiten im Reichstag stützen, sondern auf **Notverordnungen**.

Für die Realisierung des neuen Kurses ernannte Hindenburg Ende März 1930 den Wirtschaftsexperten Heinrich Brüning (Zentrum) zum neuen Reichskanzler. Hinter Brüning stand nur eine Minderheit der Reichstagsabgeordneten. Weil

D1 Schaubild zur Präsidialregierung

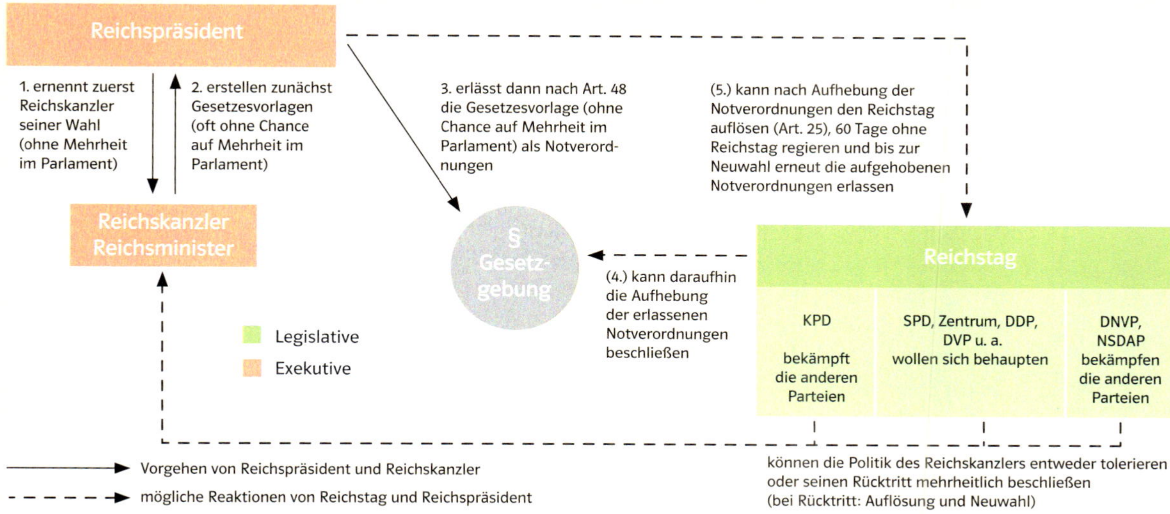

Brüning für seine Gesetze keine Mehrheit im Parlament fand, erließ Hindenburg diese Gesetze in Form von Notverordnungen (Artikel 48 der Reichsverfassung). Als der Reichstag deren Rücknahme verlangte, ließ Hindenburg den Reichstag auflösen und Neuwahlen ansetzen (Artikel 25). Die Notverordnung trat in Kraft. Die von der Verfassung nicht als Mittel dauerhafter Politik vorgesehene Anwendung von Artikel 48 wurde zur Grundlage der Regierungsarbeit (D1). Die Notverordnungen ersetzten zunehmend die Gesetzgebung des Reichstags (Q1). Damit begann eine Umformung des Staates.

VT3 Brünings Politik und ihre Folgen

Um die Handlungsfähigkeit des Staates zu stärken und einen Weg aus der Weltwirtschaftskrise zu finden, wollte Brüning die Staatsausgaben verringern. Der neue Kanzler entschied sich deshalb für einen kompromisslosen Sparkurs: Er erhöhte Steuern unter anderem für Besserverdienende, kürzte die Sozialleistungen für die Ärmeren und lehnte staatliche Finanzhilfen zur Ankurbelung der Wirtschaft ab. Zudem setzte er die umstrittene Erhöhung der Arbeitnehmer- und Arbeitgeberbeiträge bei der Arbeitslosenversicherung mittels Notverordnung durch. Die Talfahrt der deutschen Wirtschaft ging dennoch ungebremst weiter, die Arbeitslosigkeit stieg dramatisch an. Brüning nahm diese negative Entwicklung für ein weiteres Ziel bewusst in Kauf: Eine durch die Krise zahlungsunfähig gewordene deutsche Wirtschaft sollte das Ausland davon überzeugen, auf weitere Reparationsforderungen zu verzichten.

VT4 Reichstagswahl 1930, Radikalisierung

Die sich verschärfende Wirtschaftskrise sorgte bald auch für einen Erdrutsch in der Parteienlandschaft: Angesichts der Massenarbeitslosigkeit gewannen bei der Reichstagswahl im September 1930 die NSDAP mehr als fünf Millionen und die KPD mehr als eine Million neue Wähler hinzu. Die bürgerlichen Parteien und die SPD hingegen verloren viele Stimmen. Gerade die Sozialdemokraten steckten jetzt in der Zwickmühle: Sollten sie Brünings Sparpolitik, die für die Arbeiter große Belastungen brachte, weiter im Parlament bekämpfen oder ab sofort tolerieren? Aus Angst vor weiteren Neuwahlen und Stimmengewinnen der Radikalen suchte die SPD das Gespräch mit Brüning und entschied sich für das scheinbar kleinere Übel, die Tolerierung (Q3).

VT5 Aufstieg der Nationalsozialisten

Nach dem erfolglosen Putschversuch 1923 hatte die NSDAP ihre Strategie verändert: Nicht durch Umsturz, sondern auf legalem Weg als Partei im Reichstag wollte sie an die Macht gelangen.

Notverordnung
Verordnung des Reichspräsidenten, die Gesetzeskraft hatte. Notverordnungen waren nur für den Ausnahmezustand gedacht und auf Verlangen des Reichstages außer Kraft zu setzen.

Präsidialregierung
Regierung ohne parlamentarische Mehrheit, die nur dem Reichspräsidenten verantwortlich war. Sie stützte sich auf die Notverordnungen des Reichspräsidenten.

D2 Erklärfilm
So erstellst du ein Erklärvideo
8mm9hf

SA (Sturmabteilung)
Anfang der 1920er-Jahre gegründete Kampforganisation und uniformierte „Prügeltruppe" der NSDAP

→ Themen verknüpfen
Wie die NSDAP von dem beginnenden wirtschaftlichen Aufschwung profitierte und welche wirtschaftspolitischen Maßnahmen sie ergriff, erfährst du auf Seite 164/165.

Dies schien zu gelingen: Bei der Reichstagswahl 1930 wurde die NSDAP zweitstärkste Kraft. Die NSDAP hatte sich zuvor zu einer straff geführten Massenpartei umgebaut. So gelang es ihr, in allen sozialen Schichten Wähler zu mobilisieren. Während sich Angestellte, Handwerker und Beamte aus Furcht vor sozialem Abstieg der NSDAP zuwandten, erhofften sich Teile der Oberschicht eine Rettung vor dem Kommunismus oder eine Rückkehr zu autoritären Strukturen. Manche Arbeiter sahen in der NSDAP eine nationale Alternative zu den sozialistischen Parteien.
Durch Massenveranstaltungen und moderne Propaganda (Q8c) gewann die NSDAP viele Wähler. Die Partei und ihre Anhänger machten Juden, Kommunisten und Politiker der demokratischen Parteien für die Krise verantwortlich und erklärten sie zu gemeinsamen Feinden. Mithilfe der **SA („Sturmabteilung")** der NSDAP suchten sie offene, gewaltsame Auseinandersetzungen mit politischen Gegnern. Zwar besaßen auch andere Parteien gewaltbereite Schutztruppen, doch war die SA vor allem für junge Männer besonders anziehend: Man gab sich jung, dynamisch, kompromisslos, bewusst antidemokratisch und gewaltbereit (Q6).

Q2 Brünings Abschied

Die Bildunterschrift lautet: „Adieu, Herr Reichspräsident, und schreiben Sie mir mal 'ne Ansichtskarte aus dem Dritten Reich". Mit dem „Dritten Reich" ist eine zukünftige Herrschaft der NSDAP gemeint. Karikatur aus der Satirezeitschrift Simplicissimus, 19. Juni 1932

VT6 Entscheidung für Hitler

Die NSDAP wurde bei den Reichstagswahlen im Juli 1932 mit 37,4 Prozent der Stimmen stärkste Partei. Kurz zuvor hatte sich Hindenburg nur mit Mühe und mit Unterstützung der ungeliebten Sozialdemokraten bei der Reichspräsidentenwahl gegen seinen Konkurrenten Adolf Hitler durchgesetzt. Die Schuld für diese Situation lastete Hindenburg seinem Reichskanzler an. Brüning wurde jetzt wegen seiner eigenständigen, angeblich SPD-freundlichen Politik auch von der Wirtschaft kritisiert (Q5). Im Mai 1932 drängte Hindenburg ihn zum Rücktritt (Q2), obwohl sich erste Erfolge der Sparpolitik abzeichneten: Nur zwei Monate nach Brünings Entlassung wurde Deutschland auf der Konferenz von Lausanne die Zahlung der Reparationen komplett erlassen.
Politische Entscheidungen verschoben sich nun zunehmend in die Hinterzimmer der Macht. Hindenburg berief in kurzer Folge zwei weitere Reichskanzler: den Zentrumspolitiker Franz von Papen, dann seinen eigenen Berater Kurt von Schleicher. Beide besaßen weder im Parlament noch bei der Bevölkerung Rückhalt. Am 30. Januar 1933 ernannte Hindenburg schließlich Adolf Hitler zum Reichskanzler. Für ihn hatten sich führende Unternehmer vor allem aus der Schwerindustrie stark gemacht (Q9). Der Reichspräsident und viele rechte sowie konservative Politiker sahen in diesem Kompromiss den Ausweg aus der Krise: Der Kurs zu einem autoritär regierten Staat sollte fortgesetzt werden, jetzt jedoch mit Unterstützung der größten Partei im Reichstag, der NSDAP. Solange Hitler Reichskanzlers war – so die Einschätzung – meinte man, ihn einbinden, lenken, ja sogar ganz „zähmen" zu können.

Q3 Warum toleriert die SPD Brünings Politik?

Die SPD-Fraktion erklärt am 18. Oktober 1930:

Die von der Regierung Brüning nach der Auflösung des Reichstages erlassenen Notverordnungen enthalten nicht nur einige sozialpolitische Verschlechterungen, wie die Einführung einer Krankenschein- und Rezeptgebühr, einen Abbau der Leistungen in der Arbeitslosenversicherung, und die Einengung der Rentenversorgung; es befinden sich auch darin die Steuerzuschläge auf Einkommen über 8 000 Mark und außerdem der gesamte Haushalt für das laufende Rechnungsjahr. Die vorbehaltlose und sofortige Aufhebung der Notverordnungen würde also einen Zusammenbruch der gesamten öffentlichen Finanzwirtschaft zur Folge haben. Darüber hinaus müßte sie auch zu einer erheblichen Herabsetzung der Arbeitslosenunterstützung führen, denn durch die Notverordnungen sind die Beitragserhöhungen in Kraft getreten, ohne die die jetzigen Unterstützungssätze nicht aufrechtzuerhalten sind. Die sozialdemokratische Reichstagsfraktion handelt also im Interesse der Arbeiterklasse, wenn sie die sofortige Aufhebung der Notverordnungen ablehnte. [...] Die Sozialdemokratie hat den Wahlkampf mit der Front gegen das Kabinett[1] Brüning geführt. Sie steht auch jetzt in entschiedenster Gegnerschaft gegen diese Regierung. Trotzdem hat sie keinen Mißtrauensantrag[2] gegen das Kabinett eingebracht.

Resolution der SPD-Fraktion vom 18.10.1930. Unter: http://histmove.ouvaton.org/imp/chr/pag_009/de/chro_1930.htm (Zugriff: 07.07.2020).

1 Mitglieder einer Regierung
2 Initiative von Abgeordneten, einzelnen Ministern oder der gesamten Regierung das Vertrauen des Parlaments zu entziehen bzw. diese zum Rücktritt zu veranlassen

Q4 Erwartungen der Schwerindustrie

Aus einem Brief führender Unternehmer an Reichskanzler Brüning vom 30. Juli 1931:

Hochverehrter Herr Reichskanzler! [...]
Alle hat der Versorgungsstaat, wie er sich in der Nachkriegszeit entwickelt hat, mit Errungenschaften und wohlerworbenen Rechten bedacht; den Unternehmern, großen und kleinen, hat er als wohlerworbene Rechte nur das Recht, Steuern und für andere soziale Abgaben zu zahlen, sowie das Recht, sich zu verschulden und die Substanz zu verlieren, zugestanden. [...] Keinen Aufschub duldet die Reform unseres Sozialsystems. Sein Um- und Ausbau nach dem Kriege hat keine Rücksicht auf die Leistungsfähigkeit der Wirtschaft genommen. [...] Vor allem sind wir überzeugt, daß sich der Umbau der Erwerbslosenversicherung[1] mit ihrem chronischen Defizit in eine auf den Bedürftigkeitsfall beschränkte Fürsorge nicht vermeiden läßt. [...] Die Geschichte des deutschen Volkes gibt uns die Kraft des Glaubens an eine Zukunft. Und auch ein beschwerlicher Weg wird leichter, wenn ihn die Sonne der Hoffnung bestrahlt. Mit vorzüglicher Hochachtung Krupp von Bohlen und Halbach, Peter Klöckner, Silverberg, Vogler, Springorum, C. F. v. Siemens, Bücher, E. v. Borsig, Reusch

Zit. nach Politik und Wirtschaft in der Krise 1930–1932. Quellen zur Ära Brüning. Erster Teil. Bearb. von Ilse Maurer u. a. Droste, Düsseldorf 1980, S. 800, 803 f., 806.

1 Arbeitslosenversicherung

Q5 Enttäuschte Erwartungen

Paul Reusch, der langjährige Vorstandsvorsitzende der Gutehoffnungshütte (führender Bergbau- und Maschinenbaukonzern mit Sitz in Oberhausen), schreibt am 6. September 1931 an den Geschäftsführer des Reichsverbands der Deutschen Industrie, Ludwig Kastl:

Lieber Herr Kastl!
[...] Ich bin der unmaßgeblichen[1] Meinung, daß Herr Brüning, nachdem die Erwartungen, die wir auf ihn gesetzt haben, sich nicht erfüllt haben und nachdem er nicht den Mut hat, sich von der Sozialdemokratie zu trennen, von der Wirtschaft und vom Reichsverband [der Deutschen Industrie] auf das allerschärfste bekämpft werden muß und daß ihm die Industrie ganz offen ihr Mißtrauen aussprechen soll. [...] Mit herzlichem Gruß Ihr [Paul Reusch]

Zit. nach Politik und Wirtschaft in der Krise 1930–1932. Quellen zur Ära Brüning. Zweiter Teil. Bearb. von Ilse Maurer u. a. Droste, Düsseldorf 1980, S. 944 f.

1 hier: bescheidenen

Q6 „Zusammenstöße“

Praktisch täglich berichteten die Zeitungen während des Jahres 1932 von gewalttätigen Konflikten unter jungen Männern mit politischem Hintergrund: Die Straftaten reichten von Prügeleien über Schießereien bis hin zu Sprengstoffanschlägen. Die Täter gehörten häufig paramilitärisch organisierten Verbänden an, d.h. Kampforganisationen, die nicht zu den eigentlichen Streitkräften des Landes gehörten. Diese hatten sich aus Gruppen ehemaliger Frontsoldaten des Ersten Weltkriegs und Mitgliedern der Parteien gebildet: z.B. Roter Frontkämpferbund (KPD), Eiserne Front (vor allem SPD), Stahlhelm (offiziell parteilos, rechtsorientiert) und SA (NSDAP). Besonders heftige Auseinandersetzungen gab es im Juli 1932, der heißen Phase einer Reichstagswahl – hierzu eine regional und zeitlich begrenzte Auswahl von „Zusammenstößen“ aus der Bonner Zeitung:

Zusammenstöße [15.7.]
Nach der Rede von Goebbels[1] in Elberfeld kam es zu nächtlichen blutigen Zusammenstößen. In Aachen mußte das Überfallkommando[2] neunmal eingreifen und 26 Schuldige festnehmen. In Oberkassel bei Düsseldorf wurde ein 22jähriger erschossen. [...]

Neue Zusammenstöße [16.7.]
werden aus Köln gemeldet. Ein unbeteiligter Bäcker wurde bei Schießereien schwer und ein 46jähriger Arbeiter leicht verletzt. Die Schutzpolizei hat in der Nacht 7 nationalsozialistische und 6 kommunistische Parteiräume durchsucht und zahlreiche Schlagwaffen beschlagnahmt und 58 Menschen verhaftet.

Immer neue Zusammenstöße [20.7.]
In Essen ist bei einem Zusammenstoß zwischen Nationalsozialisten und Kommunisten ein Wachtmeister[3] durch Messerstiche schwer verletzt worden. In Krefeld wurde ein Stahlhelmer von einem Angehörigen der Eisernen Front niedergestochen. Der Täter wurde verhaftet.

Bonner Zeitung vom 15.07., 16.07. und 20.07.1932. Unter: https://zeitpunkt.nrw/ulbbn/periodical/zoom/4059366 (Zugriff: 07.07.2020).

1 ein führender NSDAP-Politiker
2 alarmbereites Polizeikommando mit Fahrzeugen
3 Polizist

Q7 Antidemokratische Atmosphäre

Die Bibliothekarin Sabine Neumann erinnert sich an die letzten Jahre der Weimarer Republik:

In der Schule politisierten wir Schülerinnen der Oberstufe viel untereinander, zumeist als Anhänger der „Bewegung“. Wir holten uns NS-Zeitungen, rannten zu Partei- und Wahlveranstaltungen – eine mit Hitler wurde für uns ein überwältigendes Erlebnis. Wir warfen den Lehrern heimlich Broschüren in die Briefkästen, um sie überzeugen zu helfen [...]. Die Einstellung von uns Jugendlichen wurde begünstigt durch die antidemokratische Atmosphäre unserer bürgerlichen Elternhäuser. Die eigene Urteilsfähigkeit war noch nicht entwickelt. Aber den Idealismus der Jugend und Begeisterungsfähigkeit für einen „Führer“, der gute Ziele anzusteuern versprach – das besaßen wir in hohem Maße!

Zit. nach Wir erlebten das Ende der Weimarer Republik. Zeitgenossen berichten. Hrsg. von Rolf Italiaander. Droste, Düsseldorf 1982, S. 133.

Nachgefragt

1. Beschreibe die Collage Q1 und ordne sie mithilfe von VT1–VT2 und VT4 in den Kontext der Jahre 1930–1932 ein.

2. Erläutere das System der Präsidialregierung (D1, VT2).

3. Fasse die Ziele, Maßnahmen und Folgen der Sparpolitik Brünings zusammen (VT3).

4. Erkläre die Positionen der SPD und führender Unternehmer gegenüber der Regierung Brüning (Q3–Q5, VT3–VT4). ○ → S. 221

5. Untersuche und deute die Karikatur zum „Abschied Brünings“ (Q2). ●

6. Verfasse ein fiktives Interview mit einem Berater Hindenburgs über die Rolle von Reichspräsident und Reichskanzler, die Bedeutung der Parteien im Reichstag und mögliche Wege aus der politischen und wirtschaftlichen Krise (VT2, VT3).

SP **7.** Versetze dich in die Perspektive eines damaligen Journalisten und verfasse einen Bericht über das Wahljahr 1932. Gehe auf die Situation der Bevölkerung, die Wahlkampfmethoden und -ergebnisse sowie auf deren Auswirkungen ein. Zu einem Bericht gehören eine Über-

Q8 Wahlplakate

a) KPD, 1932

b) SPD, 1932

c) NSDAP, 1932

Q9 „Eine vom Parlament unabhängige Regierung“

Im November 1932 wandten sich führende Personen aus Wirtschaft, Industrie und Großgrundbesitz an Reichspräsident Hindenburg. Das Schreiben hatte großen Einfluss auf Hindenburgs Entscheidung, Hitler zum Reichskanzler zu ernennen:

Mit Eurer Exzellenz[1] bejahen wir die Notwendigkeit einer vom parlamentarischen Parteiwesen unabhängigeren Regierung, wie sie in dem von Eurer Exzellenz formulierten Gedanken eines Präsidialkabinetts zum Ausdruck kommt. [...] Wir erkennen in der nationalen Bewegung, die durch unser Volk geht, den verheißungsvollen Beginn einer Zeit, die durch Überwindung des Klassengegensatzes die unerlässliche Grundlage für einen Wiederaufstieg der deutschen Wirtschaft erst schafft. Wir wissen, daß dieser Aufstieg noch viele Opfer erfordert. Wir glauben, daß diese Opfer nur dann willig gebracht werden können, wenn die größte Gruppe dieser nationalen Bewegung führend an der Regierung beteiligt wird. Die Übertragung der [Regierung] an den Führer der größten nationalen Gruppe wird [...] Millionen Menschen, die heute abseits stehen, zu bejahender Kraft mitreißen.

Zit. nach Peter Longerich (Hrsg.): Die Erste Republik. Dokumente zur Geschichte des Weimarer Staates. Piper, München 1992, S. 488 f.

1 Anrede von Persönlichkeiten in hohen amtlichen Stellungen

schrift und ein Vorspanntext, der die Leser neugierig macht.

8. Untersuche die Berichte Q6 und Q7 unter der Fragestellung, welche Erfahrungen Jugendliche im Alltag mit der wachsenden Radikalität in der Politik machten. ○ → S. 222

9. Vergleiche und erkläre Gemeinsamkeiten und Unterschiede der Plakate in Q8. Nutze die Arbeitsschritte auf S. 105.

10. Erläutere die Argumente, mit denen Vertreter aus Industrie und Wirtschaft Hindenburg von der Ernennung Hitlers zum Reichskanzler überzeugen wollten (Q9).

MK **11.** Erstellt in Partnerarbeit ein Erklärvideo über die letzte Phase der Weimarer Republik, in dem ihr auf die Ursachen für das Ende der Republik eingeht. Nutzt die Tipps in D2 und bezieht auch eure Ergebnisse aus den vorherigen Unterkapiteln mit ein. ○ → S. 222

12. Vergleiche die Ansätze zur Lösung der Weltwirtschaftskrise am Beispiel der USA (S. 120: VT3, VT4) und Deutschlands (VT3, VT6) und erörtere, inwieweit der Staat in einer solchen Krise in die Wirtschaft eingreifen und die Regierung die Politik allein bestimmen sollte.

AFB I: 3 AFB II: 1, 2, 4, 5, 7, 8, 10 AFB III: 6, 9, 11, 12

Straßennamen erzählen Geschichte

Geschichte begegnet uns im Alltag an vielen Stellen: Ein Beispiel dafür sind Straßen, die Namen von Personen tragen. Unter diesen Personen kannst du viele wiederfinden, die du vielleicht aus dem Geschichtsunterricht kennst. Doch Straßen erinnern nicht nur an historische Persönlichkeiten. Sie sagen auch viel über die Menschen aus, die die Straßen nach ihnen benannt haben.

Q1 Straßenschild in Münster
Foto, 2012

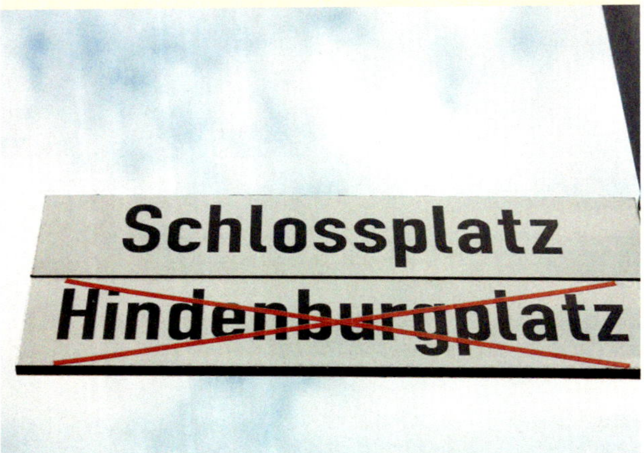

VT1 Warum ehren Straßen historische Personen?

Seit dem 19. Jahrhundert ist es üblich, Straßen die Namen bedeutender Persönlichkeiten zu geben. Dies können Könige, Fürsten und Generäle, vor langer Zeit verstorbene Kaiser, Päpste und Bischöfe, aber auch bekannte Politiker, Künstler oder verdiente Bürger der eigenen Stadt sein. Diese sollen damit für vergangene Leistungen geehrt werden. Besonders wichtig ist aber deren Funktion als Vorbild für die Gegenwart und die Zukunft. An deren Leben und ihren Taten sollten und sollen sich Menschen orientieren. Zunehmend werden Straßen auch nach bekannten Frauen benannt, bis heute tragen jedoch deutlich mehr Straßen die Namen von Männern.

VT2 Straßennamen ändern sich

Die Benennung von Straßen nach historischen Persönlichkeiten änderte sich immer wieder. Vor allem Umbrüche und Revolutionen waren häufig Anlässe für Umbenennungen. Vorbilder vergangener Zeiten galten jenen, die neu an die Macht kamen, häufig aus politischen oder moralischen Gründen nicht mehr als erinnerungs- oder ehrwürdig. An deren Stelle traten andere Namen, an denen sich die Menschen orientieren sollten.

VT3 Darf eine Straße nach Hindenburg benannt sein?

Auch heute gibt es immer wieder Diskussionen über Straßennamen. Ein Beispiel dafür sind Straßen und Plätze, die nach dem früheren Reichspräsidenten Paul von Hindenburg benannt wurden.
Während des Ersten Weltkrieges drängte Hindenburg als deutscher General und Führer der Obersten Heeresleitung die russischen Truppen aus den östlichen Gebieten des Kaiserreiches zurück und eroberte große Gebiete im Osten. Nach Jahren im Ruhestand wurde er 1925 zum Reichspräsidenten gewählt. 1932 gewann er die Wahl zum Reichspräsidenten erneut. Im Januar 1933 ernannte er Adolf Hitler zum Reichskanzler. Anlässlich seines 80. Geburtstages 1927 benannten viele Städte und Dörfer Straßen und Plätze nach Hindenburg. Damit wollten die Verantwortlichen einen aus ihrer Sicht erfolgreichen General und Politiker ehren und als Vorbild würdigen. Nach Hindenburgs Tod 1934 erhielten weitere Straßen seinen Namen. Das nationalsozialistische Regime ehrte damit seine Unterstützung bei der Errichtung der Diktatur.
Viele Städte wie Münster führen heute rege Diskussionen um die Umbenennung von Hindenburgstraßen und -plätzen: Nachdem der Stadtrat von Münster sich 2012 mehrheitlich für eine Umbenennung des Hindenburgplatzes ausgesprochen hatte, kam es nach heftigen öffentlichen Auseinandersetzungen zu einem Bürgerentscheid. 59,4 Prozent der Bürger stimmten gegen die Beibehaltung des Namens „Hindenburgplatz“, 40,6 Prozent stimmten dafür. Seitdem heißt der Platz „Schlossplatz“.

Nachgefragt

1. Nenne Ursachen für eine Umbenennung von Straßennamen (VT1–VT3).

MK **2.** Recherchiere im Internet, wer Paul von Hindenburg war. Nutze dafür die Arbeitsschritte auf S. 238.

3. Erkläre, welche Gründe für oder gegen die Umbenennung des Hindenburgplatzes sprechen (Q1, D1–D2, VT1–VT3).

D1 „Wir ehren die Verteidiger, nicht die Zerstörer der Republik"

Dr. Michael Jung (SPD) begründet die Haltung der SPD in der Ratssitzung vom 21. März 2012:

Meine Damen und Herren, unsere Geschichte und unsere Überzeugung stehen gegen diesen Mann. Wir stimmen heute nicht für die Umbenennung des Platzes, weil wir unsere Geschichte vergessen hätten oder wollten, sondern gerade, weil wir sie nicht vergessen haben. Deswegen ehren wir die Verteidiger der Republik mit unserem Andenken, nicht ihre Zerstörer. Und wenn in einer Bürgeranregung, die uns heute vorliegt, sinngemäß steht: Man dürfe nicht so kleinlich sein bei Straßenbenennungen, es gebe eben Zeiten, da müsse man mit den Wölfen heulen, da sagen wir: Nein. Mit so kleiner Münze wird die Demokratie nicht verteidigt. Der Maßstab für die Ehrungen, die eine freiheitliche Demokratie vornimmt oder heute noch akzeptiert, muss größer sein. Hindenburg genügt diesem Maßstab nicht und hat ihm nie genügt. Denen, die die Vergangenheit heute in ein mildes Licht tauchen und sagen: Damals hätten eben alle Hitler gewollt, so seien die Zeiten eben gewesen und man habe ja nicht ahnen können, was folgte, denen sei gesagt. Nein: Wir, die deutsche Sozialdemokratie, wir nicht. Damals nicht und heute nicht. Und deswegen ehren wir auch heute die, die Nein gesagt haben. Sie sind unser Maßstab, unser Vorbild, nicht die vielen anderen.

Und deswegen, meine Damen und Herren, wollen wir das Kapitel dieser Ehrung heute beenden. Wir hoffen sehr, dass Hindenburg nichts mit der Identität unserer Stadt zu tun hat. Wir wollen eine Stadt des Friedens, der Toleranz und der demokratischen Kultur – für nichts davon steht Hindenburg.

Michael Jung: Rede zur Umbenennung des Hindenburgplatzes (Vorlage V/0178/2012) in der Ratssitzung am 21.3.2012. Unter: https://www.muenster.de/stadt/strassennamen/pdf/hindenburgplatz_2012-03-21_rede_spd_jung.pdf (Zugriff: 17.07.2020).

D2 „Tradition und Heimat aller Münsteraner"

Die Bürgerinitiative „Pro Hindenburgplatz" fordert am 14. September 2012 die Beibehaltung des Namens:

Mit unserem Bürgerentscheid kämpfen wir darum, dass der Bürgerwille der Münsteraner in demokratischer Abstimmung respektiert wird. Die Mitbürger wissen: Der Hindenburgplatz wird nicht nur von den Älteren als zu Münster gehörig, wie das Rathaus oder der Prinzipalmarkt, empfunden; er ist Tradition und Heimat aller Münsteraner.

Sie sehen nicht ein, dass das, was 85 Jahre galt, nun wie bei einer Bilderstürmerei[1] als falsch aufgegeben werden soll. Man kann geschichtlichen Personen nur gerecht werden, wenn man bedenkt, in welchen Zeiten sie lebten und vor welchen Problemen sie standen: verlorener Krieg, Wirtschaftskrise, 1932 ca. 5,5 Mio. Arbeitslose, 20 Regierungswechsel, ab 1930 keine von einer Reichstagsmehrheit mehr getragene Regierung. Da verließ sich auch die SPD auf Hindenburg als Stabilitätsanker und bat 1932 den 85jährigen, erneut als Reichspräsident gegen Hitler zu kandidieren. Da der Reichstag von der NSDAP dominiert war, sah Hindenburg nach dem Scheitern mehrerer Kabinette 1933 dann aber keine andere Möglichkeit mehr, als seinen politischen Gegner Hitler zum Reichskanzler zu berufen. Wer dies aus jetziger bequemer Sicht verurteilt, sollte bedenken, dass auch heute die jeweils stärkste Partei den Kanzler beansprucht.

Christa Ruten: Bürgerentscheid am 16. September 2012. Soll der Ratsbeschluss vom 21.03.2012 über die Umbenennung des Hindenburgplatzes aufgehoben werden und damit der Platz den Namen Hindenburgplatz behalten? Beiträge zur Statistik Nr. 115. Unter: https://www.stadt-muenster.de/fileadmin/user_upload/stadt-muenster/61_stadtentwicklung/pdf/beitraege/Beitraege_zur_Statistik_Nr_115.pdf, S. 36 (Zugriff: 17.07.2020).

1 Zerstörung und Vernichtung religiöser Bilder

4. Verfasse einen Brief an die Anwohner des Platzes, in dem du die Umbenennung begründest.

5. Gestaltet ein Rollenspiel mit Anwohnern und Ratsmitgliedern, die über die Umbenennung diskutieren.

6. Recherchiere, ob es in deinem Wohnort Straßen gibt, die du umbenennen würdest. Begründe, weshalb.

AFB I: 1 AFB II: 2, 3, 4 AFB III: 5, 6

Arbeitsblatt
Selbsteinschätzungsbogen
8mm9hf

Üben interaktiv
Wissens-Check
8mm9hf

1. Überblickswissen zur Weimarer Republik

Zusammenhänge herstellen

Sachkompetenz

Verbinde die Person mit dem jeweils passenden Begriff und begründe kurz deine Entscheidung.

• Rosa Luxemburg	• Dolchstoß-Lüge
• Heinrich Brüning	• Reparationen
• Philipp Scheidemann	• Räterepublik
• Adolf Hitler	• Sparpolitik
• Paul von Hindenburg	• Parlamentarisches System
• Charles Dawes	• Putschversuch
• Franklin D. Roosevelt	• Bündnis mit Militärs
• Friedrich Ebert	• New Deal

Q1 SPD-Plakat zur ersten Reichstagswahl, Juni 1920

2. Plakate als Zeugnisse der politischen Kultur

Plakate analysieren und vergleichen

Sachkompetenz, Methodenkompetenz

a) Analysiere Q1 und Q2.
b) Vergleiche die Haltung und Rolle der abgebildeten Figuren.
c) Erkläre ausgehend von den Plakaten, wie sich die Situation der SPD von 1920 bis 1932 veränderte.

Q2 SPD-Plakat zur Reichstagswahl, 1932

3. Politische Kräfte der Weimarer Republik

Sachgerechtes Auswerten einer Bildquelle

Sachkompetenz, Methodenkompetenz

Analysiere die Karikatur Q3 vor dem Hintergrund der gesellschaftlichen und politischen Verhältnisse der Weimarer Republik. Beachte dabei, wen die Personen darstellen sollen.

Q3 „Sie tragen die Buchstaben der Firma – aber wer trägt den Geist?!“

Karikatur von Th. Th. Heine aus dem Simplicissimus, 1927

MK 4. Weimarer Republik im Internet

Online-Angebote vergleichen und bewerten

Sachkompetenz, Methodenkompetenz, Urteilskompetenz

Teilt euch in Kleingruppen auf und wählt jeweils eines der Online-Angebote zur Weimarer Republik in D1 aus. Analysiert das Angebot, indem ihr den Anbieter, die Inhalte und die Darstellungsform untersucht. Stellt eure Ergebnisse in der Klasse vor und gebt eine Einschätzung darüber ab, inwiefern es sich als Lernhilfe für den Geschichtsunterricht eignet.

SP 5. Das Scheitern der Weimarer Republik

Argumente eines Historikers beurteilen

Sachkompetenz, Methodenkompetenz, Urteilskompetenz

Beurteile die Argumente des Historikers Arthur Rosenberg in Q4. Arbeite zunächst die einzelnen Argumente heraus. Berücksichtige bei deinem Urteil die zeitgenössische Sichtweise des Autors und begründe dein Urteil abschließend. Nutze die Formulierungshilfen auf den hinteren Ausklappseiten.

Q4 Warum rettet niemand die Republik?

Der Historiker Arthur Rosenberg war von 1924 bis 1928 Reichstagsabgeordneter, bis 1927 als Vertreter der KPD und danach als parteiloser Abgeordneter. 1933 emigrierte er nach Großbritannien. Dort schrieb Rosenberg bereits 1935 „Die Geschichte der deutschen Republik“, in der er auf die Gründe für das Scheitern der Weimarer Republik eingeht:

Die bürgerliche Republik war in Deutschland 1918 das Werk der Arbeiterklasse. Das Bürgertum selbst hat die werdende deutsche Republik entweder bekämpft oder nur lau unterstützt. 1930 ging die bürgerliche Republik in Deutschland zugrunde, weil ihr Schicksal den Händen des Bürgertums anvertraut war und weil die Arbeiterschaft nicht mehr stark genug war, um die Republik zu retten. Die deutsche Arbeitnehmerschaft umfaßte zwar drei Viertel des Volkes, aber da sie sich weder in ihren politischen Idealen noch in ihren taktischen Methoden einigen konnte und weil sich ihre Riesenkräfte im Kampfe gegeneinander verbrauchten, kam die Gegenrevolution [gemeint sind DNVP und NSDAP] wieder zur Macht.

Arthur Rosenberg: Geschichte der Weimarer Republik. Europäische Verlagsanstalt, Frankfurt/M. 1961. S. 211.

D1 Websites

Internetseiten zur Weimarer Republik
8mm9hf

4 Nationalsozialismus und Zweiter Weltkrieg

Nationalsozialismus und Zweiter Weltkrieg
Online-Material
283ua8

Der Nationalsozialismus prägt die geschichtliche Erinnerung in Deutschland wie keine andere Epoche. Nach der Machtübernahme errichteten die Nationalsozialisten eine totalitäre Diktatur und verübten in den zwölf Jahren ihrer Herrschaft kaum vorstellbare Verbrechen. Wie gelangte das NS-Regime in Deutschland an die Macht? Wie kam es zu Ausgrenzung, Krieg und Völkermord?

1933 | **1935** | **1937** | **1939**

30. Januar 1933
Adolf Hitler wird zum Reichskanzler ernannt.

23. März 1933
Der Reichstag hebt mit dem „Ermächtigungsgesetz“ die Gewaltenteilung auf.

September 1935
„Nürnberger Gesetze“

März 1938
„Anschluss“ Österreichs an das Deutsche Reich

9. November 1938
In der Pogromnacht werden Synagogen zerstört und Juden misshandelt, verhaftet und getötet.

1. September 1939
Mit dem deutschen Angriff auf Polen beginnt der Zweite Weltkrieg.

Kompetenzen Am Ende dieses Kapitels weißt und kannst du Folgendes:

Sachkompetenz
- Du kennst Ziele und ideologische Grundlagen des NS-Herrschaftssystems und ihre Auswirkungen.
- Du weißt, wie es zur Ausgrenzung, Verfolgung und Ermordung von Juden und anderen Gruppen kam.
- Du kannst Verbrechen an der Zivilbevölkerung im Zweiten Weltkrieg darstellen.
- Du kannst Anlass und Folgen des Kriegseintritts der USA erläutern.

Methodenkompetenz
- Du kannst Dokumentationen kritisch untersuchen.
- Du weißt, wie du den Operator „Begründen“ anwendest.

Urteilskompetenz
- Du kannst die Verantwortung politischer Akteure für die Zerstörung der Demokratie beurteilen.
- Du kannst die Möglichkeiten, Grenzen und Gefahren von Widerstand in der NS-Zeit diskutieren.
- Du kannst die Verantwortung, die sich aus der Beschäftigung mit den NS-Verbrechen ergibt, für den Umgang mit Geschichte heute erörtern.
- Du kannst die Folgen von Flucht und Vertreibung beurteilen.

Handlungskompetenz
- Du kannst inhaltlich fundiert und argumentativ schlüssig auf rechte Thesen zum Nationalsozialismus reagieren.

◄ **D1 Stolpersteine erinnern an die Vertreibung und Vernichtung jüdischer Bürger während der NS-Diktatur**
Mit den Stolpersteinen will der Kölner Künstler Gunter Demnig zum Gedenken an die Opfer anregen. Foto, 2008

1941 **1943** **1945**

Dezember 1941
Die USA treten in den Krieg ein.

22. Juni 1941
Überfall Deutschlands auf die Sowjetunion

ab 1941
systematische Vernichtung der europäischen Juden

20. Juli 1944
Attentat auf Adolf Hitler

8./9. Mai 1945
bedingungslose Kapitulation Deutschlands

Nationalsozialisten an der Macht – wie wurde die Demokratie zerstört?

Mit einem Fackelzug feierten die Anhänger der Nationalsozialisten am 30. Januar 1933 die Amtsübernahme des neuen Reichskanzlers Adolf Hitler. Wie schnell die Demokratie zerstört werden würde, ahnten zu diesem Zeitpunkt nur wenige.

→ **Themen verknüpfen**
Zum Aufstieg Hitlers kannst du auf S. 127/128 noch einmal nachlesen.

→ **Themen verknüpfen**
Zu den damaligen politischen Parteien kannst du auf S. 106/107 nachlesen.

VT1 Von Anfang an gegen die Demokratie

Am 30. Januar 1933 ernannte Reichspräsident Hindenburg Adolf Hitler zum Reichskanzler. Dies war ein legaler Vorgang im Rahmen der Verfassung und keine „Machtergreifung", wie es später häufig hieß. Die Nationalsozialisten hatten für den demokratischen Staat, den sie nun regieren sollten, jedoch nur Verachtung übrig. Sie wollten die Demokratie so schnell wie möglich abschaffen.

Neben dem Kanzler saßen nur zwei weitere Minister der NSDAP in der Regierung: Innenminister Wilhelm Frick und Hermann Göring als Minister ohne Geschäftsbereich. Daher glaubte man in national-konservativen Kreisen, den neuen Reichskanzler Hitler „zähmen" zu können. Rückblickend lässt sich sagen, dass Hitler und die NSDAP massiv unterschätzt wurden.

Q1 Ein SA-Mann bewacht Gefangene

Das Foto aus einem SA-Lager in der Berliner Innenstadt zeigt Männer, die von der SA verschleppt und verhaftet wurden.
Foto, 6. März 1933

VT2 Grundrechte außer Kraft

Kurz nach seinem Amtsantritt als Reichskanzler überzeugte Hitler den Reichspräsidenten, das Parlament aufzulösen und für den 5. März 1933 Neuwahlen anzusetzen. Damit wollten die Nationalsozialisten noch mehr Einfluss gewinnen. Denn um die Verfassung ändern zu können, brauchten sie im Reichstag eine Zweidrittelmehrheit.

Eine Woche vor der Wahl brannte am 27. Februar plötzlich das Reichstagsgebäude. Am Tatort wurde der Holländer Marinus van der Lubbe festgenommen. Er stand den Kommunisten nahe, was die Nationalsozialisten sofort für ihre Hetze nutzten: Sie stellten den Anschlag als einen kommunistischen Umsturzversuch dar.

Hindenburg wurde gedrängt, eine „Notverordnung zum Schutz von Volk und Staat" („Reichstagsbrandverordnung") zu erlassen. Damit wurden wichtige Grundrechte, wie Meinungs-, Presse- und Versammlungsfreiheit, außer Kraft gesetzt (Q5). Zudem führten die Nationalsozialisten das Instrument der „Schutzhaft" ein: Damit konnten politische Gegner willkürlich verhaftet werden – ohne Anklage und Prozess. Zahlreiche KPD-Funktionäre und SPD-Vertreter wurden festgenommen, die kommunistische Presse verboten. Die Verordnung, die vorgeblich nur für den Krisenfall in Kraft gesetzt worden war, nutzten die Nationalsozialisten somit, um einen permanenten Ausnahmezustand zu schaffen.

VT3 Das „Ermächtigungsgesetz"

Die Zeit vor der Reichstagswahl vom 5. März 1933 war von massiver Wahlwerbung, Gewalt und Straßenterror seitens der Nationalsozialisten geprägt. Trotzdem erreichte die NSDAP (43,9 %) gemeinsam mit der rechtsnationalen DNVP (8 %) nicht die gewünschte Zweidrittelmehrheit.

Q2 Schlagzeile nach dem Reichstagsbrand

Titelblatt der NS-Zeitung Völkischer Beobachter vom 1. März 1933

Norddeutsch Ausgabe / Ausgabe A
60. Ausg. ★ 46. Jahr ★ Einzelpreis 20 Pf.

Freiheit und Brot!

Ausgabe A / Norddeutsche Ausgabe
Berlin, Mittwoch, 1. März 1933

VÖLKISCHER BEOBACHTER

Herausgeber Adolf Hitler

Die Brennessel heute neu!

Kampfblatt der national-sozialistischen Bewegung Großdeutschlands

Das Maß ist voll!

Jetzt wird rücksichtslos durchgegriffen

Kommunistische Brandstifter zünden das Reichstagsgebäude an – Der Mitteltrakt mit dem großen Sitzungssaal vernichtet – Kommunistischer Brandstifter verhaftet – Das Zeichen zur Entfesselung des kommunistischen Aufruhrs – Schärfste Maßnahmen gegen die Terroristen – Alle kommunistischen Abgeordneten in Haft – Alle marxistischen Zeitungen verboten

Das brennende Reichstagsgebäude

Der amtliche Bericht:

Der Brand des Reichstags sollte das Fanal zum bolschewistischen Aufstand sein

Der Aufruhr durch die Maßnahmen der Regierung im Keime erstickt

Der Wallot-Bau in Flammen

Man kann die erste telephonische Nachricht überhaupt nicht glauben. Also noch einmal ein Anruf an das Haus selbst! Ein Polizeioffizier meldet sich: „Das Gebäude brennt!" Im ersten Augenblick ist es unmöglich, sich irgend eine Vorstellung zu machen. Der riesige Palastbau am Königsplatz scheint für die Ewigkeit errichtet zu sein. Der Reichtum der Vorkriegszeit versuchte sich in diesem Bauwerk zu dokumentieren. Stein, Marmor und Bronze, blutig-grelle Flammen in den schwarzen Nachthimmel hineinzüngeln. Die Kuppel des Reichstags qualmt und glüht wie eine Esse.

An der Kreuzung der Siegesallee mit der Charlottenburger Chaussee ein Gewirr von Wagen und dazwischen blaue Polizei, die sich bemüht, die zum Brandplatz strebenden Autos und Motorräder abzuhalten.

Ein baumlanger Schupo sperrt den Wagen. Zwei, drei andere stehen schon am

Am Hauptportal, durch das normal die Abgeordneten das Gebäude betreten, halten wir. Wieder nimmt uns Polizei in Empfang. Wieder werden wir durchgelassen und stolpern dann über ein Gewirr von Schlauchleitungen in das pompöse Vestibül.

Wie das Feuer gelegt wurde

Nun erhalten wir die erste Auskunft.

Das Fanal!

Von

Dr. Joseph Goebbels.

Man sitzt am späten Abend zusammen und überlegt die letzten Maßnahmen des Wahlkampfes. Der Führer ist von seiner Reise nach Bayern zurückgekommen und erzählt begeistert von den gewaltigen Eindrücken, die er von München und Nürnberg mitgenommen hat. Mitten im tiefsten Frieden schrillt das Telephon so laut und schreiend, als wollte

Um dennoch ungehindert schalten und walten zu können, legte die Regierung dem Reichstag am 23. März das „Gesetz zur Behebung der Not von Volk und Reich" („Ermächtigungsgesetz") vor, das nichts anderes anstrebte als das Ende der parlamentarischen Demokratie: Mit diesem Gesetz sollte die Reichsregierung ermächtigt werden, Gesetze künftig ohne Zustimmung des Reichstags erlassen zu können (Q6).

Außer den Politikern der SPD – die Stimmen der KPD-Abgeordneten wurden für ungültig erklärt, viele saßen bereits in Haft – stimmten alle Abgeordneten für das „Ermächtigungsgesetz". Die in Demokratien übliche Gewaltenteilung war damit aufgehoben.

VT4 Terror als Mittel der Politik

Die Zustimmung zum „Ermächtigungsgesetz" war auch durch die herrschende Atmosphäre von Angst und Gewalt möglich geworden. So hatten vor dem Sitzungssaal **SA**-Leute drohend Position bezogen, um die Abgeordneten einzuschüchtern.

Für die Nationalsozialisten waren Einschüchterung und Gewalt ein normales Mittel der Politik. Schon in der Anfangszeit der NSDAP waren die Braunhemden der SA als „Prügeltruppe" aufgetreten, die Andersdenkende rücksichtslos drangsalierte. Nach der Machtübernahme erfolgten solche Übergriffe gar mit staatlicher Vollmacht der neuen Regierung: SA- und **SS**-Kräfte wurden von Februar bis August 1933 als Hilfspolizisten eingesetzt (Q1, Q4). Sie verfolgten und verhafteten politisch Andersdenkende. Viele der Inhaftierten wurden dabei misshandelt und gefoltert.

VT5 Konzentrationslager und Gestapo

Normale Gefängnisse reichten bald nicht mehr aus, um alle Gegner einzusperren, darunter vor allem Kommunisten, Sozialdemokraten und Gewerkschafter sowie Angehörige der von den

SA (= Sturmabteilung)
Anfang der 1920er-Jahre gegründete Kampforganisation und uniformierte „Prügeltruppe" der NSDAP

SS (= Schutzstaffel)
1925 als Leibgarde Adolf Hitlers gegründet, unterstand sie zunächst der SA. Nach der Entmachtung der SA 1934 gewann sie an Bedeutung und wurde zu einer eigenständigen Organisation der NSDAP. Ab 1934 war sie zuständig für die Bewachung der Konzentrationslager.

Konzentrationslager
Arbeits- und Vernichtungslager des NS-Regimes. Anfangs dienten sie zur Inhaftierung politischer Gegner. Bald wurden dort alle Personen eingesperrt, die als „minderwertig" oder missliebig betrachtet wurden. Am Ende der NS-Zeit gab es über 1000 Konzentrations- und Nebenlager sowie sieben Vernichtungslager.

„Gleichschaltung"
NS-Begriff für die Ausrichtung von Politik, Gesellschaft und Alltag im nationalsozialistischen Sinn

arisch/Arier
(von altind. arya = Herr)
Nach der NS-Rassenideologie gehörten die „Arier" (angeblich groß, blond, blauäugig, tapfer, heldenhaft) der höchsten Rasse an. Kern der arischen Rasse waren nach dieser „Lehre" die germanischen Völker, vor allem die Deutschen. Ursprünglich bezeichnet das Wort aber die Angehörigen eines der frühgeschichtlichen Völker Indiens und des Iran.

Nationalsozialisten verhassten Minderheiten. Die Nationalsozialisten richteten nun sogenannte **Konzentrationslager** (KZ) ein. Das erste KZ wurde im März 1933 errichtet – vor den Toren Münchens in Dachau, zuerst als Gefängnis für politische Häftlinge. Das geschah ohne jede Geheimhaltung. Zeitungen berichteten über die Eröffnung. Es gab sogar eine Pressekonferenz. Dachau wurde zum Vorbild für alle anderen Konzentrationslager – und zum Inbegriff für Folter und Mord.

Zur gefürchteten Institution entwickelte sich auch die Gestapo (Geheime Staatspolizei). Sie hatte die Aufgabe, politische Gegner aufzuspüren und zu bekämpfen. Die personelle Ausstattung der Gestapo war zwar zu klein, um eine flächendeckende Überwachung zu gewährleisten, doch zahlreiche Menschen wurden von Mitbürgern an die Gestapo verraten oder auf bloßen Verdacht hin angeschwärzt. Daran wird deutlich, dass die Machtübernahme der Nationalsozialisten auch deshalb funktionierte, weil sich Menschen den Zielen der neuen Machthaber anpassten oder ihren Anweisungen sogar zuvorkamen (vorauseilender Gehorsam, D1).

VT6 „Gleichschaltung"

Die Nationalsozialisten gingen nach der Regierungsübernahme sofort dazu über, alle Lebensbereiche in ihrem Sinne auszurichten. Sie nannten das **„Gleichschaltung"**:
- Die Länderregierungen wurden beseitigt und durch nationalsozialistisch dominierte Kabinette ersetzt.
- Parteien wurden zwangsweise aufgelöst (etwa die SPD) oder lösten sich selbst auf (etwa das Zentrum). Die NSDAP war seit dem Sommer 1933 die einzige zugelassene Partei.
- Die Gewerkschaften wurden im Mai 1933 zerschlagen, ihr Vermögen geraubt. Auch Arbeitgeberverbände wurden verboten. An ihre Stelle trat die „Deutsche Arbeitsfront" (DAF), die beide Seiten im nationalsozialistischen Sinne vereinigte.
- Das sogenannte „Schriftleitergesetz" verfügte im Oktober 1933, dass Schriftleiter (Redakteure, Journalisten) **„arisch"** sein und dem NS-Staat loyal gegenüberstehen mussten. Die Presse wurde somit zum Instrument der nationalsozialistischen Propaganda, das keine abweichenden Meinungen mehr zuließ.
- Künstler und Kulturschaffende mussten der Reichskulturkammer beitreten. Es wurden nur Künstler aufgenommen, die einen Ariernachweis erbringen konnten und „deutsche" oder „völkische" Kunst schufen.

VT7 Entmachtung der SA

Die „Gleichschaltung" von Politik und Gesellschaft hatte Hitlers Position gefestigt. 1934 sah er seine Macht nur innerhalb der NSDAP von der SA bedroht. Er verlor zunehmend die Kontrolle über den SA-Führer Ernst Röhm, der nicht nur auf die ihm unterstellten Einheiten, sondern auch auf die Truppen der Reichswehr zugreifen wollte. Das wollte Hitler, der die Reichswehr für seine Kriegspläne brauchte, nicht zulassen. Die NS-Führung beschloss, den Rivalen aus dem Weg zu räumen. Am 30. Juni und 1. Juli 1934 wurden Röhm sowie andere SA-Führer und weitere unbequem gewordene Personen auf Hitlers Befehl hin erschossen. Insgesamt gab es etwa 200 Tote.

Nachträglich rechtfertigte Hitler die Morde als „Staatsnotwehr". Dadurch sei ein Putsch verhindert worden. Erneut wurde damit offenbar, wie skrupellos sich das NS-Regime verbrecherischer Mittel bediente. Die SA verlor in der Folge ihre mächtige Rolle, die SS wurde nun stärker.

VT8 Hitler als „Führer und Reichskanzler"

Als Reichspräsident Hindenburg im August 1934 verstarb, verschmolz Hitler verfassungswidrig dessen Amt und Befugnisse mit seiner Kanzlerschaft. Er nannte sich fortan „Führer und Reichskanzler". Die Reichswehr wurde auf die Person Hitlers vereidigt. Innerhalb kürzester Zeit war Deutschland damit von einer Demokratie zu einer Diktatur geworden.

Q3 Tag von Potsdam

Am 21. März 1933 wurde der neu gewählte Reichstag in der Potsdamer Garnisonkirche eröffnet. Dort traf Reichskanzler Hitler (links) auf Reichspräsident Paul von Hindenburg (rechts). Der ehemalige Generalfeldmarschall des Ersten Weltkriegs Hindenburg galt vielen als Vertreter der alten preußischen Monarchie. Das Foto von ihrer Begegnung wurde als Postkarte in Umlauf gebracht.

Q4 Einschüchterungsterror

Elfriede Gruber-Gilmer, Tochter eines Staatsanwalts, der 1933 entlassen worden war, erzählt 1994 in einem Interview, wie es ihrem Vater erging:

Er war in der [Deutschen] Demokratischen Partei und war in der Deutschen Friedensgesellschaft. Kurz und gut, es kam 1933, es kam Hitler dran. Zuerst haben sie die Fensterscheiben bei uns eingeschmissen in der Hobrechtstraße. Da schlief meine Schwester, der Stein hat sie knapp verfehlt, er lag dann auf dem Fußende. Ab da wurden die Läden runtergelassen. Und im März 1933 hat's nachts geklingelt. Da standen SA-Leute vor der Tür, nachts um drei Uhr. Meine Schwester hat aufgemacht und die SA-Leute gesehen. Der Vater sollte mitkommen! Und da hat er seinen Mantel angezogen und seinen Schlapphut aufgesetzt, um sich zu schützen, weil er Brillenträger war. Den Hut aufgesetzt und den Kragen hochgeschlagen. Sie haben ihn zusammengeschlagen mit dem Gummiknüppel, an der Friedhofsmauer. Da hatten sie ihn hingeschleppt. Und ich weiß noch, dass er drei Tage im Bett gelegen hat.

Interview mit Elfriede Gruber-Gilmer, 21.10.1994. In: Thomas Lange: Eine Generation wächst in die Diktatur. Jugend in Darmstadt in den zwanziger und dreißiger Jahren. Dokumente 1928–1944 (Geschichte im Archiv, Darmstädter Archivdokumente für den Unterricht 4). Hessisches Staatsarchiv, Darmstadt 1997, ohne Seitenangabe.

Q5 „Reichstagsbrandverordnung“

Aus der Verordnung des Reichspräsidenten „zum Schutz von Volk und Staat“ vom 28. Februar 1933, erlassen auf Grundlage des Artikels 48 der Weimarer Verfassung:

§ 1 Die Artikel 114, 115, 117, 118, 123, 124 und 153 der Verfassung des Deutschen Reiches werden bis auf weiteres außer Kraft gesetzt. Es sind daher Beschränkungen der persönlichen Freiheit, des Rechts der freien Meinungsäußerung, einschließlich der Pressefreiheit, des Vereins- und Versammlungsrechts, Eingriffe in das Brief-, Post-, Telegraphen- und Fernsprechgeheimnis, Anordnungen von Haussuchungen und von Beschlagnahmen sowie Beschränkungen des Eigentums auch außerhalb der sonst hierfür bestimmten gesetzlichen Grenzen zulässig.

Reichsgesetzblatt 1933 Nr. 17, Teil I, S. 83. Unter: https://de.wikisource.org/wiki/Reichstagsbrandverordnung (Zugriff: 03.11.2020).

Q6 „Ermächtigungsgesetz“

Aus dem „Gesetz zur Behebung der Not von Volk und Reich“ vom 24. März 1933:

Artikel 1. Reichsgesetze können außer in dem in der Reichsverfassung vorgesehenen Verfahren auch durch die Reichsregierung beschlossen werden. [...]

Artikel 2. Die von der Reichsregierung beschlossenen Reichsgesetze können von der Reichsverfassung abweichen, soweit sie nicht die Einrichtung des Reichstags und des Reichsrats als solche zum Gegenstand haben. Die Rechte des Reichspräsidenten bleiben unberührt.

Artikel 3. Die von der Reichsregierung beschlossenen Reichsgesetze werden vom Reichskanzler ausgefertigt und im Reichsgesetzblatt verkündet. [...]

Zit. nach Dokumente der Deutschen Politik und Geschichte von 1848 bis zur Gegenwart, Bd. IV: Die Zeit der nationalsozialistischen Diktatur 1933–1945, Aufbau und Entwicklung 1933–1938. Hrsg. v. Johannes Hohlfeld. Dokumentenverlag Wendler & Co., Berlin/München 1955, S. 40.

Q7 Otto Wels über das „Ermächtigungsgesetz“

Der SPD-Vorsitzende Otto Wels erklärt am 24. März 1933 vor dem Reichstag die Ablehnung des „Ermächtigungsgesetzes“ durch die SPD:

Freiheit und Leben kann man uns nehmen, die Ehre nicht. Nach den Verfolgungen, die die Sozialdemokratische Partei in der letzten Zeit erfahren hat, wird billigerweise[1] niemand von ihr verlangen oder erwarten können, dass sie für das hier eingebrachte Ermächtigungsgesetz stimmt. Die Wahlen vom 5. März haben den Regierungsparteien die Mehrheit gebracht und damit die Möglichkeit gegeben, streng nach Wortlaut und Sinn der Verfassung zu regieren. Wo diese Möglichkeit besteht, besteht auch die Pflicht [...]. Noch niemals, seit es einen Deutschen Reichstag gibt, ist die Kontrolle der öffentlichen Angelegenheiten durch die gewählten Vertreter des Volkes in solchem Maße ausgeschaltet worden, wie es jetzt geschieht, und wie es durch das neue Ermächtigungsgesetz noch mehr geschehen soll.

Zit. nach Dokumente der Deutschen Politik und Geschichte von 1848 bis zur Gegenwart, Bd. IV: Die Zeit der nationalsozialistischen Diktatur 1933–1945, Aufbau und Entwicklung 1933–1938. Hrsg. v. Johannes Hohlfeld. Dokumentenverlag Wendler & Co., Berlin/München 1955, S. 29–31.

1 aus gutem Grund

Nachgefragt

1. Fasse zusammen, wie die Nationalsozialisten in den Jahren 1933 und 1934 die Demokratie stufenweise beseitigten. Erarbeite dazu einen Zeitstrahl (VT1–VT7).

2. Erkläre, auf welche Weise die Nationalsozialisten den Reichstagsbrand für ihre Ziele nutzten (VT2). Gehe dabei auf die Gestaltung der Titelseite Q2 ein und setze dazu Q5 in Beziehung.

3. Die Postkarte Q3 fand auch auf Geheiß der NSDAP weite Verbreitung. Erkläre, welche Botschaft sich die Nationalsozialisten von dieser Szene erhofften. Achte dabei auf Beteiligte, Kleidung, Haltung und die Umstände der Begegnung. ○ → S. 222

4. Erkläre, wie die Nationalsozialisten mit politischen Gegnern umgingen (Q1, Q4, VT2–VT6). Welche Auswirkungen hatte dieses Vorgehen auf den Prozess der Machtsicherung?

SP **5.** Schreibe einen fiktiven Tagebucheintrag eines Menschen, der im April 1933 die Behandlung politischer Gegner der Nationalsozialisten kommentiert (VT2–VT6). Wähle die Perspektive eines Sozialdemokraten oder die eines Konservativen, der bereits die Weimarer Republik abgelehnt hat. ○ → S. 222

Q8 Bücherverbrennung

Die Nationalsozialisten hetzten auch gegen Literatur, die ihnen nicht genehm war. Im Mai 1933 organisierte die „Deutsche Studentenschaft" in vielen Städten Bücherverbrennungen, bei denen Bücher von Autorinnen und Autoren vernichtet wurden, die als jüdisch, kommunistisch oder pazifistisch angesehen wurden.
Das Foto zeigt die Bücherverbrennung am Kaiser-Friedrich-Ufer in Hamburg.

D1 „Dem Führer entgegenarbeiten"

Der britische Historiker Ian Kershaw greift 1998 dieses Zitat eines NS-Funktionärs auf, um die Herrschaftsweise des NS-Regimes zu erklären:

Hitlers personalisierte Herrschaftsform ermutigte seine Anhänger zu radikalen Initiativen von unten und bot solchen Initiativen Rückendeckung, solange sie mit seinen grob definierten Zielen auf einer Linie lagen. [...]
Wer im darwinistischen Dschungel des Dritten Reiches befördert werden und zu einer Machtposition gelangen wollte, mußte den „Führerwillen" erahnen und, ohne auf Anweisungen zu warten, die Initiative ergreifen [...]. „Dem Führer entgegenzuarbeiten", konnte von Parteifunktionären, -ideologen und SS-„Machttechnokraten" durchaus wörtlich genommen werden. Doch im übertragenen Sinn arbeiteten – unabhängig von ihren persönlichen Motiven – auch jene einfachen Bürger „dem Führer entgegen", die ihre Nachbarn bei der Gestapo denunzierten [...], genauso wie Geschäftsleute, die antijüdische Gesetze gerne dazu nutzten, sich ihrer Konkurrenten zu entledigen, und all die anderen, die alltäglich in unspektakulärer Weise auf Kosten anderer mit dem Regime kooperierten. Sie halfen dadurch, eine unaufhaltbare Radikalisierung voranzutreiben [...].

Ian Kershaw: Hitler. 1889–1936. Aus d. Englischen von Jürgen Peter Krause und Jörg W. Rademacher. DVA, Stuttgart 1998, S. 666 f.

6. Erläutere in eigenen Worten die Bestimmungen von Q5 und Q6. Zeige auf, welche für uns heute selbstverständlichen demokratischen Prinzipien in beiden Gesetzen missachtet werden.

7. Verfasse einen kurzen Text, in dem du den Redeausschnitt von Otto Wels in der Debatte zum „Ermächtigungsgesetz" aus heutiger Sicht kommentierst (Q7).
○ → S. 223

8. Erstelle ein Schaubild, das die Ziele und den Prozess der „Gleichschaltung" visualisiert (VT6).

9. Erkläre, inwiefern das in D1 geschilderte Verhalten zur Machtsicherung und zur Radikalisierung der NS-Herrschaft beitrug.

MK **10.** Recherchiere im Internet die Namen von drei Autoren, deren Bücher im Mai 1933 verbrannt wurden (Q8). Erkläre das Vorgehen der Nationalsozialisten vor dem Hintergrund von Schlagwörtern wie „Gleichschaltung" und „Ausschaltung Andersdenkender". Nutze die Arbeitsschritte auf S. 238.

11. Diskutiert in der Klasse: Hätte sich die Umgestaltung von Demokratie zu Diktatur 1933/34 verhindern lassen? Wenn ja, wie? Sind wir heutzutage vor Entwicklungen ähnlicher Art geschützt?
●

AFB I: 1, 8 AFB II: 2, 3, 4, 6, 9, 10 AFB III: 5, 7, 11

Worauf gründete die NS-Weltanschauung?

Auf welcher Grundlage entwickelten die Nationalsozialisten ihre Politik? Welche Einflüsse prägten ihre Weltsicht?

Q1 Plakat für eine antisemitische Ausstellung

Das Plakat zur Ausstellung „Der ewige Jude" von 1937 arbeitet mit zahlreichen antisemitischen Stereotypen:

1 gekrümmte Nase, dicke Lippen, dunkler Teint, Bart: angebliche „Rassemerkmale" der Juden
2 geographische Umrisse mit Hammer und Sichel: Symbole für den sowjetischen Kommunismus
3 Münzen und Peitsche: Im 13. Jahrhundert wurde Juden der Landbesitz und z.T. die Zunftmitgliedschaft verweigert. Viele arbeiteten in Handel und Geldverleih und mussten sich lange dem absurden Vorwurf des „Wuchers" aussetzen. Tatsächlich gab es im Mittelalter auch christliche Händler und Geldverleiher.
4 „Der ewige Jude": Figur aus einer christlichen Volkssage des 13. Jahrhunderts. Die Erzählung handelt von einem Menschen unbekannter Herkunft, der Jesus Christus auf dem Weg zur Kreuzigung verspottet. Jesus verflucht ihn, unsterblich durch die Welt zu wandern. Das „Volksbuch vom Ewigen Juden" (1602) machte aus dieser Figur einen Juden. Diese Variante verbreitete sich in ganz Europa.

VT1 Grundlagen der NS-Ideologie

Die Nationalsozialisten hatten keine einheitliche und systematisch formulierte Weltanschauung. Die NS-Ideologie war ein Sammelsurium von **völkischen**, antidemokratischen, **antisemitischen** und rassistischen Ideen. Viele davon waren bereits seit dem 19. Jahrhundert verbreitet – auch außerhalb Deutschlands.

In ihrem Gründungsjahr 1920 formulierte die NSDAP ein Parteiprogramm. Darin finden sich bereits Forderungen nach einem „Groß-Deutschland" und judenfeindliche Aussagen. Die einflussreichsten Kernideen der nationalsozialistischen Weltanschauung sind aber in Hitlers Buch „Mein Kampf" festgehalten, das 1925/26 in zwei Bänden erschien (Q5).

VT2 „Rassenlehre"

Kernelement der NS-Ideologie war – neben dem Antisemitismus – die „Rassenlehre": Nach nationalsozialistischer Auffassung gab es unterschiedlich wertvolle „Rassen". Auf der höchsten Stufe stünden die sogenannten „Arier". Dazu zählten die Nationalsozialisten in erster Linie „germanische" Volksgruppen, deren Idealtyp sie als „groß, blond und blauäugig" beschrieben.

Unterhalb der „Arier" sahen die Nationalsozialisten verschiedene Abstufungen weniger wertvoller „Rassen". Am minderwertigsten seien die Juden (Q5). Diese menschenverachtende Einteilung in wertvolle und weniger wertvolle Menschen bezeichnet man als Rassismus.

Die Nationalsozialisten übertrugen die Lehre des Naturforschers Charles Darwin, dass sich im Tierreich stets die Anpassungsfähigsten durchsetzen, fälschlicherweise auf den Menschen. Sie meinten, dass die stärkste menschliche „Rasse" den „Kampf ums Dasein" gewinnen und die Weltherrschaft erlangen werde (Sozialdarwinismus).

Die Einteilung der Menschen in unterschiedliche Rassen ist wissenschaftlich nicht haltbar. Unterschiedliche Menschenrassen gibt es nicht.

VT3 Antisemitismus

Weder die Idee des Sozialdarwinismus noch der Hass auf Juden waren Erfindungen der Nationalsozialisten. Beides wurde aber nach der Machtübernahme zur staatlichen Lehrmeinung erhoben und in nie erreichtem Fanatismus propagiert. Schon im Mittelalter war religiös begründeter Hass gegenüber den Juden verbreitet (Antijudaismus). Seit dem späten 19. Jahrhundert verband sich dieser Antijudaismus mit damals entwickelten Rassentheorien. Daraus entstand der Antisemitismus, den die Nationalsozialisten aufgriffen. „Jüdisch sein" galt Antisemiten und NS-Rasseideologen nicht als Religionszugehörigkeit, die man wechseln konnte, sondern als negative, unabänderliche Eigenschaft des Blutes. Und so machten sie die Juden für alle möglichen negativen Entwicklungen verantwortlich: Juden trügen die Schuld am Ersten Weltkrieg und an der Kriegsniederlage, die bolschewistische Sowjetunion stehe ebenfalls unter dem Einfluss der Juden (Q1). Diese Vorwürfe waren völlig haltlos.

VT4 „Lebensraum im Osten"

Die angebliche Überlegenheit der „Arier" und die behauptete Notwendigkeit, gegen den „jüdischen Bolschewismus" zu kämpfen, dienten auch als Rechtfertigung für das Ziel, Gebiete im Osten zu erobern. Das deutsche Volk besitze zu wenig Raum, meinte Hitler. Ihm müssten daher Siedlungsgebiete („Lebensraum") und Rohstoffe im Osten verschafft werden (Q3).

VT5 „Volksgemeinschaft" und Führerkult

„Du bist nichts, dein Volk ist alles!" – so wollten die Nationalsozialisten das Zusammenleben im Staat verstanden wissen. Klassenunterschiede sollten in dieser „Volksgemeinschaft" aufgehoben werden. Alle Angehörigen der „Volksgemeinschaft" sollten im Dienst für die Gesellschaft oder in den zahlreichen NS-Organisationen ihren Beitrag für das große Ganze leisten. Diejenigen, die nach der NS-Ideologie nicht zur „Volksgemeinschaft" gehörten, wurden rücksichtslos ausgegrenzt, entrechtet und ermordet.

An der Spitze der „Volksgemeinschaft" stand unangefochten der „Führer". Darauf wurde das Volk eingeschworen. Der Personenkult um Adolf Hitler war ein wichtiges Element der NS-Politik (Q6). Der Gruß „Heil Hitler" mit erhobenem rechten Arm oder Redensarten, wie „Wenn das der Führer wüsste!", belegten das im Alltag.

Das Führerprinzip wurde nach der Machtübernahme auf die ganze Gesellschaft übertragen: Ob in staatlichen Organisationen, Parteieinrichtungen oder Betrieben und Vereinen – überall sollte das Prinzip von Befehl und Gehorsam gelten. Mitbestimmung oder demokratisch entstandene Entscheidungen waren verpönt.

VT6 Vorbild Mussolini?

Im politischen Stil orientierte sich Adolf Hitler anfangs am **faschistischen** Diktator Benito Mussolini aus Italien (Q2). Jener ließ sich ebenfalls als „Führer" (Duce) verehren und hatte 1922 in Italien seine Einsetzung als Ministerpräsident erzwungen. Seit 1926 war Mussolini Diktator in Italien. Die italienischen Faschisten grüßten ebenfalls mit erhobenem rechten Arm und hatten Kampftruppen (squadri), die auf der Straße prügelnd Schrecken verbreiteten.

Q2 Mussolini und Hitler

Die Briefmarke stammt aus den 1940er-Jahren. Davon gab es auch eine italienische Variante.

1 Rutenbündel („fasces"), in dem ein Beil steckt; ursprünglich römisch-antikes Machtsymbol, später Symbol der italienischen Faschisten

2 NS-Hoheitszeichen, Machtsymbol der Nationalsozialisten

völkisch
Seit Beginn des 20. Jahrhunderts steht der Begriff vor allem für rechte, nationalistische und antisemitisch-rassistische Bewegungen.

antisemitisch, Antisemitismus
Der Ende des 19. Jahrhunderts entstandene Begriff bezeichnet eine negativ-aggressive Einstellung gegenüber Juden. Im Unterschied zum Antijudaismus (Ablehnung aus religiösen Gründen) beruht der Antisemitismus auf einer rassisch begründeten Ablehnung.

Faschismus
(von ital. fascio = Bund)
Als faschistisch werden rechtsradikale, um einen „Führer" organisierte, aggressive, nationalistische Bewegungen bezeichnet. Sie setzen vor allem auf Anti-Haltungen, sind also antidemokratisch, antiliberal, antikommunistisch. Der erste faschistische Staat war Italien unter Benito Mussolini.

Q3 25-Punkte-Programm der NSDAP

Auszug aus dem Parteiprogramm vom Februar 1920:

1. Wir fordern den Zusammenschluß aller Deutschen auf Grund des Selbstbestimmungsrechtes der Völker zu einem Groß-Deutschland.
2. Wir fordern die Gleichberechtigung des deutschen Volkes gegenüber den anderen Nationen, Aufhebung der Friedensverträge von Versailles und St. Germain[1].
3. Wir fordern Land und Boden (Kolonien) zur Ernährung unseres Volkes und Ansiedlung unseres Bevölkerungsüberschusses.
4. Staatsbürger kann nur sein, wer Volksgenosse ist. Volksgenosse kann nur sein, wer deutschen Blutes ist, ohne Rücksichtnahme auf Konfession[2]. Kein Jude kann daher Volksgenosse sein. [...]
8. Jede weitere Einwanderung Nicht-Deutscher ist zu verhindern. Wir fordern, daß alle Nicht-Deutschen, die seit 2. August 1914 in Deutschland eingewandert sind, sofort zum Verlassen des Reiches gezwungen werden.

25-Punkte-Programm der Nationalsozialistischen Deutschen Arbeiterpartei. Unter: https://www.documentArchiv.de/wr/1920/nsdap-programm.html (Zugriff: 07.07.2020).

1 Ort bei Paris, in dem nach dem Ersten Weltkrieg der Friedensvertrag zwischen den Alliierten und Österreich unterzeichnet wurde
2 Religionszugehörigkeit

Q4 Verbreitung von „Mein Kampf"

Der Eher-Verlag gab Hitlers „Mein Kampf" heraus. In vielen Städten wurde das Buch auf die Empfehlung des Innenministeriums hin bei Eheschließungen ausgeteilt. Der Verlag schrieb am 19. August 1939 an den Oberbürgermeister von Erlangen:

Sehr geehrter Herr Oberbürgermeister!

Aus unserer Statistik ergibt sich, dass bis zum heutigen Tage von 35 Städten über 100 000 Einwohnern, von 41 Städten zwischen 50 000–100 000 Einwohnern und von 129 Städten von 20 000–50 000 Einwohnern den Neuvermählten das Buch des Führers „Mein Kampf" am Tage der Verehelichung als Hochzeitsgabe überreicht wird.

Mit Bedauern müssen wir feststellen, dass die Stadt Erlangen in der Reihe dieser Städte nicht zu finden ist. Wir verweisen nur darauf, dass neben der Hauptstadt der Bewegung[1], Stuttgart, Köln, Hannover, Leipzig, Wien, auch bereits die Stadt Memel diese schöne Sitte eingeführt hat. [...]

Die Ausgabe des Führerbuches, die laut einem Runderlass des Reichs- und Preußischen Ministeriums des Innern erwünscht ist, trägt im Wesentlichen dazu bei, unser Gedankengut auch auf diese schöne Art und Weise in das Volk hineinzutragen.

Wir würden uns freuen, wenn auch Sie sich dazu entschließen könnten [,] das Werk des Führers den Neuvermählten der Stadt Erlangen zu überreichen [...].

Heil Hitler
Zentralverlag der NSDAP
Franz Eher Nachf. G.m.b.H.
Amann

Zit. nach Quellen und Dokumente zur Geschichte von „Mein Kampf" 1924–1945 (Beiträge zur Kommunikationsgeschichte. Bd. 28). Hrsg. von Othmar Plöckinger. Franz Steiner, Stuttgart 2016, S. 653 f.

1 gemeint ist München

Nachgefragt

1. Arbeitet zu zweit: Erklärt euch mithilfe des VT gegenseitig wichtige Begriffe der NS-Ideologie („Rassenlehre", Antisemitismus, „Lebensraum im Osten", „Volksgemeinschaft", Führerkult, Faschismus).

2. Untersuche Q1 mithilfe der Bildinformationen. Gehe dabei besonders darauf ein, welche Wirkung die massive Verwendung von diskriminierenden Stereotypen und Vorurteilen haben sollte (VT1–VT3).

3. Manche Expertinnen und Experten meinen, Abbildungen wie Q1 sollte man in Schulbüchern nicht abdrucken, da sich – auch bei kritischer Reflexion – Vorurteile verfestigen. Diskutiert.

4. Gib die Forderungen des NSDAP-Parteiprogramms in eigenen Worten wieder (Q3). Ordne sie wichtigen Begriffen der NS-Ideologie aus dem VT zu.

5. Stelle gegenüber, wie Hitler „Arier" und Juden charakterisiert (Q5). Warum sind solche Aussagen heute ein Straftatbestand? ○ → S. 223

6. Beschreibe die Briefmarke Q2 und erkläre, welche Botschaft von ihr ausgehen sollte.

Q5 Über „Arier“ und Juden

Aus Hitlers Hetzschrift „Mein Kampf“ (1925):

Es ist also kein Zufall, daß die ersten Kulturen dort entstanden, wo der Arier im Zusammentreffen mit den niederen Völkern diese unterjochte[1] und seinem Willen untertan machte. [...]
Damit aber war der Weg, den der Arier zu gehen hatte, klar vorgezeichnet. Als Eroberer unterwarf er sich die niederen Menschen und regelte dann deren praktische Betätigung unter seinem Befehl, nach seinem Wollen und für seine Ziele. [...]
[Der Jude] ist und bleibt der typische Parasit[2], ein Schmarotzer[2], der wie ein schädlicher Bazillus sich immer mehr ausbreitet, sowie nur ein günstiger Nährboden dazu einlädt. Die Wirkung seines Daseins aber gleicht ebenfalls der von Schmarotzern; wo er auftritt, stirbt das Wirtsvolk nach kürzerer oder längerer Zeit ab.

Adolf Hitler: Mein Kampf. Eine kritische Edition. Bd. I. Hrsg. v. Christian Hartmann u.a. Institut für Zeitgeschichte, München 2016, S. 767 und 793.

1 beherrschte, unterwarf
2 Lebewesen, das sich von anderen Lebewesen (Wirten) ernährt

Q6 Führerkult – inszenierte Bilder von Hitler

Die Bilder zeigen Adolf Hitler im Jahr 1934 bei einer Rede in einstudierter Mimik und Gestik. Mithilfe solcher Aufnahmen sollte auch der Personenkult um den „Führer“ gefestigt werden. Es durften nur Aufnahmen veröffentlicht werden, die Hitler freigab.

7. Fasse den Inhalt von Q4 zusammen. Erläutere die Intention, die der Verlag mit dem Schreiben verfolgte, und bewerte, was sich daraus für die Verbreitung von „Mein Kampf“ sagen lässt und was nicht. ○ → S.223

SP **8.** Beschreibe die Bilder in Q6 und ihre Wirkung. Achte auf Mimik, Gestik und Lichtkontraste. Du kannst folgende Adjektive verwenden: theatralisch, übertrieben, eindringlich, beschwörend, angespannt.

9. Diskutiert, was es bedeutet, wenn uns heutzutage fast nur Bilder überliefert sind, die von Hitler und den Nationalsozialisten freigegeben wurden. ○ → S.223

10. Erkläre, was Personenkult bedeutet. Bewerte die Funktion, die er für das NS-Regime erfüllen sollte (Q6, VT5).

11. Der Neudruck von Hitlers „Mein Kampf“ war bis Ende 2015 verboten. Das Institut für Zeitgeschichte in München legte 2016 eine wissenschaftlich kommentierte Ausgabe des Buches vor. Diskutiert: Stellt die Schrift „Mein Kampf“ heute noch eine Gefahr dar – auch wenn sie von Experten kommentiert und kritisch eingeordnet wird? ●

Propaganda im NS-Staat

Es heißt, die Nationalsozialisten seien „Meister der Propaganda“ gewesen. Was bedeutet dieser Begriff und wie nutzte das NS-Regime Propaganda für seine Zwecke?

VT1 Propaganda und ihre Bedeutung

Schon früh erkannten die Nationalsozialisten die Möglichkeiten der Propaganda. Sie legten enorm viel Wert auf eine wirkungsvolle Vermittlung (Inszenierung) ihrer Vorstellungen. Bereits kurz nach der Machtübernahme schuf Hitler ein eigenes „Ministerium für Volksaufklärung und Propaganda“. Der Chef des Ministeriums Joseph Goebbels wurde zu einer der wichtigsten Personen im NS-Machtapparat. Goebbels äußerte sich 1933 so: „Das ist das Geheimnis der Propaganda; den, den die Propaganda fassen will, ganz mit den Ideen der Propaganda zu durchtränken, ohne dass er überhaupt merkt, dass er durchtränkt wird.“

Q1 Werbeplakat für den „Volksempfänger“

Seit 1933 wurde dieses preiswerte Radio hergestellt. 1936 besaßen bereits 30 Millionen Deutsche einen sogenannten „Volksempfänger“.

VT2 Mittel der NS-Propaganda

Die NS-Propaganda arbeitete mit verschiedenen rhetorischen und gestalterischen Mitteln:

- wenige Themen, einprägsame Schlagworte
- ständige Wiederholung von Parolen
- einfache Sprache oder Bilder
- wiederholte Verwendung von einprägsamen Symbolen
- emotionsgeladene Botschaften, Wecken von Empörung, Wut, Hass
- keine Differenzierungen, Schwarz-Weiß-Malerei
- beinahe religiöse Verehrung des „Führers“
- Beschwörung der „Volksgemeinschaft“
- Inszenierung von Massenveranstaltungen (Q2)
- bewusster Einsatz moderner Medien (Rundfunk, Film, Lichteffekte bei Veranstaltungen) (Q1, Q3)

VT3 Reichsparteitage: Propaganda-Shows

Die bis 1939 jährlich stattfindenden Reichsparteitage der NSDAP in Nürnberg waren eine einzige Propaganda-Show (Q2). Etwa eine Woche lang feierten sich die Nationalsozialisten selbst – mit Massenveranstaltungen wie Appellen, Aufmärschen und Reden vor riesigem Publikum. Die Parteitage, die von bis zu einer Million Menschen besucht wurden, dienten einzig der Selbstdarstellung des NS-Staats. „Volksgemeinschaft“ und „Führermythos“ wurden so wirkungsvoll wie möglich inszeniert, um die Geschlossenheit der Deutschen zu demonstrieren.

Q2 Reichsparteitag 1934

Fotografie von der Totenehrung in der Luitpoldarena in Nürnberg. Hier wurde toter Nationalsozialisten gedacht, die als „Märtyrer der NS-Bewegung“ pathetisch überhöht wurden. In der Bildmitte beim Hitlergruß (von links): Heinrich Himmler, Adolf Hitler und SA-Führer Viktor Lutze.

Q3 Ein Filmabend auf dem Dorf

Aus einem 1936 erschienenen Artikel aus „Der deutsche Film. Zeitschrift für Filmkunst und Filmwirtschaft“. Die Zeitschrift wurde von der gleichgeschalteten Reichsfilmkammer herausgegeben:

Wie sieht nun ein Filmabend auf dem Lande aus, dort, wo kein Kino existiert, wo jedoch Tonfilmwagen der Amtsleitung Film und ihrer Gaufilmstellen[1] erscheinen, um Filmfeierstunden[2] abzuhalten? [...]

[B]evor die eigentliche Filmvorstellung beginnt, spricht der Ortsgruppenfilmstellenleiter, der Ortsgruppenleiter der NSDAP oder gar ein Kreisredner und nimmt in kurzer Form zu den politischen Fragen des Tages Stellung. [...]

Dann tritt der Filmapparat in Aktion. Ein Film vom Einsatz der Nationalsozialistischen Volkswohlfahrt rollt vorüber, ein zweiter von der Weltreise des Kreuzers Emden folgt und zeigt Bilder aus der weiten Welt [...]. Musik leitet über zur Wochenschau, zum aktuellen Bildbericht. Es wird gezeigt, was in der Welt vorgeht – Unruhe und Brudermord jenseits der Grenzen, friedlicher Aufbau in Deutschland. Dann spricht der Führer, spricht durch den Film zu jedem einzelnen Volksgenossen.

Der deutsche Film, Zeitschrift für Filmkunst und Filmwirtschaft, in Verbindung mit der Reichsfilmkammer 1, 1936, S. 245.

1 regionale Institutionen, die sich mit der Vorführung propagandistischer Filme befassten
2 Filmvorführungen mit Rahmenprogramm, die i.d.R. sonntagvormittags zur Gottesdienstzeit stattfanden

Nachgefragt

1. Erkläre, welche Funktion dem „Volksempfänger“ (Q1) im Rahmen der NS-Propaganda zukam und wie das Gerät auf dem Plakat beworben wurde.

SP **2.** Analysiere Q2 mithilfe von VT3. Nutze dafür die Arbeitsschritte auf S. 245. Beschreibe dabei auch die Komposition von Bild und Aufmarsch. Nimm dazu eine Kopie des Fotos auf Papier, zeichne Fluchtlinien sowie zentrale Punkte des Bildes ein und erkläre die Bedeutung der Anordnung. Fasse zum Schluss die Bildaussage zusammen.

3. Stelle Vermutungen an, wie unterschiedlich die Teilnehmer den Reichsparteitag erlebt haben könnten (Q2, VT3).

4. Weise einige der in VT2 genannten Mittel von Propaganda auf dem antisemitischen Hetzplakat (Q1, S. 144) nach. ○ → S. 223

5. Arbeite aus Q3 heraus, welche Ziele die Nationalsozialisten mit solchen Filmabenden verfolgten.

6. Nach dem Filmabend (Q3) diskutieren zwei befreundete Besucher über das Erlebte. „Ich kann nicht glauben, dass sich niemand über diese Gehirnwäsche aufregt“, sagt der eine. Führt das Gespräch weiter. ○ → S. 223

7. Nimm Stellung zu der Aussage, die Nationalsozialisten seien „Meister der Propaganda“ gewesen.

MK **8.** Diskutiert in der Klasse, inwiefern Internet und Social Media die Wirksamkeit von Propaganda eher verstärken oder eher mindern können ●

AFB I: 1, 4 AFB II: 2, 3, 5 AFB III: 6, 7, 8

Jugend unter dem Hakenkreuz – Erziehung für das Regime

Von klein auf sollten Kinder und Jugendliche im Sinne der NS-Ideologie erzogen werden. Welche Ziele hatte diese Erziehung?

Indoktrination (von lat. doctrina = Belehrung) Starke und keinen Widerspruch zulassende Belehrung. Sie arbeitet häufig mit Manipulation und Verzerrung von Tatsachen, um etwa eine Ideologie durchzusetzen.

VT1 Kontrolle des ganzen Lebens

Die Nationalsozialisten verfolgten das Ziel, alle Lebensbereiche zu kontrollieren und in ihrem Sinne zu beeinflussen. Unter Historikerinnen und Historikern ist es umstritten, wie groß die Spielräume waren, sich diesem Einfluss zu entziehen. Eines ist aber sicher: Die allgegenwärtige Propaganda und ständige **Indoktrination** blieben nicht ohne Wirkung. Da Kinder und Jugendliche besonders formbar schienen, legten die Nationalsozialisten großen Wert auf die Kontrolle von Erziehung und Schule. Die Lehrkräfte waren angewiesen, die Jugend „zum Dienst am Volkstum und Staat im nationalsozialistischen Geist“ zu erziehen, wie es Reichsinnenminister Wilhelm Frick formulierte. Von klein auf wuchsen die künftigen „Volksgenossen“ mit den Ideen und Regeln des Regimes auf.

VT2 Schule im Nationalsozialismus

Der NS-Schulalltag war von Disziplin und Gehorsam geprägt. Schließlich sollten die Kinder als Erwachsene im Berufsleben, beim Dienst für den Staat oder in der Armee ebenfalls Anweisungen ohne Widerrede befolgen. „Rassenkunde“ war im Unterricht von großer Bedeutung. In fast allen Fächern wurden Inhalte der menschenverachtenden NS-Ideologie – wie die angebliche Überlegenheit der „arischen Rasse“ oder die angebliche Minderwertigkeit der Juden – verbreitet.

Körperliche Leistungsfähigkeit und sportliches Können galten mehr als das traditionelle Lernwissen und geistige Fähigkeiten. Der Schulsport entwickelte sich zu einem der wichtigsten Fächer, dessen Umfang von zwei auf fünf Stunden erhöht wurde. „Dauerndes Versagen bei Leibesübungen“ konnte zum Schulverweis führen. Ziel war es, Kinder und Jugendliche auf den Kriegsdienst vorzubereiten.

Zudem spielten Rituale und Feiern – oft mit Fahnenappellen – eine herausgehobene Rolle. So wurden etwa der Tag der Machtübernahme

Q1 Hitlerjungen auf dem Motorrad
Mitglieder der HJ bei einem Motorradrennen, Foto, ca. 1936

oder Hitlers Geburtstag (20. April) alljährlich feierlich und pathetisch inszeniert.
Es gab zwar Lehrkräfte, die ihren Unterricht nicht zu sehr nationalsozialistisch einzufärben versuchten oder die sich in ihren Klassen gar kritisch gegenüber dem Regime äußerten, das war aber riskant. Die Mehrheit fügte sich den an sie gestellten Ansprüchen. Lehrer jüdischer Herkunft und solche, die sich aus Überzeugung bei demokratischen Parteien engagierten, wurden kurz nach der Machtübernahme entlassen.

VT3 Freizeit im NS-Sinne: HJ und BDM

Die Nationalsozialisten wollten aber nicht nur in der Schule, sondern auch in der Freizeit Zugriff auf die Kinder und Jugendlichen haben. Dafür dienten die Jugendorganisationen der NSDAP, die **Hitlerjugend** (HJ) bzw. der **Bund Deutscher Mädel** (BDM). Sie sollten alle Jugendlichen erfassen und im Sinne der NS-Ideologie erziehen (Q1, Q2). Andere Jugendorganisationen wurden ab 1934 in die Hitlerjugend überführt oder verboten. Seit 1936 war die Mitgliedschaft in der Hitlerjugend verpflichtend. Das konnte aber nie ganz durchgesetzt werden. Wer nicht teilnahm, musste jedoch Schikanen und Ausgrenzung befürchten (Q6). Eltern konnten bestraft werden, wenn sie ihre Kinder nicht in die HJ schickten. Auch wenn ihre Zahl klein war, gab es durchaus Jugendliche, die sich einer Mitgliedschaft in der HJ widersetzten. Die Aktivitäten in HJ und BDM machten vielen Jugendlichen Spaß. Ehemalige Mitglieder erzählten später, wie sehr sie die Geländespiele, die Ausflüge und Zeltlager, aber auch die vormilitärische Ausbildung begeistert hätten (Q5). Das ist allerdings nur die eine Seite: Gleichzeitig wurden in diesen Organisationen, in denen gemäß dem Führerprinzip höchster Wert auf Gehorsam gelegt wurde, viele Jungen und Mädchen von ihren Führern oder den Kameraden schikaniert (Q6).

VT4 Erziehung gemäß NS-Rollenbildern

Ziel der staatlich organisierten Freizeit in HJ und BDM war es, die Kinder und Jugendlichen auf ihre künftige gesellschaftliche Rolle einzustimmen. Die männliche Jugend sollte mutig und furchtlos für das Militär und den Krieg ausgebildet werden. Die Mädchen sollten später möglichst als treue und fürsorgliche Ehefrauen wirken und „dem Führer viele Kinder schenken" (Q7). Auch wenn im BDM körperliche Ertüchtigung, Spiele und Ausflüge ebenfalls zum Programm gehörten, stand doch die Vorbereitung der Mädchen auf ihre künftige Rolle als Mutter und Hausfrau im Mittelpunkt. Berufstätige Frauen waren im NS-Staat nicht gern gesehen. Oft wurden Frauen – zumindest bis Kriegsbeginn – aus dem Berufsleben gedrängt.
Trotz aller Einflussnahme ließ sich die gesellschaftliche Realität nicht ganz nach den Leitbildern der Nationalsozialisten formen: So gab es zwischen 1933 und 1939 keine nennenswerte Steigerung der Geburtenrate. Auch die Mitgliedschaft im BDM wurde von vielen Mädchen nicht ausschließlich als Vorbereitung auf das Muttersein gesehen, sondern geradezu als Raum für Selbstbestimmung und Emanzipation genutzt. Dort konnten sie nämlich unter Umständen einem streng behütenden Elternhaus entfliehen, Dinge tun, die für Mädchen traditionell gar nicht typisch waren, und als Leiterinnen Führungsqualitäten zeigen (Q4).

Q2 Werbeplakat des BDM

Plakat von 1937

Hitlerjugend
Jugendorganisation der NSDAP, die 1926 gegründet wurde. Im Jahr 1933 hatte sie rund 100 000 Mitglieder, Ende 1934 waren es 3,5 Millionen. Sie erfasste Jungen ab 10 Jahren im „Deutschen Jungvolk". Mit 14 kamen die Jugendlichen in die eigentliche Hitlerjugend (bis 18).

Bund Deutscher Mädel
Weiblicher Zweig der Hitlerjugend. Im Alter von 10 bis 14 Jahren waren die Mädchen bei den „Deutschen Jungmädeln" organisiert, von 14 bis 18 Jahren dann beim BDM.

→ Themen verknüpfen
Über Jugendliche, die sich der NS-Diktatur widersetzten, kannst du dich auf S. 190 bis 193 informieren.

Q3 Ausgrenzung jüdischer Schülerinnen

Lisel Kahn schildert 1979 in ihren Erinnerungen, wie sie als Schülerin in der NS-Zeit ausgegrenzt wurde:

Beim letzten Ausflug ging es zum Meißner[1], wo wir einige Tage verbringen sollten. Es war nicht davon die Rede gewesen, daß wir [vier] jüdische Mitschülerinnen nicht teilnehmen sollten, und so gingen wir also mit. Am ersten Abend saß die ganze Klasse mit dem Lehrer um ein Feuer, man sang Lieder und spielte auf mitgenommenen Instrumenten. Am Tag hatten wir Unterricht mit Diskussion. Am zweiten Abend befanden wir Jüdinnen und „Mischlinge" uns plötzlich völlig allein im Schlafsaal. Während die anderen, wie wir hören konnten, einen munteren Abend verlebten. Wir saßen also versteinert auf unseren Betten, zum ersten Mal kollektiv aus der Gemeinschaft ausgeschlossen, der wir während der ganzen Schulzeit angehört hatten und in der wir aufgewachsen waren. Am nächsten Morgen hatten wir alle Unterricht, als ob nichts geschehen wäre, und am Abend saßen wir Nichtarier also wieder allein im Schlafsaal auf unseren Betten. Ich habe mich manchmal gefragt, wie ein Klassenlehrer es fertig bringen konnte, da mitzumachen.

Zit. nach Ulrike Krautheim u. a.: „Erziehung zu nationalsozialistischer Weltanschauung und Staatsgesinnung"? Höhere Schulen im Nationalsozialismus. Hessischen Institut für Bildungsplanung und Schulentwicklung (RIBS), Wiesbaden 1991, S. 184.

1 ein Berg in Hessen

Q4 Seite einer Fibel (Lesebuch für Kinder)

Das Buch stammt von 1941.

Q5 Ein Gefühl der Freiheit

Die ehemalige BDM-Führerin Renate Finckh (geb. 1926) erinnert sich an ihre Zeit beim BDM:

Ich habe „strahlenden Herzens" Lieder von Freiheit gesungen und mich dabei frei gefühlt: frei von der Unterdrückung des gefürchteten Vaters, frei von den Zwängen der altmodischen Töchtererziehung, frei von dem Notendruck „politisch unzuverlässiger" Lehrer, frei von der Zumutung, über politisch Andersdenkende nachsinnen zu müssen. Die Worthülse „Freiheit" wirkte auf mich, die Zwölf- bis Vierzehnjährige, wie eine Droge, die mir ihren sinnentstellenden Inhalt verschleierte. So konnte ich mich frei fühlen und dennoch jedem Befehl hörig sein.

Zit. nach Sibylle Hübner-Funk: Hitlers Garanten der Zukunft. Biographische Brüche, Historische Lektionen. Verlag für Berlin-Brandenburg, Potsdam 2005, S. 179.

Nachgefragt

1. Erkläre, worauf es den Nationalsozialisten in Erziehung und Schule ankam (Q3, Q4, Q6, VT1–VT4).

2. Erläutere, warum in Schule, HJ und BDM körperliche Fitness eine so große Rolle spielte (VT2–VT3).

3. Nenne Gründe, warum vielen Jungen und Mädchen der Dienst in der HJ und im BDM Spaß machte (Q1, Q5, VT3–VT4). Aus welchen Gründen lehnten andere Jugendliche die HJ ab (Q6, VT3–VT4)?

4. Beschreibe die Art und Weise der Ausgrenzung der jüdischen Mitschülerinnen in Q3 und erkläre, wie es dazu kommen konnte (VT1–VT2).

5. Verfasse einen Tagebucheintrag eines Jungen oder eines Mädchens der damaligen Zeit über Schule und HJ oder BDM (VT2–VT4). Wähle selbst die Rolle und die Position, die du einnimmst. Ordne anschließend deine Rolle in den historischen Kontext ein. ○ → S. 223

6. Erkläre den letzten Satz aus Q5: „So konnte ich mich frei fühlen und dennoch jedem Befehl hörig sein."

SP **7.** Arbeitet zu dritt: Beschreibt arbeitsteilig Q2, Q4 und Q7. Welche Botschaft

Q6 Keine Tränen, keine Schwäche?

Der Bochumer Hannes Bienert (geb. 1928) erinnert sich 2013 an seine Zeit bei der Hitlerjugend:

Die Hitlerjugend war zwar kein Zwang, aber wer sich weigerte oder irgendwie auffiel, der wurde bestraft. Nicht, dass du Schläge gekriegt hast, also doch, du kriegtest Schläge, aber das war dann so: Du wurdest vor der ganzen Truppe, wenn die angetreten war, gemaßregelt und im Wiederholungsfall kriegtest du dann die Strafe. Im Sportunterricht wurde einer ausgesucht, der stärker war. Beide bekamen Boxhandschuhe und der Stärkere hat dich dann nach Strich und Faden verprügelt, bis das Blut spritzte. Bei den Geländespielen war das ähnlich. Wir wurden in zwei Gruppen eingeteilt, also wie an der Front und im Krieg. Es wurde nicht geschlagen, aber man wurde in den Schwitzkasten genommen, an den Armen genommen und gepresst, bis man keine Luft mehr kriegte. Bei den Geländespielen gab es auch noch den Reiterkampf. Der Stärkere nahm einen auf die Schulter und dann wurde gekämpft. Geländespiel nannte sich das schon, aber es war immer mit Krieg und Gewalt verbunden. Wenn ein paar nicht ganz mitzogen, gab es dafür eine Extrastrafe, und wenn das nur Boxen war. Das setzte sich dann auch fort, diese nationalsozialistische Erziehung. Wenn wir den Heimabend hatten, quatschten wir vorher im Chor so eine Art Gelöbnis herunter, einen Spruch. Wir mussten aufstehen, stramm stehen, und bevor der Jungzugführer oder Fähnleinführer[1] mit seinem Thema „Rassenkunde“ oder „Blutschande“[2] oder sonst einem Thema anfing, mussten wir dann den Slogan aufsagen, der lautete damals: „Hitlerjungen sind zäh wie Leder, flink wie die Windhunde und hart wie Kruppstahl!“ Das mussten wir richtig brüllen, dann durften wir uns hinsetzen und es ging los. Ein Hitlerjunge weint nicht, ein Hitlerjunge ist nicht schwach und ein Hitlerjunge, ein echter Hitlerjunge übernimmt immer die Führung, versucht immer das Beste, das Maximum herauszuholen!

Hannes Bienert: Hitlerjugend in Königsberg. (Juli 2013). Unter: https://www.dhm.de/lemo/zeitzeugen/hannes-bienert-hitlerjugend-in-koenigsberg.html (Zugriff: 07.07.2020).

1 Dienstgrad innerhalb des „Deutschen Jungvolks“
2 hier: sexuelle Beziehungen zwischen „Ariern“ und Juden

Q7 Idealbild der Frau im NS-Staat

Dieses Foto erschien um 1943 in einer wichtigen Zeitschrift für SS-Mitglieder.

wird über Text und Gestaltungsmittel transportiert? Berücksichtigt auch, wer diese Bilder zu Gesicht bekam. Nutzt die Formulierungshilfen auf den vorderen Ausklappseiten.

MK **8.** Erstellt in Gruppenarbeit eine Collage, in der ihr das NS-Frauenbild mit Rollenbildern der Weimarer Republik und heutigen Frauenbildern vergleicht (Q7, VT4, S. 117: VT3). Recherchiert auch im Internet. Nutzt dafür die Arbeitsschritte auf S. 238.

9. Diskutiert, unter welchen Umständen es für Kinder und Jugendliche möglich sein konnte, nicht-nationalsozialistische Überzeugungen zu entwickeln.
○ → S. 223

10. Sammelt Argumente, die dafür sprechen, dass eine so umfassende Beeinflussung der Jugend in unserer Zeit nicht mehr möglich erscheint. Finden sich auch Ansatzpunkte für die Gegenposition? ●

AFB I: 3, 4, 7 AFB II: 1, 2, 5, 6, 8 AFB III: 9, 10

Ausgegrenzt, verfolgt, ermordet – wer stand außerhalb der „Volksgemeinschaft“?

Das Konzept der NS-„Volksgemeinschaft“ hatte einen grausamen Kern: Es beruhte auf Ausgrenzung. Unerbittlich wurde deutlich gemacht, wer dazugehörte und wer nicht. Darunter litten vor allem jüdische Menschen, aber nicht nur sie.

Q1 Demütigung eines jüdischen Rechtsanwalts
Der angesehene jüdische Rechtsanwalt Michael Siegel setzte sich im März 1933 für einen Mandanten ein. Daraufhin wurde er von Hilfspolizisten der SS verprügelt und barfuß durch München getrieben. Foto, 1933

Sinti und Roma
Bevölkerungsgruppen, die im Mittelalter von Indien nach Europa eingewandert sind und seit dem 15. Jahrhundert auch in Deutschland leben

Pogrom
(russ.: Verwüstung, Zerstörung) Bezeichnung für gewaltsame Ausschreitungen und Übergriffe gegen Minderheiten

VT1 Wer gehörte dazu, wer nicht?

Als gesellschaftliches Ideal propagierten die Nationalsozialisten die „Volksgemeinschaft“. Sie verstanden darunter eine rassisch einheitliche Gesellschaft, in der sich alle Menschen zum Nationalsozialismus bekannten. All jene, die nach NS-Auffassung der „Volksgemeinschaft“ nicht angehörten, wurden ausgeschlossen, schikaniert oder sogar ermordet. Die systematische Ausgrenzung traf politisch Andersdenkende wie Kommunisten, Sozialdemokraten und andere Verfechter der Demokratie, zudem Arbeitslose, sogenannte „Asoziale“ und „Berufsverbrecher“, Zeugen Jehovas, Homosexuelle, Menschen mit Behinderung und **Sinti und Roma**. Am heftigsten hatten jedoch die etwa 500 000 in Deutschland lebenden Juden unter der menschenverachtenden NS-Politik zu leiden.

VT2 Ausgrenzung der Juden: Gesetze ...

Kurz nach der Machtübernahme riefen die Nationalsozialisten am 1. April 1933 zum Boykott jüdischer Geschäfte und Dienstleister auf: SA-Trupps versperrten den Eingang zu jüdischen Läden, Arztpraxen und Rechtsanwaltskanzleien. Eine Woche später trat das „Gesetz zur Wiederherstellung des Berufsbeamtentums“ in Kraft: „Nichtarische“ Beamte konnten einfach entlassen werden. Schrittweise wurden so alle Juden aus öffentlichen Ämtern gedrängt.
Die sogenannten „Nürnberger Gesetze“ verschärften 1935 diese Isolierung: Als „Reichsbürger“ galten fortan nur „Staatsangehörige deutschen oder artverwandten Blutes“. Alle anderen verloren offiziell ihre Bürgerrechte. Juden wurden damit per Gesetz als minderwertig eingestuft. Heiraten und außereheliche Beziehungen zwischen Juden und „Ariern“ waren verboten und unter Strafe gestellt.

VT3 ... Novemberpogrome ...

Einen vorläufigen Höhepunkt der antisemitischen Ausgrenzung und Demütigung von Juden brachte der 9. November 1938: Zwei Tage zuvor hatte ein 17-jähriger Jude polnischer Staatsangehörigkeit einen deutschen Diplomaten in Paris erschossen. Seine schon lange in Hannover lebende Familie war Opfer einer von der Gestapo organisierten brutalen Abschiebung polnischer Juden aus Deutschland geworden.
Das Attentat lieferte den Nationalsozialisten den Vorwand für gewaltsame und zentral organisierte Übergriffe gegen die jüdische Bevölkerung. Unter Führung der SA wurden in der **Pogrom**nacht vom 9. auf den 10. November 1938 7500 Geschäfte jüdischer Deutscher und 170 jüdische Gotteshäuser zerstört. 91 Juden wurden ermordet, annähernd 30 000 in Konzentrationslager eingeliefert (Q6). Für die entstandenen Schäden mussten die Juden wie zum Hohn

sogar noch eine Zahlung von einer Milliarde Reichsmark leisten. Die Maßnahmen trafen in der Bevölkerung zwar auf wenig Zustimmung, aber auch auf wenig Widerspruch. Zumeist wurden sie stillschweigend hingenommen, offene Unterstützung für die Betroffenen gab es kaum.

VT4 ... Enteignung

Planmäßig wurde die jüdische Bevölkerung aus dem öffentlichen Leben herausgedrängt (Q4). So wurden etwa Betriebe und Geschäfte von Juden massenhaft enteignet. Aufgrund der anhaltenden antisemitischen Hetze seit der Machtübernahme waren immer mehr Kunden ferngeblieben. Unter diesem wirtschaftlichen und dem steigenden politisch-gesellschaftlichen Druck sahen sich viele jüdische Unternehmer gezwungen, ihre Geschäfte weit unter Wert an „arische" Deutsche zu verkaufen („Arisierung"). Etliche Personen wurden auf diese Weise reich.

Nach den Novemberpogromen übernahm der Staat die Führung beim Raub des Eigentums jüdischer Deutscher und verfügte die zwangsweise Übernahme aller verbliebenen Wirtschaftsunternehmen von Juden. Den verzweifelten Betroffenen blieb oft nur die Flucht. Sie mussten dabei jedoch ihr Vermögen zurücklassen („Fluchtsteuer"). Doch auch der Ausweg der Auswanderung war irgendwann versperrt: Viele Staaten nahmen bald keine Juden mehr auf.

VT5 Ausgrenzung anderer Minderheiten

Neben den Juden sahen die Nationalsozialisten auch die Sinti und Roma als „artfremd" an. Sie wurden durch die „Nürnberger Gesetze" ebenfalls zu Menschen zweiter Klasse herabgestuft (Q3). In der Folge wurden viele von ihnen zwangssterilisiert, also durch Operation unfruchtbar gemacht.

Auch Menschen mit körperlicher, geistiger oder seelischer Behinderung standen außerhalb der „Volksgemeinschaft". Die Nationalsozialisten maßten sich an, darüber zu entscheiden, was als „unwertes Leben" galt. Das „Gesetz zur Verhütung erbkranken Nachwuchses" sah schon im Juli 1933 die Zwangssterilisation von Menschen vor, wenn der Verdacht bestand, Krankheiten könnten vererbbar sein. Im Oktober 1939 beauftragte Hitler u.a. den Leiter der Kanzlei des Führers, Philipp Bouhler, mit der systematischen Ermordung von Menschen mit Behinderung. Die nun folgenden Verbrechen wurden von den Nationalsozialisten als **„Euthanasie"** bezeichnet. Eine rechtliche Grundlage dafür gab es nie.

Nach öffentlichen Protesten u.a. von kirchlicher Seite wurde das staatliche Tötungsprogramm 1941 eingestellt. Inoffiziell gingen die Tötungen jedoch weiter. Forscherinnen und Forscher schätzen, dass insgesamt 200 000 bis ca. 300 000 Menschen mit Behinderung ermordet wurden.

Euthanasie
(von griech. Euthanasia = schöner Tod) Eigentlich Sterbehilfe, die man unheilbar Kranken leistet, um ihnen einen qualvollen Tod zu ersparen. Im NS wurde damit verharmlosend die staatliche Ermordung von Behinderten bezeichnet.

Q2 Hetze gegen Menschen mit Behinderung
Propagandaplakat, abgedruckt in der Illustrierten Monatsschrift für das deutsche Volkstum, 1936

Q3 „Rassenforschung"
Die Nationalsozialisten betrachteten Sinti und Roma als minderwertig. NS-„Rassenforscher" untersuchten Sinti und Roma systematisch, vermaßen sie und erstellten Stammbäume. Die Daten dienten als Grundlage für Zwangssterilisationen. Das Foto zeigt, wie der Leiter der „Rassehygienischen Forschungsstelle" Robert Ritter (rechts) eine junge Angehörige der Sinti und Roma zur Entnahme einer Blutprobe zwingt. Die Daten und Gutachten Ritters wurden von den Polizeibehörden auch nach 1945 weiterverwendet.
Foto, 1938

Q4 Gesetze und Verordnungen gegen Juden
Folgende Maßnahmen wurden nach der Pogromnacht, aber noch in Friedenszeiten beschlossen. Nach Kriegsbeginn kamen viele weitere hinzu:

Es ist Juden ab 1. Januar 1939 verboten, ein Einzelhandels-, Versandgeschäft [...] zu betreiben sowie einen Handwerksbetrieb zu führen. (12.11.1938)

Es ist Juden verboten, Theater, Kinos, Konzerte, Ausstellungen usw. zu besuchen. (12.11.1938)

Es ist Juden verboten, deutsche Schulen zu besuchen. (15.11.1938)

Über sämtliche Bankguthaben von Juden darf nur mit Erlaubnis des Oberfinanzpräsidenten verfügt werden. (30.11.1938)

Juden müssen ihre Führerscheine [...] abgeben. (3.12.1938)

Es ist Juden verboten, ein ihnen gehörendes Unternehmen selbst zu führen. (14.12.1938)

Es ist Juden verboten, sich durch Rechtsanwälte vertreten zu lassen. (Februar 1939)

Juden müssen ihr Bargeld auf besondere Konten bei zugelassenen Devisenbanken einzahlen. (16.8.1939)

Es ist Juden verboten, nach 8 Uhr (im Sommer nach 9 Uhr) abends auf die Straße zu gehen. (1.9.1939)

Zit. nach München und der Nationalsozialismus. Katalog des NS-Dokumentationszentrums München. Hrsg. von Winfried Nerdinger. C.H. Beck, München 2015, S. 206.

Q5 Website
Höredition: Die Quellen sprechen
283ua8

Nachgefragt

1. Erläutere, inwieweit Ausgrenzung und Verfolgung mit dem Begriff „Volksgemeinschaft" zusammenhängen (VT1).

2. Beschreibe Q1: Was geht dir bei der Betrachtung durch den Kopf? Inwiefern drückt das Bild Ausgrenzung aus?

3. Fasse zusammen, was die „Nürnberger Gesetze" bestimmten und welche Auswirkungen die Gesetze auf das Alltagsleben hatten (VT2). ○ → S. 224

4. Erkläre, wie es zur Pogromnacht kam und welche Folgen sie hatte (Q6, VT3–VT4). Recherchiert, ob in eurer Gegend eine Synagoge zerstört wurde.

5. Gestaltet in Gruppenarbeit ein Plakat zu den Maßnahmen gegen die jüdische Bevölkerung (Q4). Erklärt, wie sich das Leben der Juden dadurch veränderte.

MK **6.** Wähle aus Q5 je drei Dokumente aus, die von der Ausgrenzung der Juden in den Jahren 1933 bis 1939 aus der Täter- sowie aus der Opferperspektive berichten. Begründe deine Auswahlentscheidung. Prüfe, ob es sich bei Q5 um eine digitale Sammlung handelt.

Q6 Nach der Pogromnacht

Der Darmstädter Arthur Dernburg berichtet rückblickend über seine Einlieferung ins KZ Buchenwald:

Spät in der Nacht kamen wir in Buchenwald an. Wir mußten antreten in Reih und Glied. Der diensthabende SS-Mann fragte: „Wie ist dein Name, was war deine Beschäftigung?“ Wenn einer antwortete „Kaufmann“, so wurde er geschlagen und mußte antworten: „Jude und Betrüger war ich.“ So wurde jeder zum Empfang begrüßt und eingeschüchtert. Dann wurden wir in Baracken[1] verstaut, das heißt, es waren dort vier Lagen von Holzbrettern übereinander, keine Decke, kein Stroh, und wir wärmten uns gegenseitig, denn wir waren dicht gedrängt. Es kamen immer neue Transporte und wurden dazugepfercht, nachdem sie wie wir verprügelt wurden. Ich erinnere mich, daß am nächsten Tag eine Gruppe ankam, und als man einen Mann schlug, verbat er sich das mit den Worten: Ich war deutscher Offizier gewesen mit Eisernem Kreuz 1. Klasse. Aber wehe ihm! Beim nächsten Appell wurde er über den Tisch gelegt, und von einem riesenhaften Sadisten[2] wurden ihm mit einem Farrenschwanz[3] 25 von hinten aufgezählt, bis das Blut aus den Hosenbeinen rann. [...]

Eine solche Strafe wurde uns immer vor Augen gehalten mit der Bemerkung, daß keiner entlassen werden könne, bis die Wunden verheilt sind, „damit ihr nicht Greuelmärchen im Ausland verbreiten könnt“.

Zit. nach Das Darmstädter Synagogenbuch. Hrsg. von Eva Reinhold-Postina/Moritz Neumann. Roether, Darmstadt 1988, S. 216 f.

1 flacher Bau für eine behelfsmäßige Unterkunft
2 Mensch, der Befriedigung dadurch erlebt, anderen Schmerz zuzufügen
3 Schlagstock

Q7 Homosexuelle als „Staatsfeinde“

Ein homosexueller Mann bittet Reichsbischof Ludwig Müller im Juni 1935 in einem anonymen Brief um Hilfe:

Ich weiß mir keinen anderen Rat mehr und darum nehme ich den Weg direkt zu Ihnen. [...] Gott gebe, daß Sie sich diesen Zeilen nicht verschließen, sondern daß Sie alles tun mögen, was in Ihren Kräften steht, dem Schrecklichen Einhalt zu gebieten, indem Sie an oberster Stelle vorstellig werden und in nachfolgender Sache um Hilfe bitten. [...] In dem letzten halben Jahre werden in Berlin und im ganzen Reiche Razzien[1] auf Homosexuelle oder als homosexuell Verdächtige gemacht. [...] Diese Razzien wurden von der Geheimen Staatspolizei arrangiert und von jungen SS-Männern [...] ausgeführt. [...] Mit dem Fuß stieß man gegen die Schienbeine, schrie und tobte herum, als ob man Schwerverbrecher vor sich hätte, die sich renitent[2] benommen hätten. (Dabei waren alle so eingeschüchtert, daß sie kaum ein Wort sprachen und allen Befehlen der Wachmannschaften nachkamen!) Schimpfworte, wie: „Du Stück Mist verfluchtes!“, „Sauhund elender!“, [...] waren dort immerfort zu hören. [...] Noch viel furchtbarer aber ist (noch heute!!!) die Behandlung der Inhaftierten im sogenannten Kolumbia-Haus[3] [...]. Dort werden die armen Menschen wochen- und monatelang gequält.

Zit. nach Homosexualität in der NS-Zeit. Dokumente einer Diskriminierung und Verfolgung. Hrsg. von Günter Grau. Fischer, Frankfurt a. M. 2004, S. 83 f.

1 überraschend durchgeführte polizeiliche Fahndungsaktion
2 auflehnend, ungehorsam
3 Konzentrationslager in Berlin-Kreuzberg

7. Beschreibe Q2 und erkläre die beabsichtigte Wirkung. ○ → S. 224

8. Beschreibe Q3: Wie wirken die dargestellten Personen? Bewerte die Intention der Forschungen, die mithilfe solcher Bilder dokumentiert wurden.

9. Beschreibe und bewerte den Umgang der Nationalsozialisten mit homosexuellen Menschen (Q7). Erkläre auch, warum der Brief anonym verfasst wurde.

SP **10.** Stell dir vor, du würdest im Jahr 1939 als Journalist aus einem demokratischen Nachbarland über die Behandlung der Juden und anderer Minderheiten in Deutschland berichten. Verfasse einen Kommentar. Überlege dir zunächst eine sinnvolle Gliederung und eine passende Überschrift. Belege deinen Bericht mit Beispielen. ○ → S. 224

11. Beurteile das Menschenbild, das der „Volksgemeinschaft“ zugrunde liegt. Welche Vorstellungen transportieren NS-Begriffe wie „artfremd“, „Rassehygiene“ oder „Volksschädling“? ●

Jüdisches Leben in Biografien

Obwohl es schon im Kaiserreich und in der Weimarer Republik Antisemitismus gegeben hatte, waren Juden zu Beginn des 20. Jahrhundert in Deutschland weitgehend gleichberechtigt. Mit der Machtübernahme der Nationalsozialisten änderte sich dies jedoch schnell. Dieser Wandel wird durch die Beschäftigung mit den vielfältigen Lebensentwürfen jüdischer Menschen deutlich.

Q1 Websites
Jüdisches Leben in Deutschland
283ua8

VT1 Jüdisches Leben in Deutschland

Jüdisches Leben in Deutschland war zu Beginn des 20. Jahrhunderts überaus vielfältig (Q1): Viele Menschen jüdischen Glaubens lebten schon seit etlichen Generationen in Deutschland, immer Seite an Seite mit ihren zumeist christlichen Nachbarn. Teile der jüdischen Bevölkerung waren religiös, andere nicht. Die meisten fühlten sich als Patrioten jener Regionen und Länder, in denen sie lebten, andere hofften auf einen eigenen Staat auf dem Gebiet des heutigen Israel. Jüdische Menschen übten unterschiedliche Berufe aus – einige waren bekannte Künstler, Wissenschaftler oder Politiker, andere arbeiteten als Kaufleute oder Wissenschaftler.

VT2 Emanzipation und Diskriminierung

Die jüdische Bevölkerung in Deutschland hatte seit mehr als einem Jahrhundert erlebt, wie das Zusammenleben selbstverständlicher zu werden schien: Im heutigen Nordrhein-Westfalen hatten jüdische Menschen seit 1847 staatsbürgerliche Rechte. Die vollständige Gleichberechtigung der Konfessionen wurde 1869 wirksam. Immer mehr jüdische Vereine gründeten sich (Q2) und fast alle Schulen und Karrieren standen nun auch Juden offen. Immer wieder gab es aber auch Diskriminierung und offenen Antisemitismus, wie bei der „Judenzählung" im Ersten Weltkrieg. Diese sollte nachweisen, dass Juden sich angeblich vor dem Militärdienst drückten. Doch das Gegenteil war der Fall. Auch antisemitische Parolen und Gewalt waren nicht selten. Dennoch betrachtete der Großteil der jüdischen Bevölkerung Deutschland als selbstverständliche Heimat.

Q2 Jüdisches Vereinsleben
Mitglieder des jüdischen Karnevalsvereins „Kleiner Kölner Klub" auf einem Vereinsausflug, Foto, undatiert

Q3 Eric Schildkraut: Ein Sportler und Schauspieler

In mehreren Interviews erzählte Eric Schildkraut – geboren als Erich Schild – 1987 aus seinem Leben:

Ich bin am 6.11.1906 in Berlin geboren. Geschwister hatte ich keine. Wir zogen nach Selm, in dieses kleine Dorf bei Dortmund, wo außer uns noch diese drei jüdischen Familien lebten. Ich bin in eine ganz normale Schule gegangen, nicht in eine jüdische. Gab's gar nicht. In der ganzen Gegend nicht. Die ersten vier Grundschuljahre war ich sogar in einer katholischen Schule. Mein [Stief-]Vater war sogar ziemlich befreundet mit dem Vikar[1].

Ich habe als Kind nie darunter gelitten, dass ich Jude war, weil ich es nicht empfunden habe und auch in dieser kleinen Gemeinde als Junge schon jemand war. Ich spielte dort Theater mit dem katholischen Gesellenverein. Dann bin ich in Lünen aufs Gymnasium gegangen. Ich war immer ein guter Sportler. [...] Es gab eine kleine Synagoge, wo meine Bar-Mitzwa[2] gefeiert wurde. Mein [Stief-]Vater ging nur gezwungenermaßen in die Synagoge, nur zu großen Feiertagen. Wir blieben nicht in dem kleinen Nest, sondern gingen nach Dortmund in die Synagoge, weil da ein wunderbarer Chor sang. [...]

Im Sportverein war ich in der Handballmannschaft. Unser Schiedsrichter kam aus Recklinghausen und schlief und aß bei uns, weil ein Hotel zu teuer war. Und dann war wieder ein Spiel, und er sagte: „Das müsst ihr euch aber gut überlegen. Entweder ich leite das Spiel und der Jude spielt nicht mit, oder umgekehrt." Ich durfte nicht spielen. Ich war sehr schnell, ein guter 100-Meter-Läufer. Bin Westfalenmeister gewesen über 100 Meter. Auf der Schule war ich auch der Schnellste. Dann [ca. 1925] wurde für ein Sportfest in Düsseldorf eine 4×100-Meter-Staffel zusammengestellt. Als drei draußen standen, sagte der Lehrer: „Wo ist der vierte? Müsst ihr den Juden denn überhaupt mitnehmen? Geht es nicht ohne Juden?" Das war noch keine Nazizeit, aber die hatten sie schon in sich, die Nazizeit. In dem kleinen Nest hat man es nicht so gemerkt, weil ich so ein Springinsfeld[3] war. Und trotzdem kann ich heute sagen, ich war immer ein bisschen stolz, Jude zu sein. Ein bisschen Tradition gab es schon zu Hause, es geht gar nicht ohne, das fängt schon beim Kochen an. Es war nicht koscher, aber es war auch nicht das Gegenteil. Wahrscheinlich hat es uns einfach besser geschmeckt. Als mein Vater starb, bin ich nach Hause zurückgegangen. Bis 1932 hielt ich es dort aus. In der Zeit nahm ich heimlich Schauspielunterricht und versuchte, in Dortmund engagiert zu werden. Das klappte auch. Der Intendant war ein Nazi, der gleich [1933] das ganze Theater umkrempelte. Und schon im März flog ich raus.

Meine Eltern waren sehr befreundet mit einem Lehrerehepaar. Die Freundschaft dauerte genau bis zum 30. Januar 1933. Meine Mutter begegnete dieser Familie auf der Straße, ging auf sie zu – und die machten einen Bogen und ließen sie stehen.

Zusammengestellt nach Beate Lause/Renate Wiens: Theaterleben. Schauspieler erzählen von Exil und Rückkehr. Hain Verlag, Frankfurt/M. 1991, S. 12–15.

1 Priester, der einem Pfarrer unterstellt ist und keine Alleinverantwortung für eine Pfarrei trägt
2 feierliche Aufnahme jüdischer Jungen ab 12 Jahren als vollwertiges Mitglied einer jüdischen Gemeinde
3 lebhafter, unbekümmerter junger Mensch

Nachgefragt

1. Wie sah jüdisches Leben vor 1933 im heutigen Nordrhein-Westfalen aus der Sicht von Eric Schildkraut aus? Beschreibe anhand seiner Lebensgeschichte, wie er Integration und Ausgrenzung wahrnahm (Q3).

2. Vergleiche die Erfahrungen Eric Schildkrauts mit deinem Wissen über jüdisches Leben im Kaiserreich und in der Weimarer Republik. Gehe auf Unterschiede und Gemeinsamkeiten ein (Q3, VT1–VT2).

3. Erkläre folgenden Satz von Eric Schildkraut über das Jahr 1925: „Das war noch keine Nazizeit, aber die hatten sie schon in sich, die Nazizeit." (Q3, Z. 21–22).

MK **4.** Recherchiere mit Q1, wie Eric Schildkrauts Leben ab 1933 bis zu seinem Tod 1999 weiter verlief und halte deine Ergebnisse in einer Zeitleiste fest. ●

MK **5.** Stellt eine der jüdischen Lebensgeschichten in Q1 vor. Geht auf Unterschiede und Gemeinsamkeiten zu Eric Schildkraut ein.

SP **6.** In der Weimarer Republik gab es in Köln einen jüdischen Karnevalsverein, den Kleinen Kölner Klub (Q2). Recherchiere, was sich über den Verein und seine Geschichte herausfinden lässt. Schreibe einen kurzen Informationstext. Verwende die Begriffe 1922, Bütt, Kegeln, Max Salomon, Orden und Verbot. ○ → S. 224

AFB I: 1, 4 AFB II: 3, 5, 6 AFB III: 2

Zwischen Anpassung und Zustimmung – oder: Warum machten so viele mit?

Ein Großteil der deutschen Bevölkerung trug die NS-Politik mit und akzeptierte die Ausgrenzung und Unterdrückung von Minderheiten. Das lag nicht nur am Terror- und Überwachungssystem. Es gelang dem NS-Regime auch, weite Teile der Bevölkerung von ihren Ansichten zu überzeugen.

Gemeinsam lernen

Pro und Kontra

Wer nichts tut, macht mit!?

Nur wenige Menschen leisteten während der NS-Diktatur Widerstand. Bedeutete diese Untätigkeit, dass die meisten Deutschen die NS-Politik unterstützten? Organisiert eine Pro-und-Kontra-Diskussion.

1. Vorbereitung: Teilt euch in Gruppen auf und wählt eine Position.
2. Argumente finden: Lest den VT und untersucht die Materialien dieses Unterkapitels. Bezieht zudem euer Wissen aus vorangegangenen Unterkapiteln ein. Notiert Argumente für eure Position.
3. Diskussion: Tauscht die gesammelten Argumente aus. Geht auf die jeweilige Gegenposition ein.
4. Auswertung: Reflektiert gemeinsam den Diskussionsablauf und bewertet die vorgetragenen Argumente.

VT1 „Wir waren's nicht, Hitler war's!"

Nach dem Zweiten Weltkrieg schoben viele Deutsche die Verantwortung für die Geschehnisse während der NS-Diktatur von sich. Es hieß, Hitler und seine Helfer allein seien an den Verbrechen schuld. Die „normalen" Bürger hätten dem NS-Regime machtlos gegenübergestanden. Die Frankfurter Allgemeine Zeitung schrieb zehn Jahre nach Kriegsende, Hitler sei wie ein „aus der Tiefe hervorgegurgelter Dämon" über das deutsche Volk gekommen.

In den letzten Jahrzehnten haben Historikerinnen und Historiker die Auffassung, dass die Deutschen im Grunde alle Opfer der Nationalsozialisten gewesen seien, gründlich widerlegt. Sie untersuchten, warum die Menschen sich mit dem NS-System arrangierten oder es gar aktiv unterstützten.

VT2 Karriere und Opportunismus

Das autoritäre Regierungsmodell der Nationalsozialisten wurde von vielen als willkommene Alternative zur demokratischen Vielfalt der Weimarer Jahre betrachtet. Die Menschen wünschten sich eine Überwindung des von manchen als „Parteiengezänk" verstandenen Ringens um politische Kompromisse. Nach den als demütigend empfundenen Erfahrungen mit dem Versailler Vertrag erhofften sich viele zudem den Aufbau eines wiedererstarkten Deutschlands (Q3). Etliche Menschen versprachen sich von der Machtübernahme der Nationalsozialisten einen beruflichen Aufstieg: Schließlich wurde eine Vielzahl von Ämtern in Staat und Partei neu besetzt. Viele, die bis dahin kein Mitglied der NSDAP gewesen waren, erhofften sich nun von einem Parteieintritt Vorteile: Anfang 1933 traten derart viele Menschen freiwillig in die NSDAP ein, dass wegen des Ansturms im April 1933 eine Aufnahmesperre verhängt wurde.

Die Anpassungsbereitschaft reichte bis weit ins wirtschaftliche Leben und ins Privatleben hinein. Zahllose Firmen, Organisationen und Vereine erfüllten aus freien Stücken die ideologischen Vorgaben des Regimes oder kamen diesen sogar zuvor, etwa durch den Ausschluss von Juden oder Empfehlungen zum Eintritt in die SA. In der Geschichtswissenschaft spricht man in diesem Zusammenhang auch von einer „Selbstgleichschaltung".

VT3 Wirtschaftlicher Profit

Viele Menschen profitierten wirtschaftlich von der NS-Ausgrenzungspolitik. Im Zuge der „Arisierung" erhielten viele Geschäftsleute sehr günstig enteignete Läden und Fabriken, die vorher in jüdischem Besitz gewesen waren (Q1). Auf Versteigerungen, bei denen der Besitz

Q1 „Jetzt arisch!"

Annonce aus dem „Westdeutschen Beobachter", 29. November 1938

KdF
(kurz für: „Kraft durch Freude") NS-Organisation mit dem Auftrag, die Freizeit der Bevölkerung zu gestalten und zu überwachen

ausgewanderter oder deportierter Juden günstig vergeben wurde, machten die Käufer hohe Gewinne. Oft wechselten komplette Betriebe oder hochwertiger Hausrat für wenig Geld den Besitzer. Proteste gegen diese Vorgänge gab es kaum. Für Menschen, die außerhalb der „Volksgemeinschaft" standen, galten die uns heute selbstverständlich erscheinenden moralischen Maßstäbe nicht mehr.

Q2 KdF-Reiseangebot

Titelblatt eines 55-seitigen Heftchens mit dem Programm der Urlaubsfahrten der KdF in Württemberg/Hohenzollern aus dem Jahr 1937

VT4 Vergünstigungen für das Volk?

In der NS-Diktatur ging es den Ausgegrenzten immer schlechter, während sich die Mitglieder der „Volksgemeinschaft" zunehmend besser fühlen konnten. Ein Großteil der nicht ausgegrenzten Bevölkerung empfand die Jahre nach 1933 keinesfalls als Schreckenszeit von Terror und Unfreiheit. Im Gegenteil: Die Nationalsozialisten erweckten für viele glaubhaft den Eindruck, für den „kleinen Mann" zu sorgen. Dazu trug bei, dass die Zahl der Arbeitslosen sank und die NS-Regierung manche Steuern verringerte. Zudem verlängerte sie die Urlaubszeiten und vergab sogenannte Ehestandsdarlehen (Kredite zur Förderung von Eheschließungen). 1935 wurde auch das Kindergeld eingeführt, das allerdings nur „arische" Familien erhielten (damals: „Kinderbeihilfe"). Diese sozialpolitischen Maßnahmen kamen bei der Bevölkerung gut an (D2). Den Ausschluss von Mitbürgern hinterfragte man daher wenig.

VT5 „Kraft durch Freude"

Zur Popularität des NS-Regimes trug auch die staatliche Freizeitorganisation „Kraft durch Freude" (**KdF**) bei. Sie organisierte Kulturveranstaltungen und ermöglichte – von der Propaganda besonders betont – erschwingliche Urlaubsreisen (Q2, Q4). Mit diesen Angeboten verfolgte die NS-Regierung das Ziel, die Arbeiter für sich zu gewinnen und zugleich deren Arbeitsleistung zu steigern. Zudem nutzten die Nationalsozialisten die Veranstaltungen und Angebote, um ihre politischen Ideen weiter zu verbreiten.
Bei all den scheinbar fürsorglichen Maßnahmen des NS-Regimes gerät aber bisweilen aus dem Blick, dass sich der Lebensstandard der Menschen in den Jahren 1933 bis 1939 keineswegs verbesserte (D1, D3).

Q3 Beginn einer neuen Zeit?

Otmar Krämer war Anfang der 1930er-Jahre ohne regelmäßige Beschäftigung. Er notierte am 3. Februar 1933 in sein Tagebuch:

Bevor ich heute, am 3. Februar 1933, meine Chronik fortsetze, muß ich das Ereignis nennen, welches das erste seit 20 Jahren ist, welches das deutsche Volk in seiner großen Mehrzahl wieder mit nationaler Leidenschaft und Begeisterung erfüllt hat, nach dem 31. Juli 1914 der 30. Januar 1933, der Tag, an dem Volkskanzler des deutschen Reiches wurde: Adolf Hitler! [...]
Wir stehen am Beginn einer neuen Zeit. Vorbei ist die Periode, wo der nationale deutsche Mensch ein Mensch II. Grades war, diejenige Zeit, wo der Nationalsozialist als ein nationaler Heißsporn angesehen wurde. Heute ist jeder in Deutschland, ob Freund, Feind oder Neutraler gezwungen, zum Nationalsozialismus Stellung zu nehmen. Er ist an der Macht und er hat den Willen, diese Machtstellung zu behalten und auszubauen, allen, aber auch allen Widerständen zum Trotz.

Zit. nach: Janosch Steuwer: „Ein Drittes Reich, wie ich es auffasse". Politik, Gesellschaft und privates Leben in Tagebüchern 1933–1939. Wallstein, Göttingen 2017, S. 57.

Q4 Träume vom Reisen

Die junge Gärtnerin Inge Thiele las Mitte der 1930er-Jahre einen Zeitungsartikel über eine KdF-Seereise und schrieb ihre Eindrücke in einem Tagebuch auf (9. April 1935):

Vorige Woche sind die 3000 Urlauber von Madeira wiedergekommen [...]. Arbeiter fuhren in den Süden, wandelten unter Palmen. 3 Dampfer waren für unsere Volksgenossen bereit gestellt worden. [...] Die Tagebücher der Fahrer, die teilweise in unseren Zeitungen abgedruckt wurden, zeugen von der Aufnahmefähigkeit und Dankbarkeit deutscher Arbeiter, die kulturell über aller Welt stehen. Wir können stolz darauf sein. Ein Urlaubsschiff ist jetzt in die Azoren abgedampft, wenn das so weiter geht, komme ich vielleicht auch mal dran.

Zit. nach: Janosch Steuwer: „Ein Drittes Reich, wie ich es auffasse". Politik, Gesellschaft und privates Leben in Tagebüchern 1933–1939. Wallstein, Göttingen 2017, S. 235 f.

Q5 KdF – Propaganda und Wirklichkeit

Forscher befragten im Jahr 2009 vierzehn Zeitzeugen nach der KdF-Organisation. Nur drei konnten über eigene Erlebnisse berichten. Die meisten äußerten sich ähnlich wie dieser Mann:

Es gab ja diese Aktion, ja auch noch mal über KdF, Volkswagen zu kriegen, da war gar nicht dran zu denken, nech? Ganz utopisch. Also meine Eltern, meine Eltern brauchten jede Mark, und das war vorrangig, da hätten sie auch nie die Möglichkeit gehabt, mal auf Ferienfahrt zu fahren. [...] Also ich kann mich kaum dran erinnern, dass in Ferienzeiten meine Freunde ob mit den Eltern oder ohne die Eltern alle KdF in Anspruch genommen haben.

Zit. nach Sascha Howind: Die Illusion eines guten Lebens. KdF und nationalsozialistische Sozialpropaganda. Peter Lang, Frankfurt/M. 2013, S. 34.

Nachgefragt

1. Fasse mithilfe von Q3 und VT2–VT5 zusammen, warum Menschen den Nationalsozialismus tolerierten oder aktiv unterstützten, selbst wenn sie vor der Machtübernahme nicht nationalsozialistisch gesinnt waren. Erstellt dazu in Partnerarbeit ein Schaubild.
○ → S. 224

2. Setze VT1 in Beziehung zum übrigen VT und deinen Ergebnissen aus Aufgabe 1.

3. Vergleiche Propaganda und Wirklichkeit in Bezug auf die Organisation „Kraft durch Freude" (Q2, Q4, Q5, VT5).

4. Vergleiche Q4 und Q5. Diskutiert, wie aussagekräftig Tagebucheinträge als Quellen für das Leben im NS-Alltag sind.

D1 Entwicklung der Tarif-Stundenlöhne

Angaben in Pfennig

	1929	1932	1936	1939
Facharbeiter	101,1	81,6	78,3	79,1
Hilfsarbeiter[1]	79,4	64,4	62,3	62,8
Facharbeiterin	63,4	53,1	51,6	51,5
Hilfsarbeiterin	52,7	43,9	43,4	44,0

René Erbe: Die nationalsozialistische Wirtschaftspolitik 1933–1939 im Licht der modernen Theorie. Polygraphischer Verlag, Zürich 1958, S. 36 ff.

1 Arbeiter ohne Berufsausbildung

D3 Lebensmittelverbrauch

Durchschnittlicher Jahresverbrauch von Lebensmitteln in einem Vier-Personen-Haushalt

	1929	1937
Fleisch (kg)	146,5	118,5
Eier (Stück)	472	258
Milch (l)	481	358
Kartoffeln (kg)	507,8	530,3
Gemüse (kg)	127,3	117,8

René Erbe: Die nationalsozialistische Wirtschaftspolitik 1933–1939 im Licht der modernen Theorie. Polygraphischer Verlag, Zürich 1958, S. 36 ff.

D2 Einstellung zum NS-Regime

Der Sozialpsychologe und Nationalsozialismus-Forscher Harald Welzer gibt 2007 wieder, welche Ergebnisse Studien zur Wahrnehmung des Nationalsozialismus hervorbrachten:

So zeigt eine retrospektive[1] Befragung mit 3000 Personen, die in den 1990er-Jahren durchgeführt wurde, dass nahezu drei Viertel der vor 1928 geborenen Befragten niemanden kannten, der aus politischen Gründen mit der Staatsgewalt in Konflikt geraten war. Noch mehr Befragte gaben an, sich selbst niemals bedroht gefühlt zu haben, und das, obwohl in derselben Befragung zu hohen Anteilen angegeben wird, dass man illegale Radiosender gehört oder Witze über Hitler und kritische Äußerungen über die Nazis gemacht habe. Ein höchst bemerkenswertes Ergebnis dieser Studie liegt darin, dass sich im Nachhinein jeweils zwischen einem Drittel und mehr als die Hälfte der Befragten dazu bekennen, an den Nationalsozialismus geglaubt, Hitler bewundert und nationalsozialistische Ideale geteilt zu haben.

Ein ähnliches Bild zeigt eine [...] Umfrage aus dem Jahr 1985. Die Befragten, die 1945 mindestens 15 Jahre alt gewesen sein mussten, bekennen zu 58 Prozent, an den Nationalsozialismus geglaubt zu haben, 50 Prozent sahen ihre Ideale in ihm verkörpert, und 41 Prozent bewunderten den Führer. Dabei zeigte sich auch, dass die Zustimmung zum NS-System mit dem Niveau des Bildungsabschlusses steigt – was dem gängigen Vorurteil zuwiderläuft, dass Bildung vor gegenmenschlichen Einstellungen schützt.

Harald Welzer: Die Deutschen und ihr „Drittes Reich". In: Aus Politik und Zeitgeschichte (APuZ) 14–15/2007, S. 23 f.

1 rückblickende

5. Untersuche Q1 und bewerte die Aussage dieser Zeitungsannonce.

6. Stützen die Daten zum Lebensstandard (D1, D3) die Behauptung der Nationalsozialisten, das Leben der Menschen habe sich durch ihre Politik zum Besseren verändert? Erläutere deine Ergebnisse.

7. Arbeite aus D2 heraus, wie die Menschen rückblickend das NS-System und ihre Einstellung zu ihm sahen. ●

SP **8.** Diskutiert in der Klasse: Wie ist das Verhalten vieler Menschen in der NS-Diktatur zu bewerten? Unterscheidet dabei Sach- und Werturteil und verwendet entsprechende Formulierungen. Nutzt die Arbeitsschritte auf S. 241.
○ → S. 224

AFB I: 1 AFB II: 2, 6, 7 AFB III: 3, 4, 5, 8

„Erfolge“ der Nationalsozialisten – was steckt dahinter?

Noch heute hört man manchmal: „Es war doch nicht alles schlecht unter Hitler.“ Zumeist werden dann wirtschaftspolitische Maßnahmen als „Erfolge“ angeführt. Sieht man genauer hin, relativiert sich vieles.

„Reichsarbeitsdienst“ (RAD) 1935 eingeführter halbjähriger Pflichtdienst für männliche Jugendliche zwischen 18 und 25 Jahren. Für Frauen war der Dienst freiwillig. Der RAD erfüllte eine wichtige Funktion für die Wirtschaft und die Erziehung im NS-Staat.

VT1 Gründe für sinkende Arbeitslosigkeit

Nach der Weltwirtschaftskrise sahen es viele Menschen als die wichtigste Aufgabe der NS-Regierung an, die hohe Arbeitslosigkeit zu bekämpfen. Und tatsächlich: Schon bald ging die Zahl der Arbeitslosen stark zurück (D1). Woran lag das?

Das NS-Regime profitierte dabei von Maßnahmen, die schon in der Weimarer Republik begonnen hatten. So war die Wirtschaft Anfang 1933 bereits auf dem Weg, sich zu erholen. Die Autobahnen, die nun in großem Stil gebaut wurden, waren keineswegs Hitlers Erfindung. Einige gab es schon, andere waren lange geplant. Hitler führte diese Pläne nur weiter und erzielte damit einen großen Propagandaerfolg. Zum Abbau der Arbeitslosigkeit trug der Autobahnbau aber nur wenig bei. Zudem gab es weitere vom Staat in Auftrag gegebene Arbeitsbeschaffungsmaßnahmen. Dabei handelte es sich um immens teure Großprojekte, wie den Bau des Reichsparteitagsgeländes in Nürnberg oder den Umbau von Teilen der Städte Berlin und München im nationalsozialistischen Sinn: Ganze Stadtviertel sollten verlegt und breite Prachtstraßen sowie prunkvolle Gebäude gebaut werden.

VT2 Geschönte Statistik

Ein weiterer Faktor für die positiver wirkende Arbeitslosenstatistik war die Einführung der allgemeinen Wehrpflicht 1935. Alle eingezogenen jungen Männer galten nun nicht mehr als arbeitslos. Auch der **„Reichsarbeitsdienst“ (RAD)** schönte in diesem Sinne die Statistik: Junge Männer mussten einen Pflichtdienst bei Baumaßnahmen oder in der Landwirtschaft ableisten, der schlecht bezahlt wurde (Q1). Auch der vom Regime geforderte Rückzug von Frauen aus dem Berufsleben kam der Statistik zugute.

Q1 „Spatenappell“
Angehörige des RAD präsentieren den Spaten wie Soldaten ein Gewehr. Foto, 1935

VT3 Wirtschaftspolitik für den Krieg

Vor allem in der Rüstungsindustrie entstanden zahlreiche neue Arbeitsplätze, war das wichtigste wirtschaftspolitische Ziel der Nationalsozialisten doch die Vorbereitung des geplanten Krieges. Bereits 1933 wurde die Aufrüstung eingeleitet. Mit dem „Vierjahresplan“ erhielt sie im Jahr 1936 zudem einen weiteren Schub: In vier Jahren, so hieß es, sollte Deutschland kriegsfähig sein (Q2).

VT4 Ein hoher Preis

Die wirtschaftspolitischen Impulse der NS-Regierung hatten einen hohen Preis: Nach wenigen Jahren war Deutschland hoch verschuldet und stand kurz vor dem Bankrott (D2). Um diesen abzuwenden, hatten die Nationalsozialisten einen Krieg zur Eroberung und Ausbeutung unterworfener Länder mit neuen Wirtschafts- und Rohstoffräumen bereits fest eingeplant.

D1 Arbeitslosigkeit in Deutschland

Jahr	Bevölkerungsanteil der Arbeitslosen in %
1933	25,9
1934	13,5
1935	10,3
1936	7,4
1937	4,1
1938	1,9
1939	0,5
1940	0,2

Dietmar Petzina/Werner Abelshauser/Anselm Faust: Sozialgeschichtliches Arbeitsbuch. Bd. 3. C. H. Beck, München 1978, S. 119.

D2 Entwicklung der Staatsausgaben
(in Mrd. Reichsmark)

Jahr	öffentliche Investitionen (für Verkehr, Versorgung, Wohnungsbau)	Ausgaben für Rüstung	Staatsverschuldung
1932	1,970	0,620	11,434
1933	2,430	0,720	11,690
1934	3,460	3,300	11,793
1935	3,890	5,150	12,452
1936	4,220	9,000	14,378
1937	4,620	10,850	16,058
1938	5,530	15,500	19,098
1939	o. A.	32,300	o. A.

Deutsche Geschichte seit 1815: Daten, Fakten, Dokumente. Bd. 1. Hrsg. von Udo Sautter. UTB, Tübingen 2004, S. 157, 161, 198.

Q2 Der Vierjahresplan

Hitler äußert sich im August 1936 in einer geheimen Denkschrift zum Vierjahresplan:

Es sind jetzt fast 4 kostbare Jahre vergangen. Es gibt keinen Zweifel, daß wir schon heute auf dem Gebiet der Brennstoff-, der Gummi- und zum Teil auch in der Eisenerzversorgung vom Ausland restlos unabhängig sein könnten. Genauso wie wir zur Zeit 7 oder 800 000 t Benzin produzieren, könnten wir 3 Millionen t produzieren. Genauso wie wir heute einige Tausend t Gummi fabrizieren, könnten wir schon jährlich 70 und 80 000 t erzeugen. Genauso wie wir von 2 ½ Millionen t Eisenerz-Erzeugung auf 7 Millionen stiegen, könnten wir 20 oder 25 Millionen t deutsches Eisenerz verarbeiten und, wenn notwendig, auch 30. Man hat nun Zeit genug gehabt, in 4 Jahren festzustellen, was wir nicht können. Es ist jetzt notwendig, auszuführen das, was wir können.

Ich stelle damit folgende Aufgabe:

1. Die deutsche Armee muß in 4 Jahren einsatzfähig sein.

2. Die deutsche Wirtschaft muß in 4 Jahren kriegsfähig sein.

Fritz Blaich: Wirtschaft und Rüstung im „Dritten Reich". Schwann, Düsseldorf 1987, S. 66 f.

Nachgefragt

1. Benenne die angeblichen Erfolge der Nationalsozialisten (VT1).

2. Arbeite mit einem Partner: Untersucht gemeinsam die statistischen Darstellungen (D1, D2) und beschreibt sie genau. Gibt es auffällige Entwicklungen (Sprünge, Rückschritte, Gleichbleibendes, Fortschritte, …)? Setzt die Statistiken zueinander in Beziehung.

3. Diskutiert, warum der Autobahnbau auch heute noch den Nationalsozialisten zugeschrieben wird (VT1).

4. Gib Hitlers Zielsetzung beim Vierjahresplan wieder (VT3). Erkläre die Wahl der in Q2 genannten Beispiele. ○ → S. 224

5. Beschreibe Q1 und stelle die gewünschte Propagandawirkung des Bildes der Effektivität des Spateneinsatzes gegenüber. ●

6. In einem Gespräch hört ihr folgenden Satz: „Hitler hat wenigstens dafür gesorgt, dass es den Leuten besser geht." Sammelt Argumente als Reaktion auf diese Aussage. ○ → S. 224

AFB I: 1 AFB II: 2, 4, 5 AFB III: 3, 6

Frieden heucheln, für den Krieg rüsten – die Außenpolitik der Nationalsozialisten

Die meisten Deutschen lehnten den Vertrag von Versailles ab. Viele begrüßten es deshalb, dass die NS-Regierung nach der Machtübernahme lautstark eine Revision des Vertrages forderte. Doch die Nationalsozialisten wollten wesentlich mehr ...

Wehrmacht
seit 1935 Bezeichnung für die ehemalige Reichswehr; Gesamtheit der Streitkräfte im nationalsozialistischen Deutschland

VT1 Außenpolitische Doppelstrategie

Das NS-Regime verfolgte von Beginn an eine außenpolitische Doppelstrategie: Öffentlich bekundeten die Nationalsozialisten friedliche Absichten, hinter den Kulissen jedoch bereiteten sie einen Krieg vor, der Deutschland die Vormacht in Europa bringen sollte.

Seinen angeblichen Friedenswillen suchte das NS-Regime in diplomatischen Verhandlungen wie dem Nichtangriffsvertrag mit Polen (1934) und dem Flottenabkommen mit England (1935) unter Beweis zu stellen. Die Olympischen Spiele 1936 in Berlin (Q4) nutzten die Nationalsozialisten im gleichen Sinne: Sie inszenierten ein harmonisches „Sportfest der Völker", um NS-Deutschland als weltoffen und friedliebend darzustellen.

Doch in Wirklichkeit rüsteten die Nationalsozialisten massiv auf. Dies verstieß zwar gegen den Versailler Vertrag, doch dieser wurde von den Nationalsozialisten von Anfang an bekämpft. Die Friedensbestimmungen von Versailles wurden in Deutschland allgemein als Demütigung empfunden. Nicht nur Anhänger der Nationalsozialisten forderten eine Revision. Die selbstbewusste und zunehmend aggressive NS-Außenpolitik wurde daher von der deutschen Bevölkerung weitgehend begrüßt.

Bereits 1933 war Deutschland aus dem Völkerbund ausgetreten, um sich internationaler Kontrolle zu entziehen. 1935 beschloss die Reichsregierung die Wiedereinführung der allgemeinen Wehrpflicht, 1936 besetzte die **Wehrmacht** widerrechtlich das Rheinland, das seit den Pariser Friedensverträgen eine militärfreie Zone war. Beides verstieß gegen gültige Bestimmungen des Versailler Vertrags. Ebenfalls 1936 schmiedete Deutschland schließlich ein Bündnis mit dem faschistischen Italien („Achse Berlin–Rom").

VT2 Angliederung Österreichs ...

Frankreich und England protestierten zwar gegen das deutsche Vorgehen, insgesamt blieben die westlichen Großmächte aber zurückhaltend. Vor allem in England gab es ein gewisses Verständnis für die Unzufriedenheit der Deutschen

Q1 „Adolf in the looking-glass"
Der Untertitel lautet: „Herr Hitler: ‚How frightful I look today'."
Karikatur aus der britischen Satire-Zeitschrift Punch, Dezember 1934

mit den Versailler Bestimmungen. Auch der **„Anschluss"** Österreichs an das Deutsche Reich wurde hingenommen. Hitler konnte nach dem Einmarsch deutscher Soldaten in das Nachbarland im März 1938 (Q6) unter dem Jubel der Bevölkerung in Wien verkünden: „Als Führer und Kanzler der deutschen Nation und des Reiches melde ich nunmehr den Eintritt meiner Heimat in das Deutsche Reich!"

VT3 ... und des Sudetenlandes

Das nächste Ziel der nationalsozialistischen Expansionspolitik war die Tschechoslowakei. Dort bildeten Deutsche im sogenannten Sudetenland die Bevölkerungsmehrheit. Viele von ihnen fühlten sich im tschechoslowakischen Staat benachteiligt. Die angebliche Unterdrückung der Deutschen im Sudetenland wurde von den Nationalsozialisten sehr stark aufgebauscht und als Vorwand für die Forderung genommen, die Sudetendeutschen „heim ins Reich" zu holen. Hitler drohte offen mit Krieg.

Die europäischen Großmächte kamen dem Diktator erneut entgegen: Im **Münchener Abkommen** beschlossen England, Frankreich, Deutschland und Italien Ende September 1938 die Abtretung des Sudetenlands an das Deutsche Reich. Tschechoslowakische Vertreter hatten an den Verhandlungen nicht teilnehmen dürfen.

VT4 Aggression und Appeasement

Die Großmächte, allen voran England, glaubten, durch dieses Zugeständnis an Hitler einen Krieg verhindert zu haben. Diese **Appeasement**-Politik stellte sich im Nachhinein jedoch als fatal heraus. Obwohl England und Frankreich den Bestand der verbliebenen Gebiete der Tschechoslowakischen Republik zugesichert hatten, reagierten sie erneut nicht, als Hitler im März 1939 deutsche Truppen in den tschechischen Landesteil einmarschieren ließ. Das Land wurde zum „Reichsprotektorat Böhmen und Mähren" erklärt und ausgebeutet. Die Slowakei – also der östliche Teil der ehemaligen Tschechoslowakei – war von diesem Zeitpunkt an formal selbstständig, faktisch aber ein abhängiger Vasallenstaat Deutschlands. England und Frankreich kündigten nun an, Polen beizustehen, sollte Deutschland auch diesen Nachbarn angreifen. Davon ließ sich Hitler aber nicht abschrecken. Die Planungen zum Angriff auf Polen liefen längst. Erneut hetzte die NS-Propaganda gegen die angebliche Unterdrückung von Deutschen und die Missachtung deutscher Interessen in Polen. Dies sollte den geplanten Angriff rechtfertigen.

VT5 Der Hitler-Stalin-Pakt

Kurz vor dem Angriff auf Polen verbündete sich Hitler mit dem sowjetischen Diktator Josef Stalin (Q2). Hitler wollte so die Gefahr eines Zweifrontenkrieges bei einem Feldzug gegen Polen ausschließen. Stalin sah die Gelegenheit, seine Macht nach Westen hin zu erweitern. Deutschland und die Sowjetunion schlossen im August 1939 einen Nichtangriffspakt. Der Vertrag enthielt in einem geheimen Zusatzprotokoll bereits die Vereinbarung über die künftige Aufteilung Polens und des Baltikums.

Q2 „Wonder how long the honeymoon will last?"

Die Karikatur zum Hitler-Stalin-Pakt erschien im Oktober 1939 im Washington Star.

„Anschluss"
NS-Bezeichnung für die Angliederung Österreichs an das Deutsche Reich. Am 11./12. März 1938 lösten österreichische Nationalsozialisten die Vorgängerregierung ab. Dem gingen massive deutsche Drohungen voraus.

Münchener Abkommen
Der Vertrag, der von England, Frankreich, Deutschland und Italien am 29./30. September 1938 geschlossen wurde, verpflichtete die Tschechoslowakei, die Sudetengebiete zu räumen. Das Territorium wurde ins Deutsche Reich eingegliedert.

Appeasement
(von engl. to appease = beruhigen, beschwichtigen) Politik, die Hitler Zugeständnisse machte, um einen Krieg zu verhindern

→ Themen verknüpfen
Über die Annexionen des NS-Regimes bis 1939 gibt dir die Karte auf S. 137 einen Überblick.

Q3 Hitler erklärt seine Außenpolitik

In einer geheimen Rede äußert sich Hitler vor Verlegern und Redakteuren am 10. November 1938:

Die Umstände haben mich gezwungen, jahrzehntelang fast nur vom Frieden zu reden. Nur unter der fortgesetzten Betonung des deutschen Friedenswillens und der Friedensabsichten war es mir möglich, dem deutschen Volk Stück für Stück die Freiheit zu erringen und ihm die Rüstung zu geben, die immer wieder für den nächsten Schritt als Voraussetzung notwendig war. Es ist selbstverständlich, daß eine solche jahrzehntelang betriebene Friedenspropaganda auch ihre bedenklichen Seiten hat; denn es kann nur zu leicht dahin führen, daß sich in den Gehirnen vieler Menschen die Auffassung festsetzt, daß das heutige Regime an sich identisch sei mit dem Entschluß und dem Willen, den Frieden unter allen Umständen zu bewahren. [...] Es war nunmehr notwendig, das deutsche Volk psychologisch allmählich umzustellen und ihm langsam klarzumachen, daß es Dinge gibt, die, wenn sie nicht mit friedlichen Mitteln durchgesetzt werden können, mit Mitteln der Gewalt durchgesetzt werden müssen. [...] Es war notwendig, dem deutschen Volk bestimmte außenpolitische Vorgänge so zu beleuchten, daß die innere Stimme des Volkes selbst langsam nach der Gewalt zu schreien begann. Das heißt also, bestimmte Vorgänge so zu beleuchten, daß im Hirn der breiten Masse des Volkes ganz automatisch allmählich die Überzeugung ausgelöst wurde: Wenn man das eben nicht im Guten abstellen kann, dann muß man es eben mit Gewalt abstellen.

Zit. nach Rede Hitlers vor der deutschen Presse am 10. November 1938. In: Vierteljahrshefte für Zeitgeschichte 6, 1958, S. 182 f.

Q4 Olympische Spiele 1936

Helene Mayer (rechts) gewann bei den Olympischen Spielen in Berlin 1936 Silber im Fechten. Sie war die einzige jüdische Sportlerin in der deutschen Mannschaft. Foto, 1936

Nachgefragt

1. Erkläre, inwieweit von 1933 bis 1937 von einem Doppelgesicht der NS-Außenpolitik gesprochen werden kann (VT1), und setze dazu Q1 in Beziehung.

2. Gib die Gebietserweiterungen des Deutschen Reiches in chronologischer Reihenfolge wieder (VT2–VT4, Karte S. 137).

3. Erläutere, wie Hitler seine „Friedenstaktik" begründete und was er daran bedenklich fand (Q3). Informiere dich mit VT3–VT4, bei welchen Ereignissen versucht wurde, etwas so darzustellen, dass die „Stimme des Volkes [...] nach Gewalt zu schreien begann".

4. Erläutere, welche Wirkung sich die Nationalsozialisten von der Aufnahme einer jüdischen Sportlerin ins Olympiateam versprachen (Q4, VT1).

5. Beschreibe Q6 und erläutere, wie die Nationalsozialisten in Österreich empfangen wurden (VT2).

Q5 Kommentare zum Münchener Abkommen

Die Lösung der „Sudetenkrise" auf der Konferenz in München wurde unterschiedlich kommentiert. So sagte der britische Premierminister Neville Chamberlain 1938:

Ich glaube, das ist der Frieden für unsere Zeit! [30.9.1938]

Der tschechoslowakische Außenminister Kamil Krofta meinte:

Ich will nicht kritisieren, aber das ist für uns eine Katastrophe, die wir nicht verdient haben. Wir unterwerfen uns und werden uns bemühen, unserem Volk ein ruhiges Leben zu sichern. Ich weiß nicht, ob von dieser in München getroffenen Entscheidung ihre Länder [England, Frankreich, Italien] Vorteile haben werden. Allein, wir sind gewiss nicht die Letzten, nach uns werden andere betroffen werden. [30.9.1938]

Der tschechoslowakische Präsident Edvard Beneš äußerte sich so:

Sie sind Feiglinge, und das Abscheulichste ist, dass sie [Briten und Franzosen] uns sagten, dass wir mobilisieren können. Ich habe geglaubt, dass es dazu kommt. Sie fürchten jedoch den Krieg und denken, dass die Tschechoslowakei dessen Grund sein könnte. Die Entscheidung, die Bedingungen anzunehmen und die Nation zu retten oder allein in den Kampf zu gehen und sich ausrotten zu lassen, war schwer. Die Geschichte wird entscheiden, was richtig war. [30.9.1938]

Der spätere britische Premierminister Winston Churchill meinte:

Alles ist vorbei. Schweigend, trauernd, verlassen und gebrochen versinkt die Tschechoslowakei im Dunkel [...]. Glauben Sie nicht, dass es damit sein Bewenden habe. Es ist erst der Beginn der Abrechnung. [5.10.1938]

Alle zit. nach Deutsche und Tschechen. Nachbarn – Gegner – Freunde. Anregungen und Materialien für die Schule. Hrsg. vom Staatsinstitut für Schulqualität und Bildungsforschung München. Kastner, München 2007, S. 126.

Q6 Hitlers Wagenkolonne in Wien

Foto, März 1938

6. Beurteile die Appeasement-Politik Englands und Frankreichs (Q5, VT4). ○ → S. 225

SP **7.** Vergleiche die Kommentare zum Münchener Abkommen (Q5). Erläutere insbesondere die Unterschiede, die innerhalb der britischen und der tschechoslowakischen Äußerungen zu finden sind. Nutze für den Vergleich die Formulierungshilfen auf den hinteren Ausklappseiten.

8. Beschreibe und interpretiere die Karikatur Q2. Nutze dafür die Arbeitsschritte auf S. 234. Bewerte den Hitler-Stalin-Pakt (VT5). ●

9. Diskutiert in der Klasse, in welchen Fällen aggressiver Politik bestimmter Staaten ein Eingreifen von außen gerechtfertigt sein könnte. ○ → S. 225

AFB I: 2, 5 AFB II: 1, 3, 4 AFB III: 6, 7, 8, 9

Musterlösung
Dokumentationen untersuchen
283ua8

MK Dokumentationen untersuchen

Geschichtsfilme im Internet und Fernsehen sind populär. Dokumentationen über die Zeit des Nationalsozialismus finden besonders viel Publikum. Diese Filme werden häufig als objektiv angesehen (im Sinne von: „So ist es gewesen!“). Es darf aber nicht vergessen werden, dass auch Dokumentationen eine Deutung von Geschichte sind. Die Zuschauerinnen und Zuschauer können durch verschiedene Gestaltungsmittel beeinflusst werden. Das gilt auch für neue technische Möglichkeiten wie 360°- Dokumentationen.

D1 „Hitlers Eliteschüler – Die NS-Ordensburg Vogelsang in 360°“
Die 360°- Dokumentation des WDR über die Erziehung von Eliteschülern auf der NS-Ordensburg Vogelsang wurde u.a. mithilfe einer Drohne aufgezeichnet. Foto, 2018

D2 Website
„Hitlers Eliteschüler – Die NS-Ordensburg Vogelsang in 360°“
283ua8

VT1 Dokumentationen und Filmdokumente

Eine Dokumentation ist eine filmische Deutung der Vergangenheit. Dafür werden verschiedene Gestaltungsmittel und Elemente eingesetzt, wie z. B. historische Filmdokumente. Als audiovisuelle Quellen sollen diese die Aussage der Dokumentation unterstützen. Im Gegensatz zu Filmdokumenten sind Dokumentationen spätere Darstellungen des historischen Gegenstands.
Um die Aussage einer Dokumentation zu verstehen, musst du diese Gestaltungsmittel und Elemente untersuchen.

VT2 Dokumentationen und Spielfilme

Von Filmdokumenten und Dokumentationen sind historische Spielfilme zu unterscheiden. Hier wird das historische Thema fiktional für die Kamera inszeniert. Auch wenn es durchaus Spielfilme gibt, die sich sehr stark an Quellen orientieren, zielt diese Filmgattung vor allem auf Unterhaltung statt auf eine sachgerechte Darstellung historischer Fakten. Dokumentationen und Spielfilme werden mit zeitlichem Abstand selbst zu historischen Quellen.

D3 Gestaltungsmittel und Elemente von Dokumentationen

- historische Filmdokumente
- nachgestellte Ereignisse und Szenen (z. B. Begegnungen)
- atmosphärische Szenen (z. B. Himmel, Wald, historische Orte in heutigem Aussehen)
- Expertenaussagen (z. B. Historikerinnen und Historiker)
- Berichte von Zeitzeuginnen und Zeitzeugen
- Erzählerkommentar (z. B. Stimme aus dem Off)
- Tongestaltung (z. B. Untermalung durch Musik oder Geräusche)
- Kamera (Einstellung: z. B. Totale, Großaufnahme; Bewegung: z. B. Fahrt, Zoom; Perspektive: z. B. Vogelperspektive, …)
- Einsatz neuer technischer Möglichkeiten (z. B. 360°-Videos, Virtual Reality, Animationen)

Arbeitsschritte

1. Beschreiben

- Informiere dich über Titel, Produzent und Entstehungsjahr der Dokumentation.
- Benenne das Thema der Dokumentation und gib den Inhalt in eigenen Worten wieder.
- Nenne die Gestaltungsmittel und Elemente, die in der Dokumentation verwendet werden.
- Formuliere erste Eindrücke zur Wirkung der Gestaltungsmittel und zur Machart der Dokumentation.

→

2. Untersuchen

- Analysiere, welche Wirkung von den Gestaltungsmitteln ausgeht.
- Stelle fest, ob bei Filmdokumenten auf deren Herkunft hingewiesen wird.
- Stelle fest, ob Zeitzeugen und Experten lediglich zur Beglaubigung von Sachverhalten eingesetzt werden oder ob ihre Aussagen einen echten Mehrwert liefern.
- Untersuche, ob die Dokumentation unterschiedliche Beurteilungen des historischen Geschehens liefert.

→

3. Deuten

- Erkläre, welches Bild die Dokumentation vom historischen Sachverhalt vermittelt.
- Beurteile, ob die Dokumentation eine Botschaft vermittelt. Formuliere diese möglichst kurz und knapp.
- Vergleiche die Aussage der Dokumentation mit den Aussagen anderer Darstellungen zum historischen Sachverhalt, z. B. im Schulbuch oder in anderen Dokumentationen und Spielfilmen.
- Bewerte die Dokumentation.

Formulierungshilfen

Beschreiben

Die Dokumentation mit dem Titel … stammt aus dem Jahr … und wurde produziert von …
Das Thema der Dokumentation ist …
Zu Beginn sieht der Zuschauer …
Als Gestaltungsmittel werden insbesondere … verwendet.
Beim ersten Anschauen vermittelt die Dokumentation den Eindruck …

Untersuchen

Mit dem Zeitzeugen/der Historikerin wird die Aussage der Dokumentation …
Die Kameraführung/Der Ton/… bewirkt …
Die Dokumentation behandelt das Thema einseitig/aus verschiedenen Perspektiven …
Die Herkunft der verwendeten Quellen wird …

Deuten

Die Dokumentation stellt das Thema … als … dar.
Insgesamt vermittelt die Dokumentation ein … Bild von …
Die Aussage/Botschaft der Dokumentation entspricht/widerspricht der Darstellung …

Nachgefragt

1. Untersuche die Dokumentation zur NS-Ordensburg Vogelsang (D2) mithilfe der Arbeitsschritte und Formulierungshilfen.

2. Recherchiere im Internet eine weitere Dokumentation zur Erziehung im Nationalsozialismus. Vergleiche die jeweils eingesetzten Gestaltungsmittel (D3) und erläutere die sich daraus ergebenden Unterschiede in der Wirkung.

3. Erläutere den Unterschied zwischen den Filmgattungen Dokumentationen, Filmdokumenten und historischen Spielfilmen (VT1, VT2).

4. Erstellt in der Gruppe eine Übersicht mit Filmen über Jugend im Nationalsozialismus. Berücksichtigt dabei sowohl Beispiele für Filmdokumente, Dokumentationen und Spielfilme.

5. Diskutiert in der Klasse, inwieweit Gestaltungsmittel wie 360°-Videos die Wirkung von historischen Dokumentationen beeinflussen (D2, siehe auch S. 182: D2).

AFB I: 4 AFB II: 1, 3 AFB III: 2, 5

Der deutsche Vernichtungskrieg in Europa

Mit dem Angriff auf Polen begann der Zweite Weltkrieg. Die deutsche Kriegsführung verfolgte damit das klare Ziel, die menschenverachtenden Rassevorstellungen der Nationalsozialisten umzusetzen. Im Osten Europas führte Deutschland einen grausamen Vernichtungskrieg. Wodurch war dieser gekennzeichnet?

Völkerrecht internationale Rechtsordnung, die die Beziehungen von Staaten zueinander regelt, etwa welche Regeln im Krieg für alle Parteien verbindlich sind

VT1 Kriegsbeginn: Überfall auf Polen

Im August 1939 sahen Hitler und die NS-Führung die Gelegenheit, mit einem Krieg gegen Polen ein weiteres benachbartes Land zu unterwerfen. Hitler glaubte aufgrund der Erfahrungen mit der Tschechoslowakei nicht daran, dass Großbritannien oder Frankreich Polen zu Hilfe eilen würden.

Am 1. September 1939 übertraten deutsche Truppen die polnische Grenze. Damit begann der Zweite Weltkrieg. Entgegen der Annahme Hitlers blieben weder Frankreich noch Großbritannien neutral. Am 3. September erklärten sie dem Deutschen Reich den Krieg, griffen jedoch nicht aktiv ins Kriegsgeschehen ein.

Polen wurde innerhalb weniger Wochen besiegt und gemäß dem Hitler-Stalin-Pakt zwischen Deutschland und der Sowjetunion aufgeteilt. Vor allem die SS, aber auch die Wehrmacht errichteten in Polen eine Besatzungsherrschaft, die mit dem **Völkerrecht** brach. Die polnische Elite und die polnischen Juden wurden systematisch ermordet. Viele Polen wurden verschleppt und mussten Zwangsarbeit verrichten.

Q1 Massenexekution bei Winniza/Ukraine
Ein Mitglied einer Einsatzgruppe erschießt einen Zivilisten, der vor einem Massengrab kniet. Foto, 1942

VT2 NS-Herrschaft über Europa

Schnell weiteten die Nationalsozialisten den Krieg auf andere europäische Länder aus: Im Frühjahr 1940 nahmen deutsche Truppen Dänemark und Norwegen ein. Ab Mai 1940 griff das deutsche Militär die Niederlande, Belgien und Frankreich an und besetzte diese Staaten binnen weniger Wochen.

Nur Großbritannien konnte sich noch behaupten. Durch deutsche Bombenangriffe auf London, Coventry und andere Großstädte sollte die britische Bevölkerung zermürbt und eine deutsche Invasion der Insel vorbereitet werden. 40 000 Menschen fielen den deutschen Luftangriffen zum Opfer, doch Großbritannien setzte sich erfolgreich zur Wehr. Die NS-Regierung gab die Eroberungspläne auf.

Im Süden Europas versuchte der deutsche Bündnispartner Italien ab Herbst 1940 die Gunst der Stunde zu nutzen und den Mittelmeerraum zu erobern. Nach anhaltenden italienischen Misserfolgen griff die NS-Führung auf dem Balkan und in Nordafrika in das Kriegsgeschehen ein. Im Frühjahr 1941 besetzten deutsche Truppen Teile Nordafrikas, Griechenlands und Jugoslawiens.

D1 Der Krieg in Europa 1939–1942

VT3 Hitlers Popularität auf dem Höhepunkt

Bis zum Sommer 1941 hatte NS-Deutschland große Teile Europas unter seine Herrschaft gezwungen. Mit diesen Kriegserfolgen erreichte die Hitler-Verehrung in der deutschen Bevölkerung ihren Höhepunkt. Insbesondere der schnelle Sieg gegen den „Erzfeind“ Frankreich löste bei vielen Deutschen Begeisterung aus.

Die Beliebtheit Hitlers stieg auch, weil die Bevölkerung trotz des Krieges keine Probleme bei der Versorgung mit Lebensmitteln hinnehmen musste. Dass dies nur durch die gewissenlose Ausbeutung der besetzten Länder möglich war, kümmerte wenige.

VT4 NS-Besatzungspraxis im Westen

Nach den militärischen Erfolgen stellte sich für die NS-Führung die Frage, wie mit den unterworfenen Ländern umzugehen sei: Sollten die Regierungen im Amt bleiben dürfen? Wollte man mit der Bevölkerung und den Regierenden zusammenarbeiten oder diese militärisch unterdrücken?

Der Umgang mit besetzten Staaten unterschied sich, abhängig von den rassistischen Vorstellungen der Nationalsozialisten, von Land zu Land. In den nordischen Ländern wie etwa Dänemark gingen die Nationalsozialisten anders vor, weil sie die dort lebenden Bevölkerungen als „rassisch verwandt“ betrachteten. So durfte die dänische Regierung formal an der Macht

Q2 Website
Digitale Sammlung: Feldpostbriefe aus dem Zweiten Weltkrieg
283ua8

Waffen-SS
Militärischer Kampfverband der SS. Im Krieg beteiligte sich die Waffen-SS an Kampfeinsätzen, sicherte aber auch die besetzten Gebiete ab. Sie war an zahlreichen Kriegsverbrechen beteiligt.

„Unternehmen Barbarossa"
Deckname der Nationalsozialisten für den Überfall der Wehrmacht auf die Sowjetunion

Partisanen
Kämpfer oder Kampfgruppen, die nicht zum regulären Militär eines Landes gehören und im eigenen Land gegen fremde Truppen kämpfen

Einsatzgruppen
Sondereinheiten, die Massenexekutionen von (hauptsächlich jüdischen) Zivilisten und der staatlichen Elite in Osteuropa vornahmen

→ Themen verknüpfen
Zum Hitler-Stalin-Pakt kannst du auf Seite 167 noch einmal nachlesen.

Q3 Europa vereint gegen den Bolschewismus?

NS-Propagandaplakat, um 1942

bleiben. Die dänische Bevölkerung erfuhr kaum Einschränkungen.

Frankreich dagegen war geteilt: Das militärisch besetzte Nord- und Westfrankreich mit Paris als Mittelpunkt unterstand einem deutschen Besatzungsregime. Im Süden Frankreichs, den deutsche und italienische Truppen erst 1942 besetzten, ließ die NS-Führung die französische Regierung im Amt. Diese Regierung, die Vichy-Regierung, musste mit dem NS-Reich zusammenarbeiten.

In beiden Landesteilen gab es Widerstandsgruppen (Résistance), die sich den Deutschen in Form von Streiks bis hin zu Attentaten widersetzten. Das gesamte Land wurde von den Nationalsozialisten wirtschaftlich ausgebeutet. Zudem gab es Übergriffe auf die Zivilbevölkerung, wie in Oradour-sur-Glane. Beim dortigen Massaker ermordete die **Waffen-SS** 1944 ein ganzes Dorf. Der Daseinszweck Frankreichs, Belgiens, der Niederlande und Luxemburgs bestand aus der Perspektive der Nationalsozialisten fortan nur noch in der wirtschaftlichen Versorgung der Deutschen (Q5).

VT5 Überfall auf die Sowjetunion

Seit dem Hitler-Stalin-Pakt waren NS-Deutschland und die Sowjetunion zwar Verbündete, doch das Abkommen hielt nicht lange. Am 22. Juni 1941 überfiel die deutsche Wehrmacht die Sowjetunion und begann das **„Unternehmen Barbarossa"**.

Die strategisch wichtige Einnahme der sowjetischen Hauptstadt Moskau misslang zwar, dennoch standen deutsche Soldaten Ende 1941 weit in der Sowjetunion.

VT6 Vernichtungskrieg im Osten

Die NS-Führung betrachtete die Sowjetunion als politischen Todfeind und die in der Sowjetunion lebenden Bürger als slawische „Untermenschen". Entsprechend rücksichtslos und brutal wurde der Krieg von deutscher Seite geplant und geführt.

Neben politischen und strategischen Kriegszielen (Gewinn von Territorium, militärische Schwächung des Feindes) verfolgte die NS-Führung von Anfang an zweierlei: die wirtschaftliche Ausbeutung des Landes und die Vernichtung der als minderwertig angesehenen Bevölkerung. Basierend auf der NS-Vorstellung von der Eroberung von „Lebensraum im Osten" ließ die NS-Führung einen „Generalplan Ost" ausarbeiten, der eine Neuaufteilung der Länder im Osten Europas bis zum Ural vorsah. Die dort lebende Bevölkerung sollte vernichtet, versklavt oder vertrieben werden, um so ein Siedlungsgebiet für Deutsche zu schaffen.

Die Nationalsozialisten nahmen auch außerhalb von Kampfhandlungen den Tod von Millionen Menschen bewusst in Kauf (Q9). Umgesetzt wurden diese Verbrechen an Zivilisten, **Partisanen** und Soldaten von den sogenannten **Einsatzgruppen**, der SS und Einheiten der Wehrmacht. Insgesamt starben durch den deutschen Vernichtungskrieg etwa 25 bis 30 Millionen Sowjetbürger infolge von Kämpfen, Unterversorgung, Massenexekutionen und Zwangsarbeit – davon mehr als die Hälfte Zivilisten.

Q4 Kriegsregeln für deutsche Soldaten

Diese Regeln standen in den Soldbüchern der deutschen Soldaten. Sie sind eine Zusammenfassung des in den 1930er- und 1940er-Jahren geltenden internationalen Kriegsrechts:

1. Der deutsche Soldat kämpft ritterlich für den Sieg des Volkes. Grausamkeiten und nutzlose Zerstörungen sind seiner unwürdig. [...]
3. Es darf kein Gegner getötet werden, der sich ergibt, auch nicht der Freischärler[1] und der Spion. Diese erhalten ihre gerechte Strafe durch die Gerichte.
4. Kriegsgefangene dürfen nicht mißhandelt oder beleidigt werden. [...]
7. Die Zivilbevölkerung ist unverletzlich. Der Soldat darf nicht plündern oder mutwillig zerstören. [...] Natural- und Dienstleistungen von der Bevölkerung dürfen nur auf Befehl von Vorgesetzten gegen Entschädigung beansprucht werden. [...]
10. Zuwiderhandlungen gegen die vorstehenden Befehle in Dienstsachen sind strafbar.

Zit. nach Hans Buchheim u. a.: Anatomie des SS-Staates. 8. Aufl. dtv, München 2005, S. 542 f.

1 Partisan; Kämpfer, der nicht zum regulären Militär eines Landes gehört und im eigenen Land gegen fremde Truppen kämpft

Q5 Die Ausbeutung Hollands

Der Ingenieur Karl Dürkefälden (1902–1976) arbeitete in einer Maschinenfabrik in Celle, die zu Beginn des Zweiten Weltkriegs als „kriegswichtig" eingestuft wurde. Aus diesem Grund wurde Dürkefälden nicht zum Krieg eingezogen. Über die NS-Zeit führte er ein Tagebuch, in dem er sein Wissen über die NS-Verbrechen dokumentierte. Am 1. Juli 1942 sprach er mit einem holländischen Lastwagenfahrer:

Dieser 38-Jährige schilderte, daß die Holländer sehr verbittert sind. Holland sei das Land des Gemüses und der Frühkartoffeln. Nun hätten aber die Deutschen alle Früchte beschlagnahmt. Es sei ein stundenlanges Schlangestehen nach Gemüse wie in Deutschland und es gäbe ein Kilo Kartoffeln die Woche pro Kopf zugeteilt. Fleisch und alles andere seien sehr knapp. [...] Der Schleichhandel[1] sei in Holland groß. [...] Die jungen Leute von 18 bis 27 Jahren würden nach Deutschland zur Arbeit verpflichtet. Hauptsächlich aus dem Grunde, damit im Falle eines holländischen Aufstandes dort keine Soldaten vorhanden seien. Die holländischen Soldaten seien aus der Kriegsgefangenschaft entlassen gewesen, die Berufsoffiziere habe man vor etwa zwei Monaten aber wieder gefangengesetzt. Der größte Teil der Juden sei fortgeführt.

Zit. nach „Schreiben, wie es wirklich war ...". Die Aufzeichnungen Karl Dürkefäldens aus der Zeit des Nationalsozialismus. Hrsg. von Sybille und Herbert Obenaus. Fackelträger, Hannover 1985, S. 113 f.

1 illegaler Handel, Schwarzmarkt

Q6 „Kampf zweier Weltanschauungen"

Aus Gesprächsnotizen von Generaloberst Halder über Hitlers Ansprache vor 250 Generälen und hohen Offizieren am 30. März 1941:

Unsere Aufgaben gegenüber Rußland: Wehrmacht zerschlagen, Staat auflösen [...], Kampf zweier Weltanschauungen gegeneinander. Vernichtendes Urteil über Bolschewismus, ist gleich asoziales Verbrechertum. Kommunismus ungeheure Gefahr für die Zukunft. Wir müssen von dem Standpunkt des soldatischen Kameradentums abrücken. Der Kommunist ist vorher kein Kamerad und nachher kein Kamerad. Es handelt sich um einen Vernichtungskampf. [...] Vernichtung der bolschewistischen Kommissare und der kommunistischen Intelligenz. [...] Der Kampf wird sich sehr unterscheiden vom Kampf im Westen. Im Osten ist Härte mild für die Zukunft. Die Führer müssen von sich das Opfer verlangen, ihre Bedenken zu überwinden.

Franz Halder: Kriegstagebuch. Tägliche Aufzeichnungen des Chefs des Generalstabes des Heeres 1939–1942. Bearb. von Hans-Adolf Jacobsen/Alfred Philippi. Bd. 2. Kohlhammer, Stuttgart 1962–64, S. 335–337.

Q7 Erlass zur Kriegsgerichtsbarkeit

Der Erlass vom 13. Mai 1941 regelt den Umgang mit Zivilpersonen und Partisanen in den zu erobernden Gebieten der Sowjetunion:

I. Behandlung von Straftaten feindlicher Zivilpersonen [...]
2. Freischärler[1] sind durch die Truppe im Kampf oder auf der Flucht schonungslos zu erledigen.
4. [...] Gegen Ortschaften, aus denen die Wehrmacht hinterlistig [...] angegriffen wurde, werden unverzüglich auf Anordnung eines Offiziers in der Dienststellung mindestens eines Bataillons-usw.-Kommandeurs[2] kollektive Gewaltmaßnahmen durchgeführt, wenn die Umstände eine rasche Feststellung einzelner Täter nicht gestatten.
II. Behandlung der Straftaten von Angehörigen der Wehrmacht [...] gegen Landeseinwohner.
1. Für Handlungen, die Angehörige der Wehrmacht und des Gefolges gegen feindliche Zivilpersonen begehen, besteht kein Verfolgungszwang, auch dann nicht, wenn die Tat zugleich ein militärisches Verbrechen oder Vergehen ist.

Zit. nach „Unternehmen Barbarossa". Der deutsche Überfall auf die Sowjetunion 1941. Berichte, Analysen, Dokumente. Hrsg. von Gerd R. Ueberschär/Wolfgang Wette. Schöningh, Paderborn 1984, S. 306 f.

1 Partisanen
2 Bataillonskommandeur: Befehlshaber einer Truppe von 300 bis 1200 Soldaten

Q8 „Verrecken, Verhungern, Erfrieren"

In einem Brief an seinen Vater schreibt ein deutscher Soldat im Januar 1943 über den Krieg gegen die Sowjetunion:

Du bist mein Zeuge, daß ich mich immer gesträubt habe, weil ich Angst vor dem Osten hatte, vor dem Kriege überhaupt. Ich war nie Soldat, immer nur uniformiert. [...] Der Tod muß immer heroisch[1] sein, begeisternd, mitreißend, für eine große Sache und aus Überzeugung. Und was ist es in Wirklichkeit hier? Ein Verrecken, Verhungern, Erfrieren, nichts weiter wie eine biologische Tatsache, wie Essen und Trinken. Sie fallen wie die Fliegen und keiner kümmert sich darum und begräbt sie. Ohne Arme und Beine und ohne Augen, mit zerrissenen Bäuchen liegen sie überall. Man sollte davon einen Film drehen, um den „schönsten Tod der Welt"[2] unmöglich zu machen.

Zit. nach Letzte Briefe aus Stalingrad. Hrsg. von Wolfgang Strauß. Quadringa, Frankfurt/M./Heidelberg 1950, S. 21.

1 heldenhaft
2 gemeint ist der Tod im Krieg als Soldat

Q9 Kriegsführung im Osten

Aktennotiz deutscher Staatssekretäre, 2. Mai 1941:

1. Der Krieg ist nur weiterzuführen, wenn die gesamte Wehrmacht im 3. Kriegsjahr aus Rußland ernährt wird.
2. Hierbei werden zweifellos zig Millionen Menschen verhungern, wenn von uns das für uns Notwendige aus dem Land herausgeholt wird.
3. Am wichtigsten ist die Bergung und Abtransport von Ölsaaten[1], Ölkuchen[2], dann erst Getreide. Das vorhandene Fett und Fleisch wird voraussichtlich die Truppe verbrauchen.

Zit. nach „Unternehmen Barbarossa". Der deutsche Überfall auf die Sowjetunion 1941. Hrsg. von Gerd R. Ueberschär/Wolfgang Wette. Schöningh, Paderborn 1984, S. 377 f.

1 Pflanzensamen, die zur Ölgewinnung genutzt werden können
2 protein- und ballastoffreiche Reste, die beim Ölpressen anfallen

Nachgefragt

1. Beschreibe den Kriegsverlauf bis 1941 (D1, VT1–VT4).

2. Charakterisiere die Besatzungspolitik NS-Deutschlands in Westeuropa (Q5, VT4). ○ → S. 225

3. Charakterisiere die deutsche Kriegsführung in der Sowjetunion (Q6, Q7, Q9, VT4–VT5). ○ → S. 225

4. Arbeite heraus, wie Q3 und Q11 für Unterstützung im Krieg warben.

SP **5.** Erläutere, warum sich für die deutsche Kriegsführung im Osten der Begriff „Vernichtungskrieg" durchgesetzt hat (VT5). Erkläre dazu zunächst die Merkmale eines „Vernichtungskriegs" und untersuche, inwiefern sie auf die

Q10 „Was hatte ich damit zu schaffen?"

Walentin Alexandrowitsch Lukscha (geb. 1926) erinnert sich an das Auftauchen deutscher Soldaten in seinem sowjetischen Heimatdorf Gorawzi:

Im Frühjahr 1943 tauchten die Deutschen bei uns in Gorawzi auf. Zuvor waren Partisanen im Dorf gewesen, und das hatte ihnen irgendwer verraten. Alle Einwohner mussten sich auf dem Dorfplatz versammeln. Die Deutschen fragten, wo die Partisanen seien. Keiner konnte oder wollte was sagen. Da mussten sich alle männlichen Dorfbewohner – das waren vor allem alte Männer oder solche Jugendliche wie ich – in Reihen aufstellen. Sie zählten uns ab. Jeder fünfte sollte erschossen werden, falls niemand etwas verraten würde. Auf diese Weise suchten sie sich sieben von uns heraus, und ich war einer von ihnen. Ein siebzehnjähriger Junge, der wirklich keine Ahnung hatte, wo die Partisanen waren. Sollten sie doch in den Wald gehen und selbst suchen! Was hatte ich damit zu schaffen? [...] Als es hieß: „Diese sieben werden erschossen", da [...] erstarrte ich mit dem ganzen Körper [...]. Aber ich lebe noch, wie man sieht. Ich habe Glück gehabt. Sie trieben uns einige Kilometer weiter in den etwas größeren Ort Saretschje. Dort war ein deutscher Offizier. Was da im Einzelnen überlegt und entschieden wurde, weiß ich nicht, aber aus irgendeinem Grund ließen sie uns laufen. Nach dieser Beinahe-Erschießung beschloss ich, zu den Partisanen zu gehen. Das war im Herbst 1943. Meine Mutter weinte sehr. [...] Aber ich sagte: „Soll ich etwa warten, bis ich mich hinknien muss, um mir eine Kugel in den Kopf jagen zu lassen? Da ist es besser, wenn ich im Kampf sterbe."

Zit. nach Krieg und Vernichtung 1941–1945. Sowjetische Zeitzeugen erinnern sich. Hrsg. von Andrea Gotzes. WBG, Darmstadt 2006, S. 98.

Q11 „Wir werden Europa von den Fesseln der faschistischen Sklaverei befreien!"

Sowjetisches Propagandaplakat von 1944

deutsche Kriegsführung zutreffen (Q4, Q6, Q7, Q9).

6. Beschreibe die Folgen des Vernichtungskriegs für die Bevölkerung in der Sowjetunion (Q1, Q10, VT5).

7. Stelle die internationalen Regeln (Q4) dem Verhalten der deutschen Soldaten gegenüber (Q7, Q10).

MK **8.** Arbeitet in Gruppen: Formuliert Fragen, die ihr mithilfe von Feldpostbriefen aus dem Zweiten Weltkrieg untersuchen möchtet. Versucht anschließend mithilfe von Q2 diese Fragen zu beantworten.

9. Arbeite heraus, was dem Verfasser des Briefs (Q8) wichtig war. Bewerte seine Einstellung. ●

Der Völkermord an den europäischen Juden und den Sinti und Roma

Die Begriffe Auschwitz und Holocaust stehen heute für ein einzigartiges Menschheitsverbrechen. Rund sechs Millionen Juden fielen dem gezielten Massenmord der Nationalsozialisten zum Opfer. Wer waren die Täter?

Ghetto
Abgetrennte Stadtviertel, in denen Juden unter katastrophalen Bedingungen leben mussten. Sie durften die Ghettos nicht verlassen.

Generalgouvernement
Bezeichnung der Nationalsozialisten für jenes eroberte Gebiet Polens, das die Deutschen zwar militärisch besetzt, aber nicht an das Deutsche Reich angegliedert hatten

Völkermord
Bezeichnung für staatlich organisierte Gewaltverbrechen, die zum Ziel haben, eine Menschengruppe aufgrund ihrer ethnischen oder religiösen Zugehörigkeit zu ermorden und ihre Kultur zu vernichten. Seit 1948 stellt Völkermord im Völkerrecht einen Straftatbestand dar.

VT1 Der Weg zur geplanten Vernichtung

Es ist umstritten, wann genau die Nationalsozialisten den Plan zu einer „Endlösung der Judenfrage" – also der Vernichtung aller in Europa lebenden Juden – fassten. In der Geschichtswissenschaft wird diskutiert, ob der Vernichtungsplan schon 1939 oder erst im Kriegsverlauf bis Anfang 1942 gefasst wurde. Sicher ist, dass der Umgang mit der jüdischen Bevölkerung bewusst immer weiter verschärft wurde.

Bis 1939 hatte die NS-Führung jüdische Menschen in Deutschland gezielt ausgegrenzt, entrechtet, verfolgt und schließlich auf deren Auswanderung gedrängt. Mit Beginn des Zweiten Weltkriegs stellte sich das NS-Regime nun die Frage, wie es mit jenen europäischen Juden umgehen sollte, die im Zuge der militärischen Eroberungen unter deutsche Herrschaft gerieten. Für die NS-Führung war klar, dass die europäischen Juden aus dem Hoheitsgebiet des Deutschen Reichs verschwinden sollten.

Zu ersten systematischen Ermordungen kam es kurz nach Kriegsbeginn am 3. September 1939 im eroberten Polen: Deutsche Einsatzgruppen und Soldaten ermordeten in großer Zahl polnische Juden. Zudem wurden Zehntausende polnische Juden in eigens errichtete **Ghettos** im **Generalgouvernement** deportiert (Q4).

VT2 Entscheidung zum Völkermord

Mit Beginn des Feldzugs gegen die Sowjetunion (Juni 1941) setzten die Nationalsozialisten die systematische Vernichtung der in Europa lebenden Juden in die Tat um. Historikerinnen und Historiker gehen heute davon aus, dass die Entscheidung zum **Völkermord** im engsten NS-Führungskreis um Hitler, Goebbels, Himmler und Göring getroffen wurde und der **Holocaust** dann (ohne zentralen Befehl) von verschiedenen Personen und Einrichtungen umgesetzt wurde. Maßgeblich beteiligt an dieser Umsetzung waren der Leiter des **Reichssicherheitshauptamtes** Reinhard Heydrich und der Leiter der dortigen Abteilung „Räumungsangelegenheiten und Reichszentrale für jüdische Auswanderung" Adolf Eichmann.

Im Laufe des Jahres 1941 erprobten die Nationalsozialisten den Einsatz von Giftgas und Benzin zum Vergasen großer Menschengruppen. Zudem führten Einsatzgruppen Massenerschießungen durch, etwa im September 1941 in der Schlucht Babi Jar bei Kiew, wo rund 34 000 Juden ermordet wurden. Im Januar 1942 wurden auf der **Wannseekonferenz** die organisatorischen Details zur Durchführung des Völkermords unter der Leitung von Reinhard Heydrich besprochen (Q3). Im Laufe des Jahres 1942 ermordeten die Nationalsozialisten einen großen Teil der in Europa lebenden Juden.

VT3 Deportation der deutschen Juden

Zahlreiche Ämter, Behörden und Personen waren an der Deportation und Ermordung der Juden beteiligt. Adolf Eichmann und seine Mitarbeiter waren hauptverantwortlich für die Organisation. Eichmanns Behörde sorgte etwa für die Zusammenstellung aller Züge, die die Juden in die Ghettos und Vernichtungslager transportierten (Q2). In den Städten und Dörfern setzten Gestapo und Polizei die Deportationen um: Meistens eskortierten sie die Juden in größeren Gruppen bis zum nächsten Bahnhof. Vor der Abreise mussten die jüdischen Familien einen Großteil ihrer Besitztümer abgeben. Deren Verwertung wurde von den jeweiligen Finanzämtern geregelt. Oft konnte jüdisches Eigentum öffentlich ersteigert werden. Allein in Hamburg erwarben dabei etwa 100 000 deutsche Käufer das Eigentum von 30 000 europäischen Juden.

Von großen Bahnhöfen ausgehend gelangten die Juden zunächst in Ghettos im Generalgouvernement. Diese Fahrten wurden von den

Q1 „Selektion“ an der Rampe von Auschwitz

Das Foto vom Mai 1944 zeigt die „Selektion“ ungarischer Juden auf der Verladerampe des Vernichtungslagers Auschwitz-Birkenau nach dem Eintreffen des Deportationszuges. Links im Bild sind die Dächer der Güterwaggons zu sehen.

Mitarbeitern der Deutschen Reichsbahn durchgeführt.

VT4 Deportation der europäischen Juden

In den besetzten Ländern war die NS-Führung bei der Deportation der dort lebenden Juden auf die Mitarbeit der lokalen Regierungen angewiesen. Diese fiel je nach Land unterschiedlich aus. So ordnete z.B. der Diktator Antonescu die Deportation und Ermordung der rumänischen Juden eigenständig an. In Frankreich arbeitete die Vichy-Regierung den Deutschen zu.

Ein Beispiel echten Widerstands ist dagegen Dänemark: Hier ahnten die Menschen früh, dass ihre jüdischen Mitbürger ermordet werden sollten. Daraufhin gelang es der Bevölkerung, einen großen Teil der dänischen Juden vor den Nationalsozialisten zu retten, indem sie sie rechtzeitig nach Schweden evakuierte.

VT5 Das System der Vernichtungslager

Bereits im Herbst 1941 hatte Heinrich Himmler den Bau der Vernichtungslager Belzec, Sobibor und Treblinka in Auftrag gegeben. Im März 1942 begannen die deutschen Besatzer dort die systematische Ermordung der Juden im Generalgouvernement Polen mit der „Räumung“ der Ghettos in Lublin und Lemberg. Schließlich gab Himmler den Auftrag für die Errichtung weiterer Lager.

Die Deutschen errichteten sämtliche Vernichtungslager in den eroberten Ostgebieten (D1). In manchen von ihnen gab es eine „Selektion“, bei der das KZ-Personal entschied, wer noch als arbeitsfähig galt und wer sofort getötet werden sollte. Die Arbeitsfähigen mussten unter solch unmenschlichen Bedingungen Zwangsarbeit verrichten, dass ein großer Teil von ihnen an den Folgen starb. Diese „Vernichtung durch Arbeit“ war bewusst einkalkuliert.

Holocaust/Shoah
Begriffe für die systematische Vernichtung von Bevölkerungsgruppen während der NS-Zeit. Der Begriff Holocaust stammt aus dem Altgriechischen und bedeutet „vollständig verbrannt/Brandopfer“. Shoah stammt aus dem Hebräischen und bedeutet „Katastrophe“ oder „großes Unheil“.

Reichssicherheitshauptamt (RSHA)
Das RSHA wurde 1939 von Heinrich Himmler gegründet. Hier wurden Massenexekutionen in Polen und der Sowjetunion sowie der Holocaust geplant und organisiert.

Wannseekonferenz
Konferenz, die am 20. Januar 1942 am Berliner Wannsee stattfand. Lange ging die Geschichtsforschung davon aus, dass dort der Holocaust beschlossen wurde. Inzwischen weiß man, dass die Entscheidung über die „Endlösung“ schon vorher fiel.

Porajmos (romani: Verschlingen) Der Begriff bezeichnet den NS-Völkermord an den europäischen Sinti und Roma. Da der Begriff in Deutschland eher unbekannt ist, wird der Begriff Holocaust manchmal auch so verwendet, dass er sowohl den Völkermord an den europäischen Juden als auch den an den Sinti und Roma meint.

VT6 Die Lager in Auschwitz

Das Vernichtungslager Auschwitz gilt als Inbegriff des NS-Völkermords. Ab Mai 1940 errichteten SS und Wehrmacht unter der Leitung des Lagerkommandanten Rudolf Höß verschiedene Lager in Auschwitz. Im sogenannten Stammlager waren Angehörige der polnischen Oberschicht sowie politische Gegner inhaftiert. Das Lager Auschwitz-Birkenau war das eigentliche Vernichtungslager. Dort wurden die europäischen Juden sowie Sinti und Roma nach ihrer Ankunft vom zuständigen SS-Personal „selektiert“ (Q1): Die als nicht arbeitsfähig eingestuften Personen wurden durch den Einsatz des Giftgases Zyklon B sofort vergast. Diejenigen, die als arbeitsfähig galten, wurden zur Arbeit gezwungen. Viele von ihnen starben an Erschöpfung, Krankheit oder durch Selbstmord und Mord (Q6). Ein drittes Lager entstand in Auschwitz-Monowitz. Das deutsche Chemieunternehmen IG Farben eröffnete dort im April 1941 die „IG Auschwitz“ – einen Firmensitz, der etwa 35 000 Zwangsarbeiter beschäftigte. Etwa 25 000 von ihnen starben an den Folgen der Zwangsarbeit.

VT7 Das Ausmaß des Völkermords

Der von den Nationalsozialisten organisierte Völkermord kostete etwa sechs Millionen europäische Juden das Leben. Hinzu kam der sogenannte **Porajmos**, bei dem zwischen 220 000 und 500 000 Menschen ermordet wurden. Verantwortlich für den Völkermord waren neben der NS-Führung insbesondere Angehörige der SS, die die Vernichtungslager befehligten, aber auch die Wehrmachtsführung sowie einfache deutsche Soldaten, die an Massenexekutionen beteiligt waren. Hinzu kamen etliche „Schreibtischtäter“ in deutschen Behörden, die sich um die Organisation der Deportationen kümmerten.

D1 Konzentrations- und Vernichtungslager

Nicht eingezeichnet sind die über 1 000 Außenlager der Konzentrations- und Vernichtungslager.

Q2 Die Organisation des Völkermords in Frankreich

Mitteilung von Adolf Eichmann an das Auswärtige Amt vom 11. März 1942 über die „Evakuierung" von 6 000 Juden aus Frankreich nach Auschwitz-Birkenau

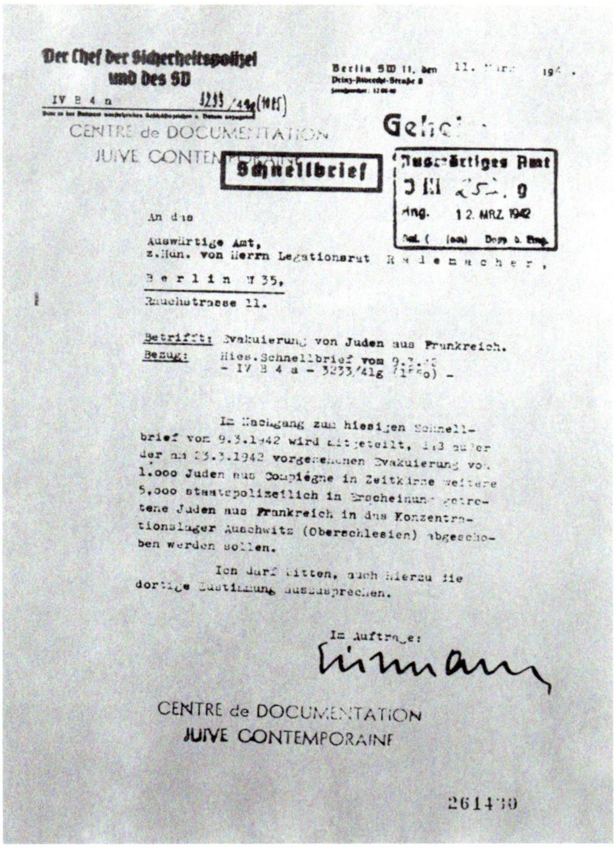

Der Chef der Sicherheitspolizei und des SD

IV B 4 a 3233/41g (1085)

Berlin SW 11, den 11. März 194 .

Prinz-Albrecht-Straße 8

CENTRE de DOCUMENTATION JUIVE CONTEMPORAINE

Geheim

Schnellbrief

Auswärtiges Amt

Ang. 12. MRZ 1942

An das

Auswärtige Amt,

z.Hdn. von Herrn Legationsrat Rademacher,

Berlin W 35,

Rauchstrasse 11.

Betrifft: Evakuierung von Juden aus Frankreich.

Bezug: Hies. Schnellbrief vom 9.3.42 – IV B 4 a – 3233/41g (1085) –

Im Nachgang zum hiesigen Schnellbrief vom 9.3.1942 wird mitgeteilt, daß außer der am 23.3.1942 vorgesehenen Evakuierung von 1.000 Juden aus Compiégne in Zeitkürze weitere 5.000 staatspolizeilich in Erscheinung getretene Juden aus Frankreich in das Konzentrationslager Auschwitz (Oberschlesien) abgeschoben werden sollen.

Ich darf bitten, auch hierzu die dortige Zustimmung auszusprechen.

Im Auftrage:

Eichmann

CENTRE de DOCUMENTATION JUIVE CONTEMPORAINE

261430

Q3 Die „Endlösung der Judenfrage"

Auszüge aus dem Protokoll von Adolf Eichmann zur Wannseekonferenz vom 20. Januar 1942. Die Konferenz regelte die Zuständigkeit verschiedener Einrichtungen bei der Durchführung des Völkermords:

Anstelle der Auswanderung ist nunmehr als weitere Lösungsmöglichkeit nach entsprechender vorheriger Genehmigung durch den Führer die Evakuierung der Juden nach dem Osten getreten. Diese Aktionen sind jedoch lediglich als Ausweichmöglichkeiten anzusprechen, doch werden hier bereits jene praktischen Erfahrungen gesammelt, die im Hinblick auf die kommende Endlösung der Judenfrage von wichtiger Bedeutung sind. Im Zuge dieser Endlösung der europäischen Judenfrage kommen rund 11 Millionen Juden in Betracht [...]. Unter entsprechender Leitung sollen im Zuge der Endlösung die Juden in geeigneter Weise im Osten zum Arbeitseinsatz kommen. In großen Arbeitskolonnen, unter Trennung der Geschlechter, werden die arbeitsfähigen Juden straßenbauend in diese Gebiete geführt, wobei zweifellos ein Großteil durch natürliche Verminderung ausfallen wird. Der allfällig[1] endlich verbleibende Restbestand wird, da es sich bei diesem zweifellos um den widerstandsfähigsten Teil handelt, entsprechend behandelt werden müssen, da dieser, eine natürliche Auslese darstellend, bei Freilassung als Keimzelle eines neuen jüdischen Aufbaues anzusprechen ist. [...] Im Zuge der praktischen Durchführung der Endlösung wird Europa vom Westen nach Osten durchgekämmt. Das Reichsgebiet einschließlich Protektorat Böhmen und Mähren wird, allein schon aus Gründen der Wohnungsfrage und sonstigen sozialpolitischen Notwendigkeiten, vorweggenommen werden müssen. Die evakuierten Juden werden zunächst Zug um Zug in sogenannte Durchgangsghettos verbracht, um von dort aus weiter nach dem Osten transportiert zu werden.

Zit. nach Leon Poliakow/Josef Wulf: Das Dritte Reich und die Juden. Dokumente und Aufsätze. arani, Berlin 1955, S. 119–121.

1 gegebenenfalls

Q4 „Die es nicht gesehen haben, glauben es nicht"

Rutka Laskier (1929–1943) wurde in Danzig geboren und ging dort auf ein jüdisches Gymnasium. Als die Deutschen im September 1939 Polen überfielen und besetzten, wurden alle Juden aus Danzig vertrieben. Zusammen mit ihrer Familie gelangte Rutka zunächst in den polnischen Ort Bedzin, wo sie im Jahr 1943 für 85 Tage ein Tagebuch führte. Rutka wurde zum letzten Mal von ihrem Vater 1943 an der Entladerampe in Auschwitz-Birkenau gesehen. Unter welchen Umständen sie dort ums Leben kam, ist unbekannt. Die folgenden Einträge schrieb sie im Winter 1943 in ihr Tagebuch:

5. Februar 1943: Der Kreis zieht sich immer enger. Schon im nächsten Monat soll es ein Ghetto geben, ein richtiges Ghetto mit steinernen Mauern. Im Sommer wird es unerträglich sein, in einem solchen grauen, abgeschlossenen Käfig zu sitzen, weder Felder noch Blumen zu sehen; letztes Jahr bin ich auf die Wiesen gegangen, immer hatte ich viele Blumen, das erinnert mich daran, dass es irgendwann einmal möglich sein wird, auf die Malachowski-Straße zu gehen und nicht von dort umgesiedelt zu werden, abends ins Kino zu gehen. [...] Ich bin schon derart „vollgesogen" von den Gräueln des Krieges, dass die schlimmsten Nachrichten keinerlei Eindruck auf mich machen. Ich kann einfach nicht glauben, dass ich irgendwann einmal ohne „Judenstern"[1] werde hinausgehen können, überhaupt, dass der Krieg irgendwann einmal zu Ende sein wird [...]. Ich bin gespannt, wie das sein wird, ich glaube, ich würde verrückt vor Freude. Doch jetzt muss man an das Nächstliegende denken, also an das „Ghetto". Dann wird man sich mit niemandem treffen können [...]. Was wird das bloß, lieber Gott? Ach Rutka, jetzt bist du wohl ganz und gar verrückt geworden, du rufst Gott an, so als gäbe es ihn. Der Funken Glaube, den ich einmal besaß, hat sich inzwischen gänzlich verloren, wenn es Gott gäbe, würde er bestimmt nicht erlauben, dass man Menschen bei lebendigem Leib in den Ofen stößt, dass kleinen Kindern mit dem Karabiner[2] der Kopf zertrümmert wird oder dass man sie in einen Sack stopft und vergast [...]. Das klingt wie ein Ammenmärchen[3], die es nicht gesehen haben, glauben es nicht; aber es ist kein Märchen, es ist die Wahrheit. Oder nehmen wir nur das: Ein Greis wurde bewusstlos geschlagen, weil er schräg die Straße überquerte [...]. Lachhaft, das ist ja gar nichts, wenn man bloß an Auschwitz denkt. [...]

[Winter 1943:] Für die meisten Bewohner des Ghettos ist der Winter gleichbedeutend mit dem Gespenst der Not und des Hungers. Überall Schlangen, Schlangen nach Kartoffeln, nach Steckrüben, Kohlen, Brot. [...] Die Gesichter der Menschen sind bekümmert und traurig. Plötzlich ein Schrei. Ein Polizist versetzte einem verhutzelten Greis einen Stoß, dieser fiel hin und schlug mit dem Kopf gegen einen hervorstehenden Stein. [...] Hier weint eine Frau, ihr Mann wurde verhaftet, wer weiß, ob sie ihn jemals wiedersieht ...

Rutka Laskier: Rutkas Tagebuch. Aufzeichnungen eines polnischen Mädchens aus dem Ghetto. Aus dem Polnischen übers. von Friedrich Griese. Aufbau, Berlin 2011, S. 52 f., S. 113.

1 sechszackiger Stern aus gelbem Stoff mit der Aufschrift „Jude". Ab September 1941 mussten ihn alle Juden sichtbar auf der Kleidung tragen.
2 kurzläufiges Gewehr
3 unwahre, erfundene Geschichte

D2 Website
360°-Dokumentation „Inside Auschwitz"
283ua8

Nachgefragt

1. Skizziere mithilfe von VT1–VT2 den Entscheidungsprozess zur Ermordung der europäischen Juden.

2. Arbeite mithilfe von Q1–Q3 sowie VT1–VT7 heraus, welche Menschen und Einrichtungen für die Organisation des Völkermords verantwortlich waren. ○ → S. 225

SP **3.** Erstelle auf der Grundlage von Q2 und Q3 ein Begriffsregister mit beschönigenden Ausdrücken der NS-Sprache und formuliere „Übersetzungen", die die tatsächlichen Ereignisse klar benennen. ○ → S. 225

4. Beschreibe die Karte D1 und untersuche, wo sich die deutschen Vernichtungslager befanden. Erkläre deren Lage.

5. Arbeite mithilfe von D1 und VT1–VT7 heraus, wo, wann und auf welche Weise die europäischen Juden und Sinti und Roma zu Opfern eines Völkermords wurden.

Q5 „Zeichne, was du siehst!“

Nach Ankunft im Ghetto und Konzentrationslager Theresienstadt wurde die damals 12-jährige Helga Weissová von ihren Eltern getrennt und lebte bis zu ihrer Deportation nach Auschwitz im Mädchenheim. Sie fertigte Bilder von ihrem Leben im Ghetto an. Ihr Vater hatte ihr dazu geraten. Das vorliegende Bild zeichnete Helga im Dezember 1942. Es zeigt, wie die unterernährten Einwohner des Ghettos in Küchenabfällen nach Essbarem suchen. Helgas Vater starb in Auschwitz, ihr gelang es, zu überleben.

Q6 Das „Zigeunerlager“ in Auschwitz-Birkenau

Anna Mettbach (1926–2015) lebte als deutsche Sinteza[1] in Heidelberg und Schweinfurt, bis sie Anfang 1942 nach Auschwitz deportiert wurde. Im „Zigeunerlager“[2] von Auschwitz wurden von Winter 1943 bis Sommer 1944 rund 22 000 Personen untergebracht. Mettbach war eine von nur etwa 3 000 Personen, die überlebten. Rückblickend berichtet sie:

Die Sterberate war im „Zigeunerlager“[2] besonders hoch, denn neben der schweren körperlichen Arbeit war das Lager so erbaut worden, dass nicht ein Mindestmaß an Hygiene vorhanden war. Typhus, Fleckfieber, Krätze, Tuberkulose, alle diese Krankheiten waren in Auschwitz-Birkenau tödlich. Was die Situation verschärfte, war die Tatsache, dass die Baracken des Zigeunerlagers auf dem blanken Feldboden standen. Im Frauenlager hatten wir wenigstens die Pferdeställe mit Fußböden als Unterkunft. Anders im „Zigeunerlager“. Wenn es regnete, standen wir Sinti und Roma knöcheltief im Schlamm und im Winter war der Boden in den Schlafräumen gefroren. Nicht nur im Krematorium[3] wurden die Toten verbrannt, nein, die ausgemergelten Leichen von Kindern, Frauen und Männern wurden neben dem Block circa zwei Meter hoch aufgestapelt.

Anna Mettbach: Die Leidensgeschichte einer Sintezza, die Auschwitz überlebte. In: Ich will doch nur Gerechtigkeit. Hrsg. von Anna Mettbach/Josef Behringer. I-Verb, Seeheim 2005, S. 42.

1 Angehörige der deutschen Sinti
2 Zigeuner: abwertende Bezeichnung für die Angehörigen der Sinti und Roma
3 Anlage zur Verbrennung von Leichen

6. Beschreibe die Bedingungen im „Zigeunerlager“ von Auschwitz-Birkenau (Q6).

7. Skizziere, wie die Opfer der NS-Verfolgungspolitik mit ihrem Schicksal umgegangen sind, und charakterisiere ihre Gedanken und Handlungen (Q4, Q5). ○ → S. 226

8. Beschreibe Q5 und überlege, warum Helga Weissová dieses Bild und weitere gezeichnet haben könnte.

MK **9.** Analysiere die 360°-Dokumentation D2 mithilfe der Arbeitsschritte auf S. 171. Diskutiert in der Klasse, inwiefern die Dokumentation einen angemessenen Einblick in das Vernichtungslager Auschwitz bieten kann.

10. Gestalte auf einem Plakat eine Gedenktafel zu Rutka Laskier (Q4), auf der du ihr Leben, ihre Lebensvorstellungen und ihr Schicksal vorstellst. Recherchiere dafür auch im Internet. ●

AFB I: 1, 6, 8 AFB II: 2, 3, 4, 5, 7, 10 AFB III: 9

Die deutsche Bevölkerung und der Holocaust: Nichts gewusst?

Von der Vernichtung der Juden habe die deutsche Bevölkerung nichts gewusst – so lautete der Mythos, der nach dem Ende der NS-Diktatur lange Zeit verbreitet wurde. Hält er einer Überprüfung durch Quellen stand?

VT1 Täter und Beteiligte

Über konkrete Pläne und die Umsetzung der systematischen Vernichtung der europäischen Juden hatten zu Beginn der 1940er-Jahre nur eingeweihte Täter umfassende Kenntnis. Doch es gab viele am Völkermord indirekt Beteiligte: Lokführer und Bahnmitarbeiter, die dafür sorgten, dass die Deportationszüge rollten; Verwaltungsbeamte, die über die Deportationen Buch führten; Ingenieure, die den Bau von Vernichtungslagern umsetzten; Unternehmer, die Öfen für die Krematorien lieferten, und etliche mehr.

VT2 Was man wissen konnte

Auch die übrigen in Deutschland lebenden Zeitgenossen konnten sich Stück für Stück ein genaues Bild machen: Die in Deutschland verbliebenen Juden wurden ab Herbst 1941 in aller Öffentlichkeit in den Osten deportiert und kamen nie zurück (Q1, Q4). Ihr zurückbleibendes Hab und Gut wurde teilweise öffentlich versteigert (Q3).
Heimkehrende Soldaten berichteten Familienangehörigen und Freunden von Massenexekutionen im Osten. Phasenweise informierte zudem die NS-Propaganda offen über die Absicht, die „jüdische Rasse" auszurotten (Q2). Darüber hinaus gab es die ausländischen Medien. Deren Empfang war zwar verboten, doch viele Deutsche nutzten sie. So prangerte etwa der in die USA emigrierte Schriftsteller Thomas Mann in einer Sendung des britischen Senders BBC wiederholt die Kriegsverbrechen der Nationalsozialisten an. Schließlich dokumentieren auch erhaltene Tagebücher deutlich, wie gut die Zeitgenossen über die Verbrechen informiert sein konnten – wenn sie nur wollten (Q4).

Q1 Deportation der Würzburger Juden im April 1942
Eigentlich war das Fotografieren der Deportationen verboten, in Würzburg fertigte jedoch die Gestapo Fotografien an.
Foto, 1942

Q2 „Die Vernichtung der jüdischen Rasse“

Am 16. November 1941 veröffentlichte Joseph Goebbels in der Wochenzeitung Das Reich den Leitartikel „Die Juden sind schuld“. In diesem spricht er deutlich aus, was mit den Juden während des Kriegs geschieht:

Aber es bewahrheitet sich an den Juden auch die Prophezeiung, die der Führer am 3. Januar 1939 im deutschen Reichstag aussprach, dass, wenn es dem internationalen Finanzjudentum[1] gelingen sollte, die Völker noch einmal in einen Weltkrieg zu stürzen, das Ergebnis nicht die Bolschewisierung der Erde und damit der Sieg des Judentums sein werden, sondern die Vernichtung der jüdischen Rasse in Europa. Wir erleben eben den Vollzug dieser Prophezeiung, und es erfüllt sich damit am Judentum ein Schicksal, das zwar hart, aber mehr als verdient ist.

Zit. nach Frank Bajohr/Dieter Pohl: Massenmord und schlechtes Gewissen. Die deutsche Bevölkerung, die NS-Führung und der Holocaust. Ch. H. Beck, München 2006, S. 57.

1 antisemitischer Mythos, dass eine kleine Gruppe reicher Juden die Weltwirtschaft bestimmt

Q3 Der Hausrat deportierter Juden wird versteigert

Vor ihrer Deportation mussten alle Juden ein Verzeichnis ihres Besitzes abgeben. Dieser Besitz wurde beschlagnahmt und oft bei öffentlichen Versteigerungen verkauft. Foto, Hanau 1942

Q4 „Sie kehren niemals zurück“

Karl Dürkefälden (1902–1976) aus Celle hält in seinem Tagebuch sein Wissen über die NS-Verbrechen fest:

Anfang Februar 1942 sprach Thomas Mann von Amerika [aus] über den Londoner Sender, es seien in Deutschland 400 junge holländische Juden durch Ausprobieren eines Kampfgases umgebracht worden. Wenn man alle Androhungen Adolf Hitlers und seiner Genossen betrachtet, muß man an solche Gasvergiftungen glauben. [...]

Am Sonnabend, dem 6. Juni 1942, besuchten uns Walter und Bertchen [Kaßler]. Walter [der Schwager von Dürkefälden, auf Heimaturlaub] erzählte uns, daß er in Kiew Bauführer gewesen sei bei einer Kriegsbrücke [...]. „Wir können uns freuen, daß wir nicht Juden sind“, betonte Walter mehrmals. „In der Ukraine gibt es keine Juden mehr“, erzählte er weiter, „was nicht geflüchtet ist, wurde erschossen. Gefangengenommene Juden und Kommissare werden gleich erschossen.“ In einer Mulde hätte man 50000 Juden (nach anderen Angaben, die Walter gemacht wurden, 80000) zusammengetrieben und zugesprengt, so daß sie gleich begraben waren. „Was jetzt noch an Juden in der Ukraine arbeitet, wird nacheinander aus den Ghettos in Polen geholt; sie kehren niemals zurück.“

Zit. nach „Schreiben, wie es wirklich war.“ Aufzeichnungen Karl Dürkefäldens aus den Jahren 1933–1945. Hrsg. von Sibylle Obenaus/Herbert Obenaus. Fackelträger, Hannover 1988, S. 156.

Nachgefragt

1. Beschreibe Q1 und Q3 und erläutere, was man von den NS-Verbrechen wissen konnte. ○ → S. 226

2. Diskutiert, welches Maß von Verantwortung und Schuld man den in Q1 und Q3 beteiligten Personen und Zuschauern vorwerfen muss.

3. Benenne die zentralen Aussagen von Goebbels in Q2.

4. Analysiere Q4 und arbeite heraus, mithilfe welcher Quellen Dürkefälden welches Wissen über die NS-Verbrechen dokumentieren konnte. ○ → S. 226

SP **5.** Nimm Stellung zu der Aussage: „Davon haben wir nichts gewusst!“ (Q1–Q4, VT1, VT2). Du kannst folgende Formulierungen nutzen: „Einerseits …“, „Andererseits …“, „Allerdings/Jedoch …“, „Meiner Meinung nach …“, „Aus unserer heutigen Sicht …“. ●

AFB I: 3 AFB II: 1, 4 AFB III: 2, 5

Zwangsarbeit im Nationalsozialismus

Mindestens 20 Millionen Menschen aus fast ganz Europa mussten zwischen 1939 und 1945 für das Deutsche Reich arbeiten – meist unter schwersten Bedingungen.

VT1 Zur Arbeit gezwungen

Zwangsarbeit war von 1933 bis 1945 fester Bestandteil der NS-Politik. Schon vor Kriegsausbruch wurden Juden, Sinti und Roma, Andersdenkende und sogenannte „Asoziale" zu schwerer Arbeit gezwungen.

Mit Beginn des Zweiten Weltkriegs wurde die Zwangsarbeit ein Massenphänomen, denn dem Deutschen Reich fehlten nun wichtige Arbeitskräfte. Deshalb beschloss das NS-Regime im Herbst 1941 den Einsatz von Millionen ausländischen Arbeitskräften. Männer und Frauen aus allen Teilen des besetzten Europas wurden zu diesem Zweck ins Reichsgebiet verschleppt. Auch in den besetzten Ländern mussten Menschen unter Zwang für die deutschen Besatzer arbeiten.

Neben den sogenannten „Fremdarbeitern" wurden auch Kriegsgefangene zur Arbeit gezwungen. Hinzu kamen KZ-Häftlinge und die sogenannten „Arbeitsjuden", die bis zu ihrer Ermordung in Vernichtungslagern Zwangsarbeit leisten mussten.

VT2 Arbeits- und Lebensbedingungen

Zwangsarbeiter wurden fast in allen wirtschaftlichen Bereichen eingesetzt. Besonders wichtig war ihr Einsatz in der Rüstungs- und Schwerindustrie sowie in der Landwirtschaft. Darüber hinaus wurden sie als Aushilfen in privaten Haushalten, in Handwerksbetrieben oder auf Baustellen und im Bergbau beschäftigt (Q1).

Die Lebensbedingungen der Zwangsarbeiter unterschieden sich deutlich. Die Nationalsozialisten handelten auch hier im Sinne der Umsetzung ihrer unmenschlichen Rassenideologie: Arbeitskräfte aus West- und Nordeuropa wurden besser behandelt als polnische und sowjetische Arbeitskräfte (Q2).

Zwischen 1933 und 1945 starben fast drei Millionen Zwangsarbeiter auf deutschem Gebiet in Folge von katastrophalen Lebensbedingungen, mangelnder Versorgung, zu harter Arbeit und Misshandlung.

Weite Kreise der deutschen Bevölkerung wussten von den Lebensbedingungen der Zwangsarbeiter. Widerstand gab es jedoch kaum, zumal viele Deutsche von der Zwangsarbeit profitierten: Schmutzige, gefährliche oder schlecht bezahlte Arbeit mussten sie nun nicht mehr selbst verrichten.

VT3 Verbrechen mit später Anerkennung

1948 wurde das Verbot von Zwangsarbeit in der UN-Menschenrechtserklärung verankert. Zu einer historischen Aufarbeitung der NS-Zwangsarbeit kam es aber zunächst nicht. Erst Mitte der 1980er-Jahre begann man das Thema und damit auch die Frage der finanziellen Entschädigung öffentlich zu diskutierten. Im Jahr 2000 gründeten die Bundesregierung und die deutsche Wirtschaft die Stiftung „Erinnerung, Verantwortung, Zukunft". Diese Stiftung hatte fortan die Aufgabe, ehemalige Zwangsarbeiter finanziell zu entschädigen, und finanziert zudem bis heute Projekte, die der Aufarbeitung und Erinnerung der Verbrechen an NS-Zwangsarbeitern gelten. Viele ehemalige Zwangsarbeiter insbesondere in Osteuropa und Russland leben dennoch bis heute in schwerer Armut.

Q1 Kriegsgefangene bei der Arbeit
Französische Kriegsgefangene arbeiten am Neubau der Hauptstraße in Herzogenaurach. Foto, 1941

Q2 Sowjetische Zwangsarbeiter erzählen

Die sowjetische Menschenrechtsorganisation Memorial sammelte ab 1990 Lebensberichte von über 400 000 Zwangsarbeitern. Einige Auszüge:

Irina Watman über die Ankunft der Deutschen in der Ukraine:
Die Straßen waren voller Menschen, sie überreichten den Deutschen Brot und Salz und freuten sich – endlich wird Ordnung einziehen. Ordnung zog tatsächlich ein: Vor der Feuerwache wurde ein Galgen aufgestellt, an dem hingen drei Männer. Einer davon war mein Großvater, der immer gesagt hatte, die Deutschen wären kultivierte Menschen.

Warwara Chabarowa über die Deportation ins Deutsche Reich:
Meine Mutter war zum Bahnhof mitgekommen. Auch von anderen waren Angehörige da. Aber sie durften nicht mehr zu uns. Die Deutschen haben uns mit Hunden umringt und keinen herangelassen – sofort stürzten die Schäferhunde los, deshalb konnten sie nicht zu uns. Dann trieben sie uns in den Waggon, mit Stiefeltritten. Das war ein Geschrei! Alle schrien: „Mama! Mama!“

Nikolai Bogoslawez über den Kontakt mit Deutschen während ihrer Arbeit:
Wenn wir von der Arbeit zurückgebracht wurden, standen die Deutschen am Straßenrand, jeder vor seiner Gartentür, und die Kinder haben mit Katschis[1] auf uns geschossen. Wenn jemand von einem Stein getroffen wurde, haben sie gelacht.

Antonia Serdjukowa über die Arbeits- und Lebensbedingungen in Deutschland:
Jede Baracke war in Zimmer unterteilt. [...] In jedem Zimmer wohnten 30 Personen. Es gab hölzerne Doppelstockpritschen. Auf jeder Pritsche ein Sack mit Spänen und zwei dünne Decken [...]. Die Wände waren aus dünnen Brettern, der Regen trommelte aufs Dach, bei uns regnete es durch. Mitten im Zimmer stand ein Kanonenofen. [...] Im Winter bekamen wir Braunkohlebriketts, 9–10 Stück am Tag. Aber die waren nach fünf Minuten runtergebrannt.

Nikola Kirejew über ihre Rückkehr in die Heimat:
Wer im Ausland gelebt hat, der hat eine andere Welt gesehen, egal wo er war, ob er im Gefängnis gesessen hat oder im KZ. Und wenn er am Leben geblieben war, hieß es: Warum bist du am Leben geblieben? Was konnte ich darauf antworten...

Alle Zitate zusammengestellt aus: Aljona Koslowa u.a.: Für immer gezeichnet. Die Geschichte der „Ostarbeiter“. Übers. v. Christina Links u. Ganna-Maria Braungardt, hrsg. von Memorial Moskau/Heinrich-Böll-Stiftung. Ch. Links, Berlin 2019.

1 Steinschleudern

Q3 Verbotener Umgang

Schaubild aus dem Amstettner Anzeiger, 18. April 1943

Nachgefragt

1. Beschreibe mithilfe von Q1, Q2 und VT2 das Leben der Zwangsarbeiter von der Ankunft der Deutschen bis zu ihrer Rückkehr in ihre Heimat.

2. Analysiere Q3 und benenne die Ziele, die die NS-Propaganda mit dem Schaubild verfolgte.

3. Beschreibe anhand von Q1 die Leistungen der Zwangsarbeiter.

SP **4.** Verfasse ein Schreiben, in dem du dich für die öffentliche Anerkennung der Arbeit und des Leids sowie für eine finanzielle Entschädigung der Zwangsarbeiter einsetzt. ○ → S. 226

5. Findet heraus, ob und wo in eurem Wohnort im Zweiten Weltkrieg Zwangsarbeiter eingesetzt waren. Erarbeitet gemeinsam eine Infobroschüre. ●

AFB I: 1, 3 AFB II: 2, 4, 5

Die Villa ten Hompel – einst Schaltzentrale der NS-Polizei, heute Ort der Erinnerung

Über die Verfolgung und Vernichtung missliebiger Personen durch die Nationalsozialisten geben noch heute bestimmte Orte Auskunft. Einer dieser Orte ist die Villa ten Hompel in Münster. Einst wurde von hier aus die Polizei zu einem Teil des NS-Terrorsystems gemacht, heute ist sie Ort der Information und des Gedenkens.

D1 Die Villa ten Hompel in Münster
Foto, 2015

VT1 Ein repräsentatives Stadthaus

1923/24 ließ der Zementfabrikant und Reichstagsabgeordnete Rudolf ten Hompel (1878–1948) in Münster eine Villa erbauen. Einige Jahre zeigte er dort seinen Wohlstand. Doch in der Weltwirtschaftskrise ging sein Unternehmen bankrott, er selbst wurde wegen Wirtschaftsstraftaten verurteilt und das Deutsche Reich neuer Eigentümer des Hauses.

VT2 Schaltzentrale der Ordnungspolizei

Von 1940 bis 1944 wurde von der Villa aus die Ordnungspolizei für Westfalen, das Rheinland und angrenzende Gebiete gesteuert. Die Ordnungspolizei, d.h. die uniformierte Polizei, unterstand wie die Sicherheitspolizei (Kriminalpolizei, Gestapo) Heinrich Himmler, dem „Reichsführer SS und Chef der deutschen Polizei" in Berlin.
In dessen Auftrag organisierte die in der Villa ten Hompel ansässige Behörde neben den üblichen Polizeiaufgaben auch die Mitwirkung von Ordnungspolizisten im NS-Unterdrückungsstaat, etwa als Aufsichtspersonal für Zwangsarbeiter und Kriegsgefangene. Darüber hinaus wurden militärisch organisierte „Polizeibataillone" der Ordnungspolizei während des Weltkriegs in besetzten Gebieten eingesetzt. Obwohl sie nicht Teil des Militärs waren, gingen sie mit militärischer Gewalt vor und begingen furchtbare Kriegsverbrechen (D3, Q1).

VT3 Wiedergutmachung – gelungen?

Von 1953 bis 1968 nutzte die Behörde für Wiedergutmachung das Gebäude. Sie sollte rassisch, religiös oder politisch verfolgte Menschen für erlittenes Leid entschädigen. Viele Betroffene gingen jedoch leer aus, weil sich z.B. ihre Angaben und die NS-Akten widersprachen oder weil sie im Rahmen von Widerstand auch Überfälle begangen oder Brände gelegt hatten. Deshalb fühlten sie sich doppelt bestraft.

VT4 Ort des Gedenkens

Seit 1999 erinnert die Villa als Geschichtsort an das Geschehen im Haus. Wie alle NS-Gedenkstätten versteht sie sich als Lernort, der über seine eigene Vergangenheit im Zusammenhang des Unterdrückungssystems informiert: Eine Ausstellung (D2) und Führungen erschließen den Besuchern das Handeln der Täter und die Leiden der Opfer. Besuchergruppen, oft Schülerinnen und Schüler, erfahren am „originalen Ort", wie das NS-System in alle Lebensbereiche vordrang – etwas, das sich nie wiederholen darf.

D2 Blick in die Ausstellung
Die Ausstellung gibt Auskunft über die Verbrechen der Ordnungspolizei im Zweiten Weltkrieg und die Versuche der Aufarbeitung in der Nachkriegszeit. Foto, 2015

D3 Polizisten und die „Dynamik des Tötens"

Die ostpolnische Stadt Bialystok war seit 1939 von sowjetischen Truppen besetzt. Im Zuge des deutschen Angriffs auf die Sowjetunion wurde Bialystok 1941 von dem Polizeibataillon 309 eingenommen. Ein Fachbuch informiert darüber:

[Erste Polizisten] erreichten die Stadt Bialystok in den Vormittagsstunden des 27. Juni [1941]. [...] Ein Befehl zur Tötung der Juden Bialystoks von übergeordneter Stelle, etwa aus Berlin, lag nicht vor. Das Polizeibataillon handelte weitgehend eigenständig. Durch die [vorher erfolgte] intensive weltanschauliche Erziehung [...] war von den Polizisten aber verinnerlicht worden, dass eine „Lösung der Judenfrage" die Tötung der Juden erfordere und dass dies ein vorrangiges Ziel des Nationalsozialismus sei. Aus der Pogromstimmung heraus entwickelte sich an diesem 27. Juni 1941 eine Dynamik des Tötens. Etwa 2000 Juden wurden durch die Polizisten ermordet. [...] Zeitnah nach dem Massaker von Bialystok wurden sechs Polizisten für ihren Einsatz mit dem Eisernen Kreuz 2. Klasse[1] ausgezeichnet, [...] Für die Ehrung lag kein anderer Grund als die „Judenaktion" vor, da das Bataillon zuvor nicht in Kampfhandlungen eingebunden gewesen war.

Wolf Kaiser/Thomas Köhler/Elke Gryglewski: „Nicht durch formale Schranken gehemmt". Die deutsche Polizei im Nationalsozialismus. Bundeszentrale für politische Bildung, Bonn 2012, S. 129–130.

1 Auszeichnung („Orden") für Kriegsteilnehmer

Q1 Bericht eines jüdischen Einwohners von Bialystok

Der damals 16-jährige Chaim Kaplan berichtet:

Nach der Besetzung von Bialystok durch die Deutschen [...] durchsuchten Angehörige der Polizei, die ich an ihren hellgrünen Uniformen mit den braunen Aufschlägen[1] auf den Unterärmeln erkannte, die Straßen des Viertels und führten die Juden, deren sie habhaft werden konnten, fort. [...]
Ich habe gesehen, dass die Juden in die Synagoge gebracht wurden. Die strenggläubigen Juden, die noch lange Bärte und Zöpfe trugen sowie einen Kaftan[2] und ein Käppi[3] mussten teilweise noch auf dem Platz vor der Synagoge singen, tanzen und beten. Ich habe dann weiter beobachtet, dass ein LKW zur Synagoge hinfuhr und Polizeibeamte Benzinkanister abluden und in die Synagoge hineintrugen. Nach einiger Zeit fing es an zu brennen.

Aussage von Chaim Kaplan. Landesarchiv NRW, Abt. Rheinland. Gerichte Rep. 247, Nr. 5, S. 837-839. Zit. nach Entscheiden und Handeln. Bialystok – 27. Juni 1941. Das Massaker und seine Auswirkungen nach 1945. Hrsg. von Yad Vashem, o. O. (Israel) 2018, Personenkarte Chaim Kaplan.

1 schmückende Bestandteile der Uniform am Ärmel
2 langes Gewand; oft von orthodoxen (strenggläubigen) Juden getragen
3 hier: Kippa, Kopfbedeckung männlicher Juden

D4 Website

Gedenkstätte EL-DE-Haus – ehemaliges Gestapogefängnis
283ua8

Nachgefragt

1. Verfasse einen Bericht über die 100-jährige Geschichte der Villa ten Hompel (D1, VT). Schreibe aus ihrer Sicht und ziehe auch ein Fazit.

2. Arbeite die Rolle der Ordnungspolizei in der NS-Zeit heraus (D3, VT2).

3. Beurteile das Verhalten der Mitglieder des Polizeibataillons in Bialystok (D3, Q1).

4. Informiere dich im Internet und mithilfe von D2 über die Dauerausstellung in der Villa ten Hompel. Beschreibe die Konzeption und die Schwerpunkte der Ausstellung und begründe, warum man sich für diese entschieden hat.

5. Stell dir vor, du bist Mitarbeiterin oder Mitarbeiter in der Villa ten Hompel. Schreibe einen Brief an die Stadtverwaltung, in dem du begründest, warum die Erinnerungsarbeit in der Villa und nicht an einem neutralen Ort, wie z. B. in einem leer stehenden Schulgebäude, stattfinden soll.

MK **6.** Erkunde eine andere NS-Gedenkstätte virtuell (D4). Diskutiert im Anschluss gemeinsam, inwiefern derartige digitale Angebote einen Besuch vor Ort ersetzen können.

AFB II: 1, 2, 4, 5 AFB III: 3, 6

Wer leistete Widerstand?

Nur wenige Menschen leisteten Widerstand gegen das NS-Regime. Die Nationalsozialisten konnten sich bis Kriegsende der Unterstützung der meisten Deutschen sicher sein. Sich gegen diese Mehrheit und den Staat mit seinem Polizeiapparat zu stellen, verlangte viel Mut.

Gemeinsam lernen

Gallery-Walk

Wer leistete Widerstand?

1. Klärt zunächst in der Klasse euer Verständnis von Widerstand.
2. Teilt euch in Kleingruppen auf und erstellt Plakate zu wichtigen Personen und Gruppen des Widerstands. Berücksichtigt Motive, Einstellungen sowie Bedeutung der Widerstandsaktionen. Arbeitet mit den Materialien des Buches und recherchiert selbstständig. Nutzt die Arbeitsschritte auf S. 243.
3. Präsentiert die Informationen auf Plakaten und stellt diese in einem Galerierundgang in der Klasse vor.

denunzieren (von lat. denuntiare = anzeigen) eine Person aus niedrigen Beweggründen anzeigen, z. B. weil man der Person schaden oder sich selbst einen Vorteil verschaffen will

Kreisauer Kreis bürgerliche Widerstandsgruppe, die 1940 von Helmuth James Graf von Moltke gegründet wurde und sich mit Plänen für eine politische Neuordnung nach dem Krieg befasste. Nachdem Moltke Anfang 1944 verhaftet wurde, löste sich die Gruppe auf.

VT1 Was ist Widerstand?

Bis heute wird in der Geschichtswissenschaft diskutiert, was als Widerstand gegen den Nationalsozialismus bezeichnet werden kann. Zählt die Verweigerung des Hitler-Grußes (Q1) oder das Verteilen von Flugblättern (Q3) als Widerstand? Menschen, die anders dachten als das NS-Regime oder gar öffentlich eine andere Meinung vertraten, lebten gefährlich. Jegliches Verhalten, das von der NS-Ideologie abwich, wurde kriminalisiert und rücksichtslos verfolgt. Zudem konnte sich die NS-Regierung auf die Unterstützung der Bevölkerungsmehrheit verlassen. Viele waren bereit, Nachbarn, Bekannte oder Arbeitskollegen zu **denunzieren**, wenn diese sich nicht NS-konform verhielten. Es war nicht leicht, Widerstand zu leisten. Dennoch gab es Menschen, die sich widersetzten.

VT2 Politischer Widerstand

Der organisierte politische Widerstand von Kommunisten (KPD) und Sozialdemokraten (SPD) beschränkte sich auf die Anfangszeit der NS-Diktatur. Insbesondere die KPD rief bis 1934 mit öffentlichen Aktionen (Flugblätter, Demonstrationen) zum Widerstand gegen das NS-Regime auf. Nachdem jedoch eine große Anzahl von Kommunisten und Sozialdemokraten verhaftet worden oder aus Deutschland ausgewandert war, gab es kaum noch politischen Widerstand. Eine Ausnahme war der **Kreisauer Kreis**.

VT3 Kirchlich organisierter Widerstand

Die evangelische und die katholische Kirche leisteten kaum aktiven Widerstand gegen den Nationalsozialismus. Beide Kirchen konzentrierten sich auf den Erhalt ihrer Glaubensfreiheit und waren dafür auch zu Zugeständnissen an die Nationalsozialisten bereit.

Widerstand aus dem kirchlichen Umfeld erfolgte lediglich von Einzelpersonen. So protestierte der katholische Bischof von Münster, Kardinal Clemens August Graf von Galen, erfolgreich gegen die Ermordung von Menschen mit Behinderung.

In der evangelischen Kirche war es vor allem die Bewegung der Bekennenden Kirche, die darauf verwies, dass die Ideen der Nationalsozialisten nicht mit den christlichen Glaubensgrundsätzen zu vereinbaren seien. Doch auch hier widersetzten sich nur Einzelpersonen, wie etwa der Theologe Dietrich Bonhoeffer, der kurz vor Kriegsende im KZ Flossenbürg hingerichtet wurde.

VT4 Militärischer Widerstand

Die NS-Herrschaft wirklich gefährden konnten nur Menschen in Schlüsselpositionen, z. B. im Militär. Doch von dort drohte Hitler lange keine Gefahr. Zwar gab es schon vor 1939 einen kleinen regimekritischen Kreis, doch die Anfangserfolge im Krieg stärkten Hitlers Ansehen im Militär. Erst die absehbare Kriegsniederlage ließ kritische Stimmen lauter werden.

Am 20. Juli 1944 platzierte Oberst Claus Schenk Graf von Stauffenberg eine Bombe mit einem Zeitzünder in Hitlers Hauptquartier. Das Attentat sollte der Beginn eines Staatsstreichs sein,

Q1 Verweigerung des Hitler-Grußes
Beim Stapellauf eines Schiffes in einer Hamburger Werft verweigerte einer der Arbeiter den Hitler-Gruß. Um wen es sich handelt, ist nicht eindeutig festzustellen. Es könnte August Landmesser sein, der eine Jüdin liebte, die er aber nicht heiraten durfte, oder der gläubige Christ Gustav Wegert. Heute noch lebende Familienmitglieder der beiden meinen jeweils, ihren Verwandten auf dem Bild zu erkennen.
Foto, 1936

bei dem Teile des Militärs die Macht an sich nehmen und sofortige Friedensbedingungen aushandeln sollten (Q4). Doch das Attentat schlug fehl, Hitler wurde nur leicht verletzt. Stauffenberg und weitere Beteiligte wurden erschossen. In der darauffolgenden Verfolgungswelle wurden Tausende regimekritische Personen verhaftet und hingerichtet.

VT5 Jüdischer Widerstand

In Deutschland selbst gab es kaum jüdischen Widerstand. Anders sah dies in Osteuropa aus. Jüdische Partisanengruppen wie die von Tuvia Bielski in Weißrussland kämpften gegen **Kollaborateure** und versuchten, jüdische Leben zu retten. Mit dem Mut der Verzweiflung erhoben sich auch jüdische Gefangene in Ghettos sowie Konzentrations- und Vernichtungslagern: Beim Aufstand im Warschauer Ghetto im April 1943 lieferten sich die Bewohner einen Häuserkampf mit der SS. In den Vernichtungslagern Treblinka (August 1943) und Auschwitz-Birkenau (Oktober 1944) organisierten jüdische **Sonderkommandos** Aufstände gegen das Lagerpersonal.

VT6 Jugendlicher Widerstand

Auch manche Jugendliche widersetzten sich, indem sie sich z.B. gegen die totale staatliche Vereinnahmung des Privatlebens auflehnten. Die „Weiße Rose" in München – eine Studentengruppe, der auch die Geschwister Scholl angehörten, verteilte Flugblätter. Darin forderten sie dazu auf, sich vom NS-System zu befreien (Q3). Die „Edelweißpiraten" in Köln waren in kleinkriminelle Handlungen wie Schwarzhandel oder Einbruch verstrickt (Q2). Sie verweigerten sich offen einer NS-gemäßen Lebensführung und versuchten, das Kölner Gestapo-Gebäude in die Luft zu sprengen.
Die Hamburger „Swing-Jugend" hörte die in Deutschland verbotene Jazz-Musik und trug Kleidung im englischen Stil.
Die Geschwister Scholl wurden wegen ihrer Flugblätter ebenso hingerichtet wie der 16 Jahre alte „Edelweißpirat" Bartholomäus Schink (Q5). Angehörige der „Swing-Jugend" wurden in eigens errichteten Jugendkonzentrationslagern eingesperrt.

VT7 Einzelwiderstand

Neben organisierten Gruppen gab es auch Einzelpersonen, die Widerstand leisteten. Insgesamt scheiterten etwa vierzig Versuche, Hitler zu töten. Dazu zählt der Anschlag des schwäbischen Tischlers Georg Elser. Mittels einer selbst gebauten Bombe versuchte er im November 1939 Hitler und andere hochrangige Parteimitglieder der NSDAP zu töten. Der Anschlag misslang, Elser wurde gefasst und im April 1945 im Konzentrationslager Dachau ermordet.

Kollaborateur
Person, die mit dem Kriegsgegner bzw. der Besatzungsmacht zusammenarbeitet

Sonderkommandos
Gruppen jüdischer Häftlinge in den Vernichtungslagern, die vom SS-Lagerpersonal dazu gezwungen wurden, die Ermordung der Häftlinge in den Lagern vorzubereiten und anschließend die Leichen zu verbrennen

D1 Stufen abweichenden Verhaltens

Der Historiker Detlev Peukert entwickelte ein Modell zu den Formen des Widerstands im Nationalsozialismus:

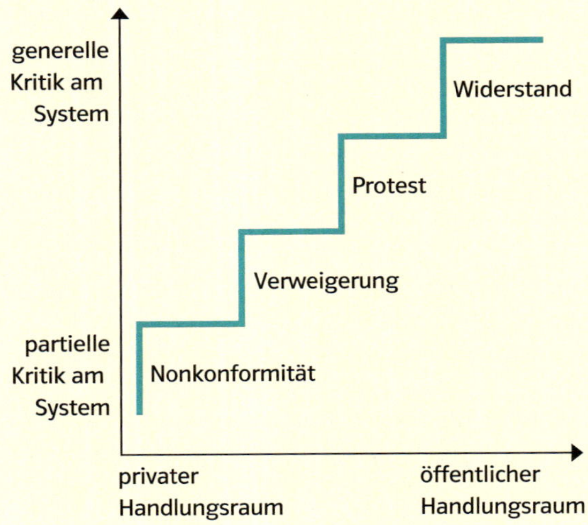

Nach Detlev J. K. Peukert: Die Edelweißpiraten. Bund, Köln 1980, S. 236.

D2 Website
Gedenkstätte Deutscher Widerstand
283ua8

Arbeitsblatt
Gemeinsam Texte erstellen
283ua8

Q2 Das Lied der Edelweißpiraten

Fritz Theilen aus Köln-Ehrenfeld kam 1942 zu den Edelweißpiraten und beteiligte sich an vielen Aktionen, u.a. der Verbreitung von Flugblättern. Er wurde mehrfach verhaftet und berichtet später:

Das war eine ganz andere Generation, die Edelweißpiraten, die ich im Volksgarten traf. Sie waren aggressiv, ließen sich auf Schlägereien mit Nazis ein. [...] Natürlich kamen die Streifendienste der Hitlerjugend und versuchten, uns zu vertreiben. Sie zogen jedoch den Kürzeren und wurden von uns zusammengeschlagen, wenn sie uns mit Gewalt vertreiben wollten. Wir waren oft bis fünfzig, sechzig und mehr Jugendliche, sangen zum Gitarrenspiel und ließen uns nichts gefallen. Wir sangen die alten bündischen Lieder[1], die wir später auch umdichteten. Später wurden wir immer frecher und dreister und sangen laut und trotzig als Refrain: Hei, wenn die Fahrtenmesser[2] blitzen / Und die Hitlerjungen flitzen / Und die Edelweißpiraten greifen ein, / Denn was kann das Leben / Uns schon geben: / Wir wollen Freie sein. /

Zit. nach „Wir hatten andere Träume". Kinder und Jugendliche unter der NS-Diktatur. Hrsg. von Jutta Freyberg u.a. VAS, Frankfurt/M. 1995, S. 145.

1 Lieder, die von Jugendgruppen des Kaiserreichs gesammelt und gesungen wurden und u. a. den Wert der Gemeinschaft, Naturerleben und Wandern thematisieren
2 eine Art Taschenmesser

Q3 Aufruf der Weißen Rose

Fünftes Flugblatt der Weißen Rose aus dem Januar 1943:

Deutsche! Wollt Ihr und Eure Kinder dasselbe Schicksal erleiden, das den Juden widerfahren ist? Wollt ihr mit dem gleichen Maße gemessen werden wie Eure Verführer? Sollen wir auf ewig das von aller Welt gehasste und ausgestoßene Volk sein? Nein! Darum trennt Euch von dem nationalsozialistischen Untermenschentum! Beweist durch die Tat, daß Ihr anders denkt! Ein neuer Befreiungskrieg bricht an. Der bessere Teil des Volkes kämpft auf unserer Seite. Zerreißt den Mantel der Gleichgültigkeit, den Ihr um Euer Herz gelegt! Entscheidet Euch, ehe es zu spät ist! Glaubt nicht der nationalsozialistischen Propaganda, die Euch den Bolschewistenschreck in die Glieder gejagt hat! Glaubt nicht, daß Deutschlands Heil mit dem Sieg des Nationalsozialismus verbunden sei! Ein Verbrechertum kann keinen deutschen Sieg erringen. Trennt Euch rechtzeitig von allem, was mit dem Nationalsozialismus zusammenhängt! [...] Der imperialistische Machtgedanke muß, von welcher Seite er auch kommen möge, für alle Zeit unschädlich gemacht werden. [...] Nur in großzügiger Zusammenarbeit der europäischen Völker kann der Boden geschaffen werden, auf welchem ein neuer Aufbau möglich sein wird. [...] Freiheit der Rede, Freiheit des Bekenntnisses, Schutz des einzelnen Bürgers vor der Willkür verbrecherischer Gewalt-Staaten, das sind die Grundlagen des neuen Europa!

Zit. nach Die Weiße Rose. Hrsg. von Inge Scholl. Fischer, Frankfurt/M. 1982, S. 96–121.

Q4 Erklärung der Beteiligten vom 20. Juli 1944

Für den Fall eines gelungenen Attentates auf Hitler und ihrer Machtübernahme hatten die Beteiligten vom 20. Juli 1944 eine Regierungserklärung vorbereitet:

1. Erste Aufgabe ist die Wiederherstellung der vollkommenen Majestät[1] des Rechts. [...] Die Sicherheit der Person und des Eigentums werden wieder gegen Willkür geschützt sein. Nur der Richter darf nach dem Gesetz in diese persönlichen Rechte des Einzelnen, die für den Bestand des Staates und für das Glück der Menschen unerläßlich sind, eingreifen.

2. [...] Zur Sicherung des Rechts und des Anstandes gehört die anständige Behandlung aller Menschen. Die Judenverfolgung, die sich in den unmenschlichsten und unbarmherzigsten, tief beschämenden und gar nicht wiedergutzumachenden Formen vollzogen hat, ist sofort eingestellt. Wer geglaubt hat, sich am jüdischen Vermögen bereichern zu können, wird erfahren, daß es eine Schande für jeden Deutschen ist, nach einem unredlichen Besitz zu streben. Mit solchen Marodeuren[2] und Hyänen unter den von Gott geschaffenen Geschöpfen will das deutsche Volk in Wahrheit auch gar nichts zu tun haben.

Zit. nach Spiegelbild einer Verschwörung. Die Opposition gegen Hitler und der Staatsstreich vom 20. Juli 1944 in der SD-Berichterstattung. Bd. 1. Hrsg. von Hans-Adolf Jacobsen. Seewald, Stuttgart 1984, S. 147 f.

1 hier: Vorherrschaft, Unantastbarkeit
2 Menschen, die sich während des Kriegs durch Plünderung, Raub und Mord bereichern. Gemeint sind hier die Deutschen.

Q5 Urteil gegen Mitglieder der Weißen Rose

In der Begründung des Todesurteils vom 22. Februar 1943 heißt es:

In der Strafsache gegen
1.) den Hans Fritz Scholl aus München, geboren in Ingersheim am 22. September 1918,
2.) die Sophia Magdalena Scholl aus München, geboren in Forchtenberg am 9. Mai 1921,
3.) den Christoph Hermann Probst aus Aldrans bei Innsbruck, geboren in Murnau am 6. November 1919,
[...] hat der Volksgerichtshof, 1. Senat, aufgrund der Hauptverhandlung vom 22. Februar 1943 [...] für Recht erkannt:

Die Angeklagten haben im Kriege in Flugblättern zur Sabotage[1] der Rüstung und zum Sturz der nationalsozialistischen Lebensform unseres Volkes aufgerufen, defaitistische[2] Gedanken propagiert und den Führer aufs Gemeinste beschimpft und dadurch den Feind des Reiches begünstigt und unsere Wehrkraft zersetzt. Sie werden deshalb mit dem Tode bestraft.

Ihre Bürgerrechte haben sie für immer verwirkt.

Zit. nach Bundesarchiv ZC 13267/Bd. 8. Unter: www.bpb.de/geschichte/nationalsozialismus/weisse-rose/61067/todesurteil (Zugriff: 07.07.2020).

1 geplante Störung oder Behinderung einer Arbeit
2 hier: den Sieg der Deutschen bezweifelnde

Nachgefragt

1. Beschreibe Q1 und diskutiere mithilfe von D1, ob es sich bei dem Verhalten um Widerstand handelt. ○ → S. 226

2. Ordne folgende Handlungen in das Schema D1 ein: Jazz-Musik hören, der NSDAP nicht beitreten, beim Vorgesetzten Beschwerde über die Behandlung eines jüdischen Nachbarn einlegen, öffentlich eine Rede gegen Hitler halten.

3. Gestalte ein Schaubild zum Thema „Widerstand gegen den Nationalsozialismus". Du kannst es nach den Überschriften der VT-Abschnitte gliedern.

4. Charakterisiere das Verhalten und Auftreten der „Edelweißpiraten" (Q2, VT6).

5. Arbeite heraus, wie die Verfasser des Aufrufs Q3 die Leser von der Notwendigkeit, Widerstand zu leisten, zu überzeugen versuchten. ○ → S. 226

6. Charakterisiere die Zukunftsvisionen der Verfasser aus Q3 und Q4 und vergleiche diese mit unserem heutigen Weltbild.

7. Arbeite heraus, welche Konsequenzen widerständiges Verhalten gegen das NS-Regime haben konnte (VT1–VT7, Q5). ●

SP **8.** In deiner Nachbarschaft soll eine Straße nach einem NS-Widerstandskämpfer benannt werden. Verfasse einen Kommentar, in dem du begründet darlegst, für welchen Namen du dich entscheiden würdest. ○ → S. 226

MK **9.** Erkundet die Gedenkstätte Deutscher Widerstand virtuell (D2). Erstellt mithilfe des Arbeitsblatts (Online-Code) einen digitalen Bericht zum Ausstellungsbesuch.

AFB I: 2 AFB II: 3, 4, 5, 6, 7, 9 AFB III: 1, 8

Operatorentraining: Begründen

Im Anschluss an die Analyse und Interpretation eines historischen Sachverhalts formulieren Historikerinnen und Historiker ihr eigenes Urteil. Bevor sie heutige Vorstellungen und Denkweisen einbeziehen, beurteilen sie die untersuchten Sachverhalte anhand historischer Bedingungen und Normen der Zeitgenossen. So gelangen sie zu einem Sachurteil. Das Sachurteil müssen sie schlüssig begründen. Genau wie in der Wissenschaft müssen im Geschichtsunterricht plausible Argumente und Quellenbelege in eine Begründung einfließen.

D1 Modelltexte

Vielleicht habt ihr auf den Seiten 160 bis 163 schon Pro- und Kontra-Argumente zum Verhalten der Menschen während der NS-Zeit gesammelt oder mit eurer Familie über Unterstützung und Widerstand im Nationalsozialismus gesprochen. Dabei ist es wichtig, den eigenen Standpunkt genau und überlegt zu begründen.

Viele Menschen haben sich während der NS-Diktatur angepasst und nichts gegen das System unternommen. Ich denke, dass sich gegen die NS-Diktatur kaum etwas ausrichten ließ.
Zuerst muss man festhalten, dass die Menschen schon im Frühjahr 1933, kurz nach der Machtübernahme der Nationalsozialisten, in großer Angst lebten. Der Bericht der Zeitzeugin Frau Gruber-Gilmer bestätigt das. Sie erzählt, dass die SA ihren Vater schwer misshandelte (Q4, S. 141, Z. 15/16). Doch die Menschen hatten nicht nur Angst vor der Gewalt, sondern auch vor Ausgrenzung. Denjenigen, die aus der sog. „Volksgemeinschaft“ ausgeschlossen wurden, weil sie andere beschützten, drohte selbst Verfolgung. Um sich und ihre Familien zu schützen, wehrten sie sich nicht gegen das System. Außerdem folgten auch Firmen oder Vereine den Vorgaben der Nationalsozialisten. Sie schlossen Juden aus oder empfahlen ihren Mitgliedern, in die nationalsozialistische Organisationen einzutreten. Sich gegen das System zu stellen hätte bedeutet, die Arbeit zu verlieren oder nicht von sozialstaatlichen Maßnahmen zu profitieren. Aus diesen Gründen haben sich viele Menschen lieber angepasst, als Widerstand zu leisten.

Wissenschaftler und Wissenschaftlerinnen haben die Annahme, die Deutschen seien Opfer der Nationalsozialisten gewesen, mittlerweile widerlegt. Denjenigen, die sich nicht gewehrt haben, war ihr eigener Profit doch wichtiger, als gegen Hetze und Gewalt einzustehen!
Ich bin der Meinung, dass man Widerstand hätte leisten können. Schließlich gibt es dafür Beispiele im Umfeld der Kirche oder unter Jugendlichen. Ein besonders bekanntes Beispiel sind die Mitglieder der „Weißen Rose“ aus München, die auf die Missstände im Staat und die Verbrechen der Nationalsozialisten aufmerksam machten. In einem Flugblatt riefen sie die Bürger etwa dazu auf, der nationalsozialistischen Propaganda nicht zu glauben (Q3, S. 192, Z. 14/15). Außerdem hätte man im privaten Raum auch durch Unangepasstheit oder Verweigerung zeigen können, dass man das System nicht unterstützt. Zum Beispiel wäre es möglich gewesen, sich nicht den nationalsozialistischen Organisationen anzuschließen oder weiterhin für die einzustehen, die aus der sog. „Volksgemeinschaft“ ausgeschlossen wurden. Auch wenn man das System vielleicht damit noch nicht grundlegend verändert hätte, Widerstand wäre möglich gewesen.

Schritt für Schritt

Begründen:

Stütze eigene oder fremde Aussagen durch Argumente, z. B. mithilfe von Quellenbelegen oder historischen Beispielen.

Das gehört in den Text →

- Am *Anfang* nennst du die Aussage oder These, die du mit deiner Begründung stützen willst.
- Im *Hauptteil* werden Argumente angeführt, die die These oder Aussage stützen. Belegt werden die Argumente mit Beispielen oder Quellenzitaten.
- Am *Ende* fasst du deine Begründung kurz in einem Schlusssatz zusammen.

Darauf musst du achten →

- Zeitform: Um Argumente anzuführen, die sich auf die Vergangenheit beziehen, wird das *Präteritum* verwendet.
- Behauptungen und Argumente müssen überprüfbar und nachvollziehbar sein. Deshalb werden Quellenbezüge in die Begründung eingefügt. Füge bei Quellenbezügen Zeilenangaben an.
- Wenn du einem Standpunkt widersprechen möchtest, versuche Argumente zu entkräften und Gegenargumente einzubeziehen.

Formulierungshilfen

- Um eine Position zu beziehen: *Ich bin der Meinung, dass …* *Ich denke/vermute/finde, dass …* *Meiner Meinung nach …*
- Um Gründe und Argumente zu gliedern: *Erstens … Zweitens … Drittens … Außerdem/Darüber hinaus … Aber …/Auch …*
- Um Aussagen zu belegen: *In der Quelle schreibt dazu die Autorin/der Autor … (Z. 10)*
- *Die Quelle zeigt, dass … Die Aussage wird gestützt durch die Tatsache, dass …*

D2 Aussagen zu Jugendorganisationen im NS

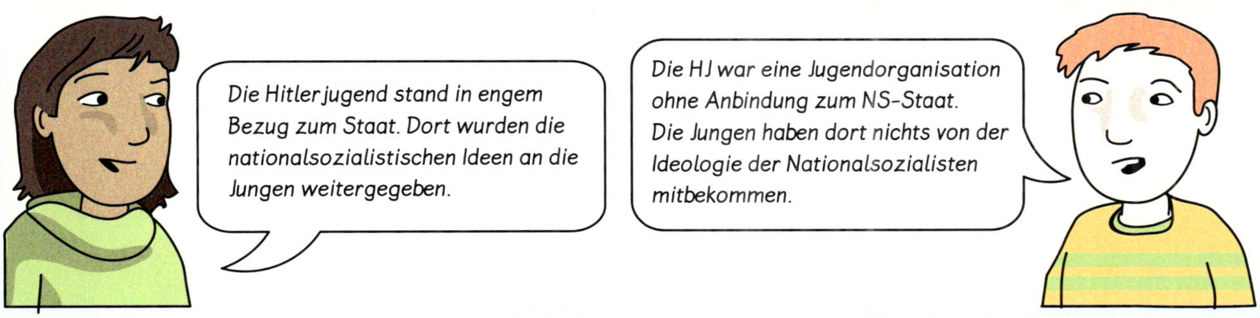

Nachgefragt

1. Lies die Modelltexte in D1. Welche Argumente überzeugen dich, welche nicht? Wähle zwei Argumente aus und begründe, warum diese dich überzeugen oder aber nicht.

2. Finde mithilfe von „Schritt für Schritt" die sprachlichen Besonderheiten der Begründungen in D1 heraus. Welche Möglichkeiten, Gründe zu gliedern und Aussagen zu belegen, finden sich in den Texten? Schreibe die Formulierungen aus den Modelltexten heraus.

3. Um die Beteiligung verschiedener Gruppierungen am nationalsozialistischen Staat entbrennen immer wieder Debatten. Schaut euch die Aussagen der Jugendlichen an (D2). Verfasst gemeinsam eine Begründung, indem ihr folgende Aufgaben löst:
- Welcher Aussage schließt ihr euch an? Verfasst gemeinsam einen Einleitungssatz, der in die Thematik der Begründung einführt.
- Sammelt Argumente, mit denen ihr die gewählte Aussage stützen könnt. Nutzt dafür die Seiten 150 bis 153. Verbindet die Argumente in einem Fließtext. Die Formulierungshilfen in „Schritt für Schritt" und eure Notizen aus Aufgabe 2 helfen euch.
- Beendet die Begründung, indem ihr einen kurzen Schlusssatz formuliert.

AFB I: 1, 2 AFB II: 3

MK Geschichte in digitalen Spielen hinterfragen

Geht das: Spielend in die Vergangenheit „eintauchen"? Auch wenn Werbung zu digitalen Geschichtsspielen das verspricht, lässt sich Vergangenes mit dem Controller nicht 1:1 „nacherleben". Denn: Digitale Geschichtsspiele sind programmierte historische Erzählungen. Diese entstehen durch die Gestaltung von Spielstrukturen. So wird ein bestimmtes Geschichtsbild vermittelt.

D1 „Through the Darkest of Times" (Screenshot)

In diesem Strategiespiel zum Widerstand in der NS-Diktatur geht es um die Frage, welche Möglichkeiten Menschen hatten, sich dem NS-Regime zu widersetzen.

D2 Video

Trailer: „Through the Darkest of Times"
283ua8

D3 „Hätte ich noch mehr tun können?"

Der Historiker und Spieleexperte Nico Nolden über das Spiel „Through the Darkest of Times":

„Das Spiel forciert Perspektivwechsel, es erzählt keine großen Heldengeschichten, sondern den Widerstand im Kleinen" [...]. „Selbst ich als Historiker habe noch etwas von dem Spiel gelernt", sagt Nolden. „Etwa wie schnell nach 1933 die ersten Menschen getötet wurden. Oder wie gut 1936 die Propaganda funktioniert hat [...]." Besonders beeindruckt habe ihn aber das Gefühl, das „Through the Darkest of Times" nach dem Durchspielen hinterlassen hat, so Nolden. „Ich habe überlebt und mich gefragt: Hätte ich nicht noch mehr tun können? Und dann: Kann ich nicht heute auch mehr tun?"

Anlass für Kritik biete das Spiel aber auch, so Nolden. Ihn stört etwa, dass Berlin als Schauplatz gewählt wurde und dieser nur selten durch Perspektiven aus der Provinz aufgebrochen würde. „Dadurch könnten Spieler den Eindruck gewinnen, dass der Widerstand überall so stark war wie in Berlin." [...] Eine schlussendliche Bewertung in Form einer Punktzahl oder Note möchte Nolden nicht geben. Objektiv könne eine Wertung sowieso nicht sein, sagt er, genauso wenig wie Geschichte.

Matthias Kreienbrink: Geschichte ganz ohne Helden. (04.02.2020). Unter: https://www.spiegel.de/netzwelt/games/through-the-darkest-of-times-das-haelt-ein-historiker-vom-videospiel-ueber-die-ns-zeit-a-92b9d54a-966b-4e94-9704-b392ba39b251 (Zugriff: 14.09.2020).

D4 Kategorien von digitalen „Spielwelten" mit Geschichtsthemen

historisierend	pseudohistoristisch	historistisch	historisch
relativ freie Verwendung historischer Elemente	verspricht historische Glaubwürdigkeit, löst das aber nicht ein	enthält Teile, in denen Geschichte glaubwürdig dargestellt wird	verspricht und versucht möglichst umfassend historisch glaubwürdig zu sein

Nach: Daniel Giere: Computerspiele – Medien – historisches Lernen. Wochenschau-Verlag, Frankfurt/M. 2019, S. 45 f.

Arbeitsschritte

1. Beschreiben →
- Benenne Titel, Erscheinungsjahr, Entwickler, Altersfreigabe und Plattformen (Hardware, Handyspiel, PC-Spiel).
- Verfasse eine kurze Spielbeschreibung (Spielidee, Spielmechanik, Spielfiguren, Raum und Zeit der Handlung).
- Charakterisiere die Darstellung von Geschichte in der Spielwelt.
- Überprüfe die Berichterstattung in den Medien sowie die Werbung zum Spiel.

2. Untersuchen →
- Analysiere die Spielstruktur:
  - Überprüfe die audiovisuelle Darstellung.
  - Stelle fest, inwieweit die Erzählstrukturen eher festgelegt oder offen sind.
  - Bestimme und beschreibe die Spielerperspektive.
  - Erläutere zusammenfassend den Einfluss der Spielstruktur auf das Geschichtsbild.

3. Beurteilen
- Beurteile das Geschichtsbild des Spiels im Vergleich zu anderen Darstellungen des historischen Themas (z. B. Quellen, Geschichtsbuch, andere Spiele).
- Positioniere dich zu Aussagen der Werbung und anderen Rezensionen zum Spiel.
- Beurteile den Spielwert des Spiels.
- Fasse deine Beurteilung in Form einer Rezension zum Spiel zusammen.

D5 Einfluss der Spielstrukturen auf die historische Erzählung eines Spiels

Spielstrukturen können Geschichtsbilder entweder stark vorgeben oder Raum für eigene Deutungen der Spieler ermöglichen.

„Realitätsnahe" audiovisuelle Darstellungen von Objekten, Umgebungen und Charakteren versprechen große historische Authentizität. Es wird versucht zu vermitteln, „wie es wirklich war" bzw. ausgesehen hat. Der Spieler ist stark auf diese Geschichtsdeutung festgelegt.	**audiovisuelle Darstellung**	**„Konzeptionelle" audiovisuelle Darstellungen** arbeiten mit Abstraktion und Verfremdungen. Es ist offensichtlicher, dass es sich um eine Geschichtsdeutung der Spielmacher handelt. Diese Art der Geschichtserzählung der Spielwelt ist offener für eigene Deutungen der Spieler.
„Festlegende Erzählstrukturen" bieten dem Spieler kaum Möglichkeiten, eigene Wege durch das Spiel zu gehen. Keine oder wenige Entscheidungssituationen verhindern den Einfluss des Spielers auf die Gestaltung und Deutung einer eigenen historischen Erzählung.	**Erzählstrukturen**	In **„offenen Erzählstrukturen"** kann ein Spieler z. B. die Struktur von Städten selbst verändern und so zum Mitautor der Erzählung werden. Das Spielziel ist zwar festgelegt, aber durch Entscheidungssituationen sind verschiedene Strategien, Wege und Deutungen möglich.
In der **subjektiven Ich-Perspektive** sieht der Spieler die Spielumgebung durch die Augen der Spielfigur. Damit ist der Spieler auf diese Sichtweise festgelegt.	**Spielerperspektive** In der **halb-subjektiven Perspektive** sieht der Spieler die Spielfigur im Bildausschnitt von außen und hat demnach größere Distanz zur Sichtweise der Figur.	Die **„Gott-Perspektive"** bietet dem Spieler eine Vogelperspektive auf mehrere Spielfiguren. So entsteht die größte Distanz zwischen Spieler und Figuren, was eigene Deutungen des Spielers fördert.

Nach: Daniel Giere: Computerspiele – Medien – historisches Lernen. Wochenschau-Verlag, Frankfurt/M. 2019, S. 93 ff.

Nachgefragt

1. Vergleicht eure eigenen Erfahrungen und Erwartungen an digitale Geschichtsspiele mit dem Anspruch eines Historikers (D3).

2. Informiere dich mit D1 und D2 sowie in Medienberichten über das Spiel „Through the Darkest of Times". Ordne das Spiel anschließend in das Schema D4 ein.

3. Erläutere anhand einzelner Spielstrukturen (D5), inwieweit Geschichtsbilder von Spielproduzenten gemacht werden, aber auch von Spielern selbst beeinflusst werden können.

4. Untersuche das Spiel „Through the Darkest of Times" anhand der Arbeitsschritte. Verfasse anschließend eine Beurteilung in Form einer Spielerezension.

5. Diskutiert, ob man Themen wie den Nationalsozialismus überhaupt in einem digitalen Spiel aufgreifen sollte.

AFB I: 2 AFB II: 3 AFB III: 1, 4, 5

Wie kam es zum Krieg im Pazifik?

In Asien hatte Deutschland einen wichtigen Verbündeten: das Japanische Kaiserreich. Seit 1937 führte es einen brutalen Krieg gegen China. Und auch für einen Krieg gegen die USA sah sich Japan gut gerüstet.

Embargo
behördliches Verbot des Einkaufs oder Verkaufs von Gütern aus einem bestimmten Staat

D1 Material
Karte der japanischen Expansion im Pazifikraum
283ua8

VT1 Krieg zwischen Japan und China

Zu Beginn des 20. Jahrhunderts war der Großteil Ostasiens und des Pazifiks unter der Herrschaft europäischer und amerikanischer Kolonialmächte. Eine Ausnahme bildete das Kaiserreich Japan. Im Zeitraum von 1895 bis 1945 nahm Japan selbst umfangreiche Kolonialgebiete in Besitz, um die eigene Wirtschaftskraft und politische Bedeutung zu steigern. 1937, zwei Jahre vor dem deutschen Polenfeldzug, begannen die japanischen Streitkräfte einen Krieg gegen China. Ziel dieser Kriegsführung war es, große Teile Chinas sowie des heutigen Indonesiens einzunehmen, um auf die dort dringend benötigten Rohstoffe wie Kautschuk, Kohle oder Erdöl zugreifen zu können.

In der japanischen Propaganda wurde der Krieg als eine Befreiung der asiatischen Völker von den europäischen und amerikanischen Fremdherrschern dargestellt. Tatsächlich fühlten sich die Japaner in Asien als überlegene Rasse und legten wenig Wert auf die Bedürfnisse und Wünsche anderer Völker. Das zeigte sich auch an der äußerst brutalen Kriegsführung. Im japanisch-chinesischen Krieg wurden Schätzungen zufolge 20 Millionen Chinesen getötet. Symbolisch für die grausame Kriegsführung der Japaner steht die Schlacht um die chinesische Stadt Nanking. Nach der Einnahme der Stadt am 13. Dezember 1937 beging die japanische Armee furchtbare Gräueltaten an der Stadtbevölkerung. Es kam zu Plünderungen, Folterungen, Zwangsprostitution, Vergewaltigungen und Massenexekutionen (Q2).

VT2 Angriff auf Pearl Harbour

Anfangs verhielten sich die USA zum japanisch-chinesischen Krieg neutral. Das änderte sich jedoch bald. Neben der brutalen Kriegsführung bereiteten den Amerikanern insbesondere die Expansionspläne Japans Sorge, weil sie selbst ihre ökonomischen Interessen in Asien wahren wollten. Als Japan trotz amerikanischer Warnung im Juli 1940 in Indochina einmarschierte, eskalierte der Konflikt. Die USA verhängten 1941 ein Erdöl-**Embargo** gegen Japan. Zudem verlegten die USA demonstrativ den Stützpunkt ihrer Pazifikflotte vom kalifornischen San Diego nach Pearl Harbour auf Hawaii. Das setzte die japanische Regierung massiv unter Druck und sie entschied sich zum Angriff (Q3).

Der japanische Angriff auf den Flottenstützpunkt Pearl Harbour am Morgen des 7. Dezember 1941 traf die Amerikaner völlig unvorbereitet, auch weil ihm keine offizielle Kriegserklärung vorangegangen war.

Gleichzeitig zum Angriff auf Pearl Harbour begann die japanische Offensive in Südostasien. Diese verlief für wenige Monate bis April 1942 erfolgreich: Japan konnte große Teile des südostasiatischen Pazifikraums erobern (D1).

Q1 „Rächt Pearl Harbor!"
US-Plakat zur Anwerbung von Soldaten nach dem Angriff auf Pearl Harbor, 1942

Q2 Massaker in Nanjing

Während des japanisch-chinesischen Krieges mussten japanische Soldaten ein Tagebuch führen. Der Soldat Endo Takaaki rückte mit seinem Regiment im Dezember 1937 in die chinesische Stadt Nanjing vor und berichtet:

Weil die Hinrichtungen noch nicht vollständig durchgeführt waren und es noch überlebende Gefangene gab, wurde uns, um die Sache in Ordnung zu bringen, befohlen auszurücken und wir begaben uns um 1 Uhr nachts zum Hinrichtungsort. [...] Um 8.30 Uhr waren wir fertig. [...] Das Wetter erholte sich wieder und wir Soldaten, die wir auf dem Mufu-Berg Wache gestanden hatten, kehrten wieder ins Lager zurück. Sechs Mann gingen Nanjing besichtigen, ich döste während des Vormittags eine Stunde. [...] Von 14 bis 19.30 Uhr ließ man 25 Mann ausrücken, um die mehr als 10 000 Leichen am Hinrichtungsort aufzuräumen.

Zit. nach Nankin dai-gyakusatsu o kiroku-shita kògun heishitachi. Hrsg. von Ono Kenji u. a. Òtsuki shoten, Tòkyò, 1996. S. 211 ff. Übers. von Hans Martin Krämer.

Q3 Sofortiges Ergreifen feindlicher Maßnahmen

Im Protokoll einer Konferenz japanischer Minister wird am 6. September 1941 festgehalten:

I. Unser Kaiserreich wird, voraussichtlich bis zu den letzten zehn Oktobertagen, zur Selbstverteidigung die Kriegsvorbereitungen abschließen und ist entschlossen, wenn notwendig, den Vereinigten Staaten, Großbritannien und den Niederlanden den Krieg zu erklären.

II. Unser Kaiserreich wird gleichzeitig alle möglichen diplomatischen Maßnahmen gegenüber den Vereinigten Staaten und Großbritannien ausschöpfen, um so unsere Ziele zu erreichen. [...]

III. Falls keine Aussicht besteht, dass unsere Forderungen durch die obengenannten diplomatischen Verhandlungen in den ersten zehn Oktobertagen erfüllt werden, werden wir unverzüglich entscheiden, in Kampfhandlungen gegen die Vereinigten Staaten, Britannien und die Niederlande einzutreten.

Zit. nach Japan's Decision for War. Records of the 1941 Policy Conferences. Hrsg. von Ike, Nobutaka. Stanford University Press, Stanford 1967. S. 134 ff. Übers. v. Vanessa Ther.

Q4 „Tag der Niedertracht"

Der US-Präsident Franklin D. Roosevelt hält am 8. Dezember 1941 eine Rede vor dem Kongress:

Gestern, am 7. Dezember 1941 – der als Tag der Niedertracht in die Geschichte eingehen wird – wurden die Vereinigten Staaten von Amerika plötzlich und vorsätzlich von den See- und Luftstreitkräften des Japanischen Reichs angegriffen. Die Vereinigten Staaten waren im Frieden mit dieser Nation und, auf Bitte Japans, noch immer im Austausch mit seiner Regierung und seinem Kaiser, um den Frieden im Pazifik zu erhalten. [...] Es wird gekämpft. Wir können nicht darüber hinwegsehen, dass unsere Bevölkerung, unsere Gebiete und unsere Interessen in ernsthafter Gefahr sind. Mit Vertrauen in unser Militär – mit der entfesselten Entschlossenheit unserer Bevölkerung – werden wir zwangsläufig triumphieren [...]. Ich fordere den Kongress auf, zu verkünden, dass seit dem unprovozierten und heimtückischen Angriff Japans [...], ein Kriegszustand zwischen den Vereinigten Staaten und dem Japanischen Reich besteht.

Unter: https://www.loc.gov/resource/afc1986022.afc1986022_ms2201/?st=text (Zugriff: 09.10.2020). Übers. v. Vanessa Ther.

Nachgefragt

1. Analysiere Q2 und erörtere, welche Rückschlüsse die Quelle auf den Alltag der japanischen Soldaten zulässt. Beachte, dass es sich um ein Pflichttagebuch handelt. Was schreibt ein Soldat in dem Wissen, dass sein Vorgesetzter es kontrollieren kann? Was nicht?

SP **2.** Arbeite mithilfe von D1 den Verlauf des Pazifikkriegs heraus. Du kannst folgende strukturierende Wörter nutzen: zuerst, danach, infolgedessen, deshalb, schließlich.

3. Erörtere die politischen Maßnahmen der japanischen Minister vom September 1941 und bewerte die Beschlüsse vor dem Hintergrund der unmittelbaren Konsequenzen (Q3, VT2). ○ → S.226

4. Fasse Q4 in eigenen Worten zusammen und begründe, warum Roosevelt den Angriff auf Pearl Harbor als „Tag der Niedertracht" bezeichnet.

5. Analysiere Q1 mithilfe der Arbeitsschritte auf S. 105. ●

AFB II: 1, 2, 4, 5 AFB III: 3

Von der Kriegswende zur Kapitulation: War der Zweite Weltkrieg ein „totaler Krieg"?

Nach den Anfangserfolgen geriet die deutsche Wehrmacht zunehmend in die Defensive. Dasselbe galt für das verbündete Japan im Pazifikraum. Die NS-Führung mobilisierte die letzten Kräfte für den „totalen Krieg".

Anti-Hitler-Koalition
Bezeichnung für das Bündnis von Großbritannien, der Sowjetunion, den USA und weiteren Mächten gegen das Deutsche Reich. Eine andere Bezeichnung lautet: Alliierte.

VT1 Die Fronten im Zweiten Weltkrieg

Nach dem Angriff auf Pearl Harbour traten die USA an der Seite der Sowjetunion, Großbritanniens und Frankreichs in den Krieg ein. Auf der anderen Seite standen die „Achsenmächte" Italien, das Deutsche Reich und das Japanische Kaiserreich, die 1940 den Dreimächtepakt geschlossen hatten. Im Dezember 1941 erklärten zunächst die USA Japan den Krieg und daraufhin das Deutsche Reich und Italien den USA. Die Fronten im Krieg waren nun klar gezogen: NS-Deutschland und seinen Verbündeten stand die **Anti-Hitler-Koalition** gegenüber. Deren Überlegenheit an wirtschaftlichen und personellen Ressourcen sollte dem Krieg die entscheidende Wende geben. Hinzu kam, dass das Bündnis der Deutschen mit den Japanern im Krieg letztlich keine politische Bedeutung hatte. Jeder kämpfte für sich allein: die Japaner in Asien und die Deutschen in Europa.

Q1 Angehörige des „Volkssturms"
Bei einer Übung in der Nähe von Potsdam, Foto, Herbst 1944

VT2 Kriegswende in Asien ...

Mit ihrem Überraschungsangriff auf Pearl Harbour hatten die Japaner ihre strategischen Ziele nicht erreichen können. Die USA waren im Pazifikraum immer noch handlungsfähig und kriegsbereit. Im Juni 1942 wagten die Japaner einen erneuten Angriff auf einen amerikanischen Stützpunkt: die Midway-Inseln. Dieses Mal waren die Amerikaner jedoch vorbereitet. Dem amerikanischen Geheimdienst war es bereits Wochen zuvor gelungen, den japanischen Funkverkehr zu decodieren. Die Japaner verloren die Schlacht um die Midway-Inseln – und damit auch ihre Vormachtstellung im Pazifikraum. Nun befanden sie sich in der Defensive.

VT3 ... und im Osten Europas

Im Krieg gegen die Sowjetunion war der Angriff der Wehrmacht nach den Anfangserfolgen Ende 1941 ins Stocken geraten. Die strategisch wichtige Einnahme Moskaus gelang nicht – auch nicht im Folgejahr. Als zu Beginn des Jahres 1943 eine ganze deutsche Armee mit etwa 250 000 Soldaten in der Schlacht um Stalingrad von der Roten Armee eingekreist und vollständig geschlagen wurde, wurde dies zum Symbol der Kriegswende. Von nun an waren die deutschen Soldaten auf dem Rückzug.

VT4 „Totaler Krieg" ...

Nach der Niederlage in Stalingrad schwor Propagandaminister Goebbels die Bevölkerung auf eine bedingungslose Unterstützung der NS-Führung ein und rief im Februar 1943 den „totalen Krieg" aus (Q3). Das gesamte Leben sollte auf den Krieg ausgerichtet werden. Die Lebensmittelrationen wurden schmaler, die Arbeitszeiten in den Betrieben erhöht. Immer mehr Zwangsarbeiter wurden für die Arbeit in der Rüstungsindustrie herangezogen. Mit der Bildung des **„Volkssturms"** mobilisierte die NS-Führung ab Herbst 1944 auch die zivile Bevölkerung, die noch in Deutschland lebte (Q1). Sogar Jugendliche mussten in den letzten Kriegsmonaten an den Kämpfen teilnehmen. Jenen, die sich weigerten, den aussichtslosen Krieg weiterzuführen, drohten drastische Strafen: Die Zahl der Todesurteile wegen angeblicher „Wehrkraftzersetzung" stieg in den letzten Kriegsmonaten rapide an.

VT5 ... und Bombenkrieg

Aber auch in anderer Hinsicht bekamen die Deutschen die Auswirkungen des Kriegs nun deutlich zu spüren. Die Alliierten nutzten ihre Lufthoheit, um gezielt deutsche Großstädte zu bombardieren. Dabei verfolgten sie zwei Ziele: Zum einen ging es darum, die deutsche Infrastruktur und kriegswichtige Industrien zu zerstören. Zum anderen wurden Wohngebiete und bevölkerungsreiche Stadtteile in sogenannten Flächenbombardements angegriffen, um die Kriegsmoral der Deutschen und deren Unterstützung des NS-Regimes zu brechen (Q5). Diese Bombardierungen von Städten wie Köln, Frankfurt, Essen, Hamburg, Berlin oder Dresden kosteten etwa 500 000 Menschen das Leben.
Bis heute diskutieren Historikerinnen und Historiker, ob die Flächenbombardierungen deutscher Städte militärisch notwendig waren und ob sie (wie die deutschen Luftangriffe auf Städte wie Warschau, Rotterdam und London) als Kriegsverbrechen zu werten sind.

VT6 Kriegsende in Europa ...

Am 6. Juni 1944 landeten amerikanische und britische Truppen an der französischen Küste. Von dort rückten sie auf Deutschland vor und überquerten im Frühjahr 1945 den Rhein, während von Osten her sowjetische Truppen immer weiter Richtung Berlin vordrangen und die Hauptstadt im April einnahmen (Q2). Hitler beging am 30. April Selbstmord. Am 8. Mai 1945 kapitulierte Deutschland bedingungslos.

VT7 ... und in Asien

In Europa war der Krieg damit beendet, in Asien dauerte er noch an. Wie von Deutschland forderten die USA auch von Japan eine bedingungslose Kapitulation. Als die japanische Regierung dies zurückwies, entschied sich der amerikanische Präsident Harry Truman zum Einsatz der neu entwickelten Atombombe. Am 6. und am 9. August 1945 wurde jeweils eine Atombombe auf die japanischen Städte Hiroshima und Nagasaki abgeworfen. Daraufhin kapitulierte Japan am 2. September 1945.

VT8 Ein Krieg wie kein anderer

Der Zweite Weltkrieg unterscheidet sich grundsätzlich von anderen Kriegen der Menschheitsgeschichte. In keinem Krieg hat es so viele Opfer und so viele Verbrechen an der Zivilbevölkerung gegeben. Kein Krieg hat so viele Menschen als Kämpfer und Soldaten in das Kriegsgeschehen einbezogen. Und niemals waren die Ziele des Kriegs so deutlich auf die rücksichtslose Ermordung des Gegners ausgelegt. Begonnen hatte er mit den rassistischen und menschenverachtenden Ideologien der Nationalsozialisten und des Japanischen Kaiserreichs, die die brutale Ermordung von Zivilisten 1937 in China und 1939 in Polen sofort mit Beginn des Kriegs rechtfertigten.
Die Gesamtzahl der Opfer des Zweiten Weltkriegs lässt sich nur schätzen. Historikerinnen und Historiker gehen von 80 Millionen Menschen aus, die während des Kriegs und an seinen Folgen starben.

Q2 Sowjetische Soldaten am Brandenburger Tor
Foto, 2. Mai 1945

„Volkssturm"
Ab September 1944 wurden alle waffenfähigen Männer im Alter von 16 bis 60 Jahren im „Volkssturm" zur Verstärkung des Militärs eingesetzt. Die zumeist noch jugendlichen und älteren Männer waren kaum ausgebildet und militärisch unerfahren. Bis zu 175 000 Menschen starben als Angehörige des „Volkssturms".

D1 Website
Augmented Reality App: Zeitzeugen des Zweiten Weltkriegs
283ua8

Q3 „Wollt ihr den totalen Krieg?"

Auszug aus der Rede des Propagandaministers Joseph Goebbels vom 18. Februar 1943, die er nach der Niederlage von Stalingrad vor etwa 10 000 ausgesuchten Zuhörern im Berliner Sportpalast hielt:

Die Engländer behaupten, das deutsche Volk habe den Glauben an den Sieg verloren (stürmische Rufe: „Nein!", „Nie!", „Niemals!"). Ich frage euch: Glaubt ihr mit dem Führer und mit uns an den endgültigen Sieg des deutschen Volkes? (Stürmische Rufe: „Ja!", starker Beifall, Sprechchöre: „Sieg Heil! Sieg Heil!") Ich frage euch: Seid ihr entschlossen, dem Führer in der Erkämpfung des Sieges durch dick und dünn unter Aufnahme auch der schwersten persönlichen Belastungen zu folgen? (Stürmische Rufe: „Ja!", starker Beifall, Sprechchöre: „Sieg Heil!") [...]

Viertens: Die Engländer behaupten, das deutsche Volk wehrt sich gegen die totalen Kriegsmaßnahmen der Regierung (Rufe: „Nein!"). Es will nicht den totalen Krieg, sondern die Kapitulation! (Stürmische Rufe, u. a.: „Nein!", „Pfui!") Ich frage euch: Wollt ihr den totalen Krieg? (Stürmische Rufe: „Ja!", starker Beifall.) Wollt ihr ihn (Rufe: „Wir wollen ihn!"), wenn nötig, totaler und radikaler, als wir ihn uns heute überhaupt erst vorstellen können? (Stürmische Rufe: „Ja!" Beifall.)

Fünftens: Die Engländer behaupten, das deutsche Volk hat sein Vertrauen zum Führer verloren (Stürmische Empörung und Pfui-Rufe, lang anhaltender Lärm). Ich frage euch – (Sprechchöre: „Führer befiehl, wir folgen!", Heilrufe), ich frage euch: Vertraut ihr dem Führer? (Rufe, u. a.: „Ja!")

Zit. nach Deutsche Geschichte in Quellen und Darstellung. Bd. 9. Hrsg. von Heinz Hürten. Reclam, Stuttgart 1995, S. 414 f.

Q4 „Sieg oder Bolschewismus"

Plakat aus Dresden, um 1943/45

Nachgefragt

1. Beschreibe den Kriegsverlauf in Asien und Europa bis zur Kapitulation Deutschlands und Japans (VT1–VT7).

2. Überprüfe, inwiefern Q1 und Q2 zum Ausdruck bringen, dass die Nationalsozialisten einen „totalen Krieg" führten.

3. Schreibe für eine der beiden Personen auf dem Foto Q1 einen kurzen Text: Was denkt sie angesichts der Kriegslage im Herbst 1944 über ihren Einsatz? Begründe. ○ → S. 226

4. Untersuche Q3 und arbeite heraus, welche sprachlichen Mittel Goebbels einsetzt, um sein Publikum von der Notwendigkeit eines „totalen Kriegs" zu überzeugen. ○ → S. 227

5. Beschreibe Q4 und diskutiere, welche Wirkung dieses Plakat bei den Betrachtern hervorrufen und mit welchen Mitteln diese erzeugt werden sollte. ○ → S. 227

6. Arbeite die Folgen der alliierten Luftangriffe für das Leben der Men-

Q5 „Ein Bild der Verwüstung"

Einem Aufruf der Westdeutschen Allgemeinen Zeitung, von Erlebnissen während der Bombenangriffe auf das Ruhrgebiet zu berichten, folgten so viele Leser, dass 2006 daraus ein ganzer Band mit dokumentierten Erinnerungen entstand. Hier findet sich auch die Geschichte von Helga Pflugstedt, die während des Kriegs mit ihrer Schwester, Mutter und dem Großvater in Duisburg lebte:

Am 14. Oktober 1944, einem strahlend schönen Herbsttag, gegen 08.30 Uhr, verkündeten die Sirenen in Duisburg ohne Vorwarnung sofort akute Luftgefahr, die höchste Alarmstufe. Meine Schwester und ich lagen noch zu Bett, unsere Mutter erledigte gerade ihre Einkäufe bei dem in der Nähe wohnenden Metzger. Es war Samstag. Sie war sofort zurück, wir rannten los zu unserem Bunker an der Steinschen Gasse/Universitätsstraße. Die Bomben fielen bereits. Wir rannten um unser Leben. Als wir den Bunker erreicht hatten, brach die Hölle los, das Licht verlosch, die Menschen schrien und beteten vor Angst. Der Bunker schwankte, und wir dachten voller Angst an unseren Großvater, er war alt, konnte nicht mehr rennen. Wir mussten ihn zurücklassen. [...] Als wir nach erfolgter Entwarnung den Bunker verließen, bot sich uns ein Bild der Verwüstung, überall brennende Häuser. Über Trümmer steigend bahnten wir uns den Weg nach Hause. Unser Großvater hatte den Angriff unverletzt überstanden, unser Haus war stark beschädigt, aber es stand noch, ringsum Trümmer. Von überall erreichten uns Schreckensmeldungen.

Zit. nach Als die Steine Feuer fingen. Der Bombenkrieg im Ruhrgebiet. Erinnerungen. Hrsg. von Nina Grontzki u.a. Klartext, Essen 2003, S. 52.

D2 Der Zweite Weltkrieg – ein totaler Krieg?

Der Historiker Sönke Neitzel beschreibt die Kennzeichen eines „totalen Kriegs":

„Guerre totale", „totaler Krieg" oder japanisch „Sōryo-kusen" ist von den Zeitgenossen in unterschiedlichen Kontexten mit durchaus verschiedenen Bedeutungen verwendet worden. In der wissenschaftlichen Diskussion beschreibt der Begriff heute:

– Totale Mobilisierung – des Militärs, der Volkswirtschaft und der Bevölkerung für den Krieg. Auch Frauen und Kinder wurden als Soldaten an der Front oder als Arbeiter in der Heimat für den Kampf mobilisiert.
– Totale Kontrolle – aller gesellschaftlichen Bereiche durch den Staat (Freizeit und Kultur inklusive), um die totale Mobilisierung sicherzustellen
– Totale Kriegsziele – zur vollständigen Niederwerfung des Feindes. Der Kampf bis zur bedingungslosen Kapitulation konnte im Extremfall die physische Ausrottung des Feindes bedeuten.
– Totale Kriegsmethoden – um in dem zum Kampf auf Leben und Tod hochstilisierten Krieg siegreich zu sein. [...] Der Unterschied zwischen Kombattanten[1] und Nicht-Kombattanten, Kämpfern und Zivilisten, verschwamm zusehends, und die Zivilbevölkerung wurde immer mehr zum eigentlichen Ziel der Kriegshandlungen. [...]

Kein Krieg der Geschichte ist jemals vollständig total gewesen. Es gab immer auch Momente der Mäßigung, Phasen, in denen das Völkerrecht peinlich genau befolgt wurde. Insofern ist der totale Krieg in seiner absoluten Form allenfalls theoretisch denkbar.

Sönke Neitzel: Der globale Krieg. In: Informationen zur politischen Bildung (Heft 321), Bonn 2014, S. 26 f.

1 Kampfteilnehmern

schen in Deutschland heraus (Q2, Q5, VT5).

7. Diskutiert, inwieweit die Bombardierung der Zivilbevölkerung für ein rasches Kriegsende gerechtfertigt war (Q5, VT5). Überprüfe, ob dein Wissen als Grundlage für dein Urteil ausreicht. Was würdest du noch wissen wollen?

MK **8.** Informiere dich über die Zeitzeugen-App zum Zweiten Weltkrieg (D1). Diskutiert, welche Vor- und Nachteile eine solche App im Vergleich zu einem realen Zeitzeugengespräch bietet.

SP **9.** Fasse die Aussagen von Neitzel in einer Mindmap zum „totaler Krieg" zusammen (D2). Formuliere dann einen Lexikoneintrag zum Begriff „totaler Krieg".

10. Diskutiert mithilfe von D2, ob der Zweite Weltkrieg als „totaler Krieg" bezeichnet werden kann. ●

Flucht und Vertreibung in Europa

Während des Zweiten Weltkrieges und danach kam es in Europa innerhalb kurzer Zeit zu Umsiedlungen, Deportationen, Flucht und Vertreibung in bis dahin ungekanntem Ausmaß. Welche Ursachen gab es für diese Entwicklung? Warum verließen Menschen – freiwillig oder erzwungen – ihre Heimat? Wo fanden sie Aufnahme und wie wurden sie dort empfangen?

Potsdamer Konferenz
Treffen der drei Hauptalliierten des Zweiten Weltkriegs (Sowjetunion, USA, Großbritannien) nach dem Ende der Kriegshandlungen in Europa, um über die Neuordnung Europas und die Zukunft Deutschlands zu beraten. Die Ergebnisse wurden im Potsdamer Abkommen festgehalten.

VT1 Flucht vor der Roten Armee

Im Herbst 1944 überschritt die Rote Armee die Grenze nach Ostpreußen. Trotz der fanatischen Durchhalte- und Siegesparolen der Nationalsozialisten flüchteten nun Millionen Deutsche vor den vorrückenden sowjetischen Soldaten. Die staatlich angeordnete Evakuierung begann spät. Die Sowjets verübten bei ihrem Vormarsch blutige Racheakte, weil sie unter der deutschen Besatzung besonders gelitten hatten. Es kam zu Plünderungen, Vergewaltigungen und Morden. Oft vertrieben sowjetische Soldaten Deutsche willkürlich aus ihren Häusern. Dies bezeichnet man als „wilde Vertreibungen".
In langen Trecks machten die Menschen sich im Winter auf den Weg nach Westen. Hunderttausende, vor allem Alte und Kranke, starben auf der Flucht an Kälte, Hunger und den Strapazen. Wer überlebte, gelangte in die ebenfalls vom Krieg verwüsteten Gebiete westlich von Oder und Neiße und erlebte dort das Kriegsende.

VT2 Potsdamer Abkommen und „Kalte Heimat"

Im August 1945 vereinbarten die Alliierten auf der **Potsdamer Konferenz** die Überführung und Umsiedlung von ca. 12 Millionen Deutschen aus Osteuropa. Entgegen der Vereinbarung, die Vertreibungen ordnungsgemäß und human durchzuführen, verliefen viele von ihnen gewaltsam. Misshandlungen, Erniedrigungen und Zerstörungen waren an der Tagesordnung. Denn oftmals wurden die Deutschen in ihrer Gesamtheit für die NS-Verbrechen verantwortlich gemacht. Die Vertriebenen mussten sowohl ihre Heimat verlassen als auch ihr Hab und Gut aufgeben. Sie kamen mit Massentransporten in die vier

Q1 Vertreibung der Deutschen aus der Tschechoslowakei
Die Fotografie zeigt eine Gruppe Deutscher in Prag im Mai 1945, die auf ihre Ausweisung wartet.

kriegszerstörten Besatzungszonen. Dort wurden sie von den Einheimischen, die selbst im Elend lebten, oft unfreundlich empfangen und schlecht behandelt (Q3). Die Integration der Flüchtlinge und Vertriebenen in die Bundesrepublik dauerte Jahrzehnte und verlief nicht reibungslos. Die Grundlagen für eine erfolgreiche Integration wurden allerdings bereits zu Beginn der 1950er-Jahre gelegt, u.a. mit dem **Bundesvertriebenengesetz** und dem **Lastenausgleichsgesetz**. Für den schwierigen Prozess von Ablehnung, Aufnahme und Anpassung der nicht willkommenen „Habenichtse" aus dem Osten hat sich der Begriff der „Kalten Heimat" etabliert.

VT3 Grenzverschiebungen in Osteuropa

Der sowjetische Staats- und Parteichef Josef Stalin hatte bei der Potsdamer Konferenz auch eine Ausdehnung der Sowjetunion um 200 km nach Westen auf Kosten Polens durchgesetzt. Als Entschädigung für den Gebietsverlust erhielt Polen ehemals deutsche Gebiete. Die westliche Grenze Polens bildeten nun die Flüsse Oder und Neiße. Nach der Vertreibung der Deutschen siedelten sich dort die ca. 1,5 Millionen Polen an, die zuvor aus dem neuen Territorium der Sowjetunion vertrieben worden waren (Q5). Auch andere ethnische Minderheiten wie Litauer, Ukrainer und Weißrussen mussten ihre angestammten Wohnsitze in Polen verlassen und wurden in die Sowjetunion umgesiedelt. Denn sowohl die Alliierten als auch die Regierungen Osteuropas sahen in möglichst einheitlichen Nationalstaaten die Garantie für Frieden. Zwangsmigration galt der Politik nach wie vor als taugliches Mittel.

VT4 Displaced Persons

Nach Kriegsende befanden sich noch immer etwa 10 Millionen ehemalige Zwangsarbeiter in Deutschland. Sie wurden von den Alliierten als **„Displaced Persons"** (DPs) bezeichnet. Die Hälfte von ihnen wurde allein zwischen Mai und August 1945 in ihre Herkunftsländer zurückgeführt – zum Teil gegen ihren Willen. Denn in ihrer Heimat wurden sie oftmals verachtet, diskriminiert und bestraft, weil sie angeblich mit den Deutschen zusammengearbeitet und ihnen geholfen hatten. Auch die Grenzverschiebungen in Osteuropa sorgten dafür, dass sich viele „Displaced Persons" gegen eine Rückführung in eine Gegend wehrten, die gar nicht ihre Heimat war.

Die zunehmenden Probleme bei der Rückwanderung veränderten die alliierte Umsiedlungspolitik. Statt der Rückkehr in die Heimat war seit 1947 auch „Resettlement" möglich, d.h., die Betroffenen konnten in ein selbst gewähltes Land auswandern. Neben europäischen Ländern wie Großbritannien, Frankreich und Belgien waren auch die USA, Kanada und Australien beliebte Ziele. Ab 1948 konnten jüdische DPs auch in den neu gegründeten Staat Israel auswandern. 1951 gab es in der Bundesrepublik noch 150 000 DPs. Sie erhielten fortan den Status „heimatlose Ausländer".

Q2 Polnischer Ausweisungsbefehl

Die polnischen Behörden erließen 1945 Ausweisungsbefehle für die Deutschen in den Gebieten östlich von Oder und Neiße.

Sonderbefehl

für die deutsche Bevölkerung der Stadt Bad Salzbrunn einschliesslich Ortsteil Sandberg.

Laut Befehl der Polnischen Regierung wird befohlen:

1. Am 14. Juli 1945 ab 6 bis 9 Uhr wird eine Umsiedlung der deutschen Bevölkerung stattfinden.
2. Die deutsche Bevölkerung wird in das Gebiet westlich des Flusses Neisse umgesiedelt.
3. Jeder Deutsche darf höchstens 20 kg Reisegepäck mitnehmen.
4. Kein Transport (Wagen, Ochsen, Pferde, Kühe usw.) wird erlaubt.
5. Das ganze lebendige und tote Inventar in unbeschädigtem Zustande bleibt als Eigentum der Polnischen Regierung.
6. Die letzte Umsiedlungsfrist läuft am 14. Juli 10 Uhr ab.
7. Nichtausführung des Befehls wird mit schärfsten Strafen verfolgt, einschließlich Waffengebrauch.
8. Auch mit Waffengebrauch wird verhindert Sabotage u. Plünderung.
9. Sammelplatz an der Straße Bhf. Bad Salzbrunn-Adelsbacher Weg in einer Marschkolonne zu 4 Personen. Spitze der Kolonne 20 Meter vor der Ortschaft Adelsbach.
10. Diejenigen Deutschen, die im Besitz der Nichtevakuierungsbescheinigungen sind, dürfen die Wohnung mit ihren Angehörigen in der Zeit von 5 bis 14 Uhr nicht verlassen.
11. Alle Wohnungen in der Stadt müssen offen bleiben, die Wohnungs- und Hausschlüssel müssen nach außen gesteckt werden.

Bad Salzbrunn, 14. Juli 1945, 6 Uhr.

Abschnittskommandant
(-) Zinkowski
Oberstleutnant.

Bundesvertriebenengesetz
1953 verabschiedetes Gesetz zur Regelung der Verteilung, Rechte und Vergünstigungen von Vertriebenen und Geflüchteten in der Bundesrepublik Deutschland

Lastenausgleichsgesetz
Das 1952 verabschiedete Gesetz gewährte Deutschen, die durch den Zweiten Weltkrieg und seine Folgen Vermögensschäden oder andere Nachteile erlitten hatten, eine finanzielle Entschädigung.

„Displaced Persons"
Der Begriff bezeichnet Menschen, die sich nach dem Kriegsende unfreiwillig in Deutschland aufhielten und nicht die deutsche Staatsbürgerschaft besaßen, wie z.B. ehemalige Zwangsarbeiter oder Häftlinge aus Konzentrationslagern. Sie kehrten meist schnell in ihre Heimat zurück.

Q3 Willkommene Flüchtlinge?
Foto eines Fastnachtsumzugs im badischen Lahr, Ende der 1940er-Jahre

Q4 Polnische Umsiedler bei ihrer Ankunft in Katovice (Kattowitz in Schlesien)
Foto, Juli 1945

Q5 Appell des guten Willens
Der folgende Artikel erschien im Februar 1949 in der Soester Tageszeitung Westfalenpost:

Ostvertriebene sind keine „Ausländer", keine zufällig „Hergelaufenen", keine Menschen „zweiter Klasse", sondern deine deutschen Brüder, die der katastrophale Ausgang des Krieges wesentlich härter getroffen hat, dass sie aus ihrer Heimat, ihrem Besitz und ihrem Beruf vertrieben sind. Hüte dich davor, sie in ihrem Elend durch abfällige Bemerkungen, taktloses Betragen und Benachteiligungen zu kränken und zu verbittern. Wer vielfach geplündert, mit 40 kg Höchstlast an Gepäck über die Grenze musste, sieht nicht mehr „elegant" aus, auch wenn er früher einmal so wohlhabend war die du. [...]
Umgekehrt: Ostvertriebene, vergesst nicht, dass man euch mit Opfern und eigenen harten Einschränkungen hier als Gäste aufgenommen hat. Dankbarkeit verbindet und öffnet neue Türen. Unzufriedenheit entzweit und stößt ab. Nehmt es als euern Stolz, das härtere Los zu ertragen, und seht zu, dass ihr nicht durch Neid und Hass innerlich zerstört werdet.

Zit. nach Flucht und Vertreibung. Handreichung für den Unterricht. Hrsg. von Landeszentrale für politische Bildung Nordrhein-Westfalen. o. V., Düsseldorf 2010, S. 109.

D1 Kurzbiografie einer „Displaced Person"
Aus dem Leben des polnischen Gymnasiallehrers Cz. T.:

1909	Cz. T. wird in Warschau geboren.
14. Februar 1940	Cz. T. wird bei einer deutschen „Fangaktion" verhaftet und nach Deutschland verbracht. Dort leistet er Zwangsarbeit, u. a. beim Bau der großen Schleuse Wilhelmshaven.
1945–1949	Aufenthalt in verschiedenen norddeutschen Lagern, zuletzt in Braunschweig
1947	Verweigerung der Rückkehr nach Polen aus politischer Überzeugung
1949	Ausreisebewilligung nach Kanada
Ab 1950	Cz. T. arbeitet als Industriearbeiter in Toronto. Erst dort erfährt er vom Tod seiner Familie im Warschauer Aufstand 1944. Sprachschwierigkeiten verhindern, dass er wieder als Lehrer arbeiten kann.
1956	Frühinvalidität

Wolfgang Jacobmeyer: Vom Zwangsarbeiter zum Heimatlosen Ausländer. Die Displaced Persons in Westdeutschland 1945–1951. Vandenhoeck & Ruprecht, Göttingen 1985, S. 17 f.

D2 Flüchtlinge und Vertriebene in Deutschland 1945 bis 1950

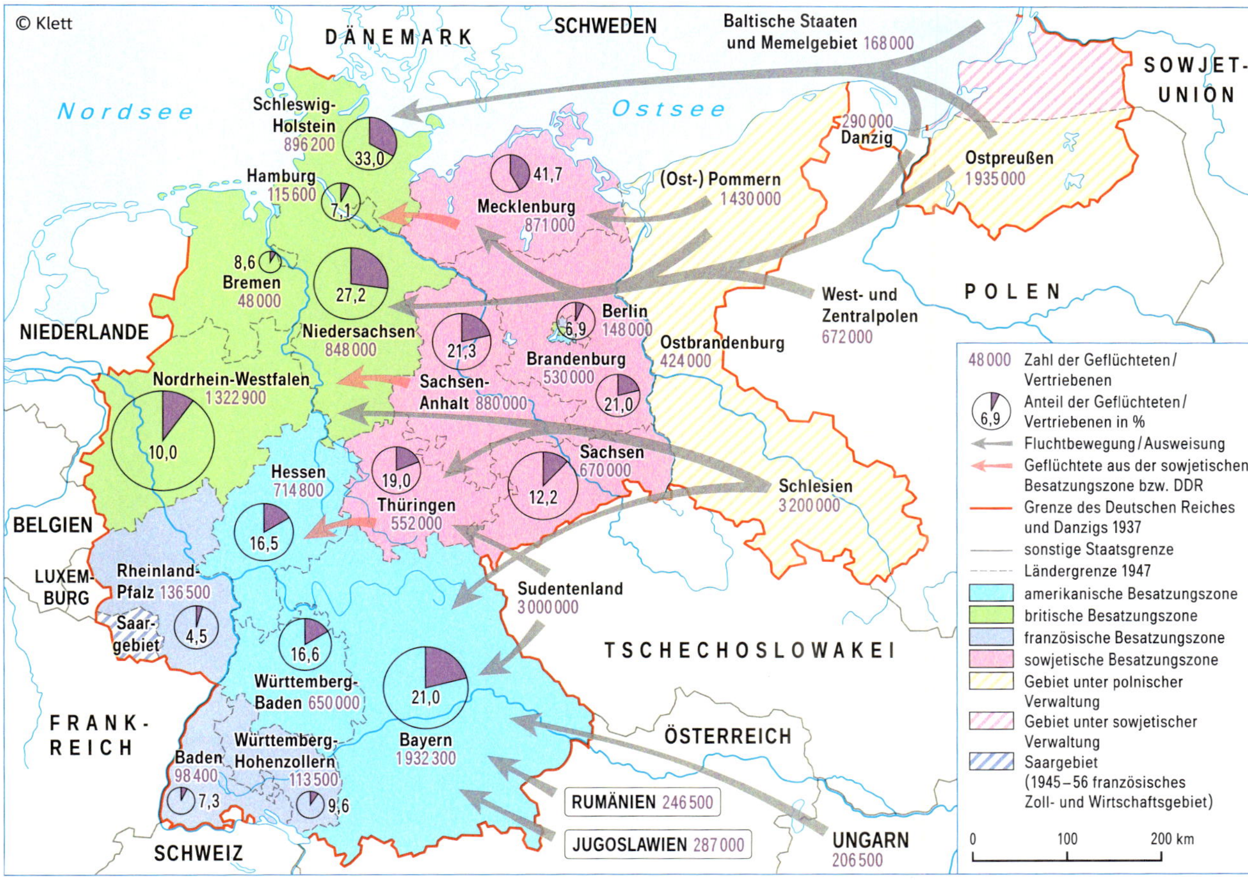

Nachgefragt

SP **1.** Stelle in einer Concept Map dar, wie sich die Begriffe Migration, Umsiedlung, Flucht und Vertreibung voneinander unterscheiden (VT1–VT4).

2. Beschreibe, in welcher Situation sich die Personen auf dem Foto Q1 befinden.

3. Versetze dich in die Lage eines/einer von dem Ausweisungsbefehl (Q2) Betroffenen. Notiere seine/ihre Gedanken.

4. Das Potsdamer Abkommen legte die Überführung der Deutschen aus Osteuropa in „ordnungsgemäßer und humaner Weise" fest. Überprüfe mit Q1, Q2 und VT2, inwieweit das zutraf.
○ → S. 227

5. Untersuche Q3 und arbeite die Botschaft heraus, die das Foto vermittelt.

6. Charakterisiere mithilfe von Q3, Q5 und VT2 das Zusammenleben von Geflüchteten und Vertriebenen mit den Einheimischen in den westlichen Besatzungszonen.

7. Beurteile anhand von Q4 und VT3, inwieweit das Schicksal der vertriebenen Polen mit dem der vertriebenen Deutschen vergleichbar ist. ○ → S. 227

8. Erstelle mithilfe von D1 und VT4 ein fiktives Interview mit Cz. T. über sein Leben.

9. Arbeite aus der Karte D2 heraus, aus welchen Gebieten und Ländern wie viele Flüchtlinge und Vertriebene stammten, in welchen Besatzungszonen sie sich niederließen und welche Auswirkungen dies auf die einheimische Bevölkerungsstruktur hatte. ○ → S. 227

10. Erörtere die europäische Dimension von Flucht und Vertreibung im Rahmen des Zweiten Weltkrieges mithilfe von D2, VT3 und VT4.

MK **11.** Recherchiere im Internet nach geschichtskulturellen Zeugnissen wie z. B. Denkmälern, die in deinem Wohnort an Flucht und Vertreibung erinnern. Präsentiere deine Ergebnisse vor der Klasse. ●

AFB I: 2 AFB II: 1, 3, 5, 6, 8, 9, 11 AFB III: 4, 7, 10

NS-Erinnerungskultur heute – auf der Suche nach dem „richtigen" Umgang mit der Geschichte

Kaum ein Zeitraum wurde so umfassend erforscht wie die Geschichte des Nationalsozialismus. An den nationalsozialistischen Verbrechen gibt es deswegen keine Zweifel. Wohl aber am Umgang mit ihnen: Immer wieder kommt es heute zu Uneinigkeiten über Art und Umfang des Gedenkens an den Holocaust.

VT1 NS-Erinnerungskultur heute

Die Erinnerung an die Verbrechen des Nationalsozialismus ist heute ein zentraler Bestandteil der deutschen Gesellschaft. Sie äußert sich in vielen Formen: Der 27. Januar, der Tag der Befreiung des Konzentrations- und Vernichtungslagers Auschwitz, ist internationaler Gedenktag an den Holocaust mit politischen Reden und Veranstaltungen. Viele Museen und Gedenkstätten stellen die Geschichte des Zweiten Weltkriegs, des Nationalsozialismus und seiner Verbrechen umfassend vor. Zeitzeugen erzählen ihre persönlichen Lebensgeschichten. Auch Kinder und Enkel von Holocaust-Überlebenden berichten davon, was es bedeutet, von Eltern großgezogen zu werden, die schwerste Traumata erlitten haben. Darüber hinaus leisten die Medien einen Beitrag: Dokumentationen, Spielfilme, Radiobeiträge und andere Formate sorgen dafür, dass der Holocaust nicht vergessen wird.

Q1 Der Zeitzeuge als Hologramm
Das virtuelle Ich des Holocaust-Überlebenden Abba Noar antwortet per Spracherkennung auf Fragen des Publikums. Foto, 2020

VT2 Perspektiven und Herausforderungen

Die Erinnerungskultur zum Nationalsozialismus befindet sich heute an einem Wendepunkt: Die letzten Zeitzeugen, die persönlich über ihr Schicksal während des Zweiten Weltkriegs berichten können, werden weniger. Sie werden uns bald fehlen. Mediale Techniken ermöglichen es heute zwar, dass uns Zeitzeugenberichte beispielsweise in Form von Hologrammen virtuell erhalten bleiben, dies ersetzt aber nur scheinbar den direkten Dialog (Q1).

Zudem verändert sich unsere Gesellschaft nachhaltig – und damit auch unsere Erinnerungskultur. Lange Zeit betrachtete man die Aufarbeitung der NS-Verbrechen vor allem als eine Aufgabe der Generation von Deutschen, deren Eltern oder Großeltern im Nationalsozialismus als Täter, Mitläufer oder Gegner teilgenommen hatten. Das schließt jedoch all jene von der Teilhabe an der Erinnerungskultur aus, die erst später nach Deutschland kamen, aber heute unsere Gesellschaft prägen, wie Zuwanderer und Geflüchtete. Deshalb gibt es heute immer mehr Angebote, die um einen interkulturellen Austausch zum Thema bemüht sind. Eine weitere Herausforderung besteht in der Frage, welches Ziel die Erinnerung an den Nationalsozialismus erreichen soll: Soll sie uns gegen Fremdenhass und rechte Parolen immunisieren? Soll aus den Verbrechen des Nationalsozialismus ein Bekenntnis zu unseren Grundrechten und unserer demokratischen Lebensweise abgeleitet werden? Oder geht es schlicht und ergreifend darum, historisches Wissen aufzubauen und dieses zu diskutieren? Auch hierzu gibt es kontroverse Ansichten (Q3, Q4).

Q2 Umfrage zum Geschichtsbewusstsein

In einer Studie von 2018 wurden 1000 Menschen aus allen Bundesländern zu ihrem Geschichtsbewusstsein befragt. Dargestellt ist der Anteil der Befragten, die der jeweiligen Aussage „eher" oder „stark" zustimmen.

Die Zeit des Nationalsozialismus ist ein Teil der deutschen Identität.	71,1 %
Zur Zugehörigkeit zu Deutschland gehört das Wissen über die Geschichte des Nationalsozialismus.	87,2 %
Ich ärgere mich darüber, dass den Deutschen auch heute noch die Verbrechen an den Juden vorgehalten werden.	33,9 %
Es ist Zeit für einen Schlussstrich unter die nationalsozialistisch-deutsche Vergangenheit.	32,6 %
Als Deutsche können wir stolz sein auf unseren Umgang mit der Vergangenheit.	31,7 %

Zit. nach MEMO. Multidimensionaler Erinnerungsmonitor. Hrsg. von Institut für interdisziplinäre Konflikt- und Gewaltforschung, Stiftung Erinnerung Verantwortung Zukunft. S. 26.

Q3 „Nie wieder!"

Bundespräsident Frank Walter Steinmeier hält am 23. Januar 2020 in der israelischen Holocaust-Gedenkstätte Yad Vashem in Jerusalem eine Rede:

Ich wünschte, sagen zu können: Wir Deutsche haben für immer aus der Geschichte gelernt. Aber das kann ich nicht sagen, wenn Hass und Hetze sich ausbreiten. Das kann ich nicht sagen, wenn jüdische Kinder auf dem Schulhof bespuckt werden. Das kann ich nicht sagen, wenn unter dem Deckmantel angeblicher Kritik an israelischer Politik kruder Antisemitismus hervorbricht. Das kann ich nicht sagen, wenn nur eine schwere Holztür verhindert, dass ein Rechtsterrorist an Jom Kippur in einer Synagoge in Halle ein Massaker, ein Blutbad anrichtet. Natürlich: Unsere Zeit ist nicht dieselbe Zeit. Es sind nicht dieselben Worte. Es sind nicht dieselben Täter. Aber es ist dasselbe Böse. Und es bleibt die eine Antwort: Nie wieder!

Frank Walter Steinmeier unter: https://www.bundespraesident.de/SharedDocs/Reden/DE/Frank-Walter-Steinmeier/Reden/2020/01/200123-Israel-Yad-Vashem.html (Zugriff: 06.08.2020).

Q4 Ein „paradoxes Bemühen"

Der Soziologe Harald Welzer fordert 2011 eine Erneuerung unserer Erinnerungskultur:

Es ist heute nicht mehr nötig, zu fordern, dass an den Holocaust zu erinnern und der Opfer zu gedenken sei – daran hat gesamtgesellschaftlich außer ein paar Neonazis niemand auch nur den geringsten Zweifel und die geringste Kritik. Gleichwohl geht das Pathos der erinnerungskulturellen Redeformeln, Jahrestage, Gedenkveranstaltungen etc. auf die längst gegenstandslos gewordene Behauptung zurück, man müsse „gegen das Vergessen" ankämpfen. Das ist empirisch längst obsolet[1], und gerade deshalb wirken die Rituale der Holocausterinnerung inzwischen merkwürdig abgestanden und gerade für Jüngere kaum anschlussfähig. [...] Das paradoxe Bemühen der deutschen Erinnerungskultur, aus einem negativen Ursprungsereignis eine positive Identitätsbildung zu generieren und in politisches Verantwortungsbewusstsein zu übersetzen, muss fehlschlagen.

Harald Welzer: Für eine Modernisierung der Erinnerungs- und Gedenkkultur. In: Gedenkstättenrundbrief 162 (8/2011), S. 3–9.

1 hat sich als überflüssig erwiesen

Nachgefragt

1. Nenne und erläutere mithilfe von VT2 und Q1 verschiedene Formen der Erinnerungskultur. Ergänze eigene Beispiele.

2. Nimm Stellung zu den Aussagen in Q2. Diskutiert die Ergebnisse der Umfrage zum Geschichtsbewusstsein anschließend in der Klasse. ○ → S. 227

3. Vergleiche die Positionen und Argumente in Q3 und Q4. Welchem Standpunkt würdest du eher zustimmen?

MK **4.** Entwerft einen Flyer für eure Schule, wie für euch heute der richtige Umgang mit dem Nationalsozialismus aussehen sollte. Stellt darin konkrete Ideen vor, z. B. für eine Ausstellung in der Schule, eine Veranstaltung zu einem Gedenktag oder eine Exkursion. ●

AFB II: 1, 4 AFB III: 2, 3

Arbeitsblatt
Selbsteinschätzungsbogen
283ua8

Üben interaktiv
Wissens-Check
283ua8

1. Überblickswissen Machtübernahme

Einen Zeitstrahl erstellen

Sachkompetenz, Methodenkompetenz

Erstelle einen Zeitstrahl zur Machtübernahme der Nationalsozialisten.

a) Verwende dabei dir wichtig erscheinende Daten und trage die entsprechenden Ereignisse ein.
b) Vergleicht eure Ergebnisse in der Klasse und diskutiert, welche Ereignisse für die Machtsicherung der Nationalsozialisten von zentraler Bedeutung waren.
c) Manche Historikerinnen und Historiker haben die Entwicklungen vom 30. Januar 1933 bis zum August 1934 auch als Machtergreifung oder Machtübertragung bezeichnet. Erörtere, welcher Begriff dir am geeignetsten erscheint.

2. Was man wissen konnte

Ein Bild untersuchen

Sachkompetenz, Methodenkompetenz, Urteilskompetenz

a) Ordne die Personen in Q1 unterschiedlichen Gruppen zu. Inwieweit bringt das Foto zum Ausdruck, dass sich die Szene in aller Öffentlichkeit vollzog?
b) Überprüfe anhand von Q1, ob die Aussage „Davon haben wir nichts gewusst“ haltbar ist.

SP 3. Ausgrenzung, Verfolgung, Vernichtung

Chronist sein

Sachkompetenz, Handlungskompetenz

a) Erarbeite mithilfe der Stichwörter eine Concept Map zum Thema Ausgrenzung, Verfolgung und Vernichtung der europäischen Juden im NS.
- Boykott jüdischer Geschäfte
- „Gesetz zur Wiederherstellung des Berufsbeamtentums“
- „Nürnberger Gesetze“
- Novemberpogrome
- „Arisierung“
- Verbot der Ausreise
- Deportationen
- Vernichtungslager
- Kriegsende

b) Versetze dich in die Lage eines bzw. einer im Exil lebenden Deutschen, der bzw. die die Ausgrenzung, Verfolgung und Vernichtung der europäischen Juden in NS-Deutschland miterlebt hat. Verfasse einen Artikel für eine ausländische Zeitung.

Q1 Nach der Pogromnacht in Baden-Baden
Im Anschluss an die Pogromnacht wurden Juden verhaftet und durch die Straßen von Baden-Baden geführt. Anschließend wurden sie in das Konzentrationslager Dachau deportiert. Foto, November 1938

4. Heutiges Erinnern und Gedenken

Eine Rede untersuchen

Sachkompetenz, Methodenkompetenz, Urteilskompetenz

a) Arbeite heraus, wie Josef Schuster in Q2 die Bedeutsamkeit der Erinnerung an die NS-Diktatur begründet. Nimm Stellung dazu.
b) Schuster sorgt sich „dass immer mehr Menschen gerne einen Schlussstrich ziehen würden" (Q2). Erkläre, was er damit meint und worin die Gefahr eines Schlussstrich-Denkens liegt.
c) Untersuche, welche Formen des Erinnerns sich Schuster vorstellen kann (Q2). Diskutiert in der Klasse, wie heutiges Gedenken an die NS-Verbrechen aussehen sollte.
d) Besprecht abschließend, was jeder von uns tun kann, um Freiheit und Demokratie in unserer heutigen Zeit zu bewahren.

Q2 „Diese Geschichte müssen sie kennen"

Beim Gedenkakt des Bayerischen Landtags zum 75. Jahrestag der Befreiung des KZ Auschwitz im Januar 2020 sagte der Präsident des Zentralrats der Juden in Deutschland Dr. Josef Schuster:

Für alle nachgeborenen Generationen gilt: Diese Geschichte müssen sie kennen und aushalten. Nur wenn jede Generation wieder bereit ist, sich mit den Verbrechen der Nationalsozialisten auseinanderzusetzen, kann auch jede Generation wieder daraus lernen. Wer hingegen feige wegschaut oder weghört, gibt leichtfertig und verantwortungslos die Chance auf, unsere Demokratie für die Zukunft zu sichern, ja, gerade auf diesem Fundament die Demokratie und unseren Rechtsstaat zu stärken. Denn wer den Abgrund von Auschwitz kennt, wird die Menschenwürde nie leichtfertig aufs Spiel setzen!

Im Judentum ist das Gedenken ein religiöses Gebot. Jenseits aller Gedenktage und Rituale ist die Schoa[1] in allen jüdischen Familien präsent. Der israelische Schriftsteller Yishai Sarid hat kürzlich davon gesprochen, die Schoa sei „in unsere Seelen eingegraben". Dies ist in der nicht-jüdischen Mehrheitsgesellschaft jedoch nicht der Fall. Leider eher das Gegenteil. Ich habe den Eindruck, dass immer mehr Menschen gerne einen Schlussstrich ziehen würden, um in ihrer Komfortzone zu bleiben. [...]

Gerade angesichts der kleiner werdenden Zahl von Zeitzeugen halte ich daher Demokratieerziehung und Holocaust Education[2] für unabdingbar! [...]

Die Schoa muss als einmaliges Menschheitsverbrechen vermittelt werden. Ein Verbrechen, das sich nicht nur in den Konzentrationslagern abspielte. Ein Verbrechen, das nicht von einer kleinen Clique[3] namens Nazis verübt wurde, sondern in das die übergroße Mehrheit der deutschen Bevölkerung direkt oder indirekt involviert war. Dem Verbrechen zum Opfer fiel nicht eine anonyme Masse, sondern es waren Individuen. Menschen mit ganz unterschiedlichen Lebenswegen. Wir stehen heute vor der schwierigen Aufgabe, diese Monstrosität an junge Menschen zu vermitteln, für die das Geschehen so weit weg ist wie das Kaiserreich. [...]

[Ich] habe es oft erlebt: Wenn junge Menschen auch emotional erreicht werden, wenn sie berührt sind von den Erinnerungen eines Zeitzeugen, von einem authentischen Ort – dann entsteht auch ein Verantwortungsgefühl.

Ein Verantwortungsgefühl für das „Nie wieder".

Nie wieder dürfen Menschen verfolgt werden, nur weil sie bestimmte Merkmale erfüllen.

Nie wieder darf die Menschenwürde so mit Füßen getreten werden.

Grußwort des Präsidenten des Zentralrats der Juden in Deutschland, Dr. Josef Schuster, beim Gedenkakt des Bayerischen Landtags zum 75. Jahrestag der Befreiung des KZ Auschwitz, Passau, 24.1.2020. Unter: https://www.zentralratderjuden.de/aktuelle-meldung/artikel/news/gedenkakt-des-bayerischen-landtag/ (Zugriff: 30.06.2020).

1 Hebräisch für großes Unheil, Katastrophe; Begriff, der von jüdischen Zeitzeugen für den Völkermord an den europäischen Juden benutzt wurde
2 moralische Erziehung, Aufklärung über den Völkermord an den europäischen Juden
3 hier: Gruppe von Menschen, die sich gegenseitig Vorteile verschaffen

1 Der industrialisierte Nationalstaat – Durchbruch der Moderne

Reichsgründung „von oben" – endlich Einheit und Freiheit? (↗ S. 12–15)

1. Stelle den Weg vom Ende der Revolution 1849 bis zur Reichsgründung 1871 als Zeitstrahl dar (VT1–VT5). Du kannst auch digital arbeiten.

So kannst du beginnen:

seit 1849:
Rivalität zwischen Preußen und Österreich

↓

1862:
Streit um Vorherrschaft in Deutschland
Bismarck wird Ministerpräsident von Preußen

↓

…

3. Entwirf eine Antwort auf Q4 aus der Sicht eines überzeugten Liberalen. Reagiere dabei auf die Argumente Bismarcks.

Greife jeweils die einzelnen Argumente Bismarcks auf und widerlege diese. Du könntest z. B. so beginnen: „Sie behaupten, dass Deutschland auf Preußens Macht und nicht auf seinen Liberalismus sehe. Hier irren Sie. Es sind der Liberalismus, die Verfassung und das Parlament, die Rechte der Bürger, die Preußen groß und stark und zu einem Vorbild für Deutschland gemacht haben …"

9. Stelle in einer Tabelle dar, ob die Entwicklungen von 1871 die Ziele der Frankfurter Nationalversammlung erfüllten.

So könntest du vorgehen:

Ziel der Frankfurter Nationalversammlung 1848/49	Wurde es 1871 erreicht?
Gründung eines deutschen Nationalstaates	Ja, aber nur als kleindeutsche Lösung ohne die Deutschen im Kaiserreich
…	…

Wie wurde das Deutsche Kaiserreich regiert? (↗ S. 16–19)

3. Formuliere einen Auftrag für das Bild Q1, wie ihn Wilhelm II. dem Maler gegeben haben könnte.

Du kannst dafür folgende Satzanfänge verwenden:

Jeder Betrachter des Bildes soll erkennen, dass …

Malen Sie auf jeden Fall den Königsmantel, den Marschallstab, den Reichsapfel und die preußische Krone, weil …

6. Es gab im Reichstag insgesamt 397 Abgeordnete. Untersuche das jeweilige Verhältnis von Stimmenanteilen und Abgeordneten (D3). Wem nützte und wem schadete dieses Verhältnis?

Berechne zunächst für jedes Jahr in Prozent, welchen Anteil die einzelnen Parteien an der Gesamtzahl der Reichstagsmandate (397) hatten. Vergleiche diese Prozentzahl dann mit dem angegebenen Prozentanteil der Stimmen.

Nationalismus und Militarismus (↗ S. 20–21)

3. Interpretiere die Bildquelle Q2 mithilfe der methodischen Arbeitsschritte zur Bildquelleninterpretation (S. 233).

Achte beim zweiten Arbeitsschritt besonders auf die Kleidung der Personen.

4. Fasse zusammen, welche Gewohnheiten, Haltungen, Überzeugungen und politischen Meinungen aus dem militärischen Leben ins zivile übernommen oder abgeleitet werden (sollten) (Q3, Q4, VT).

Notiere dazu kurze Zitate aus den Quellen und fasse sie anschließend jeweils mit einem Stichwort zusammen.

Der Umgang mit Andersdenkenden und Minderheiten (↗ S. 22–25)

1. Wie haben Sozialdemokraten die staatlichen Maßnahmen gegen sich empfunden (VT1, Q1, Q3, Q4, Q5)? Schreibe einen Artikel für eine sozialdemokratische Zeitung, in dem du über Q3, Q4 und Q5 berichtest und deinen Gefühlen und Hoffnungen Ausdruck verleihst. Finde dafür auch eine passende Überschrift.

Beachte beim Verfassen des Artikels die doppelte Wirkung der Verfolgung: auf der einen Seite das Gefühl ständiger Bedrohung und Beeinträchtigung durch einen überlegenen Gegner, auf der anderen Seite der Trotz, die Hoffnung und das Vertrauen auf eine bessere Zukunft.

5. Arbeite aus Q2 und Q7 die Gesichtspunkte heraus, die für eine Achtung der jüdischen Bevölkerung sprechen.

Fasse zusammen, welche Art von Besucher in Q7 erwähnt werden. Schreibe dir die Adjektive heraus, mit denen die Synagoge und die Feier beschrieben werden.

8. Der jüdische Rechtsanwalt David Hirsch aus Berlin kennt Angriffe wie in Q6 gut. Schreibe aus seiner Perspektive einen Brief an seinen in der Schweiz lebenden Sohn Emil, in dem du dich damit auseinandersetzt.

Mache dir vorher Notizen: Auf welche Angriffe oder Vorwürfe willst du eingehen? Du kannst erklären, wie sie zustande kommen. Du kannst sie mit geeigneten Argumenten ganz oder eventuell auch nur für deine Person zurückweisen.

Warum beginnt die Industrialisierung in England?
(→ S. 26–29)

3. Erkläre anhand von D1 den Zusammenhang zwischen Rohstoffvorkommen, Bevölkerungsdichte und Industriestandorten.

Benenne zunächst geographisch genau, in welchen Teilen Englands und Schottlands es welche Art von Rohstoffen gibt. Dann listest du die Städte auf, die dort liegen, und die Arten der Industrie. Beantworte die Fragestellung, welche Voraussetzungen gegeben sind, damit sich eine Landschaft zu einer Industrieregion entwickeln kann. Besonderheit: Achte auf den Großraum London.

7. Du bist Aufseher in einer Fabrik und dort für Webstühle verantwortlich, die bisher mit Wasserkraft angetrieben wurden. Nun plant der Besitzer, eine Dampfmaschine als Antrieb anzuschaffen. Stelle jeweils Vor- und Nachteile zusammen (Q1, D2, D3, VT3).

Am besten ist es, du stellst die Vor- und Nachteile des Einsatzes einer Dampfmaschine in einer Tabelle gegenüber. Denke an Aspekte wie Höhe des Wasserstandes des Flusses, technische Reife der Maschinen, Auswirkungen für die Arbeiter, Anschaffungskosten.

8. Arbeite aus dem Bericht des preußischen Beamten heraus, ob er die dortigen Zustände als vorbildlich oder abschreckend einschätzt (Q3).

Achte darauf, dass der preußische Beamte sowohl Negatives als auch Positives zu berichten weiß. Du kannst dich abschließend dazu äußern, ob er das Gesehene gut oder schlecht findet.

Verspäteter Aufbruch in Deutschland (→ S. 30–33)

1. Zähle Unterschiede und Gemeinsamkeiten der Industrialisierung in England und Deutschland auf (VT).

Übernimm die folgende Tabelle in deinen Hefter und trage die fehlenden Angaben ein:

	Industrialisierung in England	Industrialisierung in Deutschland
Zeit		
Politik/ Herrschaft		
Gesellschaft		
Wirtschaft		
Leitsektor der Industrialisierung		
Folgen für die Menschen		

5. Die Eisenbahn und der Zollverein sind als „siamesische Zwillinge" bezeichnet worden. Erläutere, was mit diesem Vergleich gemeint sein könnte (D1, Q3, Q4).

Der Begriff „siamesische Zwillinge" stammt eigentlich aus der Medizin und bezeichnet eineiige Zwillinge, die körperlich miteinander verbunden sind.

7. Die Eisenbahn wurde überwiegend begrüßt. Es gab jedoch auch Verlierer dieser Entwicklung. Erkläre, um welche Berufsgruppen es sich handeln könnte (Q5).

Die Abbildung zeigt bereits eine Berufsgruppe. Berücksichtige weitere Berufsgruppen, die von der Eisenbahn verdrängt wurden.

Neue Industrien entstehen (→ S. 34–35)

2. Erkläre mithilfe des Plakates Q1, welche Bedeutung der Glühlampe und der Elektrizität überhaupt im 19. Jahrhundert zugeschrieben wurde (VT2).

Beachte: Das Werbeplakat greift die griechische Sage von dem Gott Prometheus auf, der den Menschen das Feuer auf die Erde brachte und somit ihre Lebensbedingungen wesentlich verbesserte.

3. Fasse die Vorteile der Elektrizität gegenüber dem Dampf zusammen (Q2, VT2).

Hier bietet sich eine Tabelle an, um die beiden Antriebsarten zu vergleichen. Du kannst an verschiedene Kategorien denken wie Standort der Maschine, Kraftübertragung, Sicherheitsaspekte, Regulierung der Kraft, …

	Dampfmaschine	Elektrizität
Standort		
…		

Die Industrialisierung verändert den Alltag (→ S. 36–39)

1. Untersuche, welche Städte am deutlichsten wuchsen (D2). Nutze die Arbeitsschritte auf S. 235

Beispiel: Zwischen 1819 und 1871 nahm die Bevölkerung Essens um etwa 940 % zu. Rechenweg: $(n_2 : n_1 - 1) \times 100 = x$.

4. Überprüfe die in Q4 geschilderte Verstädterung am Beispiel Kölns. Recherchiere hierzu im virtuellen Kartenarchiv (D1) Kölner Stadtpläne aus den Jahren 1732 bis 1926. Achte beim Vergleich auf die Ausdehnung der Stadt und den Ausbau der Verkehrswege.

In der linken Leiste der Website kannst du den Städtenamen und die Jahreszahlen für den Suchzeitraum eingeben. Wähle aus den angezeigten Ergebnissen die für dich wichtigen Karten aus. In der rechten Navigationsleiste kannst du die einzelnen Karten ganz oder nur zum Teil einblenden. Du kannst die Karten so übereinanderlegen und dabei Entwicklungen erkennen.

5. Schildere die Lage der Arbeiterkinder im 19. Jahrhundert (Q5, VT3).

Betrachte folgende Kriterien: Familienverhältnisse – Wohnung – Arbeit des Haupternährers – Tagesablauf.

Wie kann die soziale Frage gelöst werden? (→ S. 40–43)

3. Verfasse einen Zeitungsartikel über den Streik in Q1. Überlege auch, was die Personen im Bild sagen könnten. Lasse ihre Aussagen einfließen.

Du versetzt dich in die Rolle einer Zeitungsredakteurin, bzw. eines Zeitungsredakteurs. Als Grundlage für deinen Artikel dienen ausgedachte Interviews, die du mit den Arbeitern, deren Angehörigen und dem Unternehmer geführt hast. Daraus schreibst du nun einen Artikel über den Streik, in den du immer wieder Zitate der Betroffenen einstreust.

5. Arbeite Gründe heraus, die einen Fabrikbesitzer überzeugen könnten, die Einführung des Sozialversicherungssystems als einen Fortschritt anzusehen, der auch ihm nützt (D1, VT5, VT7).

Bei der Suche nach Argumenten ist zunächst einmal davon auszugehen, dass das System für den Unternehmer Kosten verursacht, die er früher nicht hatte. Die Argumente sind auf mehreren Feldern zu suchen, z. B. soziale Gründe und Rückwirkungen auf den Betrieb, mögliche Werbungseffekte innerhalb der Arbeiterschaft, wirtschaftliche Gründe, Gerechtigkeit der Beitragszahlung, …

2 Imperialismus und Erster Weltkrieg

Die Europäer verteilen die Welt (→ S. 50–53)

3. Analysiere Q1 und schreibe einen kurzen Kommentar dazu.

Wen die einzelnen Figuren darstellen, ist in der Quelle schon entschlüsselt. Beschreibe, wie die einzelnen Figuren zueinander angeordnet sind, wer beieinander sitzt und welche Mimik und Gestik sie haben. Dann schlussfolgere, was der Zeichner über die einzelnen Staaten und über die politische Situation sagen wollte.

Für den Kommentar ist deine eigene Meinung gefragt. Du kannst sowohl die Konsequenzen bewerten, die die Aufteilung Chinas für die damalige Bevölkerung hatte, als auch das Handeln der europäischen Mächte danach beurteilen. Halte zudem fest, wie sich heutige Staaten deiner Meinung nach untereinander verhalten sollten.

6. Erkläre, warum Q3 als Postkarte verbreitet wurde.

Beschreibe zunächst die Bildelemente, aber auch den Gesamteindruck, den das Bild auf dich macht. Außerdem kannst du Vermutungen anstellen, für wen das Bild angefertigt wurde.

Für die Frage, warum das Foto so große Verbreitung fand, ist es hilfreich, den Eindruck, den das Bild von der Kolonialherrschaft herstellen will, zu vergleichen mit der Situation in den Kolonien, soweit sie dir bekannt ist. Welche Aspekte der Kolonialherrschaft werden hier verschwiegen und welche betont? Welches Bild wollten die Auftraggeber des Fotografen vermitteln?

9. Stelle mithilfe von Wirtschaftskarten in einem Atlas fest, an welchen Rohstoffen in Afrika und Asien die Europäer interessiert waren.

Bei der Suche solltest du zuerst beachten, welche Rohstoffe zur damaligen Zeit für die Industrie der europäischen Mächte wichtig waren. In allen Geschichtsatlanten finden sich z. B. Karten zur Industrialisierung Europas, die anzeigen, welche Industrien im 19. und frühen 20. Jahrhundert entstanden und rasch wuchsen. In einem zweiten Schritt kannst du versuchen herauszufinden, woher die Rohstoffe kamen.

Afrika – ein herrenloser Kontinent? (→ S. 54–55)

7. Recherchiere im Internet: Fertige eine Liste der Reiche in Afrika um 1600 an. Bereite ein Kurzreferat über eines der Reiche vor und halte es vor der Klasse.

Zu den großen Reichen in Afrika vor Beginn der Kolonialzeit gehörten die Reiche der Aschanti, der Yoruba und das Reich von Mali.

Berücksichtige bei deiner Recherche im Internet die Tipps des Kompetenztrainings „Im Internet recherchieren" auf Seite 238.

Braucht Deutschland einen „Platz an der Sonne"? – deutsche Außenpolitik im Imperialismus (→ S. 56–59)

6. Schreibe einen Kommentar zur Politik Bülows (Q3). Formuliere entweder aus Sicht eines Gegners oder eines Befürworters.

Der Kommentar soll eine Beurteilung der deutschen Weltpolitik sein. Sie sollte mit einem Sachurteil beginnen, kann aber auch eine persönliche Bewertung enthalten. Achte darauf, aus einer zeitgenössischen Perspektive zu argumentieren und nicht auf Zukünftiges vorzugreifen. Die Argumente eines Befürworters kannst du Q3 entnehmen. Die Gegenargumente können auf die außenpolitischen Konsequenzen seiner Rüstungspolitik abzielen und die Alternative „Hammer oder Amboss" hinterfragen.

8. Erstelle ein Diagramm zu D2 und erkläre diese Entwicklung mit Q2, Q3 und Q6.

Überlege zunächst, wie du die Daten darstellen willst (z. B. Säulendiagramm, Kreisdiagramm, etc.).

Herero und Nama – unterdrückte Völker wehren sich (→ S. 60–61)

6. Stell dir vor, du wärst Journalist einer kolonialkritischen Zeitung und würdest den Brief Q3 zugespielt bekommen. Schreibe mithilfe von VT2 einen kurzen Bericht für deine Zeitung.

Überlege zunächst, wie die Überschrift deines Artikels lauten sollte. Diese sollte interessant, sein, um die Aufmerksamkeit der Leserinnen und Leser zu sichern. Gleichzeitig sollten die Leserinnen und Leser sofort sehen können, worum es in dem Artikel geht. Fasse danach den Brief zusammen und ordne ihn in das Geschehen ein. Überlege, was du mit deinem Bericht erreichen willst – ob du nur informieren oder ob du deine Leserinnen und Leser dazu aufrufen willst, aktiv zu werden.

Der Balkan – ein „Pulverfass" für Europa? (→ S. 64–65)

1. Erstelle mithilfe von D1 eine Liste der Staaten auf dem Balkan und beschreibe die Veränderungen durch die Balkankriege 1912/13.

Orientiere dich an dieser Tabelle:

Staat	Gebietsverlust oder -gewinn?	Gebiet abgetreten von bzw. an ...
Österreich-Ungarn	Gewinn (Bosnien)	Osmanisches Reich
Serbien		
Montenegro		
Rumänien		
Bulgarien		
Albanien		
Griechenland		
Osmanisches Reich		

2. Erkläre, warum viele Zeitgenossen den Balkan als ein „Pulverfass" bezeichneten (Q1, Q2, VT1, VT2).

Mache dir zuerst klar, was mit dem Ausdruck „Pulverfass" im übertragenen Sinn gemeint ist. Wörtlich bedeutet es ein Fass, in dem Schießpulver oder Schwarzpulver aufbewahrt wird.

Sammle dann aus dem VT, Q1 und Q2 alle Informationen, die als Grundlage für die Verwendung des Ausdrucks Pulverfass dienen können.

Ein Weltkrieg entsteht (→ S. 66–67)

5. Wähle einen der an den Entscheidungen beteiligten Politiker aus und setze dich mit seiner Haltung zum Krieg auseinander (Q2–Q4).

In den Aussagen von Stürgkh (Österreich), Jagow (Deutschland) und Sasonow (Russland) wird auf die Gefahr eines Krieges eingegangen. Wähle einen der drei aus und gib seine Position zu einem drohenden Krieg wieder. Bewerte diese Position: War sie realistisch? Wurden Opfer in Kauf genommen? Wie stehst du aus heutiger Sicht dazu?

Mit Jubel in den „Heldentod"? (→ S. 68–71)

3. Untersuche die alliierten und die deutschen Kriegsziele. Erläutere deren mögliche Folgen (Q4, Q5). Schlage dafür in einem Atlas die in Q5 genannten Ortsangaben nach.

Du kannst dich bei der Beantwortung an den folgenden Fragen orientieren:
- Welche anderen Staaten sind von den genannten Kriegszielen betroffen?
- Was würde eine Umsetzung der Kriegsziele für diese Staaten bedeuten?
- Was würde eine Umsetzung für die dort lebenden Menschen bedeuten?
- Welche Auswirkungen hatten solche Kriegsziele wohl für die Dauer und die Brutalität des Krieges?

11. Fasse den Kriegsverlauf bis 1917 mithilfe des VT zusammen.

Es gibt hier zwei grundsätzliche Möglichkeiten:

Chronologisches Vorgehen: Schildere anhand der Daten „August 1914", „Sommer 1916", „1917" und „Herbst 1918" die groben Linien des Kriegsverlaufs.

Vorgehen nach Kriegsschauplätzen: Weil die Entwicklung im Westen (v.a. Frankreich) ganz anders war als im Osten (v.a. Russland), kannst du auch beides getrennt beschreiben. Eine chronologische Darstellung für jeden der beiden Kriegsschauplätze ist dabei sinnvoll.

Front- und Alltagserfahrungen im Ersten Weltkrieg (→ S. 72–73)

7. Schreibe mithilfe von Q2 und Q3 sowie VT1–VT3 einen Brief aus der Sicht einer jungen Frau an ihren Vater, der an der Front kämpft. Verwende dazu u.a. die Begriffe: Versorgung, Brot, Rüben, Ersatzprodukte, Arbeit, Einsamkeit.

Berichte von deinen Alltagserfahrungen und Erlebnissen. Schildere auch deine Gefühle und deine Meinung zu den Ratschlägen der Behörden (VT1).

Mache dir beim Schreiben aber auch bewusst, in welcher Situation der Vater sich befindet, stelle ihm Fragen und beschreibe, was beim Gedanken an seinen Fronteinsatz in dir vorgeht.

„Alle Macht den Sowjets"? (→ S. 74–75)

3. Charakterisiere die Haltung, die die Arbeiter gegenüber dem Zaren einnahmen (Q2).

Der Arbeitsauftrag, die Haltung der Arbeiter gegenüber dem Zaren zu charakterisieren, macht es erforderlich, die Beziehung zwischen den Arbeitern und dem Zaren zu kennzeichnen. Kennzeichen einer Beziehung können in Aussagen über sich selbst, in Aussagen über den jeweils anderen und im Umgangston erfasst werden. Wie schildern die Arbeiter ihre eigene Lage? Wie nennen sie den Zaren? Hoffen sie auf die Hilfe des Zaren oder klagen sie ihn an? Sind sie bereit, die Entscheidungen des Zaren anzunehmen, oder drohen sie ihm?

Die USA – auf dem Weg der Demokratie? (→ S. 76–77)

5. Beurteile den Standpunkt des US-Außenministers zur amerikanischen Neutralität 1916 (Q2).

Fasse zunächst die Kernthesen des Außenministers in eigenen Worten zusammen. Überlege dann, was „neutral" bedeutet, und bringe dann beides in einen Zusammenhang.

1917 – Beginn einer neuen Epoche? (→ S. 78–79)

2. Erkläre am Beispiel des Plakats Q1, wie die amerikanische Regierung für ihr militärisches Eingreifen die Idee der Freiheit politisch nutzte.

„Government bonds" ist das englische Wort für Staatsanleihen, d. h., Bürger leihen dem Staat Geld, dieser garantiert im Gegenzug eine Verzinsung und die Rückgabe der Investition. „Liberty loan" bedeutet „Freiheits-Anleihe".

Beginne mit der Untersuchung des Plakats. Nutze dazu die Arbeitsschritte auf S. 105. Informiere dich im Zuge dessen auch über die deutlich erkennbare Freiheitsstatue und die Gründe für ihre Errichtung. Löse dann, ausgehend von der Aufforderung „Remember your first thrill of AMERICAN LIBERTY" die Aufgabe.

5. Erörtere, ob 1917 zu Recht als Epochenjahr bezeichnet wird. Kläre dazu zunächst, was unter einer Epoche verstanden wird.

Eine Epoche ist ein durch eine Persönlichkeit oder ein Ereignis geprägter, großer geschichtlicher Zeitabschnitt. Ein Epochenjahr ist durch historische Ereignisse gekennzeichnet, die einen Um- oder Aufbruch in eine neue Epoche einleiten. Überlege deshalb, welche Ereignisse 1917 stattfanden und welche Auswirkungen sie auf die Zeit danach hatten.

Der Erste Weltkrieg – ein Propagandakrieg? (→ S. 82–83)

3. Versetze dich in einen 20-jährigen US-Studenten, der 1917 das Plakat Q2 betrachtet. Halte in einem Tagebucheintrag fest, was dir dabei durch den Kopf geht.

Du kannst deinen Tagebucheintrag so beginnen: „Wenn ich das Bild sehe, fallen mir wieder alle Berichte ein, die seit Beginn des Krieges über Deutschland geschrieben worden sind. Wie ein brutaler Gorilla soll…“

1918 – ein „Ende mit Schrecken“? (→ S. 84–85)

3. Untersuche Q3 und erkläre den Wandel der Stimmung unter den Soldaten (vgl. Q7 auf S.71).

Erster Schritt: Untersuche Q3. Stelle fest, wer in der Quelle zu welchem Zeitpunkt über wen berichtet. Fasse dann die Hauptaussagen der Quelle zusammen und charakterisiere die Stimmung, die in Q3 zum Ausdruck kommt.

Zweiter Schritt: Lies noch einmal Q7 auf S. 71 und beschreibe, welche Stimmung bezüglich des Krieges hier (zu Kriegsbeginn 1914) zum Ausdruck kommt.

Dritter Schritt: Vergleiche die Stimmungslagen 1914 und 1918.

Vierter Schritt: Erkläre den Stimmungswandel. Da es um Soldaten geht, sollte im Mittelpunkt deren Erfahrungswelt stehen.

Die Pariser Friedenskonferenz – ein Neuanfang? (→ S. 86–89)

3. Untersuche die Karte D2 hinsichtlich der Neuordnung der europäischen Staaten. Welche Veränderungen wurden in Paris beschlossen und welche neuen Konflikte zogen die Entscheidungen nach sich?

Untersuche zunächst, welche Gebiete die Verlierer des Krieges an andere Staaten abtreten mussten. Betrachte dann die Staaten, die auf dem ehemals russischen Gebiet neu entstanden. Stelle dann fest, in welchen Gebieten die Bewohner selbst abstimmen durften, zu welchem Land sie gehören wollten.

Überlege dann, welche Länder die Ergebnisse der Pariser Verträge wohl am liebsten rückgängig gemacht hätten. Wo kam es schließlich zu Konflikten und Auseinandersetzungen?

8. Analysiere Q1 mithilfe der Arbeitsschritte auf S. 234 und beurteile die Sichtweise des Karikaturisten auf den Versailler Vertrag.

Überlege zunächst, mit wem sich der Betrachter identifizieren soll. Mit welchen zeichnerischen Mitteln wird das erreicht? Welche Gefühle sollen Körperhaltung und Sprache der drei Regierungschefs der Siegermächte bei dem Betrachter hervorrufen?

Erläutere dann, welchen Standpunkt der Karikaturist gegenüber dem Versailler Vertrag einnahm. Inwieweit entsprach dies der Haltung der deutschen Bevölkerung? Überlege dir eine Hauptfrage, z.B.: Kam der Versailler Vertrag wirklich einem Todesurteil für Deutschland gleich oder eröffnete er Deutschland vielmehr die Möglichkeit, trotz der Kriegsniederlage weiterhin als eine wichtige europäische Macht „am Leben zu bleiben“? Formuliere dann einige Unterfragen: Welche Bestandteile des Versailler Vertrages waren für Deutschland von Nachteil und wurden deshalb als unerträglich empfunden? Was ermöglichte Deutschland, auch in Zukunft eine wichtige Rolle in Europa zu spielen? … Formuliere ein Urteil und begründe es.

Das Ende des Osmanischen Reichs und die Gründung der Türkei (→ S. 90–93)

2. Benenne mithilfe von D1 und VT2 die Bestimmungen des Vertrags von Sèvres. Diskutiere diese Bestimmungen im Hinblick auf das Ziel eines jeden Friedensvertrags, dauerhaften Frieden zu garantieren.

Versuche, besonders viele Perspektiven zu berücksichtigen: Was mögen die Entente-Mächte, die Türkei, aber auch die Minderheiten in der Türkei – die Kurden, die Armenier – von dem Vertrag gehalten haben? Du kannst auch Kriterien für einen „gelungenen Frieden“ berücksichtigen: Ein Friedensvertrag sollte nicht die Interessen der Siegermächte fortsetzen. Ein Friedensvertrag versucht, möglichst viele Interessensparteien einzubeziehen und eine möglichst für alle Beteiligten annehmbare Lösung zu formulieren usw.

6. Verfasse mithilfe von VT4, D2 und D3 einen Artikel zu folgender Frage: Atatürk: Befreier oder Unterdrücker? Lege dir zunächst eine Tabelle mit möglichen Argumenten an.

Es ist immer sinnvoll, einen abwägenden Text zu verfassen. Das bedeutet, nach einer Einleitung ins Thema nennst du im Hauptteil die (positiven) Leistungen Atatürks UND die kritischen Aspekte. Im Schlussteil kannst du dann deine eigene Meinung auf der Grundlage der vorangegangenen Argumente nennen. Diese Meinung ist ganz dir überlassen: Du kannst Atatürk als Helden benennen, seine Fehler herausstellen oder einen Kompromiss wählen.

3 Die Weimarer Republik – zwischen Erfolg und Scheitern

Frieden durch Revolution? (→ S. 100–103)

5. Arbeite zunächst aus Q3 die Ziele der SPD-Führung und aus Q5 die der OHL heraus. Erkläre dann, warum beide Seiten sich schnell darüber einig waren, sich gegenseitig zu unterstützen. Nutze den Online-Code, um Q3 in moderner Schrift lesen zu können.

Überlege zunächst, welche Entwicklungen und Vorfälle während der Revolution von 1918 nicht im Interesse der SPD einerseits und der Generäle an der Spitze des Heers andererseits lagen. Welche Gefahren sahen beide Seiten für ihre Politik bzw. ihre Stellung?
Kläre dann, welche Unterstützung beide Seiten voneinander erwarteten und wie sie hierdurch ihren eigenen Zielen näher kommen konnten.

8. Schreibe aus heutiger Sicht einen Zeitungsartikel über die Diskussion zum Regierungssystem auf dem Reichsrätekongress. Zeige darin auf, was die Gründe für die spätere Entscheidung waren (Q7, VT3–VT7).

Bei deinem Zeitungsartikel kannst du dich an dem Aufbau heutiger Beiträge in Tageszeitungen zu politischen Entscheidungen orientieren:

Notiere zunächst eine Überschrift. Formuliere dann einen Einleitungsabschnitt, in welchem du das Ergebnis des Kongresses möglichst knapp auf den Punkt bringst und dann nach den Gründen für die Entscheidung fragst.

9. Erörtere Rosa Luxemburgs Behauptung, man müsse „die Nationalversammlung als ein Attentat auf die Revolution" ablehnen (Q6). Was sprach für, was gegen diese Bewertung?

Überlege zunächst, was Rosa Luxemburg gemeint haben könnte: Warum sollte aus Sicht der revolutionären Arbeiter und Soldaten die Wahl eines Parlaments einen Anschlag auf ihre Sache und die Ziele der Revolution bedeuten? Welche Gefahren sah Rosa Luxemburg für die Revolution, wenn erst einmal ein Parlament gewählt wurde, in dem neben den Arbeiterparteien auch wieder starke bürgerliche Parteien saßen?

Formuliere dann die Aufgabe in eine eigene Fragestellung um. Beginne mit einer Hauptfrage (z. B. in Form einer Wahlfrage) und vertiefe sie mit drei bis vier Unterfragen. Sammle dann Stichpunkte für deine Argumentation und formuliere sie anschließend in Pro- und Kontraargumente um.

Fasse abschließend für dein Fazit die wichtigsten Argumente zusammen. Schließe dann deine Erörterung mit einem eigenen Urteil mit kurzer Begründung ab.

Um die Schritte zu trainieren, ist eine Tabelle von Vorteil – hier ein Beispiel für das gesamte Vorgehen:

<table>
<tr><th colspan="2">Fragestellung</th></tr>
<tr><td colspan="2">Hauptfrage
• War die Wahl zur Nationalversammlung wirklich „ein Attentat auf die Revolution und die Arbeiter- und Soldatenräte" oder konnten die Ziele der Arbeiter nicht besser mithilfe eines neu geschaffenen Parlaments erreicht werden?</td></tr>
<tr><td colspan="2">Unterfragen
• Welche Nachteile und welche Vorteile hatten die Arbeiter und Soldaten, wenn ein Parlament gewählt wurde?
• Welche Forderungen und Veränderungen waren vielleicht leichter umzusetzen, wenn nur die Arbeiter- und Soldatenräte politische Entscheidungen trafen?
• Wen unterstützte damals ein Großteil der Arbeiter: die SPD oder die radikaleren Kräfte in der USPD und im Spartakusbund?
• …</td></tr>
<tr><th colspan="2">Argumente für und gegen ein Parlament:</th></tr>
<tr><td>+ Nach ersten Erfolgen wie dem 8-Stunden-Tag ließen sich mit Unterstützung eines Parlaments noch weitere Reformen erreichen.
+ …
+ …</td><td>– Mit einem Parlament, dem die bürgerlichen Parteien angehörten, waren keine weitgehenden Veränderungen der Gesellschaft möglich (z. B. Enteignung von Unternehmern).
– …
– …</td></tr>
</table>

Fazit
• Zusammenfassend lässt sich sagen … • In meinen Augen trifft die Behauptung Luxemburgs zu/ nicht zu, da/weil …

Republik ohne Demokraten? (→ S. 106–109)

5. Erläutere, wie sich die Kräfteverhältnisse zwischen den politischen Lagern von 1919 bis 1932 veränderten (D3). Berücksichtige, welchen Einfluss diese Veränderungen auf die Möglichkeiten der Regierungsbildung hatten.

Lies zunächst nach, welche Parteien der Weimarer Republik sich feindlich gegenüberstanden und deshalb für eine Beteiligung an der Regierung nicht infrage kamen. Stelle dann eine Übersicht mit den Wahlergebnissen der Parteien zusammen, die sinnvollerweise an der Regierung beteiligt werden sollten: Wie viel Prozent der Wählerstimmen erreichten sie bei den verschiedenen Reichstagswahlen? Stelle im nächsten Schritt fest, zwischen welchen dieser regierungsfähigen Parteien ein Regierungsbündnis schwierig und konfliktreich werde könnte. Fasse schließlich deine Erkenntnisse zusammen und erkläre, warum es mit den Jahren immer schwieriger wurde, Regierungsbündnisse zwischen demokratischen Parteien zu bilden, die noch den Staat unterstützten.

9. Erläutere die Gründe für den Wahlerfolg Hindenburgs (VT8). Untersuche dann das Wahlplakat seines Gegners (Q3).

Lies zunächst noch einmal S. 100 und S. 107. Stelle dann die Gründe dafür dar, weshalb der ehemalige Chef der Obersten Heeresleitung trotz der deutschen Niederlage im Ersten Weltkrieg immer noch bei vielen Deutschen ein hohes Ansehen genoss. Beschreibe im nächsten Schritt das Plakat und erkläre, wer sich hinter der übergroßen Maske mit dem Gesicht Hindenburgs verbirgt. Hierzu ein Tipp: Es handelt sich nicht nur um die Mitglieder einer bestimmten Partei, vielmehr findest du unter den Unterstützern Hindenburgs Vertreter bestimmter Gesellschaftsgruppen wie einflussreiche Unternehmer und adlige Großgrundbesitzer. Recherchiere auch, welche der gezeigten Gesellschaftsgruppen welche Parteien unterstützten.

Krisenjahr 1923 – Zusammenarbeit mit ehemaligen Gegnern? (→ S. 110–113)

3. Vergleiche die französische und die deutsche Perspektive auf den Konflikt mithilfe von Q1 und Q2.

Bei den beiden vorliegenden Plakaten bietet es sich an, die dargestellte Beziehung zwischen den französischen Besatzern und der deutschen Bevölkerung in den Mittelpunkt der Betrachtung zu stellen und hierzu die jeweiligen Bildunterschriften einzubeziehen: Wie ist die Körpersprache der am Konflikt Beteiligten? Und wie wird das jeweilige Verhalten gegenüber der anderen Seite mithilfe der Bildunterschrift gerechtfertigt?
Bei dem französischen Plakat müsstest du auch prüfen, welche Rolle der deutsche Polizist in der linken Hälfte des Bildes spielt: In welcher Beziehung steht er zu den französischen Soldaten? Welche Aufgabe übernimmt er für sie?

7. War die Ruhrbesetzung gerechtfertigt oder nicht? Gestaltet ein Streitgespräch.

Bei dieser Aufgabe geht es auch darum, verschiedene Perspektiven einzunehmen: etwa die deutsche, französische oder auch amerikanische. Entwickle hierzu weitere Fragen z. B.: Warum tat man sich in Deutschland so schwer, die von den Siegermächten aufgestellten Reparationszahlungen und -leistungen zu erfüllen? Und weshalb wollte die französische Seite die fristgerechte Erfüllung der Reparationen mit einer Besetzung des Ruhrgebiets erzwingen? Welche Risiken nahmen die Besatzer bewusst damit in Kauf, wenn Sie Deutschlands wichtigste Industrieregion mit ihrer Armee besetzten und selbst kontrollieren wollten? Welchen Blick auf den Konflikt hatten ein nicht direkt beteiligter Staat wie etwa die USA?

Lege zur Vorbereitung des Gesprächs eine Tabelle mit den verschiedenen Perspektiven an, in der du die passenden Antworten bzw. Argumente einträgst.

9. Vergleiche die Argumente, mit denen Stresemann und Briand die Verhandlungen und den Vertrag von Locarno rechtfertigten (Q4, Q5).

Kläre bei diesen beiden Reden zunächst die offenen Fragen, z. B.: Was meinte Stresemann mit der „Fortsetzung der Versailler Methoden" (Q4, Z. 10) und Briand mit dem Hinweis „wir haben europäisch miteinander gesprochen" (Q5, Z. 23–24)? Arbeite dann aus beiden Reden die jeweiligen Hauptargumente heraus, indem du in einer Tabelle Gemeinsamkeiten und Unterschiede in der Argumentation festhältst:

Argumente		
Nur Stresemann	Gemeinsam	Nur Briand

Erkläre am Ende die Unterschiede in der Argumentation: Warum versucht Stresemann, den deutschen Radiohörern zu erklären, dass die Franzosen gegenüber Deutschland ein sehr hohes Sicherheitsbedürfnis haben? Und warum verspricht er das Ende der „Versailler Methoden"?

Auf der Seite Briands: Weshalb weist Briand ausdrücklich darauf hin, dass es für den französischen Politiker und Staatsmann gefährlich werden kann, wenn er wirklich Schritte zu Frieden und Zusammenarbeit mit den Deutschen einleitet? Welches Risiko geht er damit gerade gegenüber den Franzosen ein, die ihr Vaterland lieben und nur das Beste für Frankreich wollen?

Kommt mit dem Aufschwung mehr Stabilität?

(→ S. 114–115)

1. Erläutere mithilfe von D2 und VT2 die Entwicklung der traditionsreichen Kohle- und Stahlindustrie sowie der relativ jungen Elektroindustrie.

Überlegt zunächst, wofür Kohle wohl damals eingesetzt wurde und welchen Einfluss der Erste Weltkrieg und der Frieden von Versailles auf die Produktion bestimmter Güter hatte. Ferner ist zu bedenken, was der Umfang der Stromproduktion über die Produktion elektrischer Geräte und Maschinen aussagt. Dann folgt der zweite Schritt: Inwieweit konnten wohl die beiden Bereiche (Stahl- und Kohleindustrie, Elektroindustrie) die kreditfinanzierte Modernisierung der Wirtschaft ab 1924 für sich nutzen? Formuliere am Ende Vermutungen zu der deutlichen Veränderung der Werte im Jahr 1932. Was könnte passiert sein?

3. Arbeite aus dem VT heraus, inwieweit sich die Weimarer Republik nach dem Krisenjahr 1923 stabilisieren konnte. Übertrage die stabilisierenden und destabilisierenden Faktoren in eine Strukturskizze. Vergleicht eure Ergebnisse in der Klasse.

Überlegt, wie ihr wichtige Informationen und Begriffe anordnet, mit bestimmten Formen umrahmt und mit Pfeilen und Linien verbindet.

Konkret: Was sind in euren Augen die wichtigsten stabilisierenden bzw. destabilisierenden Faktoren und wie hängen sie zusammen? Welche Struktur wollt ihr der Skizze geben? Wollt ihr die Faktoren insgesamt in zwei Bereiche (stabilisierend/destabilisierend) gliedern oder jeweils bei jedem einzelnen Faktor beide Momente darstellen?

Fortschritt im Alltag? (→ S. 116–119)

2. Vergleiche die unterschiedlichen Perspektiven auf das Großstadtleben in Q5 und Q6.

Der Autor von Q5 versucht mit knappen Formulierungen, das Großstadtleben aus seiner Perspektive zu kennzeichnen und zu bewerten. Gerade bei den bewertenden Begriffen solltest du dir kurz Zeit nehmen und darüber nachdenken:

Warum sah der Autor die Großstadt als eine unorganische und „unnatürliche Zusammenballung von Menschen"? Welche Formen des Zusammenlebens von Menschen hielt er wohl für gewachsen, natürlich und gut? Und welche Rollen spielten in seinen Augen Industrie und Wirtschaft in einer Großstadt? Woran dachte der Autor wohl konkret, wenn er vom „Menschenverschleiß" einer Großstadt sprach?

Gerade bei der letzten Frage hilft es dir, wenn du noch einmal an die Lebensbedingungen in den wachsenden Städten während der Industrialisierung zurückdenkst. Zwar gab es etwa im Berlin der 1920er-Jahre viele Bereiche, die mit dem technische Fortschritt für die Menschen verbessert worden waren, doch gerade die Verhältnisse in den Arbeitervierteln begannen sich erst langsam zu bessern und ähnelten insgesamt noch sehr den Lebensbedingungen während der Hochphase der Industrialisierung etwa 20 Jahre zuvor.

6. Vergleiche die Einrichtung in Q9 mit der Einrichtung des bürgerlichen Wohnzimmers (Q8). Verwende Formulierungen wie „Im Gegensatz zu ...", „Einerseits ..., andererseits ...". Diskutiert anschließend, in welcher Wohnung ihr lieber wohnen würdet.

Legt zunächst fest, welche Punkte ihr miteinander vergleichen wollt. Berücksichtigt dabei auch die Zweckmäßigkeit der Einrichtung: Wie viel Zeit brauchte es wohl bei beiden Zimmern, um sie einzurichten und in einem „präsentierbaren" Zustand zu halten? Wägt vor der Diskussion ab, was euch selbst wichtiger wäre: eine bis ins Detail ausgestaltete Wohnung oder eine schlichtere, eher auf wichtige Funktionen beschränkte Einrichtung?

11. „Goldene Zwanzigerjahre" – so wird häufig die Zeit von 1924 bis 1929 bezeichnet. Überlege zunächst, was mit diesem Begriff gemeint sein könnte. Nimm dann Stellung, ob er aus deiner Sicht zutrifft.

Auch bei dieser Aufgabe hilft es dir, wenn du dir zunächst Fragen überlegst, mit denen du klar strukturiert und effektiv arbeiten kannst. Formuliere zunächst die Hauptfrage –

etwa: Waren die Jahre 1924 bis 1929 wirklich „goldene Jahre" des wirtschaftlichen und kulturellen Fortschritts?

Ein Ausweg aus der Weltwirtschaftskrise? (→ S. 120–123)

5. Untersuche die Statistik D2 und erkläre mithilfe des VT auffallende Entwicklungen zwischen 1922 und 1932.

Bei dieser Statistik kannst du sowohl allgemeine Beobachtungen erläutern als auch einzelne Auffälligkeiten untersuchen:

Wenn du dir allgemein die Entwicklung der Arbeitslosenzahlen vor dem Beginn der Weltwirtschaftskrise genau anschaust, erkennst du, wie es bereits im Zeitraum von 1922 bis 1929 in einzelnen Jahren (so z.B. 1926) einen deutlichen Anstieg der Zahl der Arbeitslosen gab. Im Vergleich zur großen Wirtschaftskrise ab 1929 handelte es sich jedoch nur um kleinere Krisenerscheinungen, wie sie immer wieder in Wirtschaftssystemen vorkommen.

Ein auffälliges Detail ist dir vielleicht schon selbst aufgefallen: Nur drei Jahre nach dem Ersten Weltkrieg hat die Arbeitslosigkeit noch ein niedriges Niveau und selbst im Krisenjahr 1923 nimmt sie noch nicht so stark zu. Ab 1926 stieg dagegen die Arbeitslosigkeit kontinuierlich an, obwohl die Wirtschaft sich im Aufschwung befand. Lies hierzu noch einmal VT4 auf S. 114 und suche nach einer Erklärung.

Für deine Analyse der Zahlen während der Weltwirtschaftskrise und ihrer Folgen ist wohl noch ein Faktor interessant: Noch in den letzten Jahren des Kaiserreichs vor dem Ersten Weltkrieg war die deutsche Wirtschaft in einer Boomphase gewesen, weshalb es kaum Arbeitslose gegeben hatte. Wie empfanden deshalb viele Deutsche nun die hohe Arbeitslosigkeit?

8. Eine Gruppe von Arbeitsuchenden in der Warteschlange vor dem Arbeitsamt (Q6) beginnt zu diskutieren. Wer trägt die Verantwortung für die Krise? Die Amerikaner, die deutschen Manager oder die Politiker? Notiert euch mögliche Argumente und spielt die Diskussion nach.

Haltet zunächst noch einmal in Stichpunkten fest, wer welchen Anteil an der Krise hatte. Versucht euch dann in die Lage der Betroffenen hineinzuversetzen und notiert euch die wichtigsten Verschlechterungen im Alltag:
- vergebliche Suche nach neuer Arbeit (Unternehmen entlassen und stellen niemanden neu ein)
- wenig Essen und drohende Wohnungskündigung (Unterstützungszahlung von der Arbeitslosenversicherung und später von der städtischen Wohlfahrtspflege reicht kaum für Essen und Miete)
- gedrückte Stimmung in den Familien (wenig Essen, keine Geldreserve für besondere Anlässe, Geburtstage oder auch Krankheiten)
- ...

Überlegt dann, bevor ihr diskutiert, wem man aus der Not heraus gerne die Schuld an der eigenen Situation geben würde.

Die Republik am Ende: Scheitern oder Zerstörung? (→ S. 126–131)

4. Erkläre die Positionen der SPD und führender Unternehmer gegenüber der Regierung Brüning (Q3–Q5, VT3–VT4).

Bei dieser Aufgabe kannst du dir die Arbeit einfacher machen, wenn du dir mit einem Partner die Untersuchung der Texte aufteilst (einer übernimmt die SPD, der andere die Unternehmer), diese besprichst und am Ende zusammenfasst.

Tipp: Stellt euch die politischen Entscheidungsprozesse wie bei dem Szenario eines Strategie- oder Rollenspiels vor und bearbeitet dementsprechend die Textquellen:

Der Reichskanzler
Brüning ist ein Kanzler ohne eigene Mehrheit im Parlament. Trotz seiner Unterstützung durch den Reichspräsidenten ist er darauf angewiesen, sich für seine politischen Entscheidungen und Maßnahmen immer wieder die Unterstützung einzelner Parteien wie der SPD oder auch führender Vertreter aus der Industrie zu sichern. Wie kann er die Unterstützung der SPD und der Gewerkschaften einerseits und der Unternehmer andererseits für sich gewinnen?
Hierzu könnt ihr euch zunächst eigene Vermutungen notieren.

Die Spitze der SPD
Die SPD hat sich zunächst gegen Brünings Politik gestellt. Die Parteispitze sieht sich aber bald gezwungen, angesichts der Krise in persönlichen Gesprächen und im Parlament Reichskanzler Brüning entgegenzukommen und seine Politik nicht länger zu bekämpfen. Das Ziel der Parteispitze ist es jetzt, die Interessen der Arbeiter unter den gegebenen Umständen bestmöglich zu wahren. Doch mit welchen Argumenten kann die Parteispitze gegenüber ihren eigenen Mitgliedern und der Arbeiterschaft das Tolerieren von Brünings Politik im Reichstag rechtfertigen? Das bekommst du heraus, wenn du Q3 analysierst.

Führende Unternehmer
Vielen führenden Industriellen passen die Kompromisse zu Mitbestimmung, Arbeitsbedingungen und Löhnen nicht mehr, die man 1918 und danach mit der SPD und den Gewerkschaften unter dem Eindruck einer drohenden Revolution und einer möglichen Enteignung ihrer Unternehmen geschlossen hat (siehe VT5, S. 101). Im Ergebnis gibt der Staat ihrer Meinung nach zu viel Geld für soziale Leistungen aus. Und die Industriellen selbst fühlen sich in ihrer unternehmerischen Freiheit zu sehr eingeschränkt. Jetzt in der Weltwirtschaftskrise sehen die Industriellen zunächst in Brüning den Mann, der mit Unterstützung von Reichspräsident Hindenburg die für sie schlechten Maßnahmen früherer Jahre in ihrem Sinne verändern kann. Mit welchen Argumenten versuchen die mächtigen Industriellen der Schwerindustrie (Kohle und Stahl) Brüning für ihre politischen Ziele zu gewinnen? Und wie reagieren die Industriellen, als Brüning nicht konsequent genug die Vorstellungen der Industrie übernimmt und dann auch noch mit der SPD verhandelt? Die beiden Fragen kannst du beantworten, wenn du Q4 und Q5 untersuchst.

8. Untersuche die Berichte Q6 und Q7 unter der Fragestellung, welche Erfahrungen Jugendliche im Alltag mit der wachsenden Radikalität in der Politik machten.

Überlege zunächst, warum wohl viele Jugendliche fasziniert waren von Zusammenstößen mit politischen Gegnern und der Polizei: Welche Gefühle hatten sie vermutlich, wenn sie für ihre Partei bei Prügeleien und Straßenschlachten Kopf und Kragen riskierten?

Untersuche dann die beiden Textquellen auch auf ihre Sprache hin. Warum berichtet die Bonner Zeitung möglichst knapp und sachlich über die „Zusammenstöße"? Und wie beschreibt die ehemalige Schülerin rückblickend ihre Motive, so aktiv Werbung für die NSDAP zu machen?

11. Ist die Weimarer Repbulik eher an den Entscheidungen ihrer Anhänger gescheitert oder durch Maßnahmen und Aktionen ihrer Gegner zerstört worden? Erstellt in Partnerarbeit ein Erklärvideo über die letzte Phase der Weimarer Republik, in dem ihr auf die Ursachen für das Ende der Republik eingeht. Nutzt die Tipps in D2 und bezieht auch eure Ergebnisse aus den vorherigen Unterkapiteln mit ein.

Bei dieser Aufgabe solltest du dir, bevor du Unterfragen und Stichpunkte für dein Urteil notierst, insgesamt einen kurzen Überblick über die Faktoren verschaffen, die deiner Meinung nach zum Scheitern der Weimarer Republik führten. Hier bietet sich eine Mindmap an, bei der du die ausschlaggebenden Faktoren wie den Versailler Vertrag (wichtigste Regelungen aus deutscher Sicht), die wirtschaftlichen Bedingungen (Weltwirtschaftskrise), die Verfassung (Machtstellung des Reichspräsidenten), die Parteien oder auch die Akzeptanz der Republik in der Bevölkerung einarbeitest. Überlege dir dann, für welche dieser Belastungsfaktoren die Anhänger der Republik selbst verantwortlich waren und für welche die Gegner der ersten deutschen Demokratie.

Besonderes Gewicht sollten bei dieser Aufgabe dann die aktuellen Entwicklungen bekommen, die ab 1930 zur Radikalisierung der Parteien und am Ende zur Ernennung Hitlers zum Reichskanzler führten.

4 Nationalsozialismus und Zweiter Weltkrieg

Nationalsozialisten an der Macht – wie wurde die Demokratie zerstört? (→ S. 138–143)

3. Die Postkarte Q3 fand auch auf Geheiß der NSDAP weite Verbreitung. Erkläre, welche Botschaft sich die Nationalsozialisten von dieser Szene erhofften. Achte dabei auf Beteiligte, Kleidung, Haltung und die Umstände der Begegnung.

Links siehst du Adolf Hitler in Zivil – rechts Paul von Hindenburg in preußischer Uniform voller Orden: Wer wirkt hier mächtiger? Erläutere, warum (Haltung).

Das Ereignis: Die Eröffnung des Reichstags wird in dieser Weise groß inszeniert. Das Ganze verbreiten die Machthaber sogar tausendfach als Postkarte. Was soll das in Bezug auf Adolf Hitler, die Person, von der einige das Schlimmste befürchteten, aussagen?

5. Schreibe einen fiktiven Tagebucheintrag eines Menschen, der im April 1933 die Behandlung politischer Gegner der Nationalsozialisten kommentiert (VT2–VT6). Wähle die Perspektive eines Sozialdemokraten oder die eines Konservativen, der bereits die Weimarer Republik abgelehnt hat.

Du kannst folgendermaßen beginnen (und anschließend die Lücken füllen):
- Sozialdemokrat (entsprechenden Tag einsetzen): „Kaum drei Monate an der Macht, zeigt sich bereits überdeutlich, was die Nazis wollen. Wir Sozialdemokraten sollen …
  Jeder, der nicht auf NS-Linie ist, …"

- Konservativer:
  „Zumindest lässt sich sagen: Hitler handelt. Er lässt sich nicht von einem geschwätzigen Parlament blockieren. Er hat …
  Hoffen wir, dass er nicht über das Ziel hinausschießt. Zu denken gibt mir, dass …"

7. Verfasse einen kurzen Text, in dem du den Redeausschnitt von Otto Wels in der Debatte zum „Ermächtigungsgesetz" aus heutiger Sicht kommentierst (Q7).

Wähle dazu aus folgender Liste von Begriffen einige aus, die du für den Text verwendest:
Mut – Eintreten für Demokratie – Verfassung – Appell – Pflicht einer Regierung – Kontrolle

Worauf gründete die NS-Weltanschauung? (→ S. 144–147)

5. Stelle gegenüber, wie Hitler „Arier" und Juden charakterisiert (Q5). Warum sind solche Aussagen heute völlig indiskutabel, ja sogar ein Straftatbestand?

Erstelle eine Tabelle, in der du Begriffe und Formulierungen gegenüberstellst, die Hitler „Ariern" und Juden zuschreibt.

7. Fasse den Inhalt von Q4 zusammen. Erläutere die Intention, die der Verlag mit dem Schreiben verfolgte, und bewerte, was sich daraus für die Verbreitung von „Mein Kampf" sagen lässt, und was nicht.

Zur Intention:
Beachte, welche Argumente vorgebracht werden. Finde die entsprechenden Zeilen, in denen davon die Rede ist:
- Andere Städte verschenken „Mein Kampf" ebenfalls zur Hochzeit.
- Das Buch verbreitet das von der Regierung gewünschte Gedankengut.

Jetzt frage dich: Warum weist der Verlag so eindrücklich darauf hin?

9. Diskutiert, was es bedeutet, wenn uns heutzutage fast nur Bilder überliefert sind, die von Hitler und den Nationalsozialisten freigegeben wurden.

Löse die Aufgabe, indem du über den folgenden Satz nachdenkst: „Wenn wir nur Bilder zur Verfügung haben, die die Nazis freigegeben haben, sehen wir auch heute die NS-Zeit nur durch die ‚Nazi-Brille'."

Propaganda im NS-Staat (→ S. 148–149)

4. Weise einige der in VT2 genannten Mittel von Propaganda auf dem antisemitischen Hetzplakat (Q1, S. 144) nach.

In einfacher Bildlichkeit werden diffamierende Symbole, die angeblich das Judentum kennzeichnen, verwendet. Findest du noch andere Punkte, als die in der Bildunterschrift erläuterten? Was bedeutet die Tatsache, dass hier für eine große Ausstellung „Der ewige Jude" geworben wurde?

6. Nach dem Filmabend (Q3) diskutieren zwei befreundete Besucher über das Erlebte. „Ich kann nicht glauben, dass sich niemand über diese Gehirnwäsche aufregt", sagt der eine. Führt das Gespräch weiter.

Der Gesprächspartner könnte begründet beipflichten oder eine andere Meinung vorbringen. Eine Entgegnung könnte folgende Argumente enthalten:
- Wichtig ist die Unterhaltung.
- Bei „Politik" muss man ja nicht hinhören.
- Man sieht dadurch Filme, die auf dem Dorf sonst nie zu sehen wären.

Jugend unter dem Hakenkreuz – Erziehung für das Regime (→ S. 150–153)

5. Verfasse einen Tagebucheintrag eines Jungen oder eines Mädchens der damaligen Zeit über Schule und HJ oder BDM (VT2–VT4). Wähle selbst die Rolle und die Position, die du einnimmst. Ordne anschließend deine Rolle in den historischen Kontext ein.

Du könntest Q3, Q5 oder Q6 als Ausgangspunkt zu Hilfe nehmen. Schreibe dann aus der Perspektive, die dort vorgegeben wird:
- ausgegrenzte jüdische Schülerin
- begeistertes BDM-Mädchen
- wenig sportlicher und schüchterner Junge

Reflektiere anschließend deine übernommene historische Perspektive, indem du in Stichworten festhältst, warum du dich so geäußert hast.

9. Diskutiert, unter welchen Umständen es für Kinder und Jugendliche möglich sein konnte, nicht-nationalsozialistische Überzeugungen zu entwickeln.

Bedenkt dabei folgende Aspekte:
- Wo konnte man auch andere Positionen sehen/hören, die der gängigen Indoktrination zuwiderliefen?
- Rolle von Freunden, Eltern, evtl. nicht angepassten Lehrkräften, Kirchenleuten
- schlechte Erfahrungen in NS-Organisationen

Ausgegrenzt, verfolgt, ermordet – wer stand außerhalb der „Volksgemeinschaft"? (→ S. 154–157)

3. Fasse zusammen, was die „Nürnberger Gesetze" bestimmten und welche Auswirkungen die Gesetze auf das Alltagsleben hatten (VT2).

Denkt dabei an Alltagssituationen bei …
- Menschen mit jüdischen Ehepartnern,
- jüdischen Bekannten/Freunden,
- dem Kennenlernen neuer Menschen,
- dem Umgang mit Juden allgemein (Geschäft, Schule, Straße …).

7. Beschreibe Q2 und erkläre die beabsichtigte Wirkung.

Überlege, welche Haltung (mit welchen Konsequenzen) bei den Betrachtern ausgelöst werden soll, wenn ihnen „gezeigt" wird: Für diese Menschen müsst ihr ein Vermögen zahlen.

10. Stell dir vor, du würdest im Jahr 1939 als Journalist aus einem demokratischen Nachbarland über die Behandlung der Juden und anderer Minderheiten in Deutschland berichten. Verfasse einen Kommentar. Überlege dir zunächst eine sinnvolle Gliederung und eine passende Überschrift. Belege deinen Bericht mit Beispielen.

Lies dir den VT durch und betrachte die Quellen. Schreibe prägnante Beispiele für bedenkliche Entwicklungen heraus. Finde (mindestens drei) Hauptargumente, die du in dem Artikel vorbringen willst. Verwende z. B. die Überschrift „Wohin steuert Deutschland?".

Jüdisches Leben in Biografien (→ S. 158–59)

6. In der Weimarer Republik gab es in Köln einen jüdischen Karnevalsverein, den Kleinen Kölner Klub (Q2). Recherchiere, was sich über den Verein und seine Geschichte herausfinden lässt. Schreibe einen kurzen Informationstext. Verwende die Begriffe 1922, Bütt, Kegeln, Max Salomon, Orden und Verbot.

Starte eine Google-Suche zum Vereinsnamen. Setze dazu diesen Namen in Anführungszeichen. Danach ergänzt du diesen Namen durch jeweils einen weiteren Begriff. Du erhältst bei der Suche nicht nur Textergebnisse, sondern auch Ergebnisse in der Kategorie „Bildersuche".

Zwischen Anpassung und Zustimmung – oder: Warum machten so viele mit? (→ S. 160–163)

1. Fasse mithilfe von Q3 und VT2–VT5 zusammen, warum Menschen den Nationalsozialismus tolerierten oder aktiv unterstützten, selbst wenn sie vor der Machtübernahme nicht nationalsozialistisch gesinnt waren. Erstellt dazu in Partnerarbeit ein Schaubild.

Verwendet für das Schaubild z. B. folgende Struktur:

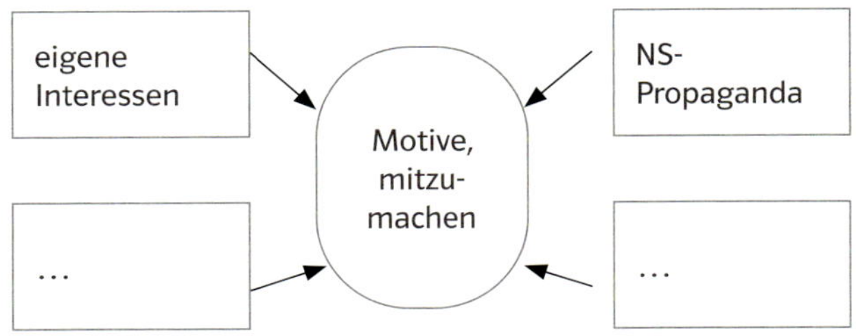

5. Erkläre die unterschiedlichen Auffassungen zur These von der „Wohlfühl-Diktatur". Bewerte selbst (D1, D2).

Lies dazu jeweils die Schlusspassage in D1 und D2 noch einmal und fasse in einem Satz zusammen, was sich bezüglich der Behauptung einer „Wohlfühl-Diktatur" daraus lesen lässt. Welche der beiden Positionen überzeugt dich mehr? Warum?

8. Diskutiert in der Klasse: Wie ist das Verhalten vieler Menschen in der NS-Diktatur zu bewerten? Unterscheidet dabei Sach- und Werturteil und verwendet entsprechende Formulierungen. Nutzt die Arbeitsschritte auf S. 241.

Faktoren, die berücksichtigt werden können:
- allgegenwärtige Indoktrination; bei jungen Menschen sogar Erleben des NS-Regimes seit ihrer Geburt
- gefühlte Besserung nach langer Krisenzeit
- Aus unserer Position heraus ist es leicht, fehlenden Mut zu beklagen – aber wer weiß, wie wir in der damaligen Zeit gehandelt hätten?

„Erfolge" der Nationalsozialisten – was steckt dahinter? (→ S. 164–165)

4. Gib Hitlers Zielsetzung beim Vierjahresplan wieder (VT3). Erkläre die Wahl der in Q2 genannten Beispiele.

Bedenke dabei, in welchen Bereichen Benzin, Gummi und Eisen von besonderer Bedeutung waren.

6. In einem Gespräch hört ihr folgenden Satz: „Hitler hat wenigstens dafür gesorgt, dass es den Leuten besser geht." Sammelt gemeinsam Argument als Reaktion auf diese Aussage.

Zieht zur Lösung dieser Aufgabe noch einmal die Ergebnisse aus dem vorherigen Kapitel (S. 160–163) heran. Ging es den Menschen wirklich besser? Was war mit jenen, die nicht zur „Volksgemeinschaft" gehörten?

Und zu den „messbaren" Erfolgen: Wodurch wurde der Abbau der Arbeitslosigkeit „erkauft"?

Frieden heucheln, für den Krieg rüsten – die Außenpolitik der Nationalsozialisten (→ S. 166–169)

6. Beurteile die Appeasement-Politik Englands und Frankreichs (Q5, VT4).

Orientiere dich an folgender Leitfrage: Was war zu jener Zeit wichtiger: den Frieden sichern oder Hitler stoppen?

9. Diskutiert in der Klasse, in welchen Fällen aggressiver Politik bestimmter Staaten ein Eingreifen von außen gerechtfertigt sein könnte.

Denkt unter anderem an folgende Aspekte:
- Menschenrechtsverletzungen,
- gewaltsame Annexionen,
- Bedrohungen für den Weltfrieden.

Berücksichtigt aber auch, welche negativen Folgen jeweils mit einem Eingreifen verbunden sind.

Der deutsche Vernichtungskrieg in Europa (→ S. 172–177)

2. Charakterisiere die Besatzungspolitik NS-Deutschlands in Westeuropa (Q5, VT4).

Arbeite zunächst aus dem VT und der Quelle die Ziele und Formen der Besatzung in Westeuropa heraus. Überlege dann in einem zweiten Schritt, welche Auswirkungen diese Besatzung auf die Bevölkerung in den einzelnen Ländern hatte: Was bedeutete etwa die wirtschaftliche Ausbeutung Hollands für die Bereitschaft der Bevölkerung, den Nationalsozialismus zu unterstützen bzw. sich gegen diesen zur Wehr zu setzen? Was bedeutete die Ausbeutung für das Alltagsleben der Menschen im Krieg?

3. Charakterisiere die deutsche Kriegsführung in der Sowjetunion (Q6, Q7, Q9, VT4–VT5).

Lege eine Tabelle an, in der du systematisch (also mit Verweis auf Quelle und Zeilenangabe) Verstöße gegen geltende Kriegsregeln dokumentierst. Arbeite auch geplante Kriegsziele sowie die Mittel ihrer Durchsetzung heraus und kontrastiere sie zu „herkömmlichen" Kriegszielen. Benenne abschließend zwei bis drei Adjektive, die deiner Meinung nach die Kriegsführung besonders gut beschreiben.

Der Völkermord an den europäischen Juden und den Sinti und Roma (→ S. 178–183)

2. Arbeite mithilfe von Q1–Q3 sowie VT1–VT7 heraus, welche Menschen und Einrichtungen für die Organisation des Völkermords verantwortlich waren.

Du kannst deine Überlegungen in einer Tabelle zum Ausdruck bringen, die nach verschiedenen Gruppen von Tätern sortiert ist und deren Verantwortung benennt. Ordne konkrete Namen zu, sofern möglich:

die nationalsozialistische Führung	Adolf Hitler, Joseph Goebbels, …	gab den Massenmord in Auftrag, plante die Durchführung
die SS		
die Wehrmacht		
„normale" Soldaten		
das RSHA		
die Gestapo		
Behörden wie Polizei, Finanzamt, Auswärtiges Amt		
wirtschaftliche Profiteure des Völkermords		

3. Erstelle auf der Grundlage von Q2 und Q3 ein Begriffsregister mit beschönigenden Ausdrücken der NS-Sprache und formuliere „Übersetzungen", die die tatsächlichen Ereignisse klar benennen.

Lege hierzu eine Tabelle an:

„Endlösung der Judenfrage"	systematische Ermordung aller in Europa lebenden Juden
„Evakuierung"	…
Konzentrationslager	…
…	…

7. Skizziere, wie die Opfer der NS-Verfolgungspolitik mit ihrem Schicksal umgegangen sind, und charakterisiere ihre Gedanken und Handlungen (Q4, Q5).

Sichte zunächst die Quellen. Beide erzählen über ein Einzelschicksal der NS-Verfolgung. Überlege, wie die Personen mit diesen Schicksalsschlägen umgegangen sind. Mögliche Fragen, an denen du dich dabei orientieren kannst: Suchten sie Trost oder versuchten sie, die schlimmen Ereignisse zu verdrängen? Versuchten sie, sich zu wehren oder mit aller Macht zu überleben? Welche Rolle hatte für sie das Schreiben oder Aufarbeiten der Ereignisse?

Die deutsche Bevölkerung und der Holocaust: Nichts gewusst? (→ S. 184–185)

1. Beschreibe Q1 und Q3 und erläutere, was man von den NS-Verbrechen wissen konnte.

Prüfe zunächst, welche Bevölkerungsgruppen auf den Fotos zu erkennen sind. Beachte auch den rechten Bildhintergrund in Q1.

4. Analysiere Q4 und arbeite heraus, mithilfe welcher Quellen Dürkefälden welches Wissen über die NS-Verbrechen dokumentieren konnte.

Schau dir zunächst die Quellengattung an: Überlege, wozu ein Tagebuch dient und welchen Quellenwert es bezogen auf das Thema haben kann – im Vergleich etwa zu später verfassten Zeugnissen wie Autobiografien oder Zeitzeugeninterviews. Lege dann eine Tabelle an und trage dort die Quellen ein, die dem Tagebuchschreiber zur Verfügung standen, und darunter das Wissen, das er mithilfe dieser Quellen dokumentieren konnte. Welches Gesamtbild entsteht dabei?

Zwangsarbeit im Nationalsozialismus (→ S. 186–187)

4. Verfasse mithilfe von Q1 bis Q3 und des VT ein Schreiben, in dem du dich für die öffentliche Anerkennung der Arbeit und des Leids sowie für eine finanzielle Entschädigung der Zwangsarbeiter einsetzt.

Du kannst dein Schreiben so beginnen: „Bis heute ist Zwangsarbeit ein Verbrechen der NS-Zeit, das kaum Aufmerksamkeit erfährt. Deswegen möchte ich hier darlegen, warum …"

Wer leistete Widerstand? (→ S. 190–193)

1. Beschreibe Q1 und diskutiere mithilfe von D1, ob es sich bei dem Verhalten um Widerstand handelt.

Beachte dabei die Aussage des Verhaltens, den Ort der Handlung und das Verhalten der anderen Personen.

5. Arbeite heraus, wie die Verfasser des Aufrufs Q3 die Leser von der Notwendigkeit, Widerstand zu leisten, zu überzeugen versuchten.

Achte auf sprachliche Auffälligkeiten (Wiederholungen, rhetorische Fragen usw.) sowie auf den argumentativen Aufbau des Textes. Berücksichtige auch, wie das Verhältnis von „Nazis" und „Deutschen" im Aufruf dargestellt wird. Belege deine Überlegungen mithilfe von Zeilenangaben.

8. In deiner Nachbarschaft soll eine Straße nach einem NS-Widerstandskämpfer benannt werden. Verfasse einen Kommentar, in dem du begründet darlegst, für welchen Namen du dich entscheiden würdest.

Du kannst deine Ansicht unterschiedlich begründen, etwa mit den Wert- und Lebenseinstellungen der Person oder mit den Motiven der Person, die sie zum Widerstand veranlassten.

Wie kam es zum Krieg im Pazifik? (→ S. 198–199)

3. Erörtere die politischen Maßnahmen der japanischen Minister vom September 1941 und bewerte die Beschlüsse vor dem Hintergrund der unmittelbaren Konsequenzen (Q3, VT2).

Finde zunächst drei bis vier Adjektive, die die Maßnahmen beschreiben, und belege dies anhand von Quellenzitaten, z. B.: aggressive Expansion („sofortige feindselige Maßnahmen")…

Anschließend solltest du diese Maßnahmen bewerten: Welche Konsequenzen wünschte sich die japanische Regierung und welche traten wirklich ein? Vergleiche diese und bewerte dann: gewünschte Konsequenzen: Ausweitung der Macht auf Gebiete Südostasiens, … tatsächliche Konsequenzen: Kriegseintritt der Großmacht USA, …

Von der Kriegswende zur Kapitulation: War der Zweite Weltkrieg ein „totaler Krieg"? (→ S. 200–203)

3. Schreibe für eine der beiden Personen auf dem Foto Q1 einen kurzen Text: Was denkt sie angesichts der Kriegslage im Herbst 1944 über ihren Einsatz? Begründe.

Beachte dabei die Informationen, die dir die Erklärung des Begriffes „Volkssturm" bietet.

4. Untersuche Q3 und arbeite heraus, welche sprachlichen Mittel Goebbels einsetzt, um sein Publikum von der Notwendigkeit eines „totalen Kriegs" zu überzeugen.

Achte auf die Fragestellungen und vorkommende Wiederholungen. Berücksichtige auch die in Klammern festgehaltene Reaktion der Zuhörer.

5. Beschreibe Q4 und diskutiere, welche Wirkung dieses Plakat bei den Betrachtern hervorrufen und mit welchen Mitteln diese erzeugt werden sollte.

Berücksichtige die Farbgebung und die abgebildeten Personen.

Flucht und Vertreibung in Europa (→ S. 204–207)

4. Das Potsdamer Abkommen legte die Überführung der Deutschen aus Osteuropa in „ordnungsgemäßer und humaner Weise" fest. Überprüfe mit Q1, Q2 und VT2, inwieweit das zutraf.

Beschreibe genau, wie die Deutschen auf dem Bild (Q1) behandelt werden und unter welchen Umständen die Ausweisung vor sich ging (Q2).

Unterscheide dabei mit Blick auf jede Quelle zwischen den Begriffen „ordnungsgemäß" (d.h. planmäßig, vorschriftsmäßig) und „human" (d.h. menschlich, auf menschliche Weise).

7. Beurteile anhand von Q4 und VT3, inwieweit das Schicksal der vertriebenen Polen mit dem der vertriebenen Deutschen vergleichbar ist.

Folgende Fragen können dir helfen, diese Aufgabe zu lösen: Von wo wurden die jeweiligen Gruppen umgesiedelt? Wo haben sie sich niedergelassen? Was ist über die Umstände der Umsiedlung bekannt?

9. Arbeite aus der Karte D2 heraus, aus welchen Gebieten und Ländern wie viele Flüchtlinge und Vertriebene stammten, in welchen Besatzungszonen sie sich niederließen und welche Auswirkungen dies auf die einheimische Bevölkerungsstruktur hatte.

Beachte die Farbgebung und Symbolik der Karte. Stelle dann deine Ergebnisse tabellarisch dar:

Herkunftsgebiet der Flüchtlinge und Vertriebenen	Anzahl der Flüchtlinge und Vertriebenen	neues Siedlungsgebiet	Auswirkungen auf die einheimische Bevölkerungsstruktur
Ungarn	206 500	amerikanische Besatzungszone	Anstieg der Bevölkerung, insgesamt ist mehr als jeder fünfte Bewohner Bayerns 1950 ein Flüchtling oder Vertriebener
...	...	...	...

NS-Erinnerungskultur heute – auf der Suche nach dem „richtigen" Umgang mit der Geschichte (→ S. 208–209)

2. Nimm Stellung zu den Aussagen in Q3. Diskutiert die Ergebnisse der Umfrage zum Geschichtsbewusstsein anschließend in der Klasse.

Notiert die Aussagen zunächst an der Tafel. Bestimmt für jede Aussage einen „Experten", der die Diskussion moderiert, sobald „seine" Aussage an der Reihe ist.

Wichtige Bildgattungen in Band 3

Fotografie

Der Begriff Fotografie kommt aus dem Griechischen und bedeutet so viel wie „Schreiben oder Zeichnen mit Licht“. Mithilfe eines Fotoapparats wird das Bild auf einem lichtempfindlichen Material eingefangen und dauerhaft gespeichert. Als die Fotografie in der ersten Hälfte des 19. Jahrhunderts erfunden wurde, verwendete man dafür Glasplatten, später Fotofilme. In der Gegenwart arbeiten Fotografen meist mit digitalen Speichern. Lange Zeit war Fotografieren aufwendig: Man benötigte eine schwere Ausrüstung, die Bilder mussten an Ort und Stelle sofort entwickelt werden. 1887 wurde der Rollfilm erfunden, mit dem man mehrere Bilder machen und diese erst später entwickeln konnte. Die höhere Lichtempfindlichkeit erlaubte jetzt auch Aufnahmen von bewegten Objekten und ohne Stativ. Erst mit der Kleinbildkamera (Leica, 1924) entstanden neue Möglichkeiten der mobilen, schnellen Fotografie. Die Farbfotografie wurde kurz nach der Jahrhundertwende entwickelt, seit den 1930er-Jahren verbreitete sie sich. Erst seit den 1960er-Jahren ist es in Deutschland keine Besonderheit mehr, einen Fotoapparat zu besitzen. Entsprechend massenhaft sind Fotos seitdem geworden, während früher nur Bessergestellte sich fotografieren ließen und später selbst Kameras besaßen. Fotografien können besonders gut historische Ereignisse, alltagsgeschichtliche Verhältnisse (z. B. Wohnungen, Straßen, Fabriken, Stadtansichten) oder das Aussehen von Personen dokumentieren. Allerdings sind sie kein direktes Abbild von Realität. Denn was sie zeigen, hängt von den Gestaltungsabsichten des Fotografen und von der verwendeten Technik ab. Immer wieder gezeigte Fotos (Ikonen) können bestimmte Deutungen eines Ereignisses transportieren und auf diese Weise selbst „Geschichte machen“.

→ Seite 68, Q2; Seite 191, Q1

Gemälde

Bei einem Gemälde wird feuchte Farbe mithilfe eines Pinsels, Spachtels oder eines anderen Werkzeugs auf einen speziellen Bildträger (Papier, Leinwand, Holz) aufgebracht. In Abgrenzung zur Buch- und Wandmalerei spricht man auch von Tafelmalerei. Dabei können unterschiedliche Arten von Farbe verwendet werden (z. B. Ölfarbe oder Aquarellfarbe). Vor dem Farbauftrag wird der Träger grundiert. Danach wird die Farbe durch ein Bindemittel haltbar gemacht. Die grundlegenden Mal- und Darstellungstechniken (Perspektiven) der Tafelmalerei entwickelten sich in der Renaissance (15. Jahrhundert). Ziel war bis ins 19. Jahrhundert meist die möglichst genaue Wiedergabe von Wirklichkeit. Danach rückte – auch als Gegenbewegung zur Fotografie – die persönliche Wahrnehmung des Künstlers in den Mittelpunkt. Gemälde können ganz verschiedene Themen behandeln: Menschen und ihre Gesichter (Porträt), Landschaften, Städte, Szenen alltäglichen Lebens, religiöse Themen. Historiengemälde stellen meist rückblickend Personen und Ereignisse aus der Vergangenheit dar, denen man in der Zeit, in der die Bilder entstanden sind, besondere Bedeutung zuschrieb. Sie sind deshalb keine Quelle für die dargestellte Zeit, sondern für die Sichtweisen ihrer Entstehungszeit.

→ Seite 27, Q2; Seite 41, Q1

Holzstich

Ein Holzstich wird genauso hergestellt wie ein Holzschnitt. Allerdings verwendet man dafür härteres Holz und feineres Werkzeug. Dadurch wird das Bild feiner und man kann von einer Vorlage eine größere Zahl von Drucken anfertigen. Die Holzstichtechnik wurde am Ende des 18. Jahrhunderts entwickelt und vor allem für Illustrationen in Büchern und später auch Zeitungen verwendet.

→ Seite 15, Q6; Seite 45, Q1

Karikatur

Eine Karikatur ist eine Zeichnung, die Personen, politische Ereignisse oder gesellschaftliche Verhältnisse zugespitzt und kritisch darstellt. Oft geschieht dies durch Spott und Verfremdung. Der Karikaturist will sein zeitgenössisches Publikum zum Nachdenken bringen und zur Kritik aufrufen. Als Quelle sagt uns die Karikatur nichts darüber, wie historische Personen und Situationen tatsächlich waren. Sie vermittelt uns vielmehr die kritische Wahrnehmung des Karikaturisten. Es handelt sich also um eine zeitgenössische Deutung, mit der wir uns rückblickend auseinandersetzen können.

→ Seite 51, Q1; Seite 128, Q2

Plakat

Plakate sind öffentliche Aushänge. Sie sollen informieren und werben. Unterscheiden lassen sich politische Plakate und Plakate, die für Produkte oder für Veranstaltungen werben. Politische Plakate sollen den Betrachter für die eigene Partei oder Sache gewinnen, den Gegner bekämpfen und zur Handlung aufrufen. Bis in die Anfänge der Weimarer Republik dominierten Textplakate. Erst im Wettstreit der politischen Parteien verbreitete sich das Bildplakat. Es vereint mehrere Bestandteile: Bilder, grafische Elemente oder Symbole und kurze Texte.
Weil das Bildplakat verdichtet und eindrücklich eine politische Botschaft vermitteln soll, muss es auffällig und leicht verständlich gestaltet sein. Genau das macht auch seinen Quellenwert aus: Man kann hier eine politische Botschaft einfacher erfassen und analysieren, als wenn man ein langes Parteiprogramm lesen würde. Für die politischen Auseinandersetzungen der Weimarer Zeit und (besonders der frühen) Bundesrepublik, aber auch für die Propagandaabsichten im Dritten Reich und in der DDR eignen sich Plakate besonders gut als Quellen.

→ Seite 104, Q2; Seite 144, Q1

Fachmethode

Verfassertexte auswerten, Band 1, S. 18/19

Arbeitsschritte

1. Überblick verschaffen →

- Lies den ganzen Text einmal zügig durch. Um welches Thema und um welche Fragestellungen geht es?
- Notiere eine Überschrift und Stichwörter auf deinem Arbeitsblatt.

2. Untersuchen →

- Finde Begriffe, mit denen du den Text gliedern kannst.
- Notiere die wichtigsten Gedanken eines jeden Abschnitts.
- Untersuche, wie der Verfasser seine Informationen und Argumentationen sprachlich darbietet. Zum Beispiel: Begründungen werden ausgedrückt durch „weil“, „deswegen“; gegensätzliche Wertungen oder Widersprüche durch „einerseits – andererseits“, „obwohl“, „manche meinen“; Unsicherheit oder Vorbehalte durch „vielleicht“, „vermutlich“, „wahrscheinlich“.

3. Zusammenfassen

- Fasse die wichtigsten Informationen des Textes knapp zusammen und bringe sie in eine eigene Form. Dafür kannst du zum Beispiel
  - den Inhalt des Textes in wenigen eigenen Sätzen formulieren,
  - eine Stichwortliste erstellen (etwa mit einander widersprechenden Argumenten oder Wertungen),
  - eine Tabelle gestalten,
  - die Aussage des Textes in einer Strukturskizze wiedergeben.

Sachquellen untersuchen, Band 1, S. 26/27

Arbeitsschritte

1. Beschreiben →

Beantworte die folgenden Fragen:
- Wie heißt der Gegenstand?
- Aus welchen Materialien ist der Gegenstand?
- Wie groß und wie schwer ist er?
- Aus welcher Zeit stammt er vermutlich?
- Wem gehörte der Gegenstand?

2. Untersuchen →

- Überlege, wie die Menschen den Gegenstand genutzt haben können und wozu er diente.
- Untersuche, ob Form, Größe und Gewicht des Gegenstands oder andere Spuren am Gegenstand Hinweise zur Nutzung geben.
- Dafür musst du unter Umständen zusätzliche Informationen aus Sachbüchern oder dem Internet recherchieren.

3. Deuten

- Prüfe, ob es solche Gegenstände noch heute gibt.
- Wenn ja, wie sehen sie aus, wie werden sie genutzt? Notiere Ähnlichkeiten und Unterschiede.
- Falls nein: Finde heraus, warum es solche Gegenstände nicht mehr gibt. Gibt es Ähnliches oder Vergleichbares?
- Stelle Vermutungen an, welche Bedeutung der Gegenstand für die Menschen in der Zeit, in der er hergestellt wurde, hatte. Begründe deine Vermutungen.

Rekonstruktionszeichnungen untersuchen, Band 1, S. 32/33

Arbeitsschritte

1. Beschreiben	2. Untersuchen	3. Deuten
- Stelle fest, worum es bei der Rekonstruktionszeichnung geht. Die Bildlegende gibt dir dazu Informationen. - Handelt es sich um einen einzelnen Gegenstand, ein Bauwerk, eine historische Szene, …? - Ordne das Thema in Zeit und Raum ein. - Überlege, was du bereits über das Thema weißt.	- Welche Gegenstände sind zu sehen? - Welche baulichen oder technischen Einzelheiten kannst du erkennen? - Was kannst du über die Funktionsweise aussagen? - Welche Personen sind abgebildet? - Welche Tätigkeiten üben sie aus? - Welche Darstellungsweise wurde gewählt: farbig oder schwarz-weiß, einige wenige Dinge oder viele Details, welche Perspektive? - Geht es um Sachinformation oder um Atmosphäre und Dramatik?	- Was sagt die Rekonstruktionszeichnung über das Thema aus? - Ist erkennbar, was man über das Thema tatsächlich weiß und wo Ergänzungen vorgenommen wurden? Woran erkennst du das? - Was würdest du möglicherweise an der Rekonstruktionszeichnung kritisieren? Begründe deine Kritik.

Geschichtskarten untersuchen, Band 1, S. 48/49

Arbeitsschritte

1. Beschreiben	2. Untersuchen	3. Deuten
- Beschreibe das Thema der Karte. - Nenne die dargestellte Region und den gezeigten Zeitraum. - Bestimme den verwendeten Maßstab und kläre, wie groß die Entfernungen in Wirklichkeit sind. - Halte fest, ob die Karte eher einen Zustand oder eine dynamische Entwicklung darstellt (z. B. Gebietsveränderungen, Wanderungsbewegungen).	- Beschreibe mithilfe der Legende die Informationen, die du der Karte entnehmen kannst. Erkläre dabei die Bedeutung der Symbole. - Halte fest, welche Einzelheiten dir besonders auffallen. - Prüfe, welche Informationen der Karte du in Verbindung mit deinem bisherigen Wissen bringen kannst. - Sollte die Karte eine dynamische Entwicklung zeigen, so erläutere die Veränderungen.	- Fasse die wichtigsten Aussagen der Karte in wenigen Sätzen zusammen. - Erläutere, welche längerfristigen Entwicklungen oder auch Konflikte sich an der Karte ablesen lassen. - Überlege dir, auf welche Fragen die Karte keine Antwort gibt.

Schaubilder untersuchen, Band 1, S. 60/61

Arbeitsschritte

1. Thema erfassen →

- Stelle fest, welches Thema das Schaubild behandelt. Die Überschrift hilft dir dabei.
- Ordne das Thema in Raum und Zeit ein. Manche Schaubilder geben Zustände wieder, die nur für kurze Zeit oder nur für einzelne Länder galten. Andere zeigen lange Zeit geltende typische Merkmale.

2. Untersuchen →

- Untersuche, welche Form das Schaubild hat.
- Stelle fest, welche Elemente das Schaubild hat. Das können zum Beispiel Kästchen, Kreise, Linien, Pfeile, Rahmen, Ebenen, Figuren oder Zeichen sein.
- Untersuche, wofür die verwendeten Symbole, Formen, Farben und Zeichen auf dem Schaubild stehen.
- Überlege, welchen Zusammenhang es zwischen dem Thema und der Form des Schaubildes gibt.

3. Deuten

- Arbeite heraus, wie die einzelnen Elemente miteinander verknüpft sind und was das bedeutet: Stehen sie z. B. nebeneinander oder untereinander oder sind sie mit Pfeilen verbunden?
- Erkläre, welches Verhältnis zwischen Personen oder Menschengruppen durch das Schaubild deutlich wird.
- Fasse zusammen, was du über das dargestellte Thema erfahren hast.

Textquellen untersuchen, Band 1, S. 86/87

Arbeitsschritte

1. Beschreiben →

- Lies den Text genau durch und stelle zunächst fest, worum es geht. Achte dabei auf die genannten Personen sowie die Orts- und Zeitangaben.
- Kläre alle Begriffe, die du nicht verstehst, mit einem Wörterbuch oder frage deine Lehrerin/deinen Lehrer.
- Unterteile den Text in Sinnabschnitte und formuliere für jeden eine zusammenfassende Überschrift.

2. Untersuchen →

- Stelle fest, wer den Text geschrieben hat. Angaben zum Verfasser findest du in der Einleitung der Quelle, manchmal auch in begleitenden Texten.
- Kläre, mit welchem zeitlichen Abstand zum Geschehen der Verfasser geschrieben hat und woher er seine Kenntnisse hatte. So kannst du einschätzen, wie gut der Verfasser informiert war.
- Untersuche, ob in dem Text eine bestimmte Perspektive erkennbar ist. Erkennst du Wertungen?

3. Deuten

- Ordne die Quelle in einen größeren geschichtlichen Zusammenhang ein. Dazu kannst du den Verfassertext zu Hilfe nehmen.
- Formuliere nun eine Einschätzung: Warum ist die Quelle für das Thema wichtig? Welche wichtigen Informationen gibt sie uns?
- Überlege: Gibt es Fragen, die offen bleiben?

Bildquellen untersuchen, Band 1, S. 162/163

Arbeitsschritte

1. Beschreiben →

- Erfasse, welches Thema das Bild hat.
- Ordne das Bild einer Bildgattung zu.
- Stelle fest: Wann, wo und unter welchen Umständen ist es entstanden?
- Beschreibe, was du siehst (ohne schon zu viel zu erklären!).
- Schildere, wie das Bild auf dich wirkt.

2. Untersuchen →

- Erkläre den Bildaufbau. Verwende dazu geeignete Formulierungen (im Vordergrund ..., im Hintergrund ..., am unteren Bildrand ..., in der Bildmitte ...) und achte auf die Darstellung und Positionierung von Personen oder Dingen auf dem Bild.
- Analysiere nun im Detail, was zu sehen ist. Was bedeuten die Personen, Gegenstände etc.?

3. Deuten

- Überlege, wofür das Bild steht.
- Erläutere, wie es mit deinem historischen Wissen in Verbindung gebracht werden kann.
- Erläutere, welche „Botschaft“ das Bild möglicherweise vermitteln soll.

Herrscherbilder untersuchen, Band 2, S. 122/123

Arbeitsschritte

1. Beschreiben →

- Halte deinen ersten Eindruck von dem Bild fest.
- Stelle fest, was dir besonders ins Auge fällt.
- Nenne Einzelheiten, die du auf dem Bild erkennst.

2. Untersuchen →

- Finde heraus, um wen es sich auf dem Bild handelt.
- Kläre, wie die Herrscherfigur dargestellt wurde. Untersuche:
  - die Anordnung auf dem Bild, die Körperhaltung, Gesten und Mimik, Blickrichtung und Kleidung,
  - die Perspektive des Künstlers beim Malen,
  - Herrschaftssymbole und deren Bedeutung,
  - künstlerische Mittel wie Farben, Lichtwirkung, Größe, Format.
- Informiere dich über den Künstler, die Entstehung des Bildes und seine Verwendung.

3. Deuten

- Formuliere zusammenfassend die Wirkung, die das Bild deiner Meinung nach bei den Zeitgenossen und späteren Generationen erzielen sollte.
- Erkläre, welcher Herrschaftsanspruch in dem Bild deutlich wird.

Karikaturen untersuchen, Band 2, S. 130/131

Arbeitsschritte

1. Beschreiben →

- Beschreibe die gezeichneten Personen, Tiere und Gegenstände möglichst genau. Achte darauf, in welcher Beziehung sie zueinander stehen.
- Lies gründlich die Texte, die zum Bild gehören (z. B. Beschriftung, Titel, Bildunterschrift, Sprechblasen oder Ähnliches).
- Stelle eine Beziehung zu der Darstellung her.

2. Untersuchen →

- Untersuche, welches Thema die Karikatur hat.
- Untersuche, wen oder was die einzelnen Personen und Figuren darstellen.
- Informiere dich über den geschichtlichen Hintergrund: abgebildete Personen, Entstehungszeit, Karikaturist, Ort der Veröffentlichung, Adressatenkreis. Manche Angaben findest du in deinem Geschichtsbuch, andere in Lexika oder im Internet.

3. Deuten

- Stelle fest, welche Meinung oder Kritik in der Karikatur deutlich wird. Was wollte der Zeichner ausdrücken?
- Stelle Vermutungen darüber an, ob die Aussage, die in der Karikatur steckt, für die Zeitgenossen leicht zu verstehen war.
- Nimm Stellung zu der Aussage der Karikatur.

Verfassungsschaubilder untersuchen, Band 2, S. 140/141

Arbeitsschritte

1. Beschreiben →

- Beschreibe den Aufbau und die grafischen Elemente des Schaubildes (Farbigkeit, Symbole, Pfeile, Aufteilung).
- Nenne das Land, für das die Verfassung gelten soll.
- Recherchiere wenn nötig Zusatzinformationen, z. B.:
  - Wann ist die Verfassung in Kraft getreten?
  - Wie lange und für welchen geografischen Raum war sie gültig?
  - Wer hat sie beraten und beschlossen?

2. Untersuchen →

- Untersuche, welche Bestandteile das Schaubild hat und was sie bedeuten.
- Erläutere die Bedeutung der verschiedenen Elemente (Pfeile, Farben, Symbole).
- Überprüfe, wer wählen darf und wer nicht, wer gewählt wird und wer nicht.
- Erläutere, welche Aufgaben und Rechte die einzelnen Institutionen haben.
- Untersuche, welche Beziehungen es zwischen diesen Institutionen gibt.

3. Deuten

- Überprüfe, wie die Macht in dieser Verfassung verteilt ist.
- Stelle fest, um welche Staatsform es sich handelt.
- Formuliere ein Urteil darüber, wie demokratisch die Verfassung deiner Meinung nach ist.
- Stelle Vermutungen darüber an, ob alle mit dieser Verfassung zufrieden sein konnten oder ob sie Anlässe für Konflikte bot.

Denkmäler untersuchen, Band 2, S. 186/187

Arbeitsschritte

1. Beschreiben	2. Untersuchen	3. Deuten
– Beschreibe die äußere Erscheinungsform des Denkmals (figürliche Plastik, Relief, Bauform wie Säule, Kubus, Wand, ...). – Benenne Zeichen und Symbole, die du an dem Denkmal findest (z. B. Kreuz, Adler, Fahne, ...). – Gib die Inschriften wieder, die du an dem Denkmal findest. – Beschreibe den Standort und die Umgebung des Denkmals (z. B. Platz, Friedhof, Hain, Park, ...).	– Stelle fest, um welchen Typ von Denkmal es sich handelt (z. B. Mahnmal, Siegesdenkmal, Kriegerdenkmal, Denkmal für einzelne Personen wie Militärs, Politiker, Künstler). – Finde anhand geeigneter Informationen und Materialien heraus, welche Absichten die Erbauer des Denkmals verfolgten. – In welchem politischen und gesellschaftlichen Zusammenhang wurde es errichtet? – Wie wurde es in seiner Geschichte wahrgenommen und genutzt (z. B. Gedenkveranstaltungen)?	– Charakterisiere den baulichen Gesamtausdruck des Denkmals. – Fasse die Gesamtaussage des Denkmals zusammen und erläutere, welche Rolle die einzelnen Elemente dabei spielen. – Diskutiere die Bedeutung dieses Denkmals in der heutigen Zeit.

Statistiken auswerten, Band 2, S. 212/213

Arbeitsschritte

1. Beschreiben	2. Untersuchen	3. Deuten
– Nenne anhand der Überschrift das Thema der Statistik. – Kläre den dargestellten Zeitraum. – Nenne die Größe/Einheit, in der die Daten angegeben werden. – Achte auf die Darstellungsart (absolute Zahlen, Prozentzahlen oder ein Vergleichswert).	– Stelle fest, von wem die Statistik erstellt wurde. – Arbeite heraus, welche Entwicklungen erkennbar sind. Achte dabei auch auf auffällige Entwicklungen/Extreme, auf Sprünge, Rückschritte, Gleichbleibendes und Fortschritte. – Stelle fest, ob Daten fehlen, und erkläre dies gegebenenfalls. – Überlege, welche Informationen du dir zum Verständnis der Statistik beschaffen musst.	– Fasse zusammen, welche einzelnen Informationen du erhalten hast. – Erkläre, was die Gesamtaussage der Statistik ist. – Überlege, ob im Untersuchungszeitraum wichtige historische Ereignisse Einfluss auf die Daten genommen haben könnten. – Überprüfe, ob es offene oder neue Fragen gibt, die das Diagramm/die Statistik nicht beantwortet.

Fotografien untersuchen, Band 2, S. 218/219

Arbeitsschritte

1. Beschreiben →

- Betrachte das Foto zunächst ganz genau.
- Gib an, wer und was abgebildet ist: Welche Einzelheiten erkennst du? Was fällt dir besonders auf?
- Stelle fest, zu welcher Zeit und in welcher Situation das Foto entstanden ist.
- Fasse deinen ersten Gesamteindruck vom Foto zusammen.

2. Untersuchen →

- Untersuche, wie das Foto aufgebaut ist: Was befindet sich in der Mitte, was im Vorder- und Hintergrund? Achte dabei auch auf Figurendarstellung und Größenverhältnisse.
- Ermittle den Standpunkt des Fotografen/die Perspektive.
- Versuche herauszufinden, ob es sich um einen Schnappschuss oder eine gestellte Aufnahme handelt. Prüfe, ob es einen Auftraggeber gibt.
- Erkläre das Motiv, die abgebildete Szene oder den Vorgang.

3. Deuten

- Erläutere, was das Foto ausdrückt und ob es eine Botschaft vermittelt oder vermitteln möchte.
- Fasse zusammen, welche Erkenntnisse du aus der Abbildung über die damalige Zeit und das damalige Geschehen gewinnst.
- Erläutere, ob es wichtige Dinge gibt, über die wir nichts erfahren.

Politische Plakate untersuchen, Band 3, S. 104/105

Arbeitsschritte

1. Beschreiben →

- Halte deinen ersten Eindruck vom Plakat fest.
- Nenne kurz Titel, Thema, Entstehungszeit sowie Anlass und ggf. den Auftraggeber.
- Beschreibe die wichtigsten Bild- und Textelemente sowie den Bildaufbau (Vordergrund, Hintergrund) und die Farbigkeit.

2. Untersuchen →

- Erkläre zunächst die dargestellten Personen, Gegenstände, Figuren und Symbole, dann die Art und Weise der Darstellung (Vorder- und Hintergrund, Größenverhältnisse, Beziehungen zwischen den Personen, Farben).
- Erläutere die Textelemente.
- Suche nach Informationen zu Auftraggebern, Adressaten und den Gründen für die Gestaltung.

3. Deuten

- Formuliere die Botschaft des Plakats.
- Erläutere die Entstehungssituation und die Ziele der Auftraggeber.
- Beurteile, ob auf dem Plakat zugespitzte Sichtweisen dargestellt werden.
- Stelle dar, wie das Plakat auf die Wähler gewirkt haben könnte.

Dokumentationen untersuchen, Band 3, S. 170/171

Arbeitsschritte

1. Beschreiben →

- Informiere dich über Titel, Produzent und Entstehungsjahr der Dokumentation.
- Benenne das Thema der Dokumentation und gib den Inhalt in eigenen Worten wieder.
- Nenne die Gestaltungsmittel und Elemente, die in der Dokumentation verwendet werden.
- Formuliere erste Eindrücke zur Wirkung der Gestaltungsmittel und zur Machart der Dokumentation.

2. Untersuchen →

- Analysiere, welche Wirkung von den Gestaltungsmitteln ausgeht.
- Stelle fest, ob bei Filmdokumenten auf deren Herkunft hingewiesen wird.
- Stelle fest, ob Zeitzeugen und Experten lediglich zur Beglaubigung von Sachverhalten eingesetzt werden oder ob ihre Aussagen einen echten Mehrwert liefern.
- Untersuche, ob die Dokumentation unterschiedliche Beurteilungen des historischen Geschehens liefert.

3. Deuten

- Erkläre, welches Bild die Dokumentation vom historischen Sachverhalt vermittelt.
- Beurteile, ob die Dokumentation eine Botschaft vermittelt. Formuliere diese möglichst kurz und knapp.
- Vergleiche die Aussage der Dokumentation mit den Aussagen anderer Darstellungen zum historischen Sachverhalt, z. B. im Schulbuch oder in anderen Dokumentationen und Spielfilmen.
- Bewerte die Dokumentation.

Arbeitstechnik/Digitale Arbeitstechnik

Eine Zeitleiste erstellen, Band 1, S. 14/15

Arbeitsschritte

1. Planung →

- Legt Thema und Zweck der Zeitleiste fest.
- Berechnet Maßstab und Platzbedarf.
- Tragt die Zeitskala ein und nehmt die Markierung von Abschnitten vor.
- Besprecht untereinander, zu welchen Ereignissen, Personen oder Begriffen ihr Eintragungen vornehmen wollt (am besten dann, wenn ein Thema im Unterricht abgeschlossen ist).

2. Zeitleistenbausteine →

- Schreibt eure Texte vor und besprecht sie miteinander.
- Sammelt passende Bilder und andere zusätzliche Materialien. Trefft daraus gemeinsam eine Auswahl und formuliert Unterschriften.

3. Ausgestaltung

- Klärt genau, wo welcher „Baustein" in der Zeitleiste hinkommen soll; tragt, klebt oder malt dann ein, was ihr geplant habt.
- Überlegt gemeinsam, welche Verzierungen ihr noch vornehmen könnt (Farben, Symbole).

Informationen im Internet recherchieren, Band 1, S. 80/81

Arbeitsschritte

1. Suchen →

- Kläre zunächst, zu welchem Thema/zu welcher Frage du recherchieren willst.
- Lies dich kurz in das Thema ein, am besten mithilfe deines Schulbuchs oder eines Lexikons.
- Notiere beim Lesen erste Namen und Fachbegriffe, die du für deine Suche verwenden kannst.
- Gib die notierten Namen und Fachbegriffe in eine Suchmaschine ein.
- Prüfe, ob die ersten drei oder vier Fundstellen zu deinem Thema passen. Ist das nicht der Fall, musst du deine Suche eingrenzen, etwa durch Hinzufügen einer Zeit- oder Ortsangabe im Suchfeld.

2. Überprüfen →

- Prüfe die Verlässlichkeit der Informationen. Untersuche, ob
  - der Anbieter der Seite (Impressum) und der Autor des Textes genannt werden;
  - ein Datum anzeigt, wann der Text veröffentlicht wurde;
  - es Quellen- oder Literaturangaben als Herkunftsnachweis für Informationen gibt.
- Besonders vorsichtig solltest du sein, wenn
  - Informationen fehlen oder im Widerspruch zu dem stehen, was du bisher weißt;
  - einseitig nur eine Sichtweise/eine Meinung zum Ausdruck kommt.

3. Auswerten

- Wähle die für deine Fragestellung wichtigen Informationen von jenen Seiten aus, die du für glaubwürdig hältst.
- Bereite diese Informationen so auf, dass du sie für deine Frage/dein Thema nutzen kannst: Fasse längere Texte in eigenen Worten zusammen oder schreibe kürzere Aussagen auch Wort für Wort als Zitat ab.
- Notiere zu den Zusammenfassungen und den Zitaten jeweils den Ort, wo du sie gefunden hast, also die genaue Adresse (URL) der Internetseite mit dem Datum, an dem du die Seite genutzt hast.

Ergebnisse digital präsentieren, Band 1, S. 126/127

Arbeitsschritte

1. Vortrag ausarbeiten →

- Gliedere dein Thema in mehrere Teile. Deine Gliederung kann chronologisch (am zeitlichen Ablauf orientiert) oder logisch aufgebaut sein (etwa ein Gebäude erst von außen und dann von innen beschreiben).
- Recherchiere Informationen und ordne diese den Teilen des Vortrags zu.
- Formuliere den Vortrag schriftlich, in ganzen Sätzen. Erkläre unbekannte Fachbegriffe oder Personen.
- Lies deinen Text langsam, laut und deutlich vor. Stoppe die Zeit, um zu prüfen, ob dein Vortrag den Zeitvorgaben entspricht.

2. Präsentation erstellen →

- Suche zum Vortrag passende Bilder im Internet, die helfen, das Gesagte zu veranschaulichen oder zu erklären.
- Öffne in einem Präsentationsprogramm eine neue Datei und benenne diese Datei.
- Erstelle eine Startfolie, die das Thema, das Datum deines Vortrags und deinen Namen zeigt. Die Schrift sollte auch in der letzten Reihe im Klassenraum gut lesbar sein.
- Schreibe nur die wichtigsten Informationen deines Vortrags auf die Folien (Fachbegriffe, Namen, Jahreszahlen, …).
- Binde die Bilder auf den Folien ein. Nenne Medienart, Urheber, Datum und Fundort des Bildes.

3. Vortrag einüben und halten

- Lies deinen Text so oft, dass du nur noch kleine Karten mit Stichworten als Hilfe brauchst.
- Markiere auf deinen Karten, an welchen Stellen du auf die nächste Folie weiterblättern willst.
- Übe deinen Vortrag und lass dir eine Rückmeldung geben, was du besser machen kannst.
- Halte beim Vortragen immer Blickkontakt mit dem Publikum, drehe ihm nicht den Rücken zu und sprich möglichst deutlich und frei.
- Signalisiere den Zuhörenden, wenn dein Vortrag zu Ende ist.

Wikipedia-Artikel erschließen, Band 2, S. 22/23

Arbeitsschritte

1. Suchen	2. Überprüfen	3. Aufbereiten/Auswerten
– Kläre zunächst mithilfe der Begriffsklärung, der Einleitung und des Inhaltsverzeichnisses, ob der Artikel zu deiner Fragestellung passt. Wenn nicht, suche über das Suchfeld oben rechts weiter. – Gehe vom Inhaltsverzeichnis direkt zum Abschnitt, der zu deinem Thema passt. Lies den Abschnitt für einen ersten Überblick durch. – Bevor du mit dem Artikel weiterarbeitest, schätze die Qualität des Artikels ein, indem du die Zahl der beteiligten Autoren sowie der verwendeten Literatur und Einzelnachweise überprüfst.	– Kläre beim zweiten Lesen Verständnisschwierigkeiten: Nutze dafür auch die thematischen Verlinkungen. Öffne diese in einem neuen Browserfenster, um den Überblick nicht zu verlieren. – Prüfe die Verlässlichkeit genauer: Untersuche Art und Umfang der Quellen- und Literaturangaben für einzelne Informationen. – Sei besonders vorsichtig, wenn Aussagen nicht belegt werden oder Nachweise nur von einer Quelle stammen. – Analysiere die Diskussionsseiten und die Versionen, um strittige Punkte zur Qualität des Artikels festzustellen.	– Bereite die wichtigen und glaubwürdigen Informationen auf: Fasse längere Texte in eigenen Worten zusammen. – Gib die Wikipedia-Seite als Quelle an, indem du die Zitierhilfe unter „Artikel zitieren" nutzt. – Verwendest du Bilder aus der Wikipedia, mache stets genaue Quellenangaben. – Ordne die aufbereiteten Informationen ein, indem du andere Quellen vergleichend einbeziehst. Ein Ausgangspunkt können die Literaturangaben am Ende des Artikels sein.

Erklärvideos analysieren – und selbst erstellen, Band 2, S. 170/171

Arbeitsschritte

1. Beschreiben	2. Untersuchen	3. Beurteilen
– Benenne den Titel, das Datum der Veröffentlichung und die Anzahl der Aufrufe des Videos. – Erfasse die Struktur des Videos, indem du die inhaltlichen Schwerpunkte benennst und den Aufbau des Videos beschreibst. – Beschreibe die visuelle Gestaltung des Videos durch Grafiken, Bilder, Dokumente, Zeitleisten, Übersichten. – Kläre, von wem die Geschichte im Video erzählt wird. – Beschreibe den Sprachstil des Erzählers und die Verwendung von Fachbegriffen im Video.	– Überprüfe, ob und wie im Video Geschichte als Deutung erkennbar wird: Analysiere dazu, ob der Erzähler Wertungen vornimmt, verschiedene Perspektiven aufzeigt und Aussagen durch Quellen belegt. – Kläre, wer der Produzent des Kanals ist, wie viele Videos zu welchen Themen veröffentlicht wurden, wie viele Abonnenten und welche Zielgruppe der Kanal hat. – Analysiere die Rückmeldungen der Nutzer, indem du die Bewertungen sowie die Nutzerkommentare untersuchst.	– Fasse zusammen, welche Deutung des historischen Sachverhalts das Video vermittelt. – Beurteile die inhaltliche und visuelle Gestaltung des Videos. – Beurteile, ob das Video für das Verstehen eines historischen Sachverhaltes geeignet ist. – Vergleiche den Inhalt, die Gestaltung und Verständlichkeit des Videos mit anderen Videos oder Darstellungen (etwa im Buch, im Internet oder im Unterricht). – Formuliere deine Beurteilung zusammenfassend als eigenen Nutzerkommentar zum Video.

In digitalen Sammlungen recherchieren, Band 3, S. 48/49

Arbeitsschritte

1. Recherche vorbereiten →

- Kläre das Ziel der Recherche.
- Verschaffe dir einen ersten Überblick über die digitale Sammlung, den Anbieter, die Struktur, thematische Schwerpunkte und verfügbare Quellen.
- Informiere dich über die in der Sammlung zur Verfügung stehenden Recherchemöglichkeiten und deren Funktionsweise.
- Prüfe, ob die Sammlung zur Beantwortung der Fragestellung geeignet ist.

2. Recherchieren →

- Überlege dir ausgehend von der Fragestellung eine Recherchestrategie: Formuliere dazu Suchbegriffe und begrenze Suchzeiträume.
- Überprüfe die Suchergebnisse und ändere, wenn nötig, deine Recherchestrategie.
- Werte die recherchierten Quellen mit Blick auf die Fragestellung aus. Beachte dabei Zusatzinformationen zum Digitalisat und nutze mögliche Funktionen wie die Vergrößerung oder das Speichern der digitalen Quellen.

3. Recherche auswerten

- Interpretiere die Ergebnisse der Recherche und Analyse und versuche die Fragestellung zu beantworten.
- Prüfe, ob zur umfassenden Beantwortung der Fragestellung weitere Recherchen, zum Beispiel in anderen digitalen Sammlungen, nötig sind.
- Beurteile die digitale Sammlung hinsichtlich ihrer Funktionalität sowie der Eignung für historisches Forschen und Lernen zur Fragestellung.

Geschichte in digitalen Spielen hinterfragen, Band 3, S. 196/197

Arbeitsschritte

1. Beschreiben →

- Benenne Titel, Erscheinungsjahr, Entwickler, Altersfreigabe und Plattformen (Hardware, Handyspiel, PC-Spiel).
- Verfasse eine kurze Spielbeschreibung (Spielidee, Spielmechanik, Spielfiguren, Raum und Zeit der Handlung).
- Charakterisiere die Darstellung von Geschichte in der Spielwelt.
- Überprüfe die Berichterstattung in den Medien sowie die Werbung zum Spiel.

2. Untersuchen →

- Analysiere die Spielstruktur:
  - Überprüfe die audiovisuelle Darstellung.
  - Stelle fest, inwieweit die Erzählstrukturen eher festgelegt oder offen sind.
  - Bestimme und beschreibe die Spielerperspektive.
  - Erläutere zusammenfassend den Einfluss der Spielstruktur auf das Geschichtsbild.

3. Beurteilen

- Beurteile das Geschichtsbild des Spiels im Vergleich zu anderen Darstellungen des historischen Themas (z. B. Quellen, Geschichtsbuch, andere Spiele).
- Positioniere dich zu Aussagen der Werbung und anderen Rezensionen zum Spiel.
- Beurteile den Spielwert des Spiels.
- Fasse deine Beurteilung in Form einer Rezension zum Spiel zusammen.

Historisch denken

Sach- und Werturteile formulieren, Band 1, S. 84/85

Arbeitsschritte

1. Sachanalyse →

- Untersuche einzelne Quellen oder Darstellungen zu einem historischen Thema. Diese können aus deinem Schulbuch oder anderswoher stammen.
- Du kannst dich bei der Auswertung an den passenden Seiten zum Kompetenztraining orientieren (in diesem Buch zum Beispiel für die Untersuchung von Text- und Bildquellen oder Verfassertexten).

2. Sachurteil →

- Beurteile die historischen Handlungen, Ereignisse, Prozesse und Situationen, um die es geht. Berücksichtige dabei Bedingungen, Ursachen, Interessen, Motive, Ziele, Mittel und Wirkungen.
- Begründe und belege dein Urteil anhand von Ergebnissen deiner Sachanalyse.
- Achte darauf, dass du bei deinem Sachurteil keine Bewertungen aus unserer heutigen Sicht vornimmst.

3. Werturteil

- Bewerte jetzt die historischen Handlungen, Ereignisse und Prozesse, um die es geht, auch auf der Basis heutiger Vorstellungen und Denkweisen.
- Beziehe die damalige und die heutige Sichtweise aufeinander und arbeite die Unterschiede heraus, die sich zwischen ihnen ergeben.

Gemeinsam lernen

Mit Think-Pair-Share lernen

Arbeitsschritte

1. Think: Arbeite allein →

- Lies dir deine Aufgabe genau durch.
- Untersuche das Material entsprechend der Aufgabe.
- Halte deine Ergebnisse in Form von Notizen fest.
- Beachte in allen Arbeitsphasen die Zeitvorgabe deiner Lehrerin bzw. deines Lehrers.

2. Pair: Arbeite mit einem Partner →

- Stellt euch gegenseitig eure Ergebnisse vor.
- Der jeweils Zuhörende notiert sich das Wichtigste.
- Falls ihr dieselbe Aufgabe gehabt habt: Tauscht euch noch einmal darüber aus und verständigt euch auf ein gemeinsames Ergebnis.

3. Share: Tauscht euch in der Gruppe/Klasse aus

- Bei verschiedenen Aufgaben: Stelle die Ergebnisse deines Partners in der Gruppe/Klasse vor.
- Bei gleichen Aufgaben: Stellt gemeinsam eure Partnerergebnisse in der Gruppe/Klasse vor.
- Haltet in der Gruppe/Klasse das gemeinsame Ergebnis in geeigneter Form fest.
- Habt ihr euch zunächst in Gruppen ausgetauscht, so verständigt euch abschließend in der Klasse über die Arbeitsergebnisse.
- Gestaltet eine geeignete Präsentation eures Arbeitsergebnisses.

Ein Rollenspiel entwickeln

Arbeitsschritte

1. Vorbereitung →

- Klärt Ziel und Inhalt (Rollen, Szene) des Spiels: Betrachtet dabei die historische Situation.
- Verteilt die Rollen: Wer spielt was? Welche Aufgabe hat die Klasse?
- Erarbeitet das Rollenverhalten (z. B. in Gruppenarbeit). Fertigt ggf. Rollenkarten an.

2. Durchführung →

- Spielt die Rollen gemäß der Rollenverteilung und dem zuvor festgelegten Rollenverhalten.
- Versetzt euch dabei in die damalige Zeit.

3. Auswertung

- Spieler: Berichtet, wie ihr die eigene Rolle erlebt habt.
- Mitspieler und Klasse: Äußert euch zur Rollengestaltung der Spieler.
- Beurteilt gemeinsam die Realitätsnähe und Überzeugungskraft des Spiels.
- Beim Spiel von Entscheidungssituationen: Vergleicht und diskutiert die Entscheidung im Spiel mit der historischen Realität.
- Diskutiert weiterführende Fragen, die sich aus dem Spiel ergeben.

Mit einem Gruppenpuzzle lernen

Arbeitsschritte

1. Phase: Arbeit in Stammgruppen →

- Einigt euch, wer welches Teilthema bearbeiten möchte.
- Lies dir deine Aufgabe genau durch.
- Untersuche das Material entsprechend der Aufgabe.
- Halte deine Ergebnisse in Form von Notizen fest.
- Beachte die Zeitvorgabe deiner Lehrerin bzw. deines Lehrers.

2. Phase: Arbeit in Expertengruppen →

- Stellt euch als Experten zum gleichen Thema gegenseitig eure Arbeitsergebnisse aus der ersten Arbeitsphase vor.
- Fertigt dazu Notizen an.
- Ergänzt und korrigiert euch gegenseitig.
- Verständigt euch auf ein gemeinsames Ergebnis.

3. Phase: Arbeit in Stammgruppen

- Stellt euch als Experten zu unterschiedlichen Themen gegenseitig eure Arbeitsergebnisse aus der zweiten Arbeitsphase vor.
- Diskutiert die Arbeitsergebnisse und klärt offene Fragen.
- Einigt euch, wie ihr der Klasse eure Ergebnisse vorstellen wollt.
- Bereitet die Präsentation vor.
- Präsentiert die Arbeitsergebnisse und wertet sie anschließend aus.

Pro-und-Kontra-Diskussion

Arbeitsschritte

1. Vorbereitung →

- Klärt die Fragestellung der Pro-und-Kontra-Diskussion.
- Organisiert eine arbeitsgleiche Gruppenarbeit. Die Gruppen vertreten jeweils entweder die Pro- oder die Kontra-Position.
- Verschafft euch einen Überblick über die Materialien zu eurer Frage. Teilt diese unter euch auf.
- Jedes Gruppenmitglied wertet nun seine Materialien aus und sammelt Pro- und Kontra-Argumente.
- Ordnet und vergleicht gemeinsam alle Argumente nach Wichtigkeit und Überzeugungskraft.
- Formuliert gemeinsam das Plädoyer für eure Position.
- Wählt einen Gruppensprecher, der das Plädoyer hält.

2. Führen der Diskussion →

- Ein Moderator eröffnet die Diskussion. Er weist auf die Gesprächsregeln hin und achtet auf deren Einhalten.
- Die beiden Gruppensprecher halten ihr Plädoyer, das jeweils etwa 3–5 Minuten dauern sollte.
- Offene Diskussion: Alle Gruppenmitglieder beteiligen sich, unterstützen eigene Argumente und antworten auf Gegenargumente.
- Der Moderator steuert die Diskussion.
- Vor und nach der Diskussion kann eine Abstimmung unter den Zuhörern zum Thema erfolgen: Stimmen sie pro oder kontra?

3. Auswertung

- Die beiden Gruppen setzen sich zusammen und halten ihren Eindruck der Diskussion fest.
- Der Moderator fasst seinen Eindruck zusammen.
- Offenes Auswertungsgespräch unter Leitung des Moderators: Wie haben sich die Gruppenmitglieder in ihrer Rolle verhalten? Welche Qualität hatten die Argumente der beiden Seiten – und wurden sie überzeugend vorgetragen?
- Wenn abgestimmt wurde: Wer hat seine Meinung geändert und warum? Wer ist bei seiner Meinung geblieben und warum?

Gallery Walk

Arbeitsschritte

1. Informationen sammeln →

- Teilt euch in Gruppen zu den angebotenen Themen auf.
- Jede Gruppe sammelt Informationen zu ihrem Thema. Fündig werdet ihr in diesem Buch, in Lexika und im Internet. Haltet die Informationen schriftlich fest.
- Überlegt schon vor und während des Sammelns, welche Informationen für euch wichtig sind.
- Teilt euch ein, wer nach welchen Informationen sucht.

2. Informationen ordnen →

- Sichtet die Notizen und sammelt all jene mit wichtigen Informationen zu eurem Thema.
- Klärt gemeinsam, welche Daten, Personen, Begriffe und Ereignisse für euer Thema wichtig sind und was jemand unbedingt wissen muss.
- Ordnet die Informationen ausgesuchten Teilthemen zu.

3. Lernplakat gestalten

- Fertigt zunächst eine Skizze an, auf der ihr die einzelnen Elemente des Plakates plant und zuordnet.
- Überlegt, wo und in welcher Größe ihr Texte und Bilder platzieren wollt. Bedenkt, dass euer Plakat nicht zu voll werden sollte.
- Gestaltet dann euer Plakat. Benutzt verschiedene Farben und Bildmaterialien. Denkt an eine gut lesbare Schrift.

Operatoren verstehen und anwenden

Operatorentraining: Beschreiben, Band 1, S. 72/73

Schritt für Schritt

Beschreiben:
Gib die wichtigsten Informationen, Eigenschaften oder Merkmale einer Quelle (z. B. ein Text, ein Bild oder ein Gegenstand) genau und gut nachvollziehbar wieder.

Das gehört in den Text →

- Am *Anfang* wird gesagt, worum es geht.
- Im *Hauptteil* wird der Inhalt der Quelle genau beschrieben. Achte darauf, die Quelle nicht zu deuten oder zu interpretieren.
- Am *Ende* wird die Beschreibung kurz zusammengefasst.

Darauf musst du achten →

- Lies den Text ganz genau durch. Kläre alle Begriffe, die du nicht verstehst.
- Schreibe die wichtigsten Informationen in Stichworten auf.
- Zeitform: Um historische Ereignisse zu beschreiben, wird das *Präsens* verwendet.
- Damit die Beschreibung gut nachvollziehbar ist, muss der Text *sachlich und genau formuliert* sein. Die wichtigsten Aussagen aus der Quelle müssen aufgeschrieben werden.

Formulierungshilfen

- Um mehrere Informationen wiederzugeben, kannst du *außerdem, auch, darüber hinaus* verwenden.
- Um zu zeigen, dass du über die Meinung und Gedanken von anderen sprichst, kannst du die *indirekte Rede* verwenden. Deine eigene Meinung gehört nämlich nicht in eine Beschreibung.
- Um Meinungen aus Texten gegenüberzustellen, können Formulierungen wie *einige – andere, andererseits, aber* verwendet werden.

Operatorentraining: Zusammenfassen, Band 1, S. 112/113

Schritt für Schritt

Zusammenfassen:
Formuliere das Wichtigste eines Textes oder historischen Sachverhalts in verkürzter Form.

Das gehört in den Text →

- Am *Anfang* einer Zusammenfassung gibt man an, welcher Text oder Sachverhalt zusammengefasst wird. Nenne dazu: Titel, Autor, Thema, Zeitpunkt (TATZ) des Textes.
- Im *Hauptteil* schreibt man alle wesentlichen Inhalte aus dem ursprünglichen Text auf.
- *Ende*: Man muss keinen Schlusssatz formulieren.

Darauf musst du achten →

- Teile den Text in Sinnabschnitte und formuliere für jeden eine Überschrift.
- Schreibe die wichtigsten Inhalte in Stichworten auf. Du kannst bei einem Text mit vielen Informationen zunächst auch eine Skizze, Tabelle oder Mindmap erstellen.
- Zeitform: *Präsens*
- *Nachvollziehbarkeit*: Alles aufschreiben, was für die Beantwortung der Frage wichtig ist. *Nebensächliche Details* können weggelassen werden.

Formulierungshilfen

- Verwende für deine Zusammenfassung *eigene Worte*.
- Um Informationen in verkürzter Form wiederzugeben, können Formulierungen verwendet werden wie: *Das Thema/ die Kernaussage ist …; Die wichtigsten Aspekte/Informationen sind …; Die Quelle/Darstellung zeigt, dass …*

Operatorentraining: Analysieren, Band 2, S. 26/27

Schritt für Schritt

Analysieren:
Bearbeite Quellen und Darstellungen unter einer besonderen Fragestellung. Nimm die enthaltenen Merkmale und Inhalte genau unter die Lupe. Beantworte anhand deiner Ergebnisse die Frage. Schreibe die Informationen strukturiert und nachvollziehbar auf.

Das gehört in den Text →

- *Am Anfang* werden Entstehungszeit und -ort, Urheber und Thema der Quelle oder Darstellung genannt.
- Im *Hauptteil* erklärt man den Bildaufbau. Achte besonders darauf, welche Personen und Gegenstände dargestellt sind.
- Zum *Schluss* wird die Bildaussage zusammengefasst. Dazu kannst du die verschiedenen Bildelemente mit deinem Wissen zur Entstehungszeit verknüpfen.

Darauf musst du achten →

- Beschreibe die Quelle oder Darstellung zuerst. Beachte dazu die Arbeitsschritte zur Bildquellenuntersuchung. (Tipp: Eine Textquelle kannst du zusammenfassen.) So schaffst du eine Grundlage für deine Analyse.
- Schreibe so strukturiert und nachvollziehbar, dass jemand deine Analyse verstehen kann, ohne die Quelle zu kennen.
- Zeitform: Um eine Quelle zu analysieren, wird das *Präsens* verwendet.

Formulierungshilfen

- Um den Bildaufbau zu beschreiben, können Formulierungen verwendet werden wie:
  Im Vordergrund/Hintergrund …; In der Bildmitte …; Am rechten/linken Bildrand …
- Um Aussagen über Bildelemente zu machen, können Formulierungen verwendet werden wie:
  Das Bild zeigt, dass …; Man kann vermuten, dass …

Operatorentraining: Erklären, Band 2, S. 84/85

Schritt für Schritt

Erklären:
Gib Gründe oder Ursachen an, die zu einem historischen Ereignis geführt haben, oder stelle die Folgen eines historischen Sachverhaltes nachvollziehbar dar. Beantworte so eine Warum-Frage.

Das gehört in den Text →

- Am *Anfang* nennst du die Frage, die du in deiner Erklärung beantworten willst.
- Im *Hauptteil* werden Ursachen und Gründe für ein historisches Ereignis genannt oder dessen Folgen aufgezeigt. Zu Gründen zählen z. B. Anlässe, Motive, Ziele und Folgen, die mit dem historischen Ereignis in Verbindung stehen.
- Am *Ende* wird die Frage beantwortet, die z. B. in der Aufgabe gestellt wurde.

Darauf musst du achten →

- Zeitform: Um einen historischen Sachverhalt zu erklären, wird das *Präteritum* verwendet.
- Manchmal kennt der Leser deiner Erklärung die Frage nicht, auf die du antwortest. Deshalb kannst du sie am Anfang wiederholen.
- Damit eine Erklärung glaubhaft und nachvollziehbar ist, sollte sie verschiedene Gründe einbeziehen.
- Nicht immer stimmt man den Gründen, die Zeitgenossen oder Historiker anführen, zu. Du kannst die indirekte Rede oder den Konjunktiv I verwenden, um deutlich zu machen, dass du nicht deine eigene Meinung aufschreibst.

Formulierungshilfen

- Um Zusammenhänge herzustellen und zu verdeutlichen:
  … da/weil/aus diesem Grund;
  Dies kann man erklären mit …;
  So/damit/um … zu/sodass, …
- Um Anlässe, Folgen und Motive herauszustellen:
  Mit der Absicht …;
  Ein Motiv war es …;
  Als Ursache kann … betrachtet werden;
  Eine Folge von … ist, dass …
- Um Gründe und Argumente zu gliedern:
  Erstens, zweitens, drittens …;
  Außerdem/darüber hinaus/des Weiteren …;
  Aber …/auch …

Operatorentraining: Erläutern, Band 2, S. 226/227

Schritt für Schritt

Erläutern:
Erkläre eine historische Situation, eine Handlung oder ein Ereignis ausführlich und gib zusätzliche Informationen und Beispiele an.

Das gehört in den Text →

- Am *Anfang* nennst du die Hypothese (Annahme über einen historischen Sachverhalt), die deine Erläuterung leitet.
- Im *Hauptteil* werden historische Ereignisse, Situationen oder Handlungen erklärt. Außerdem werden Gründe, Ursachen und Folgen durch zusätzliche Informationen und Beispiele ergänzt.
- Am *Ende* ziehst du eine Schlussfolgerung.

Darauf musst du achten →

- Zeitform: *Präteritum*
- Die Hypothese am Anfang deiner Erläuterung ergibt sich manchmal direkt aus der Fragestellung, manchmal musst du sie selbst entwickeln.
- Betrachte unterschiedliches Material, z. B. den VT, Quellen und Darstellungen, um eine umfassende Erläuterung zu verfassen.
- Nicht immer stimmt man den Einschätzungen von Zeitgenossen oder Historikern zu. Du kannst die indirekte Rede oder den Konjunktiv I verwenden, um deutlich zu machen, dass es sich nicht um deine eigene Meinung handelt.

Formulierungshilfen

- Mit diesen Formulierungen kannst du Zusammenhänge herstellen und verdeutlichen:
  ... da/weil/aufgrund/aus diesem Grund
  Infolgedessen/Infolge von ...
  Deshalb/dadurch/deswegen ...
  Dies kann man erklären mit ...
- Wenn du Gründe und Argumente einschränken möchtest, kannst du diese Formulierungen nutzen:
  Aber/allerdings/jedoch/trotzdem/zwar/trotz allem ...
  Einschränkend muss man sagen, dass ...
- Um Beispiele zu geben, helfen dir folgende Formulierungen:
  Zum Beispiel ...
  Beispielsweise ...
  Als Beispiel kann man anführen, dass ...

Operatorentraining: Vergleichen, Band 3, S. 80/81

Schritt für Schritt

Vergleichen:
Stelle Gemeinsamkeiten, Ähnlichkeiten oder Unterschiede von historischen Sachverhalten oder Aussagen gegenüber. Formuliere zu deinem Vergleich ein Ergebnis.

Das gehört in den Text →

- Am *Anfang* wird der leitende Aspekt des Vergleichs benannt. Außerdem werden Informationen zum Kontext des historischen Sachverhalts oder der Aussage genannt.
- Im *Hauptteil* werden Besonderheiten und Merkmale des historischen Sachverhalts oder der Aussagen herausgearbeitet und gegenübergestellt. Danach werden Gemeinsamkeiten und Unterschiede erklärt und gedeutet.
- Am *Ende* werden die Ergebnisse zusammengefasst und ein Fazit gezogen.

Darauf musst du achten →

- Zeitform: *Präsens*
- Wenn du noch keinen genauen Eindruck von der Quelle oder Darstellung hast, kannst du das Material vor deinem Vergleich zunächst beschreiben.
- Manchmal ist der leitende Aspekt eines Vergleichs schon in der Aufgabenstellung enthalten. Wenn keiner vorgegeben ist, kannst du selbst einen oder mehrere Schwerpunkte auswählen.
- Stelle möglichst alle Gemeinsamkeiten und Unterschiede heraus. Lege dazu eine Tabelle an, in der du deine Ergebnisse sammelst.

Formulierungshilfen

- Für einen Vergleich:
  Einerseits … andererseits …
  Allerdings/Jedoch/Trotzdem …
  Im Gegensatz zu …
  … ist vergleichbar mit …
  Während X … aufweist/zeigt/belegt, formuliert, sagt/ist Y …
- Um ein Ergebnis zu formulieren:
  Schließlich …
  Zu guter Letzt/Abschließend …
  Man kann festhalten, dass …

Operatorentraining: Erörtern, Band 3, S. 124/125

Schritt für Schritt

Erörtern:
Setze dich mit Argumenten zu einer historischen Problemstellung oder These auseinander. Wäge die Argumente ab und überprüfe sie. Formuliere auf dieser Grundlage eine eigene Stellungnahme.

Das gehört in den Text →

- Am *Anfang* wird die These oder Problemstellung, um die sich die Erörterung dreht, benannt. Außerdem werden Informationen zum Material und zum historischen Kontext wiedergegeben.
- Im *Hauptteil* werden Pro- und Kontra-Argumente gegenübergestellt.
- Am *Ende* wird die einleitende Frage beantwortet. Dazu werden die Ergebnisse zusammengefasst und das eigene Urteil dargelegt.

Darauf musst du achten →

- Zeitform: *Präteritum*
- In der Einleitung kannst du die Fragestellung aufgreifen oder eine eigene These entwickeln.
- Damit deine Argumente überzeugend sind, stütze sie durch Beispiele und Quellenbelege.
- Auch wenn du von einem Standpunkt überzeugt bist, sollte deine Erörterung sachlich sein.
- Du kannst eine Tabelle anlegen, in der du deine Pro-und-Kontra-Argumente zunächst sammelst und strukturierst.

Formulierungshilfen

- Um Argumente zu gliedern:
  Erstens … Zweitens …; Darüber hinaus/Des Weiteren …; An … Stelle …
- Um Argumente abzuwägen:
  Besonders überzeugend/plausibel/fragwürdig/problematisch ist …
- Um Vergleiche anzustellen:
  Einerseits … andererseits …;
  Demgegenüber/Trotzdem …
- Um ein Ergebnis zu formulieren:
  Schließlich …; Zu guter Letzt …;
  Man kann festhalten, dass …

Operatorentraining: Begründen, Band 3, S. 194/195

Schritt für Schritt

Begründen:
Stütze eigene oder fremde Aussagen durch Argumente, z. B. mithilfe von Quellenbelegen oder historischen Beispielen.

Das gehört in den Text →	Darauf musst du achten →	Formulierungshilfen
– Am *Anfang* nennst du die Aussage oder These, die du mit deiner Begründung stützen willst. – Im *Hauptteil* werden Argumente angeführt, die die These oder Aussage stützen. Belegt werden die Argumente mit Beispielen oder Quellenzitaten. – Am *Ende* fasst du deine Begründung kurz in einem Schlusssatz zusammen.	– Zeitform: Um Argumente anzuführen, die sich auf die Vergangenheit beziehen, wird das *Präteritum* verwendet. – Behauptungen und Argumente müssen überprüfbar und nachvollziehbar sein. Deshalb werden Quellenbezüge in die Begründung eingefügt. Füge bei Quellenbezügen Zeilenangaben an. – Wenn du einem Standpunkt widersprechen möchtest, versuche Argumente zu entkräften und Gegenargumente einzubeziehen.	– Um eine Position zu beziehen: *Ich bin der Meinung, dass ...* *Ich denke/vermute/finde, dass ...* *Meiner Meinung nach ...* – Um Gründe und Argumente zu gliedern: *Erstens ... Zweitens ... Drittens ... Außerdem/Darüber hinaus ... Aber .../Auch ...* – Um Aussagen zu belegen: *In der Quelle schreibt dazu die Autorin/der Autor ... (Z. 10)* – *Die Quelle zeigt, dass ... Die Aussage wird gestützt durch die Tatsache, dass ...*

Begriffsglossar

14-Punkte-Plan
Plan, der eine friedliche Nachkriegsordnung für Europa vorsah. Dazu gehörten das Selbstbestimmungsrecht der Völker und die Forderung nach Räumung der besetzten Gebiete. → S. 86

Alliierte
(von frz. s'allier = sich verbünden) Als Alliierte werden die gegen Deutschland verbündeten Kriegsgegner bezeichnet. → S. 69

Annexion, annektieren
gewaltsame Aneignung eines fremden Staatsgebietes → S. 12

„Anschluss"
NS-Bezeichnung für die Angliederung Österreichs an das Deutsche Reich. Am 11./12. März 1938 lösten österreichische Nationalsozialisten die Vorgängerregierung ab. Dem gingen massive deutsche Drohungen voraus. → S. 167

Anti-Hitler-Koalition
Bezeichnung für das Bündnis von Großbritannien, der Sowjetunion, den USA und weiteren Mächten gegen das Deutsche Reich. Eine andere Bezeichnung lautet: Alliierte. → S. 200

Antisemitismus
Der Ende des 19. Jahrhunderts entstandene Begriff bezeichnet eine negativ-aggressive Einstellung gegenüber Juden. Im Unterschied zum Antijudaismus (Ablehnung aus religiösen Gründen) beruht der Antisemitismus auf einer rassisch begründeten Ablehnung. → S. 23, S. 145

Appeasement
(von engl. to appease = beruhigen, beschwichtigen) Politik, die Hitler Zugeständnisse machte, um einen Krieg zu verhindern → S. 167

Arbeitslosenzahl
Sie gibt die Anzahl der Personen wieder, die offiziell beim Arbeitsamt als arbeitslos gemeldet sind. Daneben gibt es jedoch eine Dunkelziffer von Personen, die Arbeit suchen, jedoch nicht gemeldet sind. Zur Zeit der Weltwirtschaftskrise lag diese Dunkelziffer bei etwa zwei Millionen. Zu ihnen zählten alle, die gerade die Schule abgeschlossen hatten und keinen Ausbildungsplatz fanden. → S. 121

arisch/Arier
(von altind. arya = Herr) Nach der NS-Rassenideologie gehörten die Arier (angeblich groß, blond, blauäugig, tapfer, heldenhaft) der höchsten Rasse an. Kern der arischen Rasse waren nach dieser „Lehre" die germanischen Völker, vor allem die Deutschen. Ursprünglich bezeichnet das Wort aber die Angehörigen eines der frühgeschichtlichen Völker Indiens und des Iran. → S. 140

autoritäres Regime
eine Regierungsform, in der die Demokratie eingeschränkt wird und die Herrschaftsgewalt und die Macht im Staat in den Händen weniger liegt → S. 126

Bauhaus
Die 1919 von Architekt Walter Gropius gegründete Kunsthochschule „Bauhaus" erklärte einfache, klare Formen zum Ziel ihres Schaffens. Alles Überflüssige sollte entfallen. Für die Entwicklung dieser neuen funktionaleren Formen sollten Künstler, Architekten und Handwerker eng zusammenarbeiten. → S. 117

Blankoscheck
ein gültiger Scheck, auf dem kein Geldbetrag eingetragen ist; im übertragenen Sinn eine Erlaubnis zur völligen Handlungsfreiheit → S. 66

Blockade
Maßnahmen, mit denen der Transport von Waren und Rohstoffen durch Sperrung aller Wege zu Lande oder zu Wasser verhindert werden sollen → S. 69

Bolschewiki
siehe Menschewiki/Bolschewiki

Bourgeoisie
Gruppe der wohlhabenden Bürger, die auf Kosten der Proletarier lebt. Gemeint sind Unternehmer, Beamte, Gelehrte und Ärzte. → S. 41

Bund Deutscher
Mädel Weiblicher Zweig der Hitlerjugend. Im Alter von 10 bis 14 Jahren waren die Mädchen bei den „Deutschen Jungmädeln" organisiert, von 14 bis 18 Jahren dann beim BDM. → S. 151

Bundesvertriebenengesetz
1953 verabschiedetes Gesetz zur Regelung der Verteilung, Rechte und Vergünstigungen von Vertriebenen und Flüchtlingen in der Bundesrepublik Deutschland → S. 205

checks and balances
(engl. für Überprüfung und Ausgleich) Um die Gewaltenteilung abzusichern, erhalten die verschiedenen Verfassungsorgane auch Machtmittel zur Verteidigung ihrer Rechte. Der Kongress kann z. B. den Präsidenten absetzen. → S. 76

Dawesplan
Unter der Leitung des amerikanischen Bankiers Charles G. Dawes legte eine Gruppe von sachverständigen die Reparationen neu fest: Für die nächsten Jahre wurden die deutschen Zahlungen deutlich gesenkt, die Gesamtsumme der Reparationen offengelassen. → S. 111

denunzieren
(von lat. denuntiare = anzeigen) eine Person aus niedrigen Beweggründen anzeigen, z. B. weil man der Person schaden oder sich selbst einen Vorteil verschaffen will → S. 190

„Displaced Persons"
Der Begriff bezeichnet Menschen, die sich nach dem Kriegsende unfreiwillig in Deutschland aufhielten und nicht die deutsche Staatsbürgerschaft besaßen, wie z. B. Zwangsarbeiter oder Häftlinge aus Konzentrationslagern. Sie kehrten meist schnell in ihre Heimat zurück. → S. 205

Dolchstoß-Lüge
Fälschliche Behauptung, durch die nachträglich die Kriegsniederlage erklärt wurde. Das unbesiegte deutsche Heer habe größtenteils aus tapferen Soldaten bestanden, sei aber durch „revolutionäre Kameraden" in den eigenen Reihen entscheidend geschwächt bzw. „erdolcht" worden. → S. 107

Dollarimperialismus
Bestreben der USA, andere Länder durch Handelsverträge, Kredite und Investitionen von sich abhängig zu machen, ohne sie formell zu annektieren → S. 76

einjährig-freiwilliger Militärdienst
Wer mindestens die 10. Klasse einer höheren Schule abgeschlossen hatte, konnte statt des üblichen zweijährigen einen einjährigen Militärdienst leisten. Er musste dann die Kosten dafür selbst tragen. Nach Ableistung seiner Dienstzeit konnte er zum Reserveoffizier aufsteigen. Reserveoffiziere übten einen zivilen Beruf aus. Bei Übungen und im Kriegsfall dienten sie als Offiziere. → S. 20

Einsatzgruppen
Sondereinheiten, die Massenexekutionen von (hauptsächlich jüdischen) Zivilisten und der staatlichen Elite in Osteuropa vornahmen → S. 174

Embargo
behördliches Verbot des Einkaufs oder Verkaufs von Gütern aus einem bestimmten Staat → S. 198

Empire
(von lat. Imperare = herrschen) Reich, das über viele Länder außerhalb seiner eigenen Grenzen herrscht → S. 56

Euthanasie
(von griech. Euthanasia = schöner Tod) Eigentlich Sterbehilfe, die man unheilbar Kranken leistet, um ihnen einen qualvollen Tod zu ersparen. Im NS wurde damit verharmlosend die staatliche Ermordung von Behinderten bezeichnet. → S. 155

Faschismus
(von ital. fascio = Bund) Als faschistisch werden rechtsradikale, um einen „Führer" organisierte, aggressive, nationalistische Bewegungen bezeichnet. Sie setzen vor allem auf Anti-Haltungen, sind also antidemokratisch, antiliberal, antikommunistisch. Der erste faschistische Staat war Italien unter Benito Mussolini. → S. 145

Freikorps
reaktionäre und meist antidemokratische Verbände von ehemaligen Soldaten, die innenpolitisch eingesetzt wurden → S. 101

Generalgouvernement
Bezeichnung der Nationalsozialisten für jenes eroberte Gebiet Polens, das die Deutschen zwar militärisch besetzt, aber nicht an das Deutsche Reich angegliedert hatten → S. 178

Gewerbefreiheit
Freiheit für jedermann, sich in einem Gewerbe seiner Wahl zu betätigen → S. 30

Ghetto
Abgetrennte Stadtviertel, in denen Juden unter katastrophalen Bedingungen leben mussten. Sie durften die Ghettos nicht verlassen. → S. 178

„Gleichschaltung"
NS-Begriff für die Ausrichtung von Politik, Gesellschaft und Alltag im nationalsozialistischen Sinn → S. 140

Grundrecht auf Wohnen
In der Weimarer Verfassung waren auch soziale Rechte festgeschrieben: Im Artikel 155 etwa wurde „jedem Deutschen eine gesunde Wohnung" und allen Familien, besonders den kinderreichen, eine ihren Bedürfnissen entsprechende Wohnmöglichkeit zugesichert. → S. 114

Hitlerjugend
Jugendorganisation der NSDAP, die 1926 gegründet wurde. Im Jahr 1933 hatte sie rund 100 000 Mitglieder, Ende 1934 waren es 3,5 Millionen. Sie erfasste Jungen ab 10 Jahren im „Deutschen Jungvolk". Mit 14 kamen die Jugendlichen in die eigentliche Hitlerjugend (bis 18). → S. 151

Holocaust/Shoah
Begriffe für die systematische Vernichtung von Bevölkerungsgruppen während der NS-Zeit. Der Begriff Holocaust stammt aus dem Altgriechischen und bedeutet „vollständig verbrannt/Brandopfer". Shoah stammt aus dem Hebräischen und bedeutet „Katastrophe" oder „großes Unheil". → S. 179

Imperialismus
(von lat. Imperare = herrschen) Bezeichnung für das Streben von Staaten, die eigene Herrschaft über und den eigenen Einfluss auf andere Staaten auszudehnen. Als Phase des Hochimperialismus gelten vor allem die Jahre zwischen 1880 und 1914. → S. 50

Indoktrination
(von lat. doctrina = Belehrung) Starke und keinen Widerspruch zulassende Belehrung. Sie arbeitet häufig mit Manipulation und Verzerrung von Tatsachen, um etwa eine Ideologie durchzusetzen. → S. 151

Industrialisierung
ab etwa 1760 in England einsetzender, lange andauernder Prozess, bei dem die häusliche Handarbeit zunehmend durch von Maschinen unterstützte Fabrikarbeit abgelöst wurde → S. 26

Inflation
Wertverlust des Geldes. Der Staat lässt Geld drucken, die Warenmenge wird jedoch nicht vermehrt. Dies führt zu steigenden Preisen. → S. 110

Ingenieur
Techniker mit einer wissenschaftlichen und praxisbezogenen Ausbildung → S. 31

Izmir
Bis zum Ende des Ersten Weltkriegs war Izmir eine multikulturell geprägte Hafenstadt, etwa zur Hälfte von Muslimen und zu 40% von Griechen bewohnt. Bei der Einnahme Izmirs 1919 gingen griechische Truppen z. T. brutal gegen muslimische Zivilisten vor. Bei der Rückeroberung 1922 wurden 25 000 armenische und griechische Zivilisten getötet, Hunderttausende mussten fliehen. → S. 91

Judenemanzipation
Juden wurden in Deutschland und ganz Europa jahrhundertelang benachteiligt und vielfach verfolgt. Der Begriff Judenemanzipation bezeichnet ihre allmähliche Besserstellung und zunehmende Gleichberechtigung im Laufe des 19. Jahrhunderts. → S. 23

Kapitalismus
Wirtschaftsform, in der der Unternehmer Fabriken als Eigentum besitzt und frei darüber verfügen darf. Das wirtschaftliche Handeln ist auf größtmöglichen Gewinn ausgerichtet. → S. 41

KdF
(kurz für: „Kraft durch Freude") NS-Organisation mit dem Auftrag, die Freizeit der Bevölkerung zu gestalten und zu überwachen → S. 161

Klasse
gesellschaftliche Gruppe oder Gesellschaftsschicht → S. 41

Kollaborateur
Person, die mit dem Kriegsgegner bzw. der Besatzungsmacht zusammenarbeitet → S. 191

Kommunismus
(von lat. communis = gemeinschaftlich) Er betont die Gleichheit aller Menschen und die Aufhebung des Privateigentums → S. 40, S. 74

Konsumgesellschaft
In allen Bereichen der Gesellschaft werden Bedürfnisse durch den Kauf von Gütern befriedigt. → S. 116

Konzentrationslager
Arbeits- und Vernichtungslager des NS-Regimes. Anfangs dienten sie zur Inhaftierung politischer Gegner. Bald wurden dort alle Personen eingesperrt, die als „minderwertig" oder missliebig betrachtet wurden. Am Ende der NS-Zeit gab es über 1 000 Konzentrations- und Nebenlager sowie sieben Vernichtungslager. → S. 140

Kreisauer Kreis
bürgerliche Widerstandsgruppe, die 1940 von Helmut James Graf von Moltke gegründet wurde und sich mit Plänen für eine politische Neuordnung nach dem Krieg befasste. Nachdem Moltke Anfang 1944 verhaftet wurde, löste sich die Gruppe auf. → S. 190

Kriegsanleihen
Wertpapiere, die eine Regierung zur Finanzierung eines Krieges herausgibt. Käufer solcher Wertpapiere geben der Regierung eine Art Kredit für deren Kriegsführung und profitieren im Falle eines Sieges von hohen Zinsen. → S. 82

Lastenausgleichsgesetz
Das 1952 verabschiedete Gesetz gewährte Deutschen, die durch den Zweiten Weltkrieg und seine Folgen Vermögensschäden oder andere Nachteile erlitten hatten, eine finanzielle Entschädigung. → S. 205

Leitsektor
Teilbereich der Wirtschaft, der sich besonders schnell entwickelt und andere Bereiche nach sich zieht → S. 27

Marktwirtschaft
Wirtschaftsordnung, in der über Angebot und Nachfrage geregelt wird, was und wie viel produziert und zu welchem Preis etwas verkauft wird → S. 27

Massenmedien
Kommunikationsmittel (z. B. Rundfunk, Zeitungen), die mit ihren Informationen einen sehr großen Personenkreis erreichen → S. 116

Materialschlacht
Einsatz ungeheurer Mengen von Waffen und Munition, um den Gegner aus seinen Stellungen zu vertreiben und damit zu besiegen → S. 68

Mehrheits- und Verhältniswahlrecht
Beim Mehrheitswahlrecht muss jeder Kandidat einer Partei in seinem Wahlkreis die meisten Stimmen gewinnen. Dabei kommen die Vertreter kleiner Parteien häufig nicht zum Zuge. Beim Verhältniswahlrecht erhält jede Partei nach der Wahl entsprechend ihrer Prozentzahl der Wählerstimmen Sitze. → S. 106

Menschewiki/Bolschewiki
(von russ. mensche = weniger; bolsche = mehr). Die Menschewiki wollten demokratische Reformen, die Bolschewiki eine kommunistische Diktatur aufbauen. → S. 74

Metallverhüttung
Verfahren, bei dem unter hohen Temperaturen Eisen und andere Metalle aus Erzgestein gewonnen werden → S. 31

Mietskasernen
Bezeichnung für große mehrgeschossige Mietshäuser für ärmere Bevölkerungsschichten. Ziel war es, eine möglichst hohe Anzahl von Wohnungen auf dem Grundstück zu errichten. Dabei wurden die Bauvorschriften gerade noch eingehalten oder sogar ignoriert. → S. 37

Münchener Abkommen
Der Vertrag, der von England, Frankreich, Deutschland und Italien am 29./30. September 1938 geschlossen wurde, verpflichtete die Tschechoslowakei, die Sudetengebiete zu räumen. Das Territorium wurde ins Deutsche Reich eingegliedert. → S. 167

Nationalstaat
Staat, in dem (möglichst) alle Bürger einer Nation angehören und in dem keine Angehörigen anderer Nationen leben → S. 16

New Deal
Eigentlich das Neuverteilen der Karten im Spiel. Der Begriff wurde im Präsidentschaftswahlkampf 1932 von Roosevelt verwendet, um für einen gesellschaftlichen und wirtschaftlichen Neuanfang in der Weltwirtschaftskrise zu werben. Dieser sollte mithilfe eines Programms staatlicher Eingriffe und Förderungen für die Wirtschaft erreicht werden, das auch den besonders hart getroffenen Teilen der Bevölkerung zugutekommen sollte. → S. 120

Norddeutscher Bund
Dieser wurde 1866 als Nachfolger des Deutschen Bundes gegründet. Er wurde von Preußen beherrscht und wurde zur Vorstufe für das 1871 gegründete Deutsche Reich. → S. 12

Notverordnung
Verordnung des Reichspräsidenten, die Gesetzeskraft hatte. Notverordnungen waren nur für den Ausnahmezustand gedacht und auf Verlangen des Reichstages außer Kraft zu setzen. → S. 127

Obrigkeitsstaat
Der Herrscher, die höheren Schichten und die Beamten sind wichtiger und einflussreicher als das Volk. → S. 17

Partisanen
Kämpfer oder Kampfgruppen, die nicht zum regulären Militär eines Landes gehören und im eigenen Land gegen fremde Truppen kämpfen → S. 174

Porajmos
(romani: Verschlingen) Der Begriff bezeichnet den NS-Völkermord an den europäischen Sinti und Roma. Da der Begriff in Deutschland eher unbekannt ist, wird der Begriff Holocaust manchmal auch so verwendet, dass er sowohl den jüdischen Völkermord als auch den an den Sinti und Roma meint. → S. 180

Potsdamer Konferenz
Treffen der drei Hauptalliierten des Zweiten Weltkriegs (Sowjetunion, USA, Großbritannien) nach dem Ende der Kriegshandlungen in Europa, um über die Neuordnung Europas und die Zukunft Deutschlands zu beraten. Die Ergebnisse wurden im Potsdamer Abkommen festgehalten. → S. 204

Präsidialregierung
Regierung ohne parlamentarische Mehrheit, die nur dem Reichspräsidenten verantwortlich war. Sie stützte sich auf die Notverordnungen des Reichspräsidenten. → S. 127

Räte/Rätesystem
In Russland hatten ein Jahr zuvor Arbeiter- und Soldatenräte wichtige Aufgaben der Politik und des Staates übernommen: In Kasernen, Fabriken und ganzen Städten bildeten sich gewählte Räte, die Parlament, Gericht und Verwaltung in einem waren. → S. 100

„Reichsarbeitsdienst“ (RAD)
1935 eingeführter halbjähriger Pflichtdienst für männliche Jugendliche zwischen 18 und 25 Jahren. Für Frauen war der Dienst freiwillig. Der RAD erfüllte eine wichtige Funktion für die Wirtschaft und die Erziehung im NS-Staat. → S. 164

Reichssicherheitshauptamt (RSHA)
Das RSHA wurde 1939 von Heinrich Himmler gegründet. Hier wurden Massenexekutionen in Polen und der Sowjetunion sowie der Holocaust geplant und organisiert. → S. 179

Rüstungswettlauf
Staaten vergrößern in immer schnellerem Tempo ihre Armeen und Flotten, um gegenüber einem möglichen Gegner nicht unterlegen zu sein und dadurch an Macht und Einfluss zu verlieren. → S. 57

SA (Sturmabteilung)
Anfang der 1920er-Jahre gegründete Kampforganisation und uniformierte „Prügeltruppe“ der NSDAP → S. 128, S. 139

„Schwarzer Freitag“
Extremer Kurseinbruch an der New Yorker Börse am 24.10.1929, einem Donnerstag. Durch die Zeitverschiebung erreichte die Nachricht davon Europa erst am Freitag (25.10.). → S. 120

Schwerindustrie
Sammelbegriff für Bergbau, Eisen- und Stahlindustrie → S. 31

Sonderkommandos
Gruppen jüdischer Häftlinge in den Vernichtungslagern, die vom SS-Lagerpersonal dazu gezwungen wurden, die Ermordung der Häftlinge in den Lagern vorzubereiten und anschließend die Leichen zu verbrennen → S. 191

Sowjet
Rat; von Arbeitern und Soldaten gewählte Interessenvertretung → S. 74

Sozialdemokratie
Politische Bewegung, die die soziale Schlechterstellung der Arbeiterschaft beseitigen will. 1875 entstand in Deutschland die Sozialistische Arbeiterpartei Deutschlands, die sich 1890 in Sozialdemokratische Partei Deutschlands umbenannte. Die Sozialdemokratie trat zunächst für eine revolutionäre Umgestaltung der Gesellschaft ein, gegen Ende des Kaiserreiches ging sie zu einer reformistischen Position über. → S. 22

soziale Frage
Sammelbezeichnung für die sozialen Probleme, die als Folge der Industrialisierung auftraten: elende Arbeitsbedingungen, Kinderarbeit, schlechte Wohnverhältnisse, mangelnde soziale Absicherung. → S. 40

Spartakusgruppe
Die Gruppe war schon 1914 aus einer Gruppe von linken SPD-Mitgliedern entstanden, die jede Unterstützung des Krieges als Verrat an der internationalen Arbeiterklasse ansahen. Ab November 1918 nannte sich die Gruppe „Spartakusbund". → S. 100

SS (= Schutzstaffel)
1925 als Leibgarde Adolf Hitlers gegründet, unterstand sie zunächst der SA. Nach der Entmachtung der SA 1934 gewann sie an Bedeutung und wurde zu einer eigenständigen Organisation der NSDAP. Ab 1934 war sie zuständig für die Bewachung der Konzentrationslager. → S. 139

Stellungskrieg
Kampfhandlungen, bei denen sich der Frontverlauf zwischen den kämpfenden Parteien über längere Zeit nicht oder nur wenig ändert, da die „Stellungen" des Gegners – Schützengräben und Bunker – nicht überwunden werden können → S. 68

Triple Entente
informelles Bündnis zwischen Großbritannien, Frankreich und Russland → S. 57

Ultimatum
Aufforderung, etwas innerhalb einer bestimmten Frist und ohne Widerrede zu tun. Meistens wird eine Strafe angedroht, falls die Forderungen nicht erfüllt werden. → S. 66

„Unternehmen Barbarossa"
Deckname der Nationalsozialisten für den Überfall der Wehrmacht auf die Sowjetunion → S. 174

Urbanisierung
Begriff für das zahlenmäßige Wachstum der Städte und die Ausbreitung typisch städtischer Lebensformen → S. 36

Verhältniswahlreich
siehe Mehrheits- und Verhältniswahlrecht

Vertrag von Rapallo
1922 schlossen Vertreter Deutschlands und Russlands im italienischen Rapallo einen Vertrag. Dieser sah einen Verzicht auf gegenseitige Zahlungen von Kriegsschäden sowie eine diplomatische und militärische Zusammenarbeit vor. → S. 110

Vertrag von Locarno
Mit dem im Schweizer Ort Locarno geschlossenen Vertrag verzichteten Deutschland, Frankreich und Belgien auf eine gewaltsame Veränderung der Grenzen. Dem Vertrag folgte ein Jahr später die Aufnahme Deutschlands in den Völkerbund. → S. 111

Volksbegehren/Volksentscheid
Die Weimarer Verfassung sah vor, einen Volksentscheid z. B. für ein neues Gesetz durchzuführen, wenn zuvor in einem Volksbegehren 10 % der Stimmberechtigten dafür waren. An dem eigentlichen Volksentscheid mussten sich dann mindestens 50 % der Stimmberechtigten beteiligen. → S. 106

„Volkssturm"
Ab September 1944 wurden alle waffenfähigen Männer im Alter von 16 bis 60 Jahren im „Volkssturm" zur Verstärkung des Militärs eingesetzt. Die zumeist noch jugendlichen und älteren Männer waren kaum ausgebildet und militärisch unerfahren. Bis zu 175 000 Menschen starben als Angehörige des „Volkssturms". → S. 201

Völkerbund
1920 in Paris von den Siegern des Weltkriegs gegründeter Staatenbund zur Friedenssicherung. Viele Staaten waren jedoch nicht bereit, auf einen Teil ihrer Souveränität zu verzichten. Die USA traten dem Bund nie bei, Deutschland und die Sowjetunion nur zeitweise, weshalb der Völkerbund scheiterte und 1946 zugunsten der UNO aufgelöst wurde. → S. 87

Völkermord
Bezeichnung für staatlich organisierte Gewaltverbrechen, die zum Ziel haben, eine Menschengruppe aufgrund ihrer ethnischen oder religiösen Zugehörigkeit zu ermorden und ihre Kultur zu vernichten. Seit 1948 stellt Völkermord im Völkerrecht einen Straftatbestand dar. → S. 90, S. 178

Völkerrecht
Internationale Rechtsordnung, die die Beziehungen von Staaten zueinander regelt, etwa welche Regeln im Krieg für alle Parteien verbindlich sind → S. 172

völkisch
Seit Beginn des 20. Jahrhunderts steht der Begriff vor allem für rechte, nationalistische und antisemitisch-rassistische Bewegungen. → S. 145

Waffen-SS
Militärischer Kampfverband der SS. Im Krieg beteiligte sich die Waffen-SS an Kampfeinsätzen, sicherte aber auch die besetzten Gebiete ab. Sie war an zahlreichen Kriegsverbrechen beteiligt. → S. 174

Wannseekonferenz
Konferenz, die am 20. Januar 1942 am Berliner Wannsee stattfand. Lange ging die Geschichtsforschung davon aus, dass dort der Holocaust beschlossen wurde. Inzwischen weiß man, dass die Entscheidung über die „Endlösung" schon vorher fiel. → S. 179

Wehrmacht
seit 1935 Bezeichnung für die ehemalige Reichswehr; Gesamtheit der Streitkräfte im nationalsozialistischen Deutschland → S. 166

Zentralarbeitsgemeinschaft
Unternehmer und Gewerkschaften gründeten sie, um sich gegen eine Revolution abzusichern: Die Unternehmer behielten die Kontrolle über ihre Firmen, die Gewerkschaften erreichten dafür den 8-Stunden-Tag und die Anerkennung als gleichberechtigter Partner bei Lohnverhandlungen. → S. 101

Zunftordnungen
Sie regelten Arbeitszeiten, Betriebsgröße, Preise und Rohstoffbezug. Nur Zunftmitgliedern war es gestattet, ein Gewerbe oder Handwerk auszuüben und Waren zu verkaufen. → S. 30

Register ausgewählter Personen und Begriffe

Verwendete Abkürzungen:
A = Abbildung
amerik. = amerikanisch
brit. = britisch
dt. = deutsch
franz. = französisch
geb. = geboren
jüd. = jüdisch
K = Karte
österr. = österreichisch
polit. = politisch
preuß. = preußisch
russ. = russisch
Ü = Übersicht/Schaubild

Hinweise:
→ Verweis auf ein Stichwort
~ ersetzt das Stichwort bei Wiederholung

Bei Fachbegriffen, die im Buch erläutert werden, ist die entsprechende Seitenzahl halbfett gesetzt.

D

E

F

G

M

N

O

P

R

S

Quellennachweis

Cover LMU/Christoph Olesinski; **Zeitstrahl.1 bis 10** Krause, Jens, Leipzig; **3.o.** akg-images (Bildarchiv Steffens), Berlin; **3.u.** ullstein bild (Christian Ditsch), Berlin; **4.o.** Picture-Alliance (Thilo Rückeis), Frankfurt; **4.u.** Picture-Alliance (Fabrizio Bensch/Reuters), Frankfurt; **10.D1** akg-images (Bildarchiv Steffens), Berlin; **11** Klett-Archiv, Stuttgart; **13.D1** Klett-Archiv, Stuttgart; **13.D2** Klett-Archiv, Stuttgart; **14.Q1** akg-images, Berlin; **15.Q6** akg-images, Berlin; **17.D1** Lohß, Sandy, Chemnitz; **18.Q1** BPK, Berlin; **19.Q4** BPK, Berlin; **20.Q1** Stöckle, Wilhelm, Weinstadt; **21.Q2** ullstein bild, Berlin; **22.Q1** BPK (SBB/Dietmar Katz), Berlin; **23.Q2** BPK, Berlin; **24.Q3** akg-images, Berlin; **26.Q1** BPK, Berlin; **27.Q2** Bridgemanimages.com (Walker Art Gallery), Berlin; **28.D1** Klett-Archiv, Stuttgart; **29.D2** Lohß, Sandy, Chemnitz; **30.D1** Klett-Archiv, Stuttgart; **31.Q1** akg-images (Album/Prisma), Berlin; **32.Q2** ullstein bild, Berlin; **33.D3** Lohß, Sandy, Chemnitz; **33.Q5** Stadtarchiv mit Städtischen Sammlungen, Lauf a.d.Pegnitz; **34.Q1** Umspannwerk Recklinghausen. Museum Strom und Leben; **36.Q1** ullstein bild, Berlin; **37.Q2** akg-images (arkivi), Berlin; **38.Q3** BPK, Berlin; **41.Q1** BPK (Deutsches Historisches Museum/Arne Psille), Berlin; **45.Q1** Deutsches Historisches Museum, Berlin; **46.D1** ullstein bild (Christian Ditsch), Berlin; **47** Klett-Archiv, Stuttgart; **48.D1** Screenshot mit freundlicher Genehmigung der Universitäts- und Landesbibliothek Bonn; **51.Q1** akg-images, Berlin; **52.Q3** akg-images (Peter Weiss), Berlin; **54.Q1** akg-images (André Held), Berlin; **57.D1** Klett-Archiv, Stuttgart; **58. Q2** akg-images, Berlin; **60.Q1** ullstein bild, Berlin; **62.D1** © BR 2020/Katharina Wysocka; in Lizenz der BRmedia Service GmbH; **64.D1** Klett-Archiv, Stuttgart; **65.Q1** Getty Images (Bettmann), München; **66.Q1** akg-images, Berlin; **68.Q1** akg-images (Jean-Pierre Verney), Berlin; **68.Q2** akg-images, Berlin; **69.Q3** Stöckle, Wilhelm, Weinstadt; **71.Q8** BPK (adoc-photos), Berlin; **72.Q2** Picture-Alliance (Imagno/Archiv Jontes), Frankfurt; **73.Q3** CC-BY-ND-4.0 Lizenzbestimmungen: http://creativecommons.org/licenses/by-nd/4.0/legalcode (Vorlage: Historische Bildpostkarten - Universität Osnabrück - Sammlung Prof. Dr. Sabine Giesbrecht), siehe *2; **74.Q1** akg-images (Elizaveta Becker), Berlin; **76.Q1** akg-images (Manuel Cohen), Berlin ; **77.D1** Oser, Liliane, Hamburg; **79.Q1** The Library of Congress, Washington , D.C.; **81.Q1** akg-images (Heritage Images/Historica Graphica Collection), Berlin; **81.Q2** BPK, Berlin; **82.Q1** akg-images (Jean-Pierre Verney), Berlin; **83.Q2** ullstein bild (The Granger Collection), Berlin; **85.Q1** Stöckle, Wilhelm, Weinstadt; **86.D2** Klett-Archiv, Stuttgart; **87.Q1** BPK (Kunstbibliothek, SMB / Dietmar Katz), Berlin; **91.D1** Klett-Archiv, Stuttgart; **93.Q3** akg-images (Imagno / Austrian Archives (S)), Berlin; **94.Q1** Picture-Alliance (AP Photo / Francois Mori, Pool), Frankfurt; **96.Q1** akg-images, Berlin; **98.D1** Picture-Alliance (Thilo Rückeis), Frankfurt; **99** Klett-Archiv, Stuttgart; **101.Q1** BPK, Berlin; **102.Q3** Vorwärts. Berliner Volksblatt. Zentralorgan der SPD, 09.11.1918; **102.Q4** Süddeutsche Zeitung Photo (Scherl), München; **104.Q2** BPK (Deutsches Historisches Museum), Berlin; **105.Q3** ullstein bild (Stary), Berlin; **107.D1** Lohß, Sandy, Chemnitz; **108.Q2** akg-images, Berlin; **108.Q3** Vintage Germany (Slg. Hasso Bräuer), Lübeck; **109.D3** Lohß, Sandy, Chemnitz; **110.D1** Klett-Archiv, Stuttgart; **111.Q1** akg-images, Berlin; **112.Q2** Getty Images (Art Media/Print Collector/Hulton Archive/Heritage Images), München; **115.Q1** BPK (Deutsches Historisches Museum), Berlin; **116.Q1** Bridgemanimages.com, Berlin (c) VG Bild-Kunst, Bonn 2020 [Otto Dix: Großstadt, 1928]; **117.Q2** Interfoto, München; **118.Q4** ullstein bild, Berlin; **119.Q8** akg-images, Berlin; **119.Q9** Süddeutsche Zeitung Photo (Scherl), München; **120.Q1** Getty Images (Bettmann), München; **121.D1** Lohß, Sandy, Chemnitz; **122.Q2** ullstein bild (Granger Collection), Berlin; **122.Q3** Getty Images (Fotosearch (Carey Orr Cartoons)), München; **123.Q6** akg-images (Walter Ballhause), Berlin; **126.Q1** BPK, Deutsches Historisches Museum, Berlin (c) The Heartfield Community of Heirs / VG Bild-Kunst, Bonn 2020 [John Heartfield: Der Reichstag wird eingesargt, 1932]; **127.D1** Lohß, Sandy, Chemnitz; **128.Q2** BPK (Kunstbibliothek, SMB / Knud Petersen), Berlin; **131.Q8a** BPK, Berlin; **131.Q8b** MARCHIVUM (ISG), Mannheim; **131.Q8c** ullstein bild (Archiv Gerstenberg), Berlin; **132.Q1** Picture-Alliance (Rolf Vennenbernd dpa/lnwy), Frankfurt; **134.Q1** BPK (Deutsches Historisches Museum, Entwurf: Gottfried Kirchbach), Berlin; **134.Q2** Archiv der sozialen Demokratie der Friedrich-Ebert-Stiftung; **135.Q3** BPK, Berlin; **136.D1** Picture-Alliance (Fabrizio Bensch / Reuters), Frankfurt; **137** Klett-Archiv, Stuttgart; **138.Q1** BPK, Berlin; **139.Q2** BPK (Staatsbibliothek zu Berlin), Berlin; **141.Q3** akg-images, Berlin; **143.Q8** BPK (Joseph Shorer), Berlin; **144.Q1** BPK (Kunstbibliothek, SMB/Dietmar Katz), Berlin; **145.Q2** Alamy stock photo (Ivan Vdovin), Abingdon; **147.Q6** BPK (Bayerische Staatsbibliothek/Archiv Heinrich Hoffmann), Berlin; **147.Q6** BPK (Bayerische Staatsbibliothek / Archiv Heinrich Hoffmann), Berlin; **148.Q1** BPK, Berlin; **149.Q2** ullstein bild (Süddeutsche Zeitung Photo/Scherl), Berlin; **150.Q1** Getty Images (FPG/Hulton Archive/Getty Images), München; **151.Q2** akg-images, Berlin; **152.Q4** akg-images (Ernst Kutzer), Berlin; **153.Q7** BPK (Liselotte Purper (Orgel-Köhne)), Berlin; **154.Q1** Süddeutsche Zeitung Photo (Scherl), München; **155.Q2** gemeinfrei,; **156.Q3** Getty Images (Galerie Bilderwelt), München; **158.Q2** NS-Dokumentationszentrum der Stadt Köln, Köln; **161.Q1** NS-Dokumentationszentrum der Stadt Köln, Köln; **161.Q2** Interfoto (Pulfer), München; **164.Q1** BPK (Arthur Grimm), Berlin; **166.Q1** ullstein bild (TopFoto), Berlin; **167.Q2** ullstein bild (Granger Collection), Berlin; **168.Q4** ullstein bild, Berlin; **169.Q6** akg-images, Berlin; **170.D1** WDR mediagroup GmbH,

Köln; **172.Q1** BPK, Berlin; **173.D1** Klett-Archiv, Stuttgart; **174.Q3** (c) Imperial War Museums (Art.IWM PST 4712); **177.Q11** akg-images; Bundesanzeiger (Entwurf: Irakli Moissejewitsch Toidse), Berlin; Köln; **179.Q1** akg-images, Berlin; **180.D1** Klett-Archiv, Stuttgart; **181.Q2** Getty Images (Popperfoto), München; **183.Q5** Aus: Helga Weissová: Zeichne, was Du siehst / Draw what you see, Zeichnungen eines Kindes aus Theresienstadt / Terezín, Hg. von Niedersächsischer Verein zur Förderung von Theresienstadt / Terezín e.V. © Wallstein Verlag, Göttingen 1998.; **184.Q1** BPK, Berlin; **185.Q3** BPK, Berlin; **186.Q1** Stadtarchiv Herzogenaurach, Herzogenaurach; **187.Q3** Queiser GmbH (Amstettner Anzeiger), Amstetten; **188.D1** Geschichtsort Villa ten Hompel der Stadt Münster (Thomas Köhler), Münster; **188.D2** Geschichtsort Villa ten Hompel der Stadt Münster (Thomas Köhler), Münster; **191.Q1** Süddeutsche Zeitung Photo (Scherl), München; **192.D1** Grafik: krauß-verlagsservice, Ederheim/Hürnheim, nach Detlev J. K. Peukert: Die Edelweißpiraten. Bund, Köln 1980, S. 236.; **194.D1** Oser, Liliane, Hamburg; **195.D2** Oser, Liliane, Hamburg; **196.D1** Paintbucket Games, Berlin; **197.D5** Oser, Liliane, Hamburg; **198.Q1** akg-images, Berlin; **200.Q1** BPK (Hilmar Pabel), Berlin; **201.Q2** akg-images (Sputnik/Wladimir Grebnew), Berlin; **202.Q4** Haus der Geschichte; Bundesanzeiger (Hans Herbert Schweitzer), Bonn; Köln; **204.Q1** Picture-Alliance (dpa), Frankfurt; **205.Q2** akg-images, Berlin; **206.Q3** Stadtarchiv Offenburg, Offenburg; **206.Q4** Fundacja Ośrodka KARTA (Bober), Warschau; **207.D2** Klett-Archiv, Stuttgart; **208.Q1** Süddeutsche Zeitung Photo (Alessandra Schellnegger), München; **210.Q1** akg-images (Bildarchiv Pisarek), Berlin; **U3** Klett-Archiv, Stuttgart;

Literaturtipps

1 Der industrialisierte Nationalstaat – Durchbruch der Moderne

Gabriele Beyerlein: In Berlin vielleicht. Thienemann, Stuttgart 2005.
Lene Schindacker ist 14 Jahre alt, als sie 1886 beschließt, die Enge ihres Dorfes hinter sich zu lassen, um in der Großstadt Berlin ihr Glück zu suchen. Als Dienstmagd erlebt sie die Widrigkeiten in der autoritären Gesellschaft des Kaiserreichs – die Rechtlosigkeit der Arbeiter wie die Unterdrückung der Frauen. Ihre Erzählung bietet eine Milieugeschichte des Kaiserreichs „von unten".

Waldtraut Lewin: Ein Haus in Berlin 1890. Luise, Hinterhof Nord. Ravensburger, Ravensburg 2007.
Ein Haus in Berlin, 1890: Der Traum von Luise, Tochter eines Trinkers und Hausmeisters, aus dem ärmlichen Hinterhof in die Beletage zu ziehen, drückt ihren Wunsch nach sozialem Aufstieg aus. Die Liebe zum jüdischen Gymnasiasten Bertram rückt dessen Erfüllung in greifbare Nähe. Doch die Eltern beider sind in Vorurteilen gefangen.

Els Pelgrom: Umsonst geht nur die Sonne auf. dtv, München 1996.
Ende des 19. Jahrhunderts in einem holländischen Dorf: Fine muss für den Lebensunterhalt ihrer Familie sorgen, weil sich ihr Vater den Fuß verletzt hat. In einem bürgerlichen Haushalt wird sie als Dienstmagd angestellt und erlebt die Klassenunterschiede der industriellen Epoche am eigenen Leib.

Rainer M. Schröder: Das unsichtbare Siegel. Arena, Würzburg 2001.
Der Bergmann Franz und die Direktorennichte Lena kommen aus unterschiedlichen sozialen Verhältnissen und verlieben sich ineinander. Während Lena Verständnis für die schlechten Bedingungen hat, unter denen die Arbeiter zu leiden haben, verschärft sich die soziale Situation in der Bergzeche: Arbeitskämpfe und Streiks stehen an.

2 Imperialismus und Erster Weltkrieg

John Boyne: So fern wie nah. Fischer, Frankfurt am Main, 2014.
Als an Alfies fünftem Geburtstag der Erste Weltkrieg ausbricht, zieht auch sein Vater in den Kampf. Vier Jahre später geht Alfie heimlich arbeiten, um seine Mutter zu unterstützen. Er ist davon überzeugt, dass er seinen Vater nie wiedersehen wird. Doch dann erfährt Alfie zufällig, dass sein Vater in einer Klinik für traumatisierte Soldaten behandelt wird. Und er beschließt, ihn nach Hause zu holen …

Herbert Günther: Zeit der großen Worte. Gerstenberg, Hildesheim 2014.
Deutschland 1914: Der Alltag des vierzehnjährigen Paul ist geprägt von pathetischen Worten voller Kriegsbegeisterung. Pauls Vater und sein großer Bruder melden sich als Freiwillige. „Weihnachten sind wir wieder zu Hause!", sagen sie. Doch alles kommt ganz anders als erwartet. Immer dringlicher stellt sich Paul die Frage, wie seine Zukunft aussehen wird.

Reinhard Ostherod: 1914. Ein Maler zieht in den Krieg. Mit Bildern von Reinhard Kleist. Aladin Verlag, Stuttgart 2014.
Der Maler Franz Marc zieht in den Ersten Weltkrieg. Wie viele andere seiner Generation erhofft er sich einen „grausamen Durchgang" zu einer besseren Zukunft und einer neuen Gesellschaft. Doch die Bilder, die der Maler dann auf den Schlachtfeldern an der Westfront sehen muss, übersteigen alle seine Vorstellungen …

(weitere Literaturtipps auf der Rückseite)

Nordpolarmeer
Alaska
(USA)
nördl. Polarkreis
Kalaallit Nunaat
(dän.)
ISLAND
Reykjavík
Färöer
(dän.)
Spitzber
(norw.)
K A N A D A
Ottawa
St-Pierre u. Miquelon
(franz.)
VEREINIGTE STAATEN
(USA)
Washington
Bermuda
(brit.)
Azoren
(port.)
Madeira
(port.)
Kanarische Inseln
(span.)
ATLANTISCHER
OZEAN
PAZIFISCHER
OZEAN
nördl. Wendekreis
südl. Wendekreis
Äquator
südl. Polarkreis
MEXIKO
Mexiko
Havanna
Nassau
BAHAMAS
KUBA
DOMINIK. REP.
Puerto Rico
(USA)
Kingston
HAITI
JAMAIKA
Port-au-Prince
Sto. Domingo
BELIZE
Belmopan
GUATEMALA
Guatemala
HONDURAS
Tegucigalpa
San Salvador
EL SALVADOR
NICARAGUA
Managua
COSTA RICA
San José
Panama
PANAMA
ANTIGUA U. BARBUDA
ST. K.
Guadeloupe (franz.)
DOMINICA
ST. LUCIA
Martinique (franz.)
BARBADOS
GRENADA
ST. VINCENT U. D. GRENADINEN
TRINIDAD U. TOBAGO
Port-of-Spain
Caracas
VENEZUELA
Georgetown
GUYANA
Paramaribo
SURINAME
Franz.-Guayana
Bogotá
KOLUMBIEN
Quito
ECUADOR
Galápagos-inseln (ecuad.)
BRASILIEN
PERU
Lima
Brasília
BOLIVIEN
Sucre
PARAGUAY
Asunción
CHILE
Santiago de Chile
ARGENTINIEN
URUGUAY
Montevideo
Buenos Aires
Pitcairn
(brit.)
St. Helena
(brit.)
NORWEGEN
Oslo
DÄN.
Kopenhagen
VEREIN. KÖNIGREICH
IRLAND
Dublin
London
NL.
Amst.
Berlin
B.
Br.
L.
Lux.
DEUTSCHLAND
Paris
FRANKREICH
Be.
S.
LI.
Ljub.
SM.
AND.
MON.
VAT.
ITALIEN
Madrid
PORTUGAL
SPANIEN
Lissabon
Algier
Tunis
TUNESIEN
Tripo
Rabat
MAROKKO
ALGERIEN
El Aaiún
SAHARA
(marokkan. Verwaltung)
MAURETANIEN
Nouakchott
MALI
NIGER
KAP VERDE
Praia
Dakar
SENEGAL
GAMBIA
Banjul
Bissau
GUINEA-BISSAU
GUINEA
Conakry
Freetown
SIERRA LEONE
Monrovia
LIBERIA
BURKINA FASO
Bamako
Ouagadougou
Niamey
NIGERIA
Abuja
GHANA
TOGO
BENIN
Yamoussoukro
CÔTE D'IVOIRE
(ELFENBEINKÜSTE)
Accra
Lomé
Porto Novo
KAMERUN
Malabo
Jaunde
ÄQUAT. GUINEA
SÃO TOMÉ U. PRÍNCIPE
São Tomé
Libreville
GABUN
Brazzaville
Luanda
Windh
AL. ALBANIEN
AND. ANDORRA
AR. ARMENIEN
E. Eriwan
AS. ASERBAIDSCHAN
B. BELGIEN
Br. Brüssel
BO. BOSNIEN UND HERZEGOWINA
Sa. Sarajewo
BUL. BULGARIEN
DÄN. DÄNEMARK
EST. ESTLA
GEO. GEORG
GR. GRIECH
ISR. ISRAEL
JORD. JORDA
K. KOSOV
KR. KROAT
Z. Zagreb
L. LUXEM
Lux. Luxemb
LET. LETTLA
LI. LIECHT
A B C D E F
150° 120° 90° 60° 30° 0°
1 2 3 4 5 6
60° 30° 0° 30° 60°

Literaturtipps

3 Die Weimarer Republik – zwischen Erfolg und Scheitern

Klaus Kordon: Die roten Matrosen oder Ein vergessener Winter. Gulliver, Weinheim 1998.
Der Roman handelt von Helle und Fritz, zwei Freunden aus der Ackerstraße 37, 4. Hinterhaus, Berlin-Wedding. Zusammen erleben sie Hunger, Armut und den Rohrstock des kaisertreuen Lehrers. Doch in den Wirren der Revolution 1918/1919 freunden sie sich mit aufständischen Matrosen an und erleben die Erhebung der Spartakisten hautnah mit.

Waldtraut Lewin: Leonie Lasker, Jüdin. Die drei Zeichen. cbj, München 2010.
Drei goldene Buchstaben soll Leonie finden – das ist die Mission, die ihre Großtante Isabelle ihr aufgetragen hat. Durch sie erfährt sie, dass sie jüdische Vorfahren hat. Die Suche nach dem ersten Buchstaben führt sie ins Berlin der 1920er-Jahre. Im dortigen Scheunenviertel lernt sie die jüdische Kultur kennen, aber auch den grassierenden Antisemitismus in Deutschland.

4 Nationalsozialismus und Zweiter Weltkrieg

Robert Domes: Nebel im August. Die Lebensgeschichte des Ernst Lossa. cbt, München 2008.
Ernst Lossa stammt aus einer Familie von „Jenischen“, Zigeuner, wie man damals sagte. Er gilt als schwieriges Kind, wird von Heim zu Heim geschoben, bis er schließlich – obgleich geistig völlig gesund – in die psychiatrische Anstalt in Kaufbeuren eingewiesen wird. Als der inzwischen 14-jährige Ernst aus der Männerabteilung der Heil- und Pflegeanstalt Kaufbeuren in die berüchtigte Anstalt Irsee verschleppt wird, ahnt er bereits, was auf ihn zukommt …

Michael Gruenbaum/Todd Hasak-Lowy: Wir sind die Adler. Eine Kindheit in Theresienstadt. Rowohlt, Reinbek 2017.
Mischa ist acht Jahre alt und wächst mit seiner Familie in Prag auf, das seit 1938 unter deutscher Besatzung ist. Durch die antijüdischen Gesetze darf Mischa u. a. nicht mehr im Park Fußball spielen. Mit jedem neuen Gesetz verschlechtert sich die Situation der Familie Gruenbaum, bis sie im September 1940 ins Prager Ghetto umsiedeln muss. Zwei Jahre später wird die Familie ins KZ Theresienstadt deportiert. Dort wird Mischa gezwungen, schwere körperliche Arbeit zu verrichten. Dennoch kann er sich stets einen Funken Hoffnung bewahren und Kraft aus kleinen Momenten der Freude schöpfen.

Sascha Lange: Meuten, Swings und Edelweißpiraten. Jugendkultur und Opposition im Nationalsozialismus. Passage, Mainz 2015.
Nicht alle Jugendlichen reihten sich in das Herrschaftssystem des Nationalsozialismus ein. In Großstädten wie Hamburg, Berlin, Köln oder Leipzig entstanden selbstbestimmte Jugendgruppen, die eigene Vorlieben und Dresscodes entwickelten und sich der herrschenden Ideologie verweigerten. Auch die Konfrontation mit der Hitler-Jugend wurde nicht gescheut. Der Historiker Sascha Lange bietet eine Aufarbeitung dieser ersten eigenständigen Subkulturen in Deutschland.

Anja Tuckermann: Muscha. Ein Sinti-Kind im Dritten Reich. Klak, Berlin 2015 (Erstausgabe 1994).
Schon zum Schulanfang merkt Josef, dass man ihn anders behandelt als die anderen Kinder. Ist es nur, weil er anders aussieht als sie? Er wird verprügelt, gedemütigt und ausgestoßen. Als der Krieg beginnt, wird alles noch schlimmer. Seine Freunde trauen sich nicht, ihn zu verteidigen, weil sie mit der Strafe der Eltern rechnen müssen.

Arbeiten mit Operatoren

So löst du die Aufgaben in diesem Buch

Das steht in der Aufgabe	Das gehört in den Text	Formulierungshilfen
	Anforderungsbereich III: Du diskutierst historische Fragen und Probleme. Dafür entwickelst du Argumente und Deutungen und gelangst zu einem eigenen Urteil. Außerdem setzt du dich mit den Urteilen und Standpunkten anderer auseinander.	
Beurteile	Schätze eine historische Situation, eine Handlung oder ein Ereignis anhand zeitgenössischer Sichtweisen und Maßstäbe ein. Entwickle so ein begründetes Sachurteil.	**So kannst du …** **… etwas aus zeitgenössischer Perspektive beurteilen:** Mit dieser Politik sollte erreicht werden, dass … Die Menschen handelten so, weil sie … Aus damaliger Sicht …
Bewerte/ Nimm Stellung	Schätze eine historische Situation, eine Handlung oder ein Ereignis anhand zeitgenössischer Sichtweisen und Maßstäbe ein. Beziehe anschließend heutige Werte und Positionen ein und mache die Unterschiede deutlich. Entwickle so ein begründetes Werturteil.	**… etwas aus heutiger Perspektive bewerten:** Damals glaubten die Menschen …, heute dagegen … Rückblickend betrachtet erkennen wir, … Aus unserer heutigen Sicht …
Diskutiere/ Setze dich auseinander	Entwickle zu einer historischen Problemstellung oder einer These eine eigene Argumentation. Prüfe dabei mögliche Argumente. So gelangst du am Ende zu einer begründeten Bewertung.	**… eine Deutung formulieren:** Der Autor möchte zeigen, dass … Daraus geht hervor, dass … Man kann vermuten, dass …
Entwickle	Formuliere eine eigene Deutung eines historischen Sachverhalts. Stütze dich dabei auf die Ergebnisse deiner Analyse.	**… ein Ergebnis formulieren:** Schließlich… Zu guter Letzt/Abschließend … Man kann festhalten, dass …
Überprüfe/ Prüfe	Setze dich kritisch mit einer Information, einem historischen Sachverhalt oder einer Aussage auseinander. Stelle anhand bestimmter Kriterien fest, ob sie angemessen sind.	**… eine Position beziehen:** Ich bin der Meinung, dass … Ich denke/vermute/finde, dass … Meiner Meinung nach …
Vergleiche	Stelle Gemeinsamkeiten, Ähnlichkeiten oder Unterschiede von historischen Sachverhalten oder Aussagen gegenüber. Formuliere zu deinem Vergleich ein Ergebnis.	**… etwas vergleichen:** Einerseits …, andererseits … Allerdings/Jedoch/Trotzdem … Im Gegensatz zu … … ist vergleichbar mit …

	Anforderungsbereich I bis III: Diese Operatoren verlangen von dir Leistungen aus allen drei Anforderungsbereichen.
Erörtere	Setze dich mit Argumenten zu einer historischen Problemstellung oder These auseinander. Wäge die Argumente ab und überprüfe sie. Formuliere auf dieser Grundlage eine eigene Stellungnahme.
Interpretiere	Deute und bewerte einen historischen Sachverhalt auf der Basis einer genauen Analyse.
Stelle dar	Beschreibe, erkläre und beurteile einen historischen Sachverhalt in einem weiteren Zusammenhang. Beziehe deine Kenntnisse, Quellen und Deutungen anderer mit ein.

Hinweis: Die **kräftig** markierten Operatoren entsprechen der Operatorenübersicht für das Zentralabitur in der gymnasialen Oberstufe im Fach Geschichte.